가짜 결핍

지은이 마이클 이스터 Michael Easter

아마존, 《뉴욕타임스》 베스트셀러 작가이자 네바다대학교 라스베이거스 UNLV 저널리즘 교수다. 퍼블릭커뮤니케이션연구소의 공동 설립자 겸 디렉터로, 그의 연구는 60개 이상의 국가에 게재되어 미국 항공우주국, 미 특수부대, 《포춘》 500대 기업 등 다양한 기관에서 활용되고 있으며 《사이언티픽 아메리칸》 《에스콰이어》 《뉴욕》 《맨즈 저널》 《바이스》 등 유수의 매체에 소개되었다. 건강과 웰니스 분야에서 10만 명 이상의 구독자를 보유한 서브스택 Substack의 1위 뉴스레터인 〈투 퍼센트 Two Percent〉를 발행하고 있으며, 《맨즈 헬스》의 기고 편집자, 《아웃사이드》의 칼럼니스트로도 활동하고 있다. 대표 저서로는 베스트셀러 《편안함의 위기 The Comfort Crisis》가 있다.

《가짜 결핍》은 풍요의 시대에 왜 우리는 더 많은 것을 갈망하는가에 관한 문제적 질문을 던지며 출발한다. 인간의 끝없는 욕망, 그 깊은 뿌리를 파고들어 결핍의 뇌를 구성하는 메커니즘을 밝히고, 이로부터 벗어나 충만한 삶의 의미를 찾을 수 있게 돕는다.

Scarcity Brain

Copyright ⓒ 2023 by Michael Easter
All rights reserved.
Korean Translation Copyright ⓒ 2025 by Bookie Publishing House, Inc.
This translation is published by arrangement with Rodale Books, an imprint of Random House, a division of Penguin Random House LLC. through EYA(Eric Yang Agency)

이 책의 한국어판 저작권은 EYA Co.,Ltd를 통해 Rodale Books, an imprint of Random House, a division of Penguin Random House LLC와 독점 계약한 부키(주)에 있습니다.
저작권법에 의하여 한국 내에서 보호를 받는 저작물이므로 무단 전재 및 복제를 금합니다.

Scarcity Brain

가짜 결핍

마이클 이스터 지음 | 김재경 옮김

욕망의 뇌가 만들어 낸
여전히 부족하다는 착각

부·키

옮긴이 김재경

서울대학교 영어영문학과를 졸업하고 아이들에게 영어를 가르치다 텍스트에 대한 미련을 버리지 못하고 번역가의 길로 들어섰다. 글밥 아카데미 수료 후 바른번역 소속 번역가로 활동하고 있다. 옮긴 책으로 《포스트트루스》《2050 거주불능 지구》《하드코어 히스토리》《왜 살아야 하는가》《슬픔 이후의 슬픔》《거짓말의 기술》 등이 있다.

가짜 결핍

초판 1쇄 발행 2025년 6월 18일 | 초판 4쇄 발행 2025년 9월 11일

지은이 마이클 이스터
옮긴이 김재경
발행인 박윤우
편집 김유진 박영서 박혜민 백은영 성한경 유소영 장미숙
홍보 마케팅 박서연 정미진 정시원 조아현 함석영
디자인 박아형 이세연
경영지원 이지영 주진호
발행처 부키(주)
출판신고 2012년 9월 27일
주소 서울시 마포구 양화로 125 경남관광빌딩 7층
전화 02-325-0846 팩스 02-325-0841
이메일 webmaster@bookie.co.kr
ISBN 979-11-93528-71-6 03180

잘못된 책은 구입하신 서점에서 바꿔드립니다.

만든 사람들
편집 김송은 | 디자인 이세연

고민할 것도 없이
레아에게 이 책을 바칩니다.

해제

풍요 속에서
결핍을 느끼는 뇌,
그 원초적 착각에 대하여

| 정재승
| KAIST 뇌인지과학과 교수
| 융합인재학부 학부장

　　　　　　　　　마이클 이스터의 《가짜 결핍Scarcity Brain》
은 흥미롭게도 자기계발서 서가에 꽂혀 있을 법한 책이지만, 그 속내는 훨씬 더 복잡하고 도발적이다. 이스터는 단순히 "이렇게 하면 당신의 삶이 더 나아질 것입니다"라고 말하는 사람은 아니다. 오히려 그는 "지금 당신이 그렇게 느끼고 행동하게 된 것은 당신 잘못이 아닐 수도 있습니다"라는 진단에서 시작한다. 그러고는 그 '느낌'의 뿌리를 따라 아주 멀리, 인간의 진화적 기원으로까지 거슬러 올라간다.
　그 여정은 마치 타임머신을 탄 심리학자와 기자가 손을 맞잡고, 라스베이거스 카지노에서 고대 부족이 사는 볼리비아 밀림의 외딴섬까지, 스마트폰 속 앱 설계도에서 인간의 신경회로까지 종횡무진 누비는 것과 같다. 읽다 보면 이스터가 단순한 작가가 아니라 인간 조건에 대한 사려 깊은 구경꾼이자, 조금은 냉소적이되 본질적으로 따뜻한 상담가라는 사실을 알게 된다.

세계가 주목한,
현대인의 뇌를 해부한 한 권의 책

아마존, 《뉴욕타임스》 베스트셀러 작가인 마이클 이스터의 신작 《가짜 결핍》은 출간 직후부터 전 세계 독자들의 이목을 끌며, 현대인의 갈망과 중독을 다룬 독창적인 통찰로 주목받았다. 행동 변화 전문가 피터 아티아는 "이스터의 천재성은 우리가 직관적으로 믿는 것에 데이터를 입힌다"며 그의 작업이 많은 이에게 긍정적인 변화를 일으켰다고 평가했다.

미국의 서평 사이트에 들어가 보니, 독일의 한 독자는 "내가 지금까지 읽은 최고의 책 중 하나"라며, 책의 깊은 인상을 표현했다. 일본 독자는 "중독의 원인을 알 수 있는, 인생을 바꿔 주는 책"이라는 호평을 남겼고, 브라질 독자는 "모든 사람이 읽고 반성해야 할 책"이라며 현대인의 과잉 소비와 정보 중독 문제를 지적했다고 평가한다.

물론 책의 후반부가 다소 산만하다거나 제시된 해결책이 일반 대중에게는 별로 현실적이지 않다고 지적한 독자들도 있었고, 책의 마지막 부분에서 종교적 요소가 등장하는 것에 대해 일부 독자들은 당혹감을 표하기도 했다. 그런데도, 이 책의 놀라운 기여는 이런 평가로 손상되지 않아 보인다. 《가짜 결핍》은 현대사회에서 인간의 본성과 행동을 이해하려는 독자들에게 깊은 통찰을 제공하며, 전 세계적으로 폭넓은 공감을 얻고 있다.

뇌는 왜
멈추지 못하는가

　책의 중심에는 '결핍의 고리scarcity loop'라는 구조가 있다. 말하자면 우리 뇌가 특정 행동을 반복하게 되는 비밀의 트리거 같은 것인데, 이 루프는 세 가지 요소로 이뤄진다. 기회의 발견(어디선가 무언가 좋은 일이 벌어질 것 같은 가능성), 예측 불가능한 보상(그 일이 실제로 일어날지는 아무도 모른다는 긴장), 그리고 즉각적 반복 가능성(이 모든 걸 다시, 곧바로, 몇 번이고 반복할 수 있다는 것)이다.

　이 조합은 불쾌하게도 너무나 익숙하다. 스마트폰 알림을 확인하고, SNS에 올라온 '좋아요' 숫자를 세며, 쿠팡 장바구니를 채우고, 다이어트한다고 아침마다 체중계를 들여다보는 우리의 생활은 하나같이 이 결핍의 고리를 충실히 따른다. 이스터는 이를 '현대적 중독'이라고 부르지도 않는다. 오히려 이것은 오래전부터 인간의 생존을 가능하게 만든 행동 양식이며, 다만 그것이 지금 시대에 와서는 방향을 잃고 미끄러지고 있다는 것이다.

과거는 결핍이었다.
문제는 뇌가 아직도 그 시절에 머물러 있다는 것

　이스터는 우리 뇌의 이 '결핍의 고리'가 단지 병적 중독이 아님을 강조한다. 우리의 신경계는 수십만 년 동안 부족한 자원 속에서 살아남기 위해 진화해 왔다. 먹을 것은 늘 부족했고, 적은 언제나 주변에 있었으며, 확실한 보상은 없었다. 생존의 유일한 전략은 '더 많이, 더 자주, 더 빠르게'였다. 이스터는 말한다 "문제는 이 뇌가 아직도 사막을 헤매고 있다는 점이다. 단지 지금은, 손에 스마트폰을 들고 있다는 것이 다르다."

현대사회는 과거와 달리 거의 모든 자원을 지나치게 '풍요롭게' 제공한다. 음식은 넘쳐나고, 정보는 손가락 터치 하나로 얻을 수 있으며, 자극은 무한히 대기 중이다. 그러나 우리의 뇌는 여전히 '부족하다'는 전제를 놓지 못한다. 이 불협화음이 지금 우리가 겪는 중독, 불안, 과소비, 자기 파괴적 루틴의 뿌리라는 것이다.

도파민은
쾌락의 화학물질이 아니다

이쯤에서 이스터는 널리 퍼진 신화 하나를 해체하고 지나간다. 바로 '도파민=쾌락'이라는 등식이다. 뇌과학적 관점에서 도파민은 '쾌락' 그 자체라기보다는 '기대'에 반응하는 신경전달물질이다. 다시 말해, 우리는 실제로 보상을 받을 때보다, 그 보상을 기대할 때 도파민을 더 많이 분비한다. 뇌는 기다림 속에서 더 크게 반응하고, 희망이 있을 때 더 쉽게 움직인다.

이 메커니즘이 잘 작동할 경우, 우리는 계획하고 도전하며, 미래를 향해 나아갈 수 있다. 하지만 기술과 알고리즘은 이 도파민 회로를 아주 능숙하게 '조종한다'. 소셜 미디어 알림, 쇼핑 추천, '당신을 위한 큐레이션', 점수화된 건강 수치들. 이들은 모두 "곧 뭔가 올 거야"라는 기대를 뇌에 흘려보낸다. 그리고 대부분의 경우, 그 기대는 현실이 되지 않는다. 그러면 우리는 어떻게 하냐고? 다시 한번, 반복한다.

뇌과학자의 시각으로 봐도 이 책은 감탄스러울 만큼 정교하다. 이스터는 도파민 시스템, 강화 학습, 예측 오류 이론, 조건화와 같은 개념들을 학자들의 철저한 연구를 바탕으로, 그러나 독자 친화적인 언어로 재해석해 낸다. 특히 뇌과학자들에게는 잘 알려진 "보상보다 보상의 예측이 더 중요하다"는 주장을 도파민 신경과학과 연결하는 부분은, 인간 행동을 신경 회로 단위에서 이해하고 이를 대중화하는 데 크게 기여하는 시도라고 할 수 있다. 이스터는 통계가 아니라, 살아 움직이는 뇌의 반응을 이야기한다.

설계된 중독, 그리고 보이지 않는 설계자들
— 우리는 과연 만족할 수는 있는가?

이스터가 추적하는 것은 단지 뇌의 반응만이 아니다. 그는 슬롯머신 디자이너, 게임 앱 개발자, 건강 추적기 제작자 등 뇌의 특성을 의도적으로 설계한 사람들은 물론 이메일, 뉴스 피드 알고리즘까지 탐사한다. 보이지 않는 이 설계자들은 인간의 뇌가 무엇에 약한지를 매우 잘 알고 있으며, 그것을 비즈니스 모델로 바꾸는 데 탁월하다.

'승리를 가장한 패배' '유사 승리' '무작위 보상의 반복 가능성'은 더 이상 도박장의 전유물이 아니다. 캔디 크러쉬, 넷플릭스, 틴더, 로빈후드, 테무, 인스타그램. 이 모든 도구가 우리를 결핍의 고리로 이끄는 슬롯머신의 또 다른 버전일 수 있다.

이스터가 반복해서 말하는 주제 중 하나는 '만족 불가능성'이다. 우리는 무언가를 손에 넣으면 곧바로 그 가치를 평가절하하고, 다음 대상을 갈망하기 시작한다. 이것은 결코 타락한 자본주의 소비자의 문제가 아니다. 그것은 인간 뇌의 기본값이다. '한 번 더' '조금만 더' '이것만 하면 끝' 이러한 속삭임은 뇌에서 생성된 자동 알림에 가깝다.

당신은 지금, 충분한가?
— 풍요의 고리로 전환하기

이스터는 이 모든 분석 끝에 조심스럽게 해답을 내민다. 그것은 금욕주의도 아니고, 모든 기술을 거부하라는 것도 아니다. 그는 "덜 하라"는 메시지 대신, "어디서 충분한가"를 묻자고 제안한다. 진정한 변화는 결핍을 거부하는 데서 오지 않는다. 그것을 인식하는 데서 온다. 결핍의 고리를 해체하는 것은 그 구조를 처음으로 보는 것에서 시작된다.

그는 '결핍의 고리'를 '풍요의 고리 abundance loop'로 전환한 사례들을 들려준다. 명상, 자연 속 운동, 느린 독서, 공동체 활동, 사려 깊은 인간관계……. 이 모든 것들은 결핍의 고리에 익숙한 우리에게 낯설고 불편하지만, 반복을 요구하지 않으면서도 깊은 만족을 준다. 도파민은 없을지도 모르지만, 평온은 있다. 그리고 그것은 어쩌면 도파민보다 더 희귀한 감정일지도 모른다.

마무리하며

　이 책은 현대사회를 살아가는 모두를 위한 책이다. 특히 자기 통제를 잃고 있다고 느끼는 사람, 소셜 미디어나 알고리즘 환경에서 정체성이 흔들리는 부모나 교사, 기술 설계를 고민하는 디자이너, 혹은 자기계발서에 지쳤지만, 여전히 '무언가'를 갈망하는 독자에게도 이 책은 놀라울 만큼 사려 깊고 강력한 안내서가 될 수 있다.
　《가짜 결핍》은 인간 뇌의 진화적 고집과 현대사회의 정교한 유혹이 만나 만들어 낸 어지러운 루프에서 벗어나는 첫걸음을 제시한다. 그것은 이해이고, 관찰이며, 질문이다. "당신은 지금, 충분한가?" 이 질문이 당신을 잠시라도 머뭇거리게 만든다면, 이 책은 벌써 제 역할을 다한 것이다. 이제야말로 우리가 더 많이 얻는 것이 아니라, 더 적게 흔들리는 방법을 고민할 시간이다. 무척 다행히도, 이 책은 그 고민을 아주 설득력 있게 시작할 수 있도록 도와준다.

차례

해제 풍요 속에서 결핍을 느끼는 뇌,
그 원초적 착각에 대하여 – 정재승   6

프롤로그 여전히 부족하다는 착각   16

1장 중독은 어떻게 설계되는가   25
실험실이 된 카지노 | 결핍을 설계하다 | 중독을 최적화하다 | 결핍의 고리의 3요소

2장 결핍의 고리에 빠지는 원리   59
유사 성공, 가장 효과적인 미끼 | 예측 불가능성이 불러온 중독

3장 결핍의 고리는 어디에나 있다   73
즐거움과 중독 사이: 결핍의 명과 암 | 보이지 않는 설계자들

4장 만족하지 못하는 사람들   91
덜어내기를 잊은 사회 | 결핍이 만든 과잉: '더 많이'의 저주 | 환경이 선택을 바꾼다

5장 해방감: 어제의 위안이 오늘의 지옥이 될 때   109
캡타곤 제국의 탄생 | 결핍의 고리를 조이는 생존 본능 | 중독의 기원과 진화적 뿌리 | 생존 본능의 역습 | 중독은 변화 가능한가 | 뇌에 새겨진 습관 회로 | 반복에서 벗어나는 선택

6장 확실성: 숫자가 가린 것들   155

결과를 알 수 없는 게임에 기꺼이 뛰어드는 이유 | 불확실성이라는 고통 | 점수가 경험을 지배할 때 | 점수 시스템이 일상을 잠식할 때 | 데이터는 모두 옳다는 착각

7장 영향력: 지위와 인정이라는 마약   187

지위를 향한 욕망은 어떻게 우리를 움직이는가 | 지위에 목숨 거는 뇌 | 점수로 평가되는 자부심과 수치심 | 정답을 찾고 싶니 행복을 찾고 싶니?

8장 음식: 풍요로운 식사의 함정   213

치마네족과의 조우: 우리가 잃어버린 시간 속으로 | 충분함을 잃지 않은 사람들 | 답은 식탁 위에 있다 | 금지된 음식의 반격 | 잘 먹는 시대의 역설 | 단순하지만 강력한 '적당히 먹기' | 서서히 심장을 망가뜨리는 초가공 식품 | 결핍의 고리를 자극하지 않는 균형 잡힌 식단

9장 소유물: 더 많이 갖고도 더 불행한 이유   263

욕망의 알고리즘과 결핍의 고리 | '더 빨리' '더 많이'가 바꾼 소유의 개념 | 풍요로움이 낳은 문제 | 적은 자원이 가져다주는 창의적인 해답 | 힘들여 얻은 것의 가치: 문제 없이는 이야기도 없다 | 줄이는 것만이 정답은 아니다 | 물건이 아닌 장비를 산다

10장 정보: 방랑벽 유전자를 지닌 정보 탐식가의 명과 암   311

우리 안의 탐험 본능을 증명한 최초의 탐험가, 틱타알릭 | 오로지 탐험을 위해 탐험하는 동물들 | 결핍의 뇌를 자극하는 미디어의 전략 | 전문가가 넘쳐나는 무지의 시대 | 의심 없이 얻은 정보는 독이다 | 미지의 영역이 건네는 발견의 기쁨 | 풍요의 고리를 설계하는 사람들

11장 행복: 결괏값이 아닌 평균값   363

누구에게나 그에 맞는 '몫'이 있다 | 행복은 모든 욕망의 뿌리다 | 고독 속에서 얻은 깨달음 | 규칙, 절제가 주는 평온함 | 쓸모보다 의미, 노동의 고요한 소명 | 물질로부터 자유로워지기 | 침묵이 말해 주는 것들 | 몸과 영혼의 균형 잡기 | 심연으로의 산책: 행복은 결과가 아니라 여정이다

에필로그 모든 것은 선택에 달렸다   420
감사의 말   434

프롤로그

여전히 부족하다는 착각

내가 이라크에서 고용한 브로커 쿠타이바 에르비드, 그렇게 입만 산 인간을 본 적이 없었다. 에르비드의 혀 놀림에 넘어가 결국 나는 바그다드 변두리에 있는 어느 경찰 요새 기지에 다다랐다.

간이 대기실에 놓인 딱딱한 벤치에 앉아 둘러보니 벽 곳곳에 붙은 테러리스트와 마약왕 사진이 눈에 들어왔다. 각 사진 속에는 수갑을 찬 남자 하나가 보이고 그 앞에는 압수한 무기, 화학 약품이 쭉 늘어서 있었다. 커다란 약 봉지, 코카인 덩어리, AK-47 소총, 사제 폭탄에 로켓포까지 보였다. 사진 밑에는 아랍어로 범죄자 이름, 연행 장소, 압수품이 차례로 적혀 있었다.

대기실 구석에 걸려 있는 CCTV 화면에는 구치소 현황이 생중계 중이었다. 감시가 삼엄한 어느 감방에는 바그다드에서 수배 대상 1순위였던 흉악 범죄자 여덟 명이 들어가 있었다.

우리는 압둘라와 대화를 나눌 수 있기만을 기다렸다. 이라크에 온 지 나흘이 지났지만 계획대로 된 게 하나도 없었다. 애초에 내가 이라크에 온 이유는 에르비드가 구체적인 '일정표'를 미끼 삼아 나를 꾀어낸 탓이었다. 그 일정표대로라면 이 시점에 우리는 온갖 거물들을 만나고 있어야 했다. 그런 거물 중에 바그다드 마약단속국장인 모하메드 압둘라도 있었다. 그가 정예 부대원들을 데리고 출동을 나가면 우리도 옆에 동승해서 그들이 마약 조직과 테러 조직을 소탕하는 모습을 관찰할 계획이었다.

하지만 이라크에 도착해서 에르비드에게 중개비를 주자마자 그는 변명 아닌 변명을 했다. "음, 그게…… 일정표는…… 이렇게 해 보자고 제안을 한 겁니다. 그러니까, 일종의 제안서였다는 말이죠."

그래도 바그다드 경찰을 어떻게든 설득해서 동승 허락을 구하기는 한 것 같았다. "가능하다고는 합니다. 대신 방탄조끼는 꼭 입어야 된다네요. 이제 최종 응답만 기다리면 됩니다." 에르비드가 으쓱하며 말했다.

곧이어 사무실에서 경관 한 사람이 나오더니 내게 다가와 입을 열었다. "동승을 한다고요? 누가 그래도 된답니까? 안 돼요. 너무 위험해요."

"얼마나 위험한데요?"

"저도 지난주에만 총을 세 발 맞았어요." 경관의 말에 에르비드와 나는 아무렇지 않은 척 보이려 애썼다.

"마약상들이 점점 더 눈에 뵈는 거 없이 덤벼요. 사형 판결을 받을 만한 수준으로 마약을 잔뜩 들고 다니면서 거래하는 놈들이 많다 보니까 우리한테 잡히느니 차라리 싸워서라도 도망가겠다 이거죠."

나는 마음을 가다듬고는 에르비드와 머리를 맞대고 생각을 정리했다. 우리는 위험을 감수할 각오가 되었으며 뒤에서 있는 듯 없는 듯 조용히 있겠다고 약속했다.

경관은 내 눈을 빤히 들여다보면서 나름 정해 둔 순서라도 있는지 손가락으로 가슴팍 세 군데를 차례차례 가리키며 말했다. "지난주에 방탄조끼를 안 입고 나갔으면 죽은 목숨이었지." 그러더니 어깨를 으쓱하며 덧붙였다. "어쨌든 알겠습니다. 한번 물어보죠."

경관은 압둘라의 집무실로 조심스레 걸어가 살살 노크하고는 고개를 숙이며 들어갔다.

기자 혼자 바그다드에 가서 뭐든 취재한답시고 돌아다니다가는 납치를 당해 ISIS(이라크 시리아 이슬람 국가Islamic State in Iraq and Syria'의 약자)에 팔려 가기 십상이다. 그런데 나는 심지어 마약을 취재하겠다고 갔으니…….

당시 나는 메스암페타민과 유사한 신종 불법 약물 '캡타곤capta-gon'이 급부상하게 된 경위를 조사하는 중이었다. 캡타곤은 미국에서는 거의 알려져 있지 않았지만 중동에서는 심각한 골칫거리였고 유통 범위도 점점 늘어나고 있었다. 그래서 어쩌다 이라크에 오게 됐냐고? 여기에는 설명이 좀 필요하다.

과학 저널리스트이자 교수로서 나는 인간의 행동을 이해하는 데 관심이 많다. 사람들은 다들 좋은 습관을 기르는 데 집중하지만, 나는 우리를 병들게 하는 습관에서 벗어나는 법을 알아내고 싶었다. 우리가 좋은 습관에 연료를 아무리 들이부어도 나쁜 습관을 해결하지 못하면 여전히 브레이크에 발을 올리고 있는 것이나 마찬가지니까.

게다가 최근에 나는 해로운 행동의 독특한 특징 하나를 발견했다. 우리가 그 행동을 금세 반복하게 된다는 점이다. 나쁜 습관은 특정 행동을 짧은 기간 내에 되풀이하고 또 되풀이하다 결국 자기 파괴에 이르게 만든다. 보통 이런 행동은 단기적으로는 만족스럽고 재미있을지 몰라도 장기적으로는 역효과를 일으킨다. 역효과를 알면서도 해로운 행동은 참 끊기가 어렵다.

알다시피 어떤 행동이든 적당히 즐기면 괜찮다. 그럼에도 '적당히'가 왜 그렇게 어려운 걸까? 예컨대 우리는 배가 부른데도 왜 계속 먹는 걸까? 이미 가질 건 다 가지고 있는데도 왜 계속 쇼핑을 하는 걸까? 이미 해롱해롱하면서도 왜 계속 술을 홀짝이는 걸까? 비참해질 걸 알면서도 왜 계속 소셜 미디어 스크롤을 내리는 걸까? 화면 너머에 훨씬 의미 있는 삶이 지나가고 있는 걸 알면서도 왜 드라마의 '다음 화' 버튼을 또 누르고 마는 걸까? 어째서 우리는 매번 후회할 일을 또다시 저지르는 이 악순환의 굴레에 갇히고 마는 걸까?

나는 이와 같은 행동 패턴이 '결핍'이라는 감정에 대처하는 기제에 해당함을 알아냈다. 그 기제를 발동시키는 데에는 '결핍 신호' 하나면 충분하다.

결핍 신호scarcity cue란, 학계 용어로 소위 '결핍 마인드셋scarcity mindset'을 작동시키는 정보를 가리킨다. 결핍 마인드셋이 장착되면 무언가가 부족하다는 생각이 든다. 그러면 그 문제를 해결하려고 충만한 감정을 느낄 수 있을 것 같은 행동에 본능적으로 집중하게 된다.

결핍 신호는 공기와 같다. 우리 주변 곳곳은 물론 우리 속에도 존재한다. 광고, 소셜 미디어, 뉴스, 직장 동료와 나누는 잡담, 동네 산책 등 언제 어디서든 접할 수 있다. 경기 불황이나 팬데믹처럼 모두가 대놓고 결핍을 느끼게 하는 거대한 신호도 있고, 이웃이 새로 뽑은 잘빠진 차처럼 자신도 모르는 새 영향을 받는 미묘한 신호도 있다.

인간이 결핍에 대처해 온 방식은 그 역사가 짧지 않다. 인류 역사 초기부터 인간의 뇌는 생존을 위해 결핍에 대응하는 행동 체계를 자연스레 진화시켰다. 결핍 마인드셋과 결핍 신호 대응 기제에 관한 상세한 연구 역시 이미 1795년부터 시작되었다. 오늘날에는 심리학, 인류학, 신경과학, 사회학, 경제학, 생물학 등 다양한 분야의 학자들이 이 주제를 심도 있게 연구하고 있다.

현재 학계에서 널리 받아들여지는 사실 하나는 인류가 결핍 신호에 복종해 끊임없이 더 갈구하고 섭취한 덕분에 오래도록 생존했다는 점이다. 실제로 과거의 인류가 살아온 가혹한 환경에 공통점이 하나 있다면, 그건 바로 '자원의 결핍'이었다.

과거에는 식량, 정보, 영향력, 소유물, 시간, 쾌락 등 인간의 생존에 필수적인 요소가 희소했다. 구하기도 어려웠지만 구한다 한들 오래가지 못했다. 당연히 좀 더 많은 것을 좇는 사람들만이 생존하여 유전자를 남길 수 있었다. 그들에게는 더 많이 먹고, 더 많은 물건과 정보를 축적하고, 주변 사람이나 환경에 더 큰 영향력을 발휘하고, 쾌락이나 생존 욕구를 더 강하게 추구하는 것이 기본적인 행동 원리였다.

진화의 요구에 순응해 더 많이 갈구한 덕분에 과거의 인류는 생존했으며 그와 같은 행동 원리는 지금도 모든 종에 적용된다. 단 하나의 종만 제외하고 말이다.

현대 인류는 산업혁명을 통해 속도와 비용 면에서 일의 능률을 비약적으로 끌어올림으로써 결핍된 환경을 풍족한 환경으로 급속히 뒤바꾸는 데 성공했다. 1970년대에는 선진국에 거주하는 대다수 사람이 산업혁명의 혜택을 누렸으며 이후로 그 혜택은 전 지구에 걸쳐 물결처럼 퍼져나갔다.

오늘날에는 자원이 풍족한 편이다. 과잉된 상태라 보는 사람도 있다. 식량(특히 달고 짜고 기름진 음식), 물건(온라인으로 주문한 상품이 가득 들어찬 집), 정보(인터넷), 기분 전환할 거리(마약이나 오락), 영향력(소셜 미디어) 등 모든 게 넘쳐난다.

문제는, 그런데도 우리는 여전히 무언가 부족하다고 느끼고, 이를 채우기 위해 어떤 행동을 하게끔 길들여졌다는 것이다. 두개골 속의 1.36킬로그램짜리 신경 다발 덩어리는 우리가 아직도 결핍의 시대를 살아가고 있다고 착각한다. 우리는 끊임없이 주변을 살피면서 결핍 신호를 포착한 다음 우선순위에 따라 넘치도록 채우고 또 채운다.

여전히 우리는 몸에 필요한 양보다 더 많은 음식을 먹는다. 충동적으로 더 많은 정보를 찾는다. 쓸데없이 물건을 더 많이 산다. 사람들에게 더 많은 영향력을 행사하려 애쓴다. 찰나의 쾌락을 또다시 느끼려 무슨 짓이든 한다. 이미 가진 것을 쓰고 즐기는 대신에 가지지 못한 것을 얻는 데 집착한다. 그러니까 우리는 '결핍의 뇌'를 가지고 있다.

과학계의 발견에 따르면, 이 결핍의 뇌가 풍요로운 현대사회에 늘 유리한 건 아니다. 오히려 결핍의 뇌는 우리에게 불리하게 작용할 때가 많으며 소비를 부추기는 구조를 이용해 우리가 내리는 결정에 영향을 미친다. 결핍의 뇌는 인간이 비생산적인 습관을 떨쳐내지 못하고 되풀이하는 근원적인 이유이기도 하다. 우리의 건강과 행복을 증진하는 데, 잠재력을 최대로 발휘하는 데 제동을 거는 습관들 말이다. 생각해 보면 중독, 비만, 불안, 만성 질환, 빚, 환경 파괴, 정치 갈등, 전쟁 등 온갖 문제가 더 많은 것을 갈망하는 인간의 욕망에서 비롯된 것 아닌가?

물론 결핍 신호는 예전부터 존재했지만, 코로나 19 팬데믹 사태로 정점을 찍었다. 마침 이때가 기술이 급격히 발전한 시점이었기 때문이다. 그 덕분에 우리는 뇌가 갈망하는 모든 것을 풍족하게 얻을 수 있었지만, 기업 역시 결핍의 뇌를 활용해 우리의 행동을 조종하는 법을 전례 없는 수준으로 깨우쳤다. 특히 우리가 짧은 시간 내에 반복하고 또 반복하다 결국 자신에게 해를 입히고 마는 행동 말이다. 마치 단일한 행동을 넘어서는 더 큰 차원의 연쇄적인 행동 패턴이 존재하는 것 같았다. 나는 이런 패턴에 '결핍의 고리scarcity loop'라는 이름까지 붙였다. 결핍의 고리에 빠지면 우리의 자제력은 사실상 도륙을 당하는 수준이었다.

지금은 팬데믹의 영향에서 거의 벗어났지만 팬데믹이 몰고 온 갈증과 소비 습관은 아직도 떨쳐내지 못했다. 우리는 줄곧 더 많은 것을 얻으려 애썼다. 사소한 결핍 신호에도 일상은 은밀하게 지배당했다. 가장 풍족한 시대를 살고 있음에도 결핍의 고리에 빠져 성급한 소비를 반복했다.

내가 바그다드 경찰 기지에 온 것도 바로 이 문제 때문이었다. 이 위험천만한 도시에서 신종 마약인 캡타곤이 유행하는 게 인간에 관해 과연 무엇을 말해 주는지 이해하고 싶었다. 그 답을 알아낸다면 우리를 결핍의 고리로 몰아넣을 수 있는(즉 단기적으로는 만족스럽지만 장기적으로는 해로운) 물질이 풍부히 쏟아질 때 결핍의 뇌가 어떻게 반응하는지 이해하는 데도 도움이 될 것 같았다. 바로 그 지점에서 시작해 우리가 온갖 종류의 비생산적인 습관을 어떻게 극복할 수 있는지도 밝혀낼 수 있을 것이다.

이라크는 내가 가야 할 여러 목적지 중 한 곳에 불과했다. 나는 결핍의 뇌를 이해하고 그 해결책을 찾기 위해 2년 동안 무려 6400킬로미터를 여행했다. 바그다드 말고도 볼리비아의 정글, 미국 전역의 연구실, 몬태나의 오지, 뉴멕시코 산지의 수도원, 심지어 우주(라고 할 만한 곳)까지 찾아갔다.

그 과정에서 결핍의 뇌와 결핍의 고리를 이해하고, 그로부터 벗어나는 방법을 찾은 혁신자들도 만나고 싶었다. 그들은 '더 많이'가 가진 위험을 인식할 뿐 아니라, 우리가 현대의 문제를 해결하는 방식 자체에 심각한 오류가 있다는 사실도 분명히 알고 있었다.

문제의 원인이 과소비인 경우에 우리는 그저 덜 소비하는 걸 목표로 삼으면 된다는 말을 듣는다. 예컨대, 살을 빼려면 음식을 덜 먹고, 기쁨을 되찾으려면 물건을 덜 사거나 불필요한 물건을 버리고, 행복해지려면 전자기기 화면을 쳐다보는 시간을 줄이고, 불안과 피로를 극복하려면 일을 덜 하고, 재정 상태를 개선하거나 사업을 정비하고 싶으면 돈을 덜 쓰면 된다는 식이다.

그러나 덜어내는 식의 해결책도 그 나름대로 문제를 일으킨다. 믿을 만한 최신 연구들은 문제의 원인으로 지목된 요소를 무턱대고 줄이려는 태도가 오히려 상황을 악화시킬 수 있음을 보여 준다. 때로는 과잉 상태를 받아들여야 할 때도 있는 법이다.

내가 이 여정에서 만난 사람들은 굉장히 심오하고 도전적인 질문을 던진다. 그럼에도 노력의 결과로 실제 효과가 있는 해답을 찾아내고 있다. 그들이 발견한 바에 따르면, 영구적인 변화와 지속적인 만족의 비결은 '충분함'을 찾는 데 있다. 너무 많아서도, 너무 적어서도 안 된다는 뜻이다. 어떤 이들은 심지어 결핍의 고리를 '풍요의 고리abundance loop'로 전환해 유익한 행동을 더 많이 하도록 유도하는 데 성공했다.

마침내 모하메드 압둘라 청장의 집무실 문이 활짝 열렸다. 대기실에 침묵이 깔렸다. 압둘라가 밖으로 걸어 나오며 물었다.

"그 미국인이 누군데?"

모두가 나를 쳐다보았다.

1장

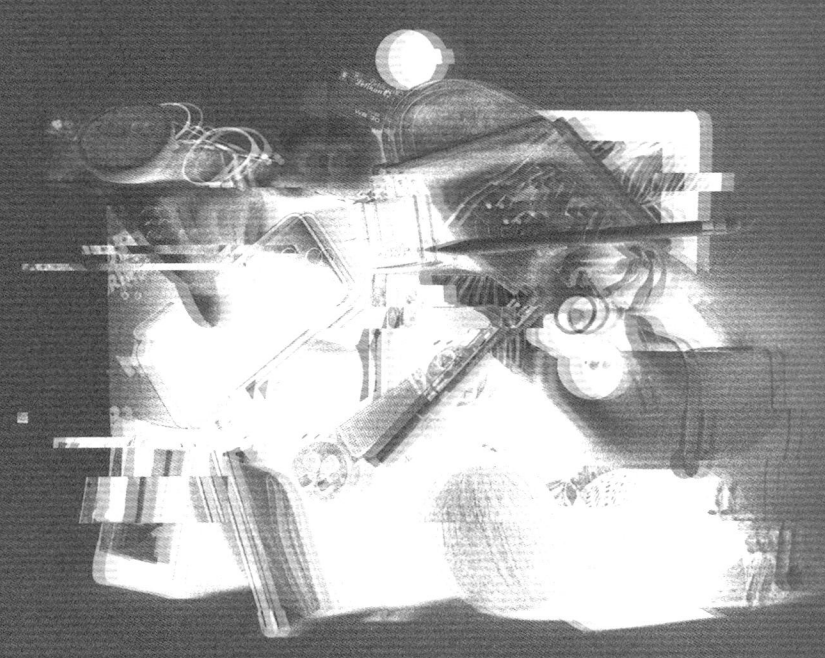

중독은 어떻게
설계되는가

"도박이 그토록 매혹적인 이유는
보상에 측정 가능한 위험이 얽혀 있기 때문입니다.
이길 가능성만 중요한 게 아니죠. 사회에서 실제로
가치 있게 여기는 무언가를 잃을 가능성도 중요합니다.
그런 면에서 돈만큼 실체가 분명한 게 없죠.
그에 얽힌 위험도, 기회도 확실합니다."

내 여정은 이라크 방문이 있기 한참 전 고향 라스베이거스에서 시작됐다. 가톨릭교를 대표하는 도시를 바티칸이라 한다면 결핍의 뇌를 대표하는 도시는 라스베이거스라 해도 과언이 아니다. 이곳만큼 현대인의 소비 욕망을 한데 집약해 놓은 곳이 또 있을까.

라스베이거스의 온갖 즐길 거리 중 결핍의 뇌를 가장 크게 자극하는 주범은 역시나 슬롯머신이다. 라스베이거스를 우뚝 세운 건 돈을 딴 사람들이 아니다. 휘황찬란한 상자 속 따르릉 돌아가는 릴로 사람들을 현혹해 자멸에 이를 때까지 몇 번이고 레버를 당기게 한, 바로 이 슬롯머신이다. 라스베이거스 곳곳에 슬롯머신이 널려 있는 것도 납득이 된다.

당연한 얘기지만 슬롯머신이 바글바글한 대표적인 장소는 라스베이거스 스트립(라스베이거스 대표 번화가—옮긴이)에 즐비한 카지노다. 하지만 주유소, 마트, 술집, 레스토랑, 공항 터미널에서도 찾아볼 수 있다. 사람들은 언제든 슬롯머신 앞에 앉아 몇 시간이고 레버를 당긴다. 오전 6시에 마트에서도 당기고 점심이나 저녁 시간에 동네 레스토랑에서도 당긴다. 한 번은 세븐일레븐 편의점 앞에 놓인 슬롯머신에 앉은 채로 피자를 시켜 먹는 남자를 본 적도 있다.

점원에게 저게 흔한 일이냐고 물어 봤더니 그가 황당해하며 답했다. "진심으로 물어보시는 거예요? 단골도 있어요."

이처럼 습관적으로 변칙에 기대는 사람들이 라스베이거스에만 가득한 것은 아니다. 미국에서는 슬롯머신이 34개 주에서 합법이다. 게다가 네바다를 비롯한 여러 주에서는 꼭 카지노가 아니더라도 곳곳에 슬롯머신을 설치할 수 있다. 그리고 그곳이 어디든 슬롯머신은 어마어마한 돈을 벌어들인다.

슬롯머신으로 거두어들이는 수익은 미국에서만 1년에 300억 달러가 넘는다. 매년 미국인 1인당 약 100달러를 슬롯머신에 쓴다는 뜻이다. 영화, 책, 음악 소비에 사용하는 지출을 합해도 여기에 미치지 못한다. 게다가 이 수치는 매년 약 10퍼센트씩 증가하는 추세다.

나는 대체 왜 이런 일이 벌어지는지 이해하고 싶었다. 슬롯머신은 어째서 그토록 매혹적인 걸까? 궁금하지 않나? 평일 오전 8시에 마트에 갔다가 장을 본 음식이 상하고 있는데도 슬롯머신을 붙잡고 있는 꼴이라니.

나는 일단 도박 중독을 연구하는 전문가들을 찾았다. 하지만 이야기를 들어보니 딱히 진척이 없었다. 사실상 막다른 길이었다.

전문가들의 연구에 따르면, 카지노는 이례적이면서 불순하기까지 한 방법들을 사용해 사람들이 도박에 빠지도록 부추긴다고 한다. 그중에는 다들 한 번쯤 들어본 전략도 있다. 한 연구자가 말하길, 카지노에는 시계가 없다. 고객이 시간 가는 줄 모르고 도박에 몰두하게 만들기 위해서다. 도박 반대 운동가이자 도박 중독 연구로 박사학위를 받은 한 전문가는 말한다. "카지노에서는 눈에 90도가 뜨지 않게 합니다." 직각인 사물을 보면 합리적인 의사 결정을 담당하는 두뇌 영역이 활성화된다는 가설 때문이다. 그는 이렇게 덧붙인다. "직각은 우리가 의사 결정권자로서 자기 자신을 통제하게 만듭니다. 슬롯머신으로 도박을 할 가능성도 낮아진다는 뜻이죠." 또 다른 연구자는 카지노 슬롯머신에서 들기 좋은 C키 음악만 나온다는 사실을 지적한다. C키 음악을 들으면 마음이 풀어져서 결국 지갑도 풀어진다나. 이런 주장들은 《애틀랜틱》이나 《뉴욕타임스》 같은 유명 매체를 통해 이미 널리 알려진 내용들이다.

하지만 하나같이 앞뒤가 안 맞다. 카지노를 몇 번 찾아가서 조금만 상식을 발휘해 보면 이런 주장들이 미신에 가깝거나 업계의 흔한 상술에 불과하다는 점을 알아차릴 수 있었다. 예컨대, 카지노 벽에 시계가 걸려 있지 않다는 주장은 실제로도 사실이었다. 하지만 코스트코 같은 대형 할인마트라고 다른가? 어느 상가든 곳곳에 시계를 걸어 놓는 경우는 거의 없다. 사람들이 손목시계나 휴대 전화를 들고 다니기 때문이 아닐까.

더군다나 라스베이거스에서 제일 잘 나가는 카지노를 몇 군데가 봤더니 곳곳에 직각이 눈에 뜨었다. 아니, 무엇보다 슬롯머신 화면부터가 사각형인걸. 입체파 화가가 디자인을 했나 싶을 정도로 각진 공간도 더러 있었다.

슬롯머신 오디오 감독인 피터 이노우에에게도 연락을 해 봤다.

그는 "제가 C키만 쓰는 건 아니라고 확답드릴 수 있어요"라고 답했다. 오히려 슬롯머신 효과음을 만들 때는 모든 음을 골고루 쓴다고 했다.

하지만 다른 무엇보다 앞뒤가 안 맞는 점은 카지노가 '불순한 전략'을 사용해 사람들을 슬롯머신으로 끌어들인다는 미신이 최소 1960년대부터 떠돌기 시작했다는 것이다. 그 당시 슬롯머신은 딱히 인기가 있지도 않았다. 주유소나 마트는커녕 카지노에서도 찾아보기 힘들었다.

그러다 1980년대쯤 슬롯머신이 바이러스처럼 퍼져 카지노 곳곳을 장악하기 시작했고, 얼마 되지도 않던 슬롯머신 수익은 카지노 총수익의 85퍼센트를 차지하기에 이르렀다.

카지노에 갔다가 각진 사물을 하도 많이 본 덕분일까? 내 이성이 한 가지를 깨달았다. 나는 도박을 멈추게 하려는 사람들이 아니라 '시작하게 하려는' 사람들과 이야기를 나눠 봐야 했다. 기자라면 언제나 최선의 답을 찾을 수 있는 곳, '돈'을 따라가야 했다.

마침 집에서 딱 15분 떨어진 곳에 특이한 카지노가 하나 있었다. 이곳은 시내에서 가장 최근에 생긴 최첨단 카지노였다. 눈을 뗄 수 없는 슬롯머신, 휘황찬란한 테이블, 편안한 호텔 방, 고급스러운 레스토랑까지. 도박 업계에서 기대할 수 있는 최상품이 다 모인 곳이었다.

그런데 특이한 점이 있었다. 여느 카지노라면 사람들이 카지노에 발을 들이게 하려고 무슨 수라도 쓸 텐데, 이곳은 (바그다드 경찰서만큼) 아무도 반겨 주지 않았다.

실험실이 된 카지노

블랙파이어 이노베이션Black Fire Innovation은 라스베이거스 모하비 사막 끝자락에 서 있는 거대한 루빅큐브 모양의 센터다. 면적이 11만 제곱피트에 높이가 4층이고 각진 창 유리와 현대적이고 깔끔한 실루엣이 돋보인다. 바로 지척에는 붉은 암석과 선인장만이 탁 트인 사막 위에 놓여 있다. 하지만 이 넓은 황무지에도 결국 포장도로가 깔려 시내 중심부까지 쭉 이어져 있었다.

로버트 리피Robert Rippee의 사무실에서 널찍한 창문 밖을 내다보니 라스베이거스 스트립이 한눈에 들어왔다. 수많은 카지노 건물이 사막의 작열하는 태양 빛을 반사해 뿜어내는 중이었다. 그 광경은 네온 옷을 차려입은 채 대로를 따라 쭉 뻗쳐 있는 소비의 성지 그 자체였다.

책상을 사이에 둔 채 건너편에는 리피가 등을 꼿꼿이 세운 채 앉아 있었다. 벽에는 석사니 박사니 하는 학위 증명서가 걸려 있었지만 예상과 달리 그는 박사학위가 있다고 어깨에 잔뜩 힘이 들어간 책벌레 유형의 사람은 아니었다. 오히려 운동선수 같은 몸매가 돋보이는 맞춤 정장 차림에 디자이너 브랜드 안경, 손목의 염주, 깔끔하게 다듬은 수염으로 힘을 준 멋들어진 감각의 소유자였다.

이 세련된 분위기는 라스베이거스 스트립의 대형 카지노에서 수년간 책임자로 일한 결과물이었다. 리피는 인간 행동 데이터를 분석해 방문객 수백만 명의 행동을 바꿀 만한 결정을 내리는 역할을 맡고 있었다. 이를 위해 그는 50대에 커리어를 확 틀어 관련 학문을 정식으로 공부하기 시작했다. 무엇이 인간을 자극하는지 깊이 이해하고 싶었기 때문이다.

몇 해 전 리피는 세계 최대 카지노 회사 중 하나인 시저스Caesars 간부와 함께 식사한 적이 있었다. 시저스는 미국 전역에 50채가 넘는 카지노를 거느린 채 매년 100억 달러에 달하는 수익을 내는 거대 기업이다. 그런데도 그 간부는 골치 아픈 문제가 하나 있다며 하소연을 털어놓았다.

당시 시저스는 총수익을 늘리는 데 도움이 될 거라는 최신 기술을 죄다 사들이는 중이었다. 그중에는 사람들을 더 오래 붙들 수 있도록 비디오 게임 감성을 더한 슬롯머신도 있었고, 손님별 베팅하는 방식, 즐겨 먹는 음식, 주로 사는 상품 등 구체적인 프로필을 구축해 더 많은 돈을 쓰도록 유도하는 AI 기반 데이터 추적기도 있었다.

문제는 그런 최신 기술이 잘 먹힐지 미리 알 방법이 없었다는 점이다. 일단 수백만 달러를 들이부어서 기술을 써 보는 수밖에는. 나름의 도박이 필요했던 셈이다. 안타깝게도 시저스의 경우 그 도박에서 판돈을 말아먹는 중이었다.

그래서 리피는 시저스 간부에게 라스베이거스의 네바다대학과 제휴를 해 보는 게 어떻겠냐고 제안했다. 바로 이 네바다대학이 리피가 여러 연구팀과 함께 각종 기술이 카지노 방문객의 행동에 어떤 변화를 가져오는지 연구하는 곳이다. 인간의 마음을 움직이는 법을 알아내기 위해 다양한 연구기관과 손을 맞잡은 네바다대학은 흡사 하버드대학, 케임브리지대학, 51구역(네바다주에 위치한 1급 군사 기지—옮긴이)을 한데 합친 곳 같다.

이곳의 연구자들은 사람들에게 뭐가 먹히는지 잘 안다. 물론 그건 기하학이나 음표와는 아무런 상관이 없다.

그럼 이들이 카지노 연구소를 만든다면 어떨까? 카지노를 짓되 오로지 연구 목적으로만 사용한다면 어떨까? 실제 카지노를 만든 다음 그 안에 연구자, 기술자, 실험 참가자를 한가득 채워 넣는 것이다. 이곳에서 연구원들은 특정 게임에서 신호를 대놓고 줄 때와 넌지시 줄 때 게이머의 베팅 방식에 어떤 변화가 생기는지 테스트할 수 있다. 슬롯머신에 가한 지극히 미세한 조정이 어떤 행동을 자극하는지 확인할 수도 있다. 말하자면, 혁신적인 아이디어를 가진 사람들이 한데 모여 벤처 자금을 모으고 업계 전문가나 내부자의 혜안을 구하는 산실이 탄생할 수 있는 것이다.

그런 상상이 실현된 결과물이 바로 이곳, 블랙파이어 이노베이션이다. 마치 카지노이면서도 카지노가 아닌 곳이랄까.

리피가 말했다. "이곳은 라스베이거스 스트립의 어느 카지노 리조트를 본뜬 거대한 연구소입니다. 새로운 기술이나 인간의 행동 변화 등을 탐구하는 곳이죠. 저희는 카지노부터 주변 시설까지 전부 통째로 흉내 냈어요. 호텔 방, 음식, 음료부터 시작해 오락물이랑 도박 시설은 물론이고 상점이나 간판까지 똑같이 따라 했죠."

그는 나를 데리고 사무실 밖으로 나와 사실상 카지노나 다름없는 공간으로 자리를 옮겼다. 그나마 다른 점이라고는 흡연이 불가하다는 것, 실험 설비와 박사학위 소지자가 많다는 것뿐이었다.

"이 구역은 스포츠북(카지노에서 스포츠 경기 관련 베팅이 이루어지는 곳—옮긴이)을 본뜬 곳입니다." 한쪽 벽면에는 베팅 화면과 키오스크가 다닥다닥 줄지어 있었다. 쥐색 가죽 의자 맞은편에는 신용카드 두께만큼 얇은데도 크기가 어마어마한 화면에서 트윈스 대 양키스 야구 경기가 중계되고 있었다. 양옆에는 그날의 스포츠 베팅 현황을 스크롤 형식으로 확인할 수 있는 작은 화면들이 놓여 있었다.

리피의 소개를 들으며 걷다 보니 카지노 테이블이 쭉 늘어선 곳이 나왔다. 테이블에는 특유의 녹색 모직이 깔려 있고 그 틀은 짙은 빛깔의 목재와 가죽이 감싸고 있었다. 테이블 주변으로는 검정색과 빨간색이 풍부하게 들어간 가죽 의자가 놓여 있었다. "여기 보시는 건 전통적인 카지노 테이블인데요. 이곳에서 새로운 게임이나 기술을 테스트하면서 사람들의 행동을 추적 관찰할 수 있어요."

다음으로 리피는 의자 여섯 개가 둘러싸고 있는 어느 원형 기계를 가리켰다. 기계 중심에는 큰 스크린 하나가 솟아올라 있었다. 그의 설명대로라면 '전자식 테이블 게임'이었다. 중앙 스크린에서 인공지능 딜러가 카드를 섞거나 룰렛을 돌리면 실험에 참여한 도박사들이 개인용 스크린에서 베팅을 하는 식이었다. 인공지능 혁명이 도박 산업을 비껴갔다고 착각하는 사람이 있다면 딱 이 광경을 보여 주면 된다.

어느새 연구실 구석에 있는 복도로 다다랐다. 복도 끝에는 카드키로 출입하는 문 두 개가 나란히 놓여 있었다. "저 문을 열고 들어가면 각각 호텔 방이 하나씩 나와요." 리피가 말했다. 근처에는 커다란 개방형 부엌이, 그 건너편에는 칵테일 바랑 커피 테이블도 있었다.

이곳에서 연구원들은 카지노의 객실, 음식, 음료와 관련된 세부적인 요소 하나하나가 카지노 이용 경험 전체에 어떻게 반영되는지 확인할 수 있다.

투어는 계속되었다. 나는 리피의 손가락이 향하는 곳을 차례차례 눈으로 따라갔다. 한쪽에는 휘황찬란한 시연 광고를 틀어 놓은 커다란 스크린이 벽을 가득 채우고 있었고, 다른 한쪽에는 도박사들을 카지노 주요 시설로 안내하게끔 설계된 대화형 스마트 미러가 보였다. 다음으로는 기술 실험용 디지털 라운지가 나왔다.

리피는 말했다. "저 너머에 e스포츠 경기장도 있어요. 결국 핵심 아이디어는 사람들을 이곳에 잔뜩 데려와서 다양한 시나리오에 노출시키는 거죠. 그러면 저희는 그들이 어떤 기대를 품고 어떤 행동을 하는지 관찰할 수 있어요. 궁극적으로는 기술의 발전이 어떤 행동 변화를 유발하는지 이해할 수 있을 거예요. 그리고 이 모든 게 가능한 이유는 저희가 73곳이 넘는 업체랑 제휴를 맺어서 자금과 장비를 지원받고 있기 때문이죠." 물론 핵심 파트너는 시저스다. 하지만 어도비, 인텔, LG, 휴렛팩커드Hewlett-Packard, 파나소닉, 줌, 보이드게이밍Boyd Gaming, 드래프트킹스DraftKings 같은 테크 및 게임 업계 거물들도 재정적인 지분을 갖고 있다.

이렇듯 라스베이거스의 카지노는 더 이상 마피아가 운영하는 뒤가 구린 장소가 아니다. 이제는 관찰과 실험이 실시간으로 이루어지는 연구소이자 인간 행동과 관련된 정보가 방대하게 쌓이는 데이터 뱅크나 마찬가지다. 그래서 블랙파이어 이노베이션 역시 주사위 테이블과 룰렛 휠을 들여오기 전에 센터의 두뇌라 할 수 있는 데이터

연산용 슈퍼컴퓨터를 먼저 설치한 것이다. 마침 리피가 중앙 컴퓨터 쪽을 가리켰다.

냉장고 네 개를 이어 붙인 크기의 중앙 컴퓨터는 유리로 된 방 안에서 에어컨 바람을 쐬며 살아 움직이는 듯했다. 녀석은 윙윙 소리를 내며 가쁜 숨을 내쉬었다. 몸뚱이에서는 다채로운 전선들이 마치 핏줄처럼 뻗어 나왔다. 전선들은 다발로 묶인 채 벽을 타고 이어져 천장 너머로 몸을 숨겼다.

라스베이거스 전역의 여느 카지노와 마찬가지로 이곳에서도 중앙 컴퓨터는 카지노에서 벌어지는 사건 하나하나에 촉수를 뻗친다. 라스베이거스에서 벌어진 일은 라스베이거스에 묻는다고 했던가? 이제는 인간의 행동과 그에 따른 연쇄 반응이 라스베이거스가 아니라 데이터 클라우드에 모여 철저한 관찰과 조사, 분석을 당하게 되었다.

마침내 리피가 나를 마지막 구역으로 데려갔다. 애초에 내가 이해하고 싶었던 것, 즉 과거와 현재와 미래의 인간 행동을 이해시켜 줄 원동력이 바로 이곳에 있었다. 현대사회의 인간이 알 수 없는 이유로 특정 행동을 빠르게 반복하고 또 반복하는 실태를 그대로 보여주는 상징물, 슬롯머신 말이다.

벽을 따라 늘어선 슬롯머신 크롬 케이스가 번뜩였고 화면은 죄다 요란했다. 그때 리피가 말했다. "슬롯머신 이야기는 다른 분이랑 해 보시는 게 좋을 것 같아요. 대니얼 살이라는 분이에요."

결핍을 설계하다

인류를 변화시키는 존재는 더 이상 20세기 초의 석유 재벌이나 1980년대의 월스트리트 거물 같은 인물이 아니다.

이제는 대니얼 살Daniel Sahl 같은 인물이 혁명의 중심에 있다. 살은 수학과 모범생의 전형이지만 본인 말에 따르면 "무엇이 사람들을 끌어들이는지 이해하는 사람"이기도 하다. 그는 청바지에 〈토이스토리〉의 피자 플래닛 로고가 찍힌 티셔츠를 입고 그 위에 바람막이 재킷을 걸친 차림이었다. 머리는 손질이 필요해 보였다. 슬롯머신, 카드 게임장, 주사위 테이블, 룰렛 테이블을 지나 연구실을 가로질러 다가오는 내내 살은 나랑 눈 한 번 마주치지 않았다.

인류가 왜 이렇게나 빠르고도 절박하게 더 많은 것을 추구하게 되었는지 이해하려면 일단 결핍의 고리가 작동하는 기제를 이해할 필요가 있다. 1980년대 슬롯머신 업계에서 일어난 특이한 변화 하나를 알면 도움이 된다. 그 변화는 결핍의 고리를 증폭시키는 데 더해 전국적인 문제로 확산시켰다. 그래서 내가 찾아간 곳은 바로 게임혁신센터였다.

게임 혁신 센터는 블랙파이어 이노베이션 산하 시설로, 살이 박사과정 학생으로서 비디오 게임 이론을 슬롯머신에 적용하는 법을 연구하던 2013년에 출범했다. 당시로서는 굉장히 실험적인 시도였다. 살은 사람들로 하여금 짧은 시간 내에 연달아 게임을 하도록 유도하는 카지노 게임을 고안하는 데 뛰어난 재능이 있었다. 불과 2년 뒤 네바다대학은 살에게 연구실을 내주었다.

그 연구실에서 살이 개발한 게임들은 말로는 못할 막대한 금액을 벌어들였다. 그중 수백만 달러는 다시 연구 비용으로 재투자됐다. 살은 나를 데리고 연구실에 놓인 반원형 카드 테이블에 앉은 다음 말했다. "저희가 보유한 특허권이 30개 가까이 되는데 지금도 계속 늘고 있어요. 전 세계 카지노에 납품한 게임이 서른 종이 넘죠. 그렇게 벌어들인 돈은 전부 센터와 학생들한테 다시 들어가요. 연구실에 들어와 수업을 듣고 아이디어를 내면서 6개월 뒤에 한 해 등록금을 댈 만한 수표까지 받을 수 있는 기회는 흔치 않습니다."

연구실 졸업생들은 세계 최대의 카지노, 슬롯머신 제조사, 모바일 베팅 앱 개발 회사에서 일하는 데 만족하지 않는다. 그들도 돈을 따라간다. 실제로 그들은 미국 군수물자 납품업체, 법 집행 기관, 첨단 기술 스타트업 회사, 대형 온라인 쇼핑몰 등에서 활용할 행동 교정 기술을 개발하는 중이다.

만약 돈을 잃을 걸 알면서도 연달아 수백 번을 플레이할 만큼 매혹적인 게임을 만들 줄 아는 사람이라면 게임이 아니더라도 다른 특정 행동을 반복하게 만드는 제품을 설계하는 법을 알 것이다. 그런 면에서 게임 혁신 센터 졸업생들은 사람들의 마음속에 결핍 마인드셋을 심는 차세대 농부들이나 다름없다.

중독을 최적화하다

1970년대에 카지노 경영자들은 슬롯머신의 진가를 알아보지 못하고 저 구석에 처박아 뒀다. 당시 라스베이거스의 카지노 경영자 찰스 허쉬Charles Hirsch는 슬롯머신을 "카지노의 진짜 고객, 즉 카드나 주사위를 갖고 노는 도박꾼 대신 그들의 친구와 가족을 끌어들여 즐겁게 해 주는 장난감"이라 평했다.

그 시절에는 카드와 주사위 게임이 슬롯머신에 비해 10배 더 많은 수익을 창출했다. 요란하고 멋있고 흥미진진했기에 고객들도 '테이블 게임'을 선호했다. 게다가 테이블 게임에서는 플레이 횟수 중 절반 가까이 돈을 따는 스릴을 만끽할 수 있었다. 실제로 어떤 게임이든 승리 확률은 40~49퍼센트에 이르렀다.

반면 지루한 슬롯머신을 하는 사람은 거의 없었다. 복잡한 아날로그 방식의 기계라 번거롭기만 할 뿐 밋밋했다. 고객 입장에서는 침묵 속에 홀로 앉아 손잡이를 당기고는 흉측한 철제 릴이 스르르 도는 걸 지켜보는 게 다였다. 그러다 덜컹, 덜컹, 덜컹 소리를 내며 릴이 멈추면 실망스러운 결과가 나올 확률이 높았다.

그게 가장 큰 문제였다. 고객은 오직 문양 한 줄에만 베팅할 수 있었고, 베팅한 문양이 정중앙에 일렬로 정렬되어야만 돈을 딸 수 있었다. 당연히 당첨 확률은 희박했다. 슬롯머신을 당겨서 돈을 딸 확률은 단 3퍼센트였다.

사실상 아무 성과가 없는 짓이니 상식적인 사람이라면 금방 그만둘 것이다. 지난 100년간의 심리학 연구 역시 이를 뒷받침한다. 예컨대, 차 키를 꽂고 돌렸는데 엔진에 시동이 걸리지 않으면 처음 몇 번은 키를 더 돌려 볼 것이다. 하지만 그럼에도 아무 일도 일어나지 않으면 더는 키를 돌려 보지 않는다. 그 대신 자동차 보닛을 열거나 견인차를 부를 것이다.

이처럼 보상 없는 행동을 중단하는 것을 심리학에서는 '소거extinction'라 부른다. 소거는 여태까지 인간이 연구한 모든 동물에게서 명확히 나타난다. 70년대 슬롯머신은 어찌나 소거에 탁월했던지 그 인지도가 혜성 충돌로 멸망한 공룡처럼 감쪽같이 사라졌다. 심지어 슬롯머신 앞에 의자마저 없을 정도였다. 어차피 자리를 잡고 앉아야 할 만큼 오래 플레이하는 사람이 없었기 때문이다.

그러다 1980년경에 시 레드Si Redd가 등장했다. 1911년생인 레드는 미시시피의 찢어지게 가난한 소작농 집 아들이었다. 어린 시절 겪은 대공황은 그의 정신세계에 큰 영향을 미쳤다. 부자가 되기 위해서라면 무엇이든 할 수 있는 끈기와 열정을 심어 준 것이다. 고작 18세에 레드는 미국 남부와 북동부에 핀볼과 주크박스 제국을 세우기 시작했다. 그 제국이 어찌나 번창했던지 1950년대 말에는 마피아가 레드에게 사업을 팔지 않으면 죽이겠다고 협박할 정도였다.

그래서 레드는 라스베이거스로 떠나 재능을 펼치기 시작했다. 빨간 정장에 알이 접시만 한 선글라스를 쓰고, 골프공만 한 터키석이 박힌 끈 타이 차림으로 라스베이거스를 누볐다. 카우보이가 랫팩Rat Pack(1960년대 라스베이거스 카지노 거리에 자주 모습을 드러냈던 할리우드 배우 친목 모임―옮긴이) 멤버로 들어간 모양새랄까. 그 시절 라스베이거스 스타일의 전형이었다.

1970년대 후반에 레드는 게임 회사 아타리Atari에서 새롭게 출시한 비디오 게임이 어린아이들의 주의를 몇 시간이고 붙잡아 두는 걸 발견했다. 처음에는 어이가 없었다. 비디오 게임에서 승리를 거둬도 실질적으로 얻는 보상은 아무것도 없었기 때문이다. 하지만 여기서 아이디어 하나를 떠올렸다.

레드는 소거의 심리적인 기제를 잘 이해하고 있었다. 연속으로 너무 많은 패배를 경험하는 건 절대 유쾌한 경험이 아니다. 도박은 아무리 소소한 보상이라도 따야 재미있게 느껴지는 법이다.

혹시 슬롯머신도 디지털화할 수 있지 않을까? 레드는 단 한 줄의 문양에만 베팅할 수 있어 당첨 확률이 희박할뿐더러 육중한 아날로그 릴까지 달린 기존의 슬롯머신 대신 디지털 화면이 달린 슬롯머신을 만들기 시작했다. 플레이어가 슬롯머신을 당기면 컴퓨터가 작동해 릴이 화면상에서 회전하는 것처럼 보이게 만들었다는 뜻이다.

디지털 화면의 등장으로 베팅에도, 당첨 확률에도 가능성의 문이 활짝 열렸다. 레드는 플레이어가 게임당 한 줄 이상의 문양에 베팅할 수 있도록 프로그램을 설계했다. 심지어 한 게임에 100줄의 문양에 베팅할 수 있는 슬롯머신도 있었다. 가로세로 각각 다섯 칸인 격자를 가로지르는 갖가지 종류의 당첨 줄을 상상해 보자. 직선형 줄, 대각선형 줄, V자형 줄, M자형 줄 등등 어떤 식으로 잇든 당첨이다.

게임마다 10줄, 20줄, 40줄, 심지어 100줄까지 고를 수 있는데 줄마다 1센트나 5센트씩 베팅할 수도 있으니 한두 줄에서라도 무언가를 딸 가능성이 높아졌다. 슬롯머신을 당겨 돈을 딸 확률은 45퍼센트까지 치솟았다.

물론 크게 딸 수도 있었지만 일반적으로는 처음 베팅한 돈보다 적은 금액을 따는 경우가 많았다. 예컨대 1달러를 베팅하고 50센트를 따더라도 '따기는 딴 것'이었다.

여기에 '당첨' 프레임을 씌우는 게 의아해 보일 수 있다. 완전 말도 안 되는 논리라고 생각할 수도 있다. 하지만 이미 1950년대에 과학이 밝혀낸 사실에 비추어 보면, 레드는 인간 행동의 본질을 제대로 간파했다. 우리의 뇌는 투자한 1달러는 고려하지 않기에 그저 50센트를 얻었다고만 받아들이는 경향이 있다. 카지노 업계에서는 이처럼 베팅 금액보다 적게 따는 걸 두고 '승리의 탈을 쓴 패배'라 부른다.

최근에도 노르웨이의 어느 연구진은 인간의 뇌가 승리의 탈을 쓴 패배를 작은 패배가 아니라 작은 승리로 인식한다는 사실을 밝혀냈다. 이런 경향성은 우리가 더 오래 게임을 붙들게 만들고 더 많은 돈을 쓰게 만든다. 게임 내내 기대감, 긴장감, 흥분감이 지속되기 때문이다.

이와 같은 뇌의 특이한 성질에 레드는 심리학 개론서에 나올 법한 간단한 수법까지 가미했다. 슬롯머신을 발작 유발 기계인가 싶을 정도로 요란하게 만든 것이다. 디지털화가 이루어진 덕분에 슬롯머신에는 크고 경쾌한 소리, 환하게 번쩍이는 조명, 재미있는 화면 그래픽이 더해졌다. 바로 그 소리와 조명, 그래픽은 진짜 '당첨'이 됐을 때는 물론 '당첨의 탈을 쓴 낙첨'이 됐을 때도 쏟아져 나왔다. 이는 심리학에서 말하는 조건화conditioning 현상으로 이어졌다. 파블로프의 개가 종소리만 들어도 침을 흘리는 것처럼 도박꾼 역시 슬롯머신이 보여 주는 화려한 연출을 진짜 당첨뿐만 아니라 당첨의 탈을 쓴 낙첨과도 연관 지은 것이다.

이게 얼마나 큰 변화인지 이해할 수 있게 우리가 기존의 슬롯머신과 레드의 슬롯머신을 둘 다 당긴다고 가정해 보자. 수중에는 10달러가 있고 한 게임당 1달러를 베팅할 것이다.

기존의 슬롯머신	레드의 슬롯머신
게임 양상	게임 양상
낙첨, 낙첨, 낙첨, 낙첨, 낙첨, 낙첨, 낙첨, 낙첨, +2달러, 낙첨, 낙첨, 낙첨, 낙첨	낙첨, +0.5달러, +0.8달러, +1.5달러, 낙첨, +0.4달러, 낙첨, +0.8달러, +0.25달러, 낙첨, 낙첨, +4달러, 낙첨, +0.5달러, +6달러, 낙첨, 낙첨, +0.2달러, 낙첨, 낙첨, 그러다 결국…….
최종 결과	최종 결과
-10달러	-10달러
총 플레이 시간	총 플레이 시간
1분	15분
흥분도 및 다시 플레이할 가능성	흥분도 및 다시 플레이할 가능성
차라리 치과 가서 신경 치료를 받는 게 더 신날 듯	혹시 10달러만 빌려 줄 사람?

이렇듯 슬롯머신은 멍하게 딸깍거리다 보면 어느새 끝나 있는 지루한 게임에서 서서히 오래도록 애를 태우는 아주 재미있는 게임으로 변모했다. 사람들은 다시, 또다시 슬롯머신 앞으로 돌아갔다. 가끔은 밑돈보다 많은 돈을 벌어서 떠날 때도 있었다.

도박을 하지 않는 사람 입장에서는 승리의 탈을 쓴 패배를 겪으면서도 도박을 한다는 게 비합리적인 행동으로 보일 수 있다. 하지만 이는 지극히 교과서적인 행동이다. 시동이 안 걸리는 고물 자동차 예를 다시 떠올려 보자. 이번에도 키를 돌리는데 아무 일도 일어나지 않는다. 다시 키를 돌려 보지만 또 아무 일도 일어나지 않는다. 그런데 세 번째로 키를 돌리자 엔진이 금방이라도 켜질 것처럼 부르릉 소리를 내며 덜덜 떨린다. 그러더니 다시 잠잠해지면서 시동이 걸리지 않는다. 승리의 탈을 쓴 패배를 겪은 우리는 엔진에 조금이라도 가망이 있어 보이는 한, 운전석에 앉아 몇 번이고 키를 돌려 볼 것이다. 보닛을 열거나 견인차를 부르는 건 시동을 걸려는 시도가 너무 많이 연달아 실패한 뒤에만 이루어진다. 반쯤 죽은 엔진이 아예 죽은 엔진보다 더 오래 주의를 끄는 셈이다.

요컨대 레드는 당첨이 더 자주 일어나게 만들고 화려한 소리, 조명, 그래픽을 더함으로써 기존 슬롯머신의 지루함을 해결했다. 하지만 해결해야 할 문제가 하나 더 있었다. 사람들이 레드의 슬롯머신이 얼마나 재미있는지 모른다는 점이었다. 여전히 대중은 슬롯머신을 재미없는 외팔이 날강도쯤으로 인식했다. 레드는 대중을 매혹시켜야 했다.

여느 문제가 그렇듯 돈만 한 해결책이 없다. 디지털 스크린 덕분에 레드의 슬롯머신은 돈을 휴지 뿌리듯 뿌릴 수 있었다.

기존 슬롯머신에서 잭팟에 걸리는 배당금은 엔지니어가 릴에 맞출 수 있는 문양의 가짓수에 달려 있었다. 보통 500달러나 1000달러 정도였으니 짭짤한 편이었다. 하지만 그 정도는 좀 멍청한 사람이라도 100달러를 가지고 블랙잭이나 룰렛 몇 게임을 운 좋게 이기면 쉽게 딸 수 있는 금액이었다.

하지만 디지털 슬롯머신에서는 잭팟이 터질 확률을 레드 마음대로, 예컨대 25만 분의 1로도 설정할 수 있었다. 그만큼 더 큰 상금을 제공할 수도 있었다. 새로운 슬롯머신에서 잭팟이 터지면 평균 당첨 금액이 다섯 자리나 여섯 자릿수에 이르렀다. 심지어 레드는 네바다 전역의 슬롯머신을 연계해 자금 풀을 늘림으로써 당첨금이 수백에서 수천만 달러에 달하는 잭팟까지 제공했다. 그는 이를 '광역 누진제 잭팟'이라 불렀다. 말하자면 슬롯머신계의 파워볼 복권(미국 전역에 발행되는 만큼 극악의 당첨 확률을 자랑하는 대신 막대한 당첨금을 제공하는 복권—옮긴이)이었다.

고작 1달러나 2달러를 베팅해서 인생을 바꿀 잭팟을 터뜨릴 수 있게 되니 수많은 사람이 슬롯머신으로 모여들었다. 파워볼 1등 당첨금이 아홉 자릿수까지 쌓이면 동네 주유소 앞에 복권을 사려는 사람이 바글거리는 상황이랑 똑같다.

그렇게 더 많은 사람이 슬롯머신을 당겼다. 게다가 일단 손잡이를 당기면 재미있어서 앞을 떠나지 못했다. 고객들은 금방 돈을 따긴 딸 것임을 확신했다. 물론 얼마나 빨리 당첨될지, 얼마가 당첨될지는 몰랐다. 1달러 베팅이 40센트로 돌아올까? 혹시 4000만 달러로 돌아오지는 않을까? 실제로 2003년에 어느 25세의 소프트웨어 개발자는 라스베이거스 카지노에서 레드의 광역 누진제 슬롯머신 중 하나를 당겼다가 딱 그만큼을 벌었다.

레드는 여기서 멈추지 않았다. 더 많은 사람이 더 많이 플레이하게 만들기 위해 계속 변화할 거리를 찾았다. 일단 슬롯머신 특유의 번잡한 손잡이가 도박을 노동처럼 느껴지게 만들 수 있다는 판단하에 손잡이 대신 '돌리기' 버튼을 추가했다. 고객의 팔이 저릴까 봐 걱정해 준 게 아니라 순전히 수익을 늘리기 위한 변화였다. 돌리기 버튼 덕분에 고객은 다음 게임을 더 빨리 플레이할 수 있었다. 실제로 시간당 평균 플레이 횟수는 300에서 900으로 늘어났다.

레드의 슬롯머신은 대박을 쳤다. 사람들은 열광했다. 카지노 경영자들은 슬롯머신 수를 다섯 배로 늘렸다. 슬롯머신을 전면 중앙에 배치하기 위해 카지노 구조를 재설계하기도 했다. 고객들이 슬롯머신을 몇 시간이고 플레이하면서 그 앞에 앉을 필요가 생기자 의자도 수천 개나 주문해야 했다.

모두가 떼돈을 벌었다. 물론 여러분과 나, 슬롯머신을 플레이한 사람은 빼고.

레드가 일으킨 슬롯머신 혁명은 세기에 한 번 있을 법한 파격적인 변화였다. 넷플릭스가 영화를 실물 DVD 대신 스트리밍으로 제공해 TV와 비디오를 소비하는 방식 자체를 뒤바꾼 급의, 아마존이 단순히 책을 파는 걸 넘어 쇼핑 방식 자체를 뒤바꾼 급의 변혁이었다.

레드는 인간 정신의 독특한 지점을 본능적으로 파고들었다. 도박과 과식, 과음, 과소비는 물론 드라마 정주행에 이르기까지, 우리가 짧은 시간 내에 연달아 하는 행동들은 결핍의 고리로부터 동력을 얻는다. 이 고리는 크게 세 요소로 이루어진다.

| 기회의 발견 | --- | 예측 불가능한 보상 | --- | 즉각적 반복 가능성 |

이와 같은 연쇄 작용은 궁극적으로 결핍 마인드셋을 촉발한다. 레드가 도박꾼들에게서 끌어낸 건 거의 강박 수준의 반복적 소비 패턴이었다. 어떤 행동이든 즉각적으로 반복할 기회와 욕구가 늘어날수록 우리에게 미치는 영향 역시 늘어난다.

레드가 결핍 마인드셋의 작동 원리와 촉발 요인을 직감적으로 알아차린 덕분에 슬롯머신 수익은 열 배 증가했다. 테이블 게임은 카지노 병풍 신세가 됐다.

현재 살과 같은 신세대 행동 공학자들은 레드가 이룬 성과를 더욱 정교하게 다듬는 중이다. 그들은 지난 100년 동안 쌓인 심리학 연구와 카지노 데이터를 활용해 결핍의 고리를 최적화함으로써 게임을 한층 더 매력적으로 만든다. 그 모든 노력은 결국 하우스 엣지(고객이 베팅한 금액 중 카지노가 평균적으로 가져가게 되는 수익—옮긴이)를 조금이라도 올리기 위함이다.

결핍의 고리의 3요소

여태까지 연구실이 거둔 성과를 소개한 뒤 살은 본격적으로 수학 이야기로 들어갔다. 애초에 그가 가장 자신 있어 하는 영역이었다.

"카지노에 있는 게임은 대개 고객이 베팅한 금액 1달러당 86~98센트를 돌려줍니다." 카지노 입장에서는 마진이 약 7퍼센트 남는다는 뜻이다. 비교적 낮은 금액이다. 결국 수익은 규모에 달려 있다. 많은 사람이 오랫동안 게임을 하게 만들어야만 한다.

바로 이 지점에서 결핍의 고리가 등장한다. 살은 눈을 테이블 쪽으로 내리깐 채 슬롯머신이 왜 그토록 매혹적인지 설명하기 시작했다. "그러니까 릴이 돌아가면 도박꾼한테 무슨 일이 일어나는가 하면요……."

살이 도중에 말을 끊고는 "여기로 와 보세요. 직접 보여 줄게요"라고 하더니, 어느 슬롯머신 앞으로 나를 안내했다. 고대 이집트를 테마로 한 게임이었다. 화면에는 이집트 상형문자를 닮은 멋들어진 문양들이 나왔다. 살이 슬롯머신의 돌리기 버튼을 누르기 시작했다.

슬롯머신 화면 속 릴이 돌면서 사운드 효과와 금빛 광채가 와르르 쏟아져 나왔다. 자연스레 우리의 초점은 보상이 높은 문양 쪽으로 향했다. 뒤이어 살은 슬롯머신이 결핍의 고리를 얼마나 효과적으로 활용하는지 기초 강의를 펼치기 시작했다.

❶ 기회의 발견

결핍의 고리를 구성하는 첫 번째 요소는 기회의 발견이다. 삶을 개선할 만한, 가치 있는 무언가를 얻을 기회 말이다.

하지만 기회에는 위험이 동반되는 법이다. 돈, 물건, 식량, 지위 등 귀중한 무언가를 얻을 수도 있지만 얻기는커녕 잃을 수도 있다.

살이 말했다. "도박이 그토록 매혹적인 이유는 보상에 측정 가능한 위험이 얽혀 있기 때문입니다. 이길 가능성만 중요한 게 아니죠. 사회에서 실제로 가치 있게 여기는 무언가를 잃을 가능성도 중요합니다. 그런 면에서 돈만큼 실체가 분명한 게 없죠. 그에 얽힌 위험도, 기회도 확실합니다."

컬럼비아대학에서 실시한 연구가 살의 주장을 뒷받침한다. 연구자들의 발견에 따르면, 특정 사건이 명확한 보상이나 손실로 이어질 가능성이 클수록 결과를 기다리는 동안 일종의 황홀감이 느껴진다고 한다. 도박에 베팅하고 결과를 기다릴 때도, 병원에 가서 검사를 받고 진단 결과를 기다릴 때도, 그런 긴장과 스릴이 느껴진다.

❷ 예측 불가능한 보상

결핍의 고리를 구성하는 두 번째 요소는 보상의 예측 불가능성이다. 일상적인 행동은 대개 그 보상이 예측 가능하다. 예를 들어, 가려운 곳을 긁으면 가려움이 해소된다. 시원함이라는 보상이 예측 가능한 셈이다. 하지만 지난 수십 년에 걸친 연구에 따르면, 예측 가능한 보상은 지루하게 느껴질 수 있다.

예측 불가능한 보상은 다르다. 보상을 받을 것은 분명하지만 언제 받을지가 불확실하면 우리는 행동에 크게 몰입한다. 그 행동이 과연 좋은 결과로 이어질지 지켜보는 내내 짜릿하면서도 초조한 불안감을 느낀다. 인간의 뇌는 예측 불가능한 것에 초점을 맞추는 데 익숙하다. 다른 정보를 받아들이는 기능을 자연스레 억제함으로써 오로지 예측 불가능한 결과에 초점을 맞춘다. 실제로 한 연구에서는 예측할 수 없는 보상이 '인간 인지와 감정의 근본적인 측면'을 건드린다는 사실을 발견했다.

살은 결핍의 고리의 두 번째 요소를 자세히 설명해 주는 내내 슬롯머신의 돌리기 버튼을 누르고 있었다. 내가 슬롯머신보다 뒷전이라는 느낌을 받지 않을 정도로만 간간이 내게로 주의를 돌렸다. "도박의 핵심은 보상을 받을 것이라는 기대죠. 다만 언젠가 보상을 받는다는 것을 알더라도 정확히 언제, 얼마만큼의 보상을 받을 것인지는 모르죠."

살이 다시 한번 버튼을 눌렀다. 그러고는 롤이 빙그르르 돌다가 서서히 멈출 때쯤 다시 입을 열었다. "이번 라운드에 저희는 실망하게 될까요? 기뻐하게 될까요? 기쁘면 적당히 기쁠까요? 아니면 진짜 엄청나게 기쁠까요? 바로 이게 흥미를 유발하는 거예요. 결과가 꽝일 수도 있지만, 하루아침에 인생을 바꿀 수도 있거든요."

살은 예측 불가능한 보상을 한층 더 기대하게 만드는 방법이 또 있다고 했다. 그건 당첨이 될 것 같을 때 당첨 결과가 나타나는 방식을 얼마나 능숙하게 설계하느냐에 달려 있었다.

일상적인 행동은 매번 같은 방식으로 일어난다는 걸 기억해 보자. 가려운 곳을 긁고 시원함을 느끼는 건 매번 똑같은 양상으로 이루어진다. 슬롯머신은 거기에 역동성을 더했다.

살이 슬롯머신의 돌리기 버튼을 눌렀다. 다섯 개의 릴이 뱅그르르 돌아갔다. 첫 번째, 두 번째, 세 번째 릴이 멈췄는데 당첨 각이 보였다. "이제 나머지 릴 두 개만 알맞은 문양에 멈추면 크게 따겠죠. 그런데 저 같은 게임 개발자는 그 두 개의 릴이 평소처럼 빨리 멈추지 않았으면 합니다. 처음 세 개의 릴에서 이미 낙첨이 결정됐다면 빨리 멈춰도 상관없어요. 하지만 당첨될지도 모르는 상황에서는 그 짜릿한 경험을 연장해야죠."

남은 두 개의 릴은 평소보다 훨씬 더 오래 돌았다. 네 번째 릴이 돌아가는 내내 그 주변으로 흰빛이 반짝이면서 우리 얼굴을 밝게 비추었고 그와 동시에 고대 이집트라는 테마에 어울리는 환상적이고도 신비로운 노래가 흘러나왔다.

솔직히 말하자면 나는 완전히 매료당했다. 그때 내 얼굴은 마치 UFO가 곧 납치할 사람을 향해 빔을 쏜 것처럼 환하게 빛났을 것이다. "이건 긴장감을 높여서 우리가 더 오래, 더 강렬히 지금 이 순간에 몰입하게 만듭니다"라고 살이 말하는 동안 스크린에 정신이 팔려서 제대로 듣지도 못했다.

스탠퍼드대학 신경과학자들이 밝혀낸 바에 따르면, 예측 불가능한 보상을 기다리는 순간은 어찌나 스릴이 넘치는지 그 자체만으로도 보상이 된다. 뇌의 흥분 및 보상 회로는 보상 결과를 기다리는 와중에 가장 강력하게 반응한다.

네 번째 릴이 멈췄다. 당첨 가능성이 아직도 남아 있었다. 음악이 계속되는 와중에 다섯 번째 릴이 빛을 넘겨받아 돌고 또 돌았다. 결국 마지막 릴도 멈추자 "젠장!" 소리가 튀어나왔다. 놀랍게도 내 입에서 난 소리였다. 마지막 문양 때문에 대박을 놓치고 말았다.

내 소란에도 샬이 침착하게 반응했다. "네, 낙첨이네요. 근데 저희가 진짜 돈으로 하고 있는 게 아닌 건 알죠?"

나는 멋쩍게 웃으며 어깨를 으쓱했다. 진짜든 아니든 당첨은 당첨이니까. 샬이 계속 말했다. "자, 거의 딴 건데 결국 못 땄죠." 엔진이 시동이 걸릴 것처럼 야단법석을 떨더니 결국 멈춰 버린 상황이다.

"카지노에서는 방금 같은 상황을 '유사 성공near miss'이라 부릅니다. 바로 이 유사 성공이 핵심이에요. 모든 게임이 유사 성공을 이용하지만 슬롯머신에서는 특히 더 중요합니다. 유사 성공은 재미, 흥분, 자극을 제공하여 사람들로 하여금 게임을 즉각 반복하게 만듭니다. 하지만 슬롯머신은 수학적으로 낙첨 확률이 당첨 확률보다 훨씬 더 높기 때문에 고객에게 즐거움을 제공하면서도 카지노 입장에서 한 푼도 쓸 일이 없게 만들죠."

유사 성공이라도 어쨌든 실패인데 곧바로 다시 게임을 하게 된다니 언뜻 보면 말이 안 되는 행동처럼 보이지만 실제로는 그렇지 않다. 심리학자들은 이미 수십 년 전부터 이런 현상을 관찰해 왔다. 심지어 그 양상을 그래프로도 나타낼 정도다. 우리가 무언가가 일어나기를 기대하면서 행동한다고 해 보자. 그런데 그 '무언가'가 일어나지 않으면 우리는 같은 행동을 즉시, 신속하고도 격렬하게 반복한다.

엘리베이터 버튼을 눌렀는데 불이 들어오지 않으면 버튼을 여러 차례 빠르게 누르는 것과 마찬가지다.

슬롯머신 개발자들은 끊임없이 유사 성공을 유도할 수 있도록 수학적으로 정교하게 슬롯머신을 설계함으로써 사람들이 신속히 게임을 반복하도록 만든다. 이스라엘과 캐나다의 연구진은 유사 성공이 (오늘날 슬롯머신에서 나타나는 만큼) 빈번히 나타날수록 사람들이 도박을 지속하는 시간이 33퍼센트 늘어난다는 사실을 발견했다. 그들은 인간의 뇌가 유사 성공을 실제 성공과 흡사하게 인식한다는 점에서 유사 성공이 "플레이에 활력을 불어넣는다"고 결론지었다. 살이 지적한 대로, 유사 성공은 사실 실패지만 그럼에도 그 자체로 재미와 보람을 가져다준다.

낙첨 결과가 나온 뒤 슬롯머신은 생명력을 잃은 듯 잠잠했다. 살이 그 이유를 설명했다. "마지막 릴이 빗나가니까 슬롯머신이 조용해지는 거 보셨죠? 다 의도된 겁니다. 실패했으면 다음 베팅을 하게 해야죠. 굳이 실망스러운 결과에 주의를 끌 필요가 있겠어요? 하지만 결과가 당첨이라면, 그 경험을 더 오래 끌어야 하죠. 만약 당신이 베팅한 돈의 150배를 딸 수 있는 문양 조합을 맞췄다? 저라면 화려한 불빛과 소리, 특별한 그래픽 효과를 그만큼 많은 시간을 들여서 들려주고 보여 줄 거예요. 당첨 경험을 2분간의 서사로 만들어 제공하고 싶은 거죠." 단지 돈 때문이 아니라 경험 자체가 휘황찬란하니 또다시 돌리기 버튼을 누를 수밖에 없는 것이다.

❸ 즉각적 반복 가능성

결핍의 고리를 구성하는 세 번째 요소는 즉각적 반복 가능성이다.

일상적인 행동은 대부분 시작과 끝이 명확하며 즉시 반복할 일도 거의 없다. 가려운 곳이 있어서 그곳을 긁으면 가려움은 사라진다. 손이 더러워서 손을 씻으면 손이 깨끗해진다. 이때 행동을 곧바로 반복하다가는 큰일이 난다. 피부에 상처가 나거나 살갗이 벗겨질 수 있다. (그런데도 같은 행동이 반복되면 우리는 그걸 강박이라 부른다.)

반면 결핍의 고리는 즉각적인 반복이 가능하다. 기회를 발견하고 보상을 확인한 다음 다시 그 과정을 원하는 만큼 반복할 수 있다.

살이 다양한 전문 지식을 곁들여 '반복 주기'와 '강화'에 대해 자세히 설명해 줬지만 요점만 정리하면, 더 즉각적으로 반복할 수 있는 행동이 더 매혹적이라는 말이었다.

"물론 식단을 고르거나 재정 계획을 세우거나 주택을 매입하는 등 기회와 예측 불가능한 보상을 수반하는 결정이 일상에도 존재하죠. 하지만 결과가 즉각적으로 도출되는 경우는 거의 없습니다. 이 식단이 건강에 좋은지 좋지 않은지, 이 건물이 금광인지 밑 빠진 독인지 결과를 확인하려면 10년이나 30년, 심지어 50년이 걸릴 수도 있어요."

하지만 도박은 다르다. 슬롯머신은 성과를 확인하는 데 단 몇 초밖에 걸리지 않기 때문에 끝나자마자 즉시 게임을 반복할 수 있다. 연구에 따르면, 행동을 반복하는 속도가 빨라질수록 반복이 이루어질 가능성 자체도 높아진다고 한다. 결국 속도가 핵심이다. 게임 반복 주기를 단축하면 된다는 레드의 직감은 대성공을 거뒀다.

이 세 가지면 된다. ①기회가 주어지고 ②예측 불가능한 보상이 걸려 있으며 ③즉각적으로 반복할 수 있기만 하다면 인간의 행동은 결핍의 고리에 빠진다.

그럼 이 악순환에서 어떻게 벗어나는 걸까? 결핍의 고리에 갇힌 사람이 고리를 끊고 나오는 데는 세 가지 이유가 있다.

첫째는 기회가 없어졌기 때문이다. 도박꾼에게 대입하자면 돈이 다 떨어졌거나 극히 드물게는 돈을 충분히 따서 스스로 그만두는 경우에 해당한다.

둘째는 보상이 끊어졌기 때문이다. 도박꾼에게 대입하자면 손실이 연속적으로 너무 많이 발생하는 경우에 해당한다. 초창기 슬롯머신이 인기가 없었던 이유도 이 때문이다.

셋째는 반복 주기가 느려졌기 때문이다. 도박에서는 굉장히 드문 일이지만 굳이 꼽자면 도박꾼이 신체적으로 피로해지거나 버튼이 잘못 끼어서 제대로 눌러지지 않는 경우가 여기에 해당한다.

결국 이 세 가지 요인이 악순환의 톱니바퀴가 돌아가지 못하게 꽂아 넣는 막대기가 될 수도 있다.

나랑 살의 경우에는 첫 번째 이유, 살이 슬롯머신에 가짜로 입력한 돈이 다 떨어졌기 때문이다. 살이 물었다. "그런대로 재미있었죠? 다른 것도 해 볼래요?"

어느 카지노 게임이든 결핍의 고리를 불러일으킬 잠재력을 가지고 있다. 블랙잭이나 크랩스 같은 게임에도 기회, 예측 불가한 보상, 즉각적 반복 가능성이 존재하기 때문이다. 레드가 등장하기 전만 해도 그런 게임들이 카지노의 주력 상품이었다.

그럼에도 슬롯머신이 1등을 차지한 이유는 결핍의 고리가 더 빠르게, 더 자주, 더 강력하게 돌아가도록 설계되었기 때문이다. 예컨대, 블랙잭은 평균적으로 한 시간에 60~105회 패를 돌릴 수 있다. 반면 슬롯머신은 평균적으로 한 시간에 600~1000회 플레이할 수 있다. 슬롯머신 한 라운드에 40줄을 베팅한다고 가정하면 베팅 자체는 총 24000~40000회에 달하므로 보상의 범위 역시 예측할 수 없는 규모로 커진다.

"흥미롭네요. 그런데 결국 돈을 따지 못하게 될 걸 알 텐데 대체 왜 슬롯머신을 하는 걸까요?"

내 물음에 샬이 답했다. "고객도 늘 카지노가 이득을 본다는 걸 알고 있어요. 하지만 애초에 질문이 잘못됐어요. 당신은 사람들이 돈을 따려고 플레이한다고 가정하고 있잖아요. 도박이 우리에게 제공하는 건 위험과 스릴입니다. 그게 재미있잖아요."

실제 연구에 따르면, 사람들은 대부분 본인 재정 상황에 영향을 미칠 만큼 큰돈으로 도박에 임하지 않는다. 그들에게 도박은 취미일 뿐이다.

경제적인 관점에서 보면 어떤 취미든 시간이나 돈이 든다는 점에서 손해다. 도박꾼도 우리에게 이렇게 물어볼 수 있다. "돈을 돌려받지 못할 걸 알면서도 왜 콘서트 표에 50달러나 쓰는 거죠? 돈을 돌려받지 못할 걸 알면서도 왜 골프 한 라운드를 치는 데 100달러나 쓰는 건가요?"

슬롯머신을 하면서 돈을 잃었더라도 재미를 느꼈다면 어떤 면에서는 이긴 셈이다. 혹시라도 밑돈보다 더 많은 돈을 들고 카지노를 떠날 수 있다면 금상첨화고.

바로 그 점이 중요하다. 결핍의 고리에 빠지는 건 재미있을 수 있다. 기회의 발견, 예측 불가능한 보상, 즉각적 반복 가능성이 조합되면 궁극의 게임이 탄생할 수 있다. 다만 단순한 재미 이상으로 빠져들어 지나치게 자주 플레이하면 문제가 생길 수 있다.

"슬롯머신의 기저에는 매우 강력한 시스템이 존재합니다. 정말 강력한 시스템이죠. 그래서 너무 많은 수입을 도박에 투자하는 사람들이 존재하는 건 사실이죠. 참 미안한 일입니다."

레드가 개선한 슬롯머신 때문에 문제적 수준의 도박 비율이 급증했을 때 많은 사람은 그가 중독을 조장한다고 비난했다. 레드가 사망하기 2년 전인 2001년 《라스베이거스 선Las Vegas Sun》 기자가 이 문제에 관한 생각을 묻자, 그는 이렇게 답했다. "물론 그런 말을 들으면 상처가 되죠. 어느 정도는 사실이니까요. 하지만 저는 상황이 그렇게 흘러가게 의도한 건 절대 아니었어요. 슬롯머신이 그렇게나 성공할 줄은 상상도 못했죠."

오늘날 전체 인구의 약 1~2퍼센트가 강박적인 도박꾼으로 분류된다. 나는 과거에 내가 저지른 행동과 현재 내가 하고 있는 행동을 생각했다. 알코올 중독은 2014년부터 쭉 고치려고 노력 중이다. 아무 생각 없이 입에 음식을 집어넣는 행동, 소셜 미디어 피드를 끝없이 내리면서 보는 행동, 아마존에 들어가 쇼핑을 하면서 중요한 일이나 어려운 일을 회피하는 행동도 있다. 혹시 이런 행동들도 결핍의 뇌, 결핍의 고리와 관련된 건 아닐까?

 연구소를 떠나기 전 살에게 마지막 질문을 던졌다. "도박을 하다 보면 재미있다는 건 알겠어요. 그런데 어째서 도박은 애초부터 우리를 끌어당기는 걸까요? 어떤 근원적인 이유가 있는 걸까요?"

 살은 그저 어깨를 으쓱하고 말았다. 답을 해 줄 다른 사람을 찾아봐야 했다.

2장

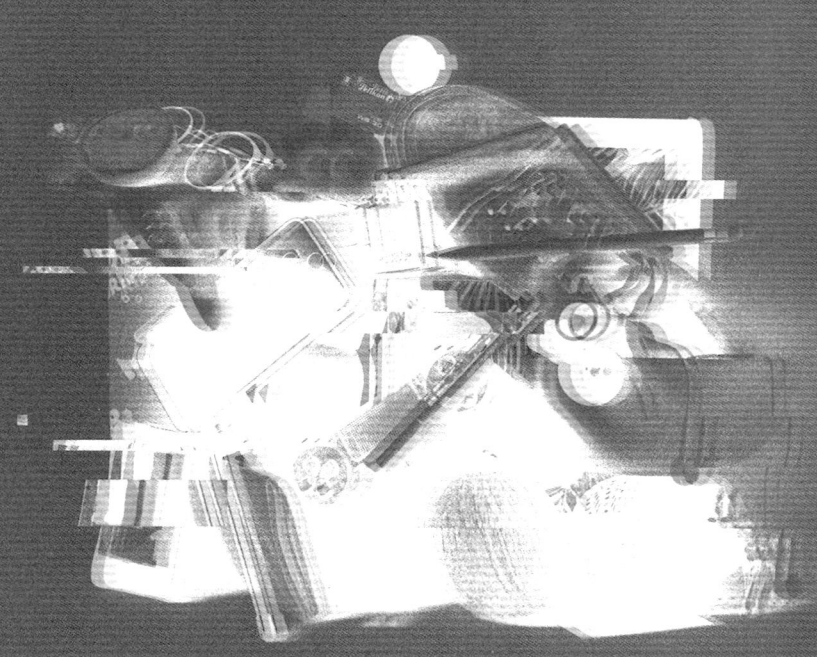

결핍의 고리에 빠지는 원리

결핍의 고리는
오래전 생존을 위해 뇌가 발전시킨 도박이다.
그 덕분에 인간은 불확실성에 직면하더라도
그만두지 않고 거듭 시도했다.
그만두는 사람은 죽는 거다.

토마스 젠탈Thomas Zentall은 1960년대에 심리학 공부를 시작했다. 다른 20대 청년들이 샌프란시스코에서 마약에 취해 있거나 시위를 벌이고 있을 때 젠탈은 캘리포니아대학 버클리캠퍼스에서 박사 과정을 밟는 중이었다. 박사 과정을 마친 건 1968년이었다. 통킹만 사건(1964년 미 해군이 북베트남 해군의 레이더 신호 정보를 수집하기 위해 도발과 교전을 감행하였으나 오히려 북베트남의 선제공격으로 위장해 베트남전쟁 개입을 강화하는 명분으로 삼은 사건—옮긴이)이나 CIA의 MK 울트라 계획(1960년대 CIA가 마약을 비롯한 다양한 수단으로 인간의 정신을 세뇌하고 조종하는 법을 실험한 프로젝트—옮긴이) 등을 통해 정부나 기업 같은 거대한 세력이 대중을 은연중에 조종하고 있다는 사실이 전국적으로 밝혀진 시기였다.

현재 젠탈은 80대다. 2019년에 이미 공식적으로 은퇴를 선언했지만 그는 지난 50년 동안 자신의 연구 무대였던 켄터키대학과 특별한 계약을 맺었다. 대학 측에서 개인 사무실과 실험실을 유지해 주는 대신 젠탈 역시 대학원 수준의 강의를 무료로 가르치겠다고 약속한 것이다. 요즘도 젠탈은 매주 60시간을 실험실에서 보내고 있었다.

마침 나는 인간이 결핍의 고리에 그토록 이끌리는 이유를 알고 싶었다. 그 질문을 던지는 데 젠탈만 한 적임자가 없었다.

젠탈은 박사 학위를 받은 뒤 심리학계 거물 B. F. 스키너Skinner의 연구를 더욱 파고들었다. 스키너는 1940년대에 실험실 쥐를 대상으로 연구를 실시해 결핍의 고리가 지닌 강력한 힘을 드러낸 장본인이었다.

스키너는 실험 초반에 쥐가 레버를 누를 때에만 좋아하는 간식을 주었다. 그런데 하필 실험 중에 간식이 얼마 남지 않았다. 당시 스키너는 썩 부지런하지 않았던지 굳이 간식을 더 만들지는 않았다. 그 대신 쥐가 레버를 누르더라도 예측할 수 없는 간격으로 간식을 주었다. 어쨌든 이전보다 보상이 훨씬 줄었기 때문에 당연히 쥐가 지루함이나 실망을 느끼리라 예상했다.

하지만 예상은 빗나갔다. 오히려 정반대의 일이 일어났다. 쥐가 레버를 누르는 데 강박적으로 집착하게 된 것이다. 쥐들은 기회의 발견, 예측 불가능한 보상, 즉각적 반복 가능성의 굴레에 빠져들었다.

바로 이 실험에 매료되어 후속 연구를 펼쳤던 젠탈과 화상 인터뷰를 진행했다.

그가 말했다. "저는 동물에게서 관찰되는 단순한 패턴으로 인간의 학습이나 행동을 충분히 설명할 수 있지 않을까 하는 관심이 생겨서 동물 연구를 시작했죠. 실제로 동물에게 영향을 미치는 심리적 기제가 인간에게도 똑같이 영향을 미칩니다." 일례로 젠탈은 비둘기를 답도 없는 도박꾼으로 만드는 게 얼마나 쉬운 일인지 발견했다.

젠탈의 실험에서 비둘기는 두 가지 게임 중 하나를 선택할 수 있었다. 첫 번째 게임에서는 비둘기가 불빛을 쪼면 두 번에 한 번은 좋아하는 간식 15개가 주어졌다. 50퍼센트가 보상으로 이어졌다는 뜻이다.

콕, 간식 없음.
　콕, 간식이다!
콕, 간식 없음.
　콕, 간식이다!

이런 식으로 쭉 반복됐다.

반면 두 번째 게임에서는 비둘기가 불빛을 다섯 번 쫄 때마다 한 번씩 간식을 받았다. 행동의 20퍼센트만이 보상으로 이어졌다는 뜻이다. 단 여기에는 두 가지 조건이 있었다.

하나는 당첨됐을 시 보상이 간식 20개로, 첫 게임보다 더 컸다는 점이다. 다른 하나는 당첨이 예측 불가능했다는 점이다. 따라서 게임이 다음과 같이 진행됐다.

콕, 간식 없음
콕, 간식 없음
콕, 간식 없음
　콕, 간식이다!
콕, 간식 없음

한 라운드가 이런 식이었으면 다음 라운드는 또 달랐다.

콕, 간식 없음
    콕, 간식이다!
콕, 간식 없음
콕, 간식 없음
콕, 간식 없음

젠탈의 설명에 따르면, 수학적으로 첫 번째 게임을 하는 게 더 합리적이다. 비둘기가 첫 번째 게임을 100번 하면 간식을 총 750개 받지만 두 번째 게임을 100번 하면 (아무리 한 번에 보상을 더 많이 준다 한들) 간식을 총 400개밖에 받지 못하기 때문이다. 실제로 학계에는 '최적 섭식 이론optimal foraging theory'이 존재하는데, 이 이론에 따르면 동물은 어떻게 해서든 최소한의 노력으로 최대한의 음식을 얻으려 애쓴다. 결국 이런 이론에 상식을 곁들여 보면 두 번째 게임을 하는 비둘기는 순 머저리다.

물론 인간, 비둘기, 쥐 등 어떤 사회든 머저리가 어느 정도는 있기 마련이다. 하지만 결과는 충격적이었다. 젠탈이 실험을 그대로 실행하자 '불과 몇 라운드 만에 비둘기들은 음식이 적게 나오는 낮은 확률의 게임을 선호하기 시작'했다. 무려 96.9퍼센트가 두 번째 게임을 선택했다.

젠탈은 똑같은 현상이 다른 동물들에게서도 관찰된다고 말한 뒤 눈을 동그랗게 뜨고 물었다. "이게 믿어져요?" 실험실에서 동물들은 하나같이 보상이 덜한 도박성 게임을 선택했다. 설령 보상을 예측할 수 있는 게임이 식량을 7배나 더 주더라도 도박성 게임을 골랐다. "자그마치 700퍼센트라니까요!" 젠탈이 한 번 더 강조했다.

"특정 행동의 가치는 보상이 주어지는 빈도에 어느 정도 달려 있다는 사실을 일관적으로 관찰할 수 있었어요. 물론 보상이 주어질 것이라고 확신할 수 있다면 좋겠죠. 하지만 보상이 주어질 것인지 불확실하다면 보상이 실제로 주어질 때 굉장히 신이 납니다. 어찌나 신이 나는지 최적의 선택을 포기할 정도로요. 이런 현상은 인간에게도 다양한 영역에서 늘 나타나죠."

"이유가 뭐죠? 최적의 선택이 아닌데도 왜 그러는 걸까요?"

내 물음에 젠탈이 웃음을 터뜨렸다. 그러고는 잠깐 뜸을 들이다 천숨을 크게 들이쉬고 말했다. "아……. 그 질문 정말 많이들 하시죠."

유사 성공, 가장 효과적인 미끼

정답은 결핍의 고리에서 찾을 수 있다. 우리가 결핍의 고리를 향한 끌림을 타고난 이유는 모든 생물 종이 매일 치러야 하는 중요한 도박 행위의 발전 때문이다. 과거 인류는 매일 했지만 이제는 하지 않는 도박, 바로 '식량 구하기'다.

인간은 먼 거리를 이동하며 식량을 찾게끔 진화했다. 고대에는 사냥이나 채집을 위해 하루에 보통 약 8~20킬로미터를 걷거나 뛰어야 했다. 말하자면 그 시절의 장보기인 셈이다. 하지만 문제는 식량을 어디서 구할 수 있는지 전혀 모르는 경우도 잦았다는 점이다. 그래서 곳곳을 다니며 탐색해야만 했다. 바로 이 탐색 작업이 현대의 슬롯머신과 유사하다.

젠탈이 말했다. "우리 조상들은 세 곳, 네 곳, 다섯 곳을 뒤지더라도 식량을 충분히 모으지 못했다면 탐색을 멈추지 않았습니다. 그냥 계속 뒤졌어요." 음식을 찾는 것이 인간의 생존 확률과 삶의 질을 높이는 데 있어서 가장 원초적이고도 중대한 기회였기 때문이다. 만약 인류가 계속 식량을 탐색하지 않았다면, 비유적으로 말해 계속 슬롯머신 손잡이를 잡아당기지 않았다면, 굶주림에 고통스러워하며 버티다 결국 뒤늦은 죽음을 맞이했을 것이다.

우리는 음식이 있을 것 같은 지역으로 이동한다(손잡이를 당기자 릴이 돌다가 멈춘다). 아무것도 없다. 또 다른 지역으로 이동한다(손잡이를 당기자 릴이 돌다가 멈춘다). 역시 아무것도 없다. 또 다른 지역으로 이동한다(손잡이를 당기자 릴이 돌다가 멈춘다). 아무것도 없다. 그래도 다음 지역으로 이동한다(손잡이를 당기자 릴이 돌다가 문양이 하나둘 정렬되기 시작한다).

잭팟이다! 갖가지 음식들을 찾았다(환한 불빛이 들어온 슬롯머신이 아주 쇼를 하면서 돈을 뱉어 낸다).

슬롯머신처럼 인간의 식량 탐색 행위도 예측 불가능한 보상을 전제했기 때문에 인간을 긴장시켰다. 언젠가 식량을 찾긴 찾을 것이다. 하지만 과연 언제? 얼마나 많이?

"도박의 정수는 베팅을 하거나 승패를 확인하는 데 있지 않아요.

카드가 뒤집어지거나 슬롯머신 릴이 돌아가거나 주사위가 떨어지는 시간 사이에 존재하죠." 대니얼 살의 지적대로, 과거 인류로 치면 주린 배를 부여잡고 식량을 찾아 여기저기를 걸어 다니는 과정이 핵심이었던 셈이다.

식량을 탐색할 때도 유사 성공(거의 딸 뻔한 경험)과 성공을 가장한 실패(베팅한 돈보다 적게 딴 경험)가 존재했다. 예컨대 저 멀리 산딸기가 열릴 만한 덤불이 보인다고 해 보자. 젠탈은 이렇게 설명한다. "그때 식량을 찾을 확률이 마구 변동합니다."

마치 유사 성공처럼, 막상 가까이 가서 봤더니 산딸기가 하나도 열리지 않은 생 덤불 밖에 없을지도 모른다. 마치 성공을 가장한 실패처럼, 거기까지 걸어가는 데 태운 에너지를 충당하지도 못할 만큼 적은 양의 산딸기만이 열린 덤불을 마주칠지도 모른다. 어쩌면 산딸기가 가득 열린, 진정한 당첨일 수도 있다. 그 덤불은 물론 그 너머로 다른 수많은 덤불이 숲을 이루고 있을지도 모른다.

사냥할 때를 기준으로 생각해 보자. 저 멀리 보이는 짐승이 작고 마른 녀석일까 크고 토실토실한 녀석일까? 짐승이 혼자 있을까 아니면 무리가 함께 있을까? (슬롯머신 릴이 당첨 배열을 향해 하나둘 정렬되고 우리는 대체 얼마나 딸 수 있을지 숨을 죽인 채 기다린다.) 하지만 짐승이 도망가면 이번 탐색은 유사 성공으로 끝나고 말 것이다.

물론 과거 인류는 이런 행동을 매일, 거의 하루 종일 반복했다. 결핍의 고리에 이끌리는 경향이 진화를 통해 자연스레 인류의 머릿속에 자리를 잡았다. 바로 이 때문에 인간의 뇌가 결핍의 고리에 빠지는 방향으로 행동을 강화하는 것이다. 생존 확률과 삶의 질을 높일 기회가 예측 불가능한 보상과 함께 찾아오자 우리는 즉각적으로 그 행동을 반복했다.

젠탈의 설명에 따르면, 과거 인류의 도박이 단지 식량에만 적용됐던 건 아니다. 삶을 개선할 기회를 제공하는 것이라면 무엇에든 적용됐다. 소유물, 자원, 정보, 지위 등 인간의 기분을 좋게 만들어 주거나 하루를 더 살아남게 해 주는 것이라면 무엇이든 상관없었다.

예측 불가능성이 불러온 중독

결국 인간을 생존하게 하려면 결핍의 뇌는 인간을 결핍의 고리 속으로 밀어 넣을 시스템을 개발할 필요가 있다. 바로 여기서 도파민이 등장한다. 도파민은 널리 알려져 있지만 그만큼 오해도 많이 받는 뇌의 화학 물질이다.

1990년쯤 과학자들은 도파민이 인간이 즐기는 온갖 재미있는 일과 관련되어 있다고 생각했다. 섹스, 마약, 도박 모두 인간의 뇌에 도파민이 분비되게 만들었다. 미시건대학의 신경과학자 켄트 베리지 Kent Berridge는 말했다. "도파민은 쾌락을 담당하는 신경전달물질로 여겨졌죠." 당시 이론에 따르면, 그처럼 재미있는 행동들은 그저 도파민이 가져다주는 흥분을 느끼기 위한 수단에 불과했다.

베리지의 말대로 "아직도 그런 생각이 만연"하다. 대중심리학계에서 도파민은 신화적인 차원의 지위를 차지했다. 대중심리학자들은 우리가 도파민 중독에 빠진 좀비 국가라고들 말한다. 국민 모두 그저 도파민을 한탕 더 즐기기 위해 필사적으로 애쓰고 있다는 것이다. 다분히 비생산적이고 불량한 행동을 일삼는 사람들이라는 이야기도 자주 듣는다.

예컨대,《포브스》의 〈총질에 중독된 사람들〉이라는 기사에서는 사람들이 총기를 좋아하는 이유를 도파민 탓으로 돌렸다.《NBC 뉴스》의 〈큐어넌이 중독자나 다름없는 이유〉라는 기사에서도 큐어넌(도널드 트럼프를 지지하는 미국의 극우 음모론 단체—옮긴이)이 "사탄 숭배와 식인을 자행하는 아동 성매매 조직이 전 세계적으로 세력을 확장해 전 미국 대통령 도널드 트럼프에 맞서 음모를 꾸미고 있다"고 맹신하는 이유가 도파민 때문이라고 주장했다.

심지어 '도파민 단식'이 문제를 해결해 준다는 이야기도 들린다. 하지만 이건 사실상 "더 이상 하고 싶지 않은 일을 하지 마라"라는, 신경과학 언어로 포장한 헛소리에 불과하다. 이렇듯 오늘날 대중심리학에서는 인간이 저지르는 만악의 근원으로 도파민을 희생양 삼고 있다.

하지만 도파민은 '쾌락의 화학 물질'이 아니다. 우리로 하여금 특정한 행동을 하게 만들거나 특정한 믿음을 가지게 만들지도 않는다. 베리지의 설명에 따르면, 도파민은 부적응적인 보상일지라도 우리로 하여금 '보상을 추구할 가능성'을 높인다. 그 밖에도 다양한 기능을 우직하게 수행한다. 특히 신경전달물질인 만큼 뇌와 신경세포 사이에서 정보를 전달한다.

또한 도파민은 파라크린paracrine(주변분비)도 수행한다. 마치 건축일을 수주한 건설업자가 현장을 총괄하는 것처럼 갖가지 신체 기능을 지휘한다는 뜻이다. 일단 운동 기능을 조절한다. 일례로 특정 뇌세포가 도파민을 생성하지 못하면 파킨슨병이 발생한다. 도파민은 배뇨 기능에도 관여하며 음식이 소화기관을 통과하는 방식에도 영향을 미친다. 게다가 백혈구 생산량을 조절해 치명적인 바이러스나 종양을 막고 인슐린 분비량을 조절해 신진대사 역시 통제한다.

따라서 도파민을 진짜로 단식했다가는, 파킨슨병 때문이든 방광이 터져서든 바이러스 때문이든 그 밖의 질환 때문이든 금방 죽고 말 것이다.

행동 측면에서 도파민은 환경 내의 특정 조건, 즉 특정 신호를 보상과 연관시키는 데 도움을 준다. 무언가 즐겁거나 보람찬 것이 있으면 도파민은 우리가 그것을 '실제로 얻을 때'가 아니라 그것을 '추구하고 기대할 때' 주로 분비된다.

도파민에 관해 특히 잘 알려진 이야기는 도파민의 기능을 토대로 동물의 학습-갈구-행동 과정을 신경과학 언어로 공식화할 수 있다는 점이다. 기본 공식은 다음과 같다.

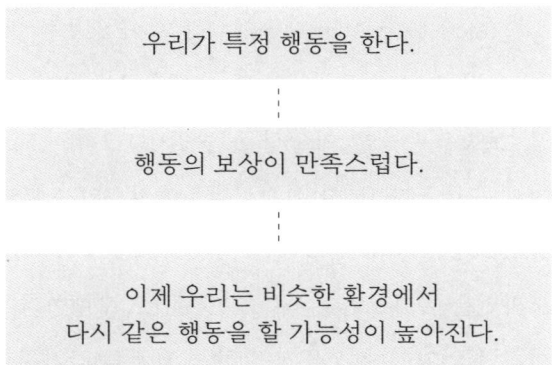

일상 속 행동 하나하나가 이 공식을 따른다. 예컨대, 우리가 직장에서 스트레스를 받고 돌아와 와인을 한 잔 마신다고 가정하자. 만약 그 와인 덕에 스트레스가 해소된다면 우리의 뇌는 "아! 끝내주네. 지금을 기억해 두자"라고 판단한다.

그날 이후로 또 스트레스를 받은 채 집에 돌아오면 우리의 뇌는 도파민을 분비해 와인 한 잔을 갈구하게 만든다. 이 과정은 뇌 속 깊숙한 곳에 새겨진다. 마약 중독을 치료 중인 사람들을 생각해 보면 알 수 있다. 그들은 몇 년 동안 마약에 손도 대지 않고 지냈을지 모른다. 하지만 예전에 약을 구하던 곳 근처를 가게 되면 뇌는 여전히 도파민을 분비해 마약을 갈구하게 만들 수 있다.

결핍의 고리는 학습-갈구-행동 공식에 내재한 결함 덕에 특히 강력해진다. 스키너와 젠탈의 연구에서 드러나듯이 인간을 비롯한 모든 동물은 보상을 받을 수 있을지 없을지 확신할 수 없을 때, 즉 보상이 예측 불가능할 때 그 보상을 '무한정' 더 원하는 경향이 있다. 예측 불가능성은 우리가 보상에 더 집착하게 만들고 그 보상에 이르는 행동을 즉각 반복하게 만든다.

젠탈은 말한다. "보상받을 가능성이 있다는 기대는 도파민 체계를 극도로 흥분시킵니다. 보상을 받을지 확신할 수 없을 때 도파민이 최고조에 달하죠." 예측 불가능한 보상은 우리를 흥분의 폭풍 속으로 몰아넣는다. 유사 성공과 성공을 가장한 실패는 우리가 즉각적인 반복을 시도하도록 도파민 체계에 불을 지핀다.

따라서 학습-갈구-행동의 기본 공식을 살짝 다듬으면 다음과 같이 바뀐다.

```
우리가 특정 행동을 한다.
          │
보상을 언제 받을지, 보상이 얼마나 클지
        확신하지 못한다.
          │
그만큼 보상을 진심으로 원하게 된다.
          │
보상을 얻기 위해 시도하고 또 시도한다.
```

확실함은 지루함으로 이어진다. 불확실한 것만이 우리를 매혹시켜 같은 행동을 몇 번이고 반복하게 만든다.

슬롯머신을 생각해 보자. 라운드마다 보상이 똑같이 나온다면 안정적이고 좋을 테지만 그런 슬롯머신을 당기는 건 하나도 재미없을 것이다. 오히려 일에 가깝다. 특정 행동을 반복하면 고용주가 예측 가능한 보상을 준다는 점에서 일과 본질적으로 다를 게 없다.

결핍의 고리는 오래전 생존을 위해 뇌가 발전시킨 도박이다. 그 덕분에 인간은 불확실성에 직면하더라도 그만두지 않고 거듭 시도했다. 그만두는 사람은 죽는 거다.

오늘날에는 생존이 쉬워졌고 자원을 찾으려 종일 돌아다닐 필요도 없어졌다. 그럼에도 결핍의 고리는 여전히 우리의 뇌를 단단히 옭아매고 있다.

3장

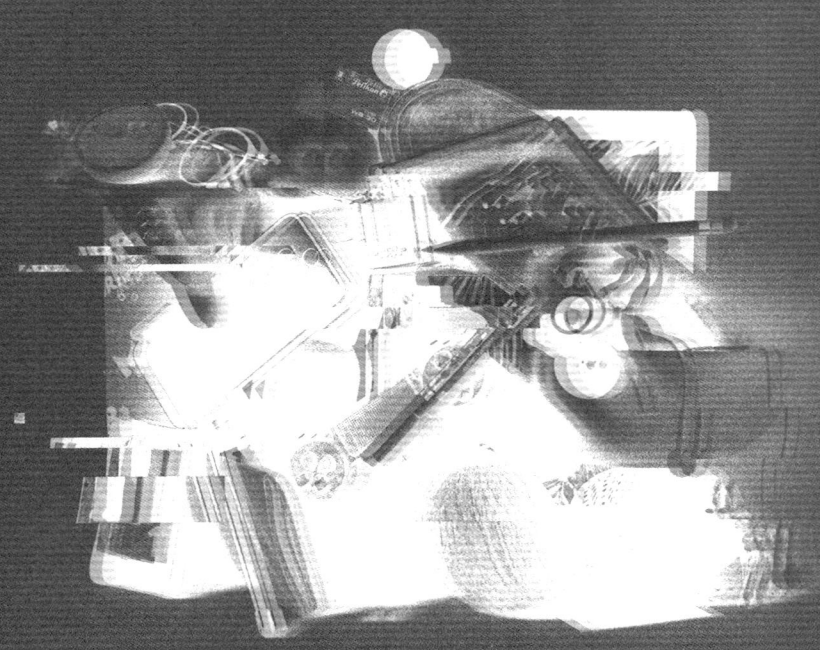

결핍의 고리는
어디에나 있다

"우리 일상의 거의 모든 행동은
대중 심리와 사회적 습성을 이해하는 소수에 의해 지배받는다.
우리는 듣도 보도 못한 사람들에 의해 정신의 틀이 잡히고
취향이 형성되고 생각이 주입되는 등 통제를 받는다.
대중을 꼭두각시처럼 쥐고 흔드는 건 바로 그들이다."

설명을 듣고 주위를 둘러보니 결핍의 고리는 곳곳에 나타났다. 살이 말했다. "슬롯머신만 이런 시스템을 토대로 두고 있는 건 아니에요. 요즘 제품들을 보면 거의 다 결핍의 고리를 겨냥해 설계되죠." 우리 삶에 영향을 미치는 온갖 제도, 기술, 경험 등 '어디에나' 결핍의 고리는 존재한다고 보면 된다.

| 기회의 발견 | --- | 예측 불가능한 보상 | --- | 즉각적 반복 가능성 |

이 세 요소로 이루어진 우아한 순환 시스템은 일상 속 행동 면면에 얽혀 있다. 게다가 우리의 행동을 조종하는 데 비할 데 없는 효력을 발휘하기도 한다. 곰곰이 생각해 보니 이미 결핍의 고리는 내가 더 많은 돈을 쓰게 하고 내 시간과 주의를 사로잡으며 끊고 싶은 행동을 반복하게 만들고 있었다.

팬데믹 기간에 결핍의 고리가 어떤 영향을 미쳤는지 생각해 보자. 자가격리가 끝났을 때 내 몸무게는 약 4.5킬로그램 증가했고 스크린 타임은 배로 늘었으며 계좌 잔고가 줄었고 집에 쓸데없는 물건들이 쌓였다. 부엌 테이블에서 일하다가 작업이 꼬일 때면 칼로리가 높은 군것질거리를 마구 쑤셔 넣은 탓이었다. 끝이 보이지 않는 텔레비전과 인터넷의 토끼굴 속으로 뛰어들어 수많은 정보와 뉴스를 확인한 탓이었다. 잘 알지도 못하는 스포츠 경기에 베팅을 걸거나 자극을 위해 온라인에서 쓸모도 없는 쓰레기를 사들인 탓이었다. 그 밖에도 이유는 많았다.

이 상황을 깨닫는 순간은 마치 중요한 업무 회의를 잊어버린 걸 알아차렸을 때 느낌 같았다. 가슴이 철렁 내려앉는 공포, 사태를 수습하려 필사적으로 애썼으나 어디 말하지도 못할 만큼 무능했던 나날에 대한 창피함이 엄습했다.

그렇다고 결핍의 고리가 본질적으로 팬데믹 때문이라는 뜻은 아니다. 결핍의 고리는 늘 인류와 함께했고 좋을 때든 나쁠 때든 우리에게 영향을 미쳤다. 그 시점에 내가 할 일은 결핍의 고리가 존재한다는 사실과 그것이 나와 내 주변 사람들에게 영향을 미치는 방식을 또렷이 인식하는 것이었다.

소셜 미디어

결핍의 고리는 확실히 소셜 미디어의 핵심 작동 원리다. 게시물을 올리는 행동은 사회적 지위를 올릴 기회를 제공한다. 메신저 알림은 사실상 예측이 불가능한 슬롯머신 릴과 같다. 과연

'좋아요'나 댓글, DM을 받을 수 있을까? 받는다면 얼마나 많이 받을까? 혹시 받더라도 그게 사회적 수용을 의미할까? 아니면 거절을 의미할까? '좋아요'가 몇 개 없거나 신랄한 댓글만 달려 있으면 오히려 사회적 지위는 떨어진다.

 뉴스 피드 스크롤을 내리는 행동도 우리를 결핍의 고리에 빠뜨린다. 행복, 슬픔, 짜증, 분노, 질투, 놀람을 느낄 기회가 존재하기 때문이다. 게다가 스크롤은 무한히 내려가기에 즉각적으로 끊임없이 반복할 수도 있다.

이메일

 사회 생활을 하는 데 필수가 된 이메일에도 결핍의 고리가 도사리고 있다. 수신함을 '새로고침' 하거나 이메일 알림을 받는 건 예측할 수 없는 긴장감을 제공한다. 우리가 좋은 소식을 접할지 나쁜 소식을 접할지 아니면 그저 그런 소식을 접할지 모르기 때문이다.

쇼핑

 아마존이나 쿠팡에서 누릴 수 있는 즉각적이고 충동적인 반복성도 한 예다. 하지만 최근 등장한 모바일 앱 테무에 비할 바는 아니다. 테무는 중국 공장에서 생산된 물건을 소비자에게 직통으로 판매하는 카지노를 닮은 온라인 쇼핑몰이다. 마치 아마존과 틱톡, 슬롯머신이 한데 합쳐진 느낌이다. 《뉴욕》지의 기사에서 설명하길 "테무를 켜서 들어가는 건 AI 기반 세일즈맨을 상대하는 것과 똑같다. 테무는 지금 당장 구매할 수 있는 상품을 끝없이 정렬해 보여 주면서 특가 상품, 연계 상품, 한정 상품은 물론 수많은 무료 품목까지 곁들여 유혹한다."

광고도 빼놓을 수 없다. 애드위크Adweek의 광고 분석가들이 보고한 바에 따르면, 최근 점점 더 많은 디지털 광고주가 카지노 특유의 예측 불가능성을 이용해 판매량을 끌어올리고 있다고 한다. 가상의 룰렛 판을 돌려 할인율을 결정하는 시스템을 떠올리면 된다. 글로벌 회계·컨설팅 기업 딜로이트Deloitte의 연구에 따르면, 예측 불가능한 보상을 수반하는 광고는 고객의 참여도를 40퍼센트 높였으며 전환율(광고를 접한 고객 중 광고주가 의도한 행동을 취하는 고객의 비율—옮긴이)을 7배 늘렸다.

개인 금융

오늘날 결핍의 고리는 개인 금융 앱에도 존재한다. 로빈후드Robinhood 같은 최신 주식거래 앱은 예측 불가능한 보상과 즉각적 반복 가능성을 기존보다 더 적극적으로 활용하고 있다. 로빈후드 앱은 사용자에게 거래 수수료를 부과하지 않는다. 그 대신 주문 정보 판매payment for Order Flow라는 독특하고도 논란 많은 방식을 통해 수수료를 충당한다. 많은 사용자가 매일 수백 건의 거래를 빠르게 반복하면서 예측 불가능한 보상을 소소하게나마 쌓기를 희망한다.

전미문제도박협의회National Council on Problem Gambling 이사는 로빈후드 앱을 몇 분 이용해 본 뒤 NBC뉴스와의 인터뷰에서 이렇게 밝혔다. "로빈후드가 사용하는 많은 전술은 카지노 고객의 이용 경험에서 직접적인 영감을 받은 겁니다. 즉각적이고도 반복적인 참여를 조장하죠."

그 덕분에 최근 로빈후드 앱의 금전적 가치는 네 배로 뛰었으며 1300만 명의 유저를 추가로 확보해 총 2300만 명의 유저를 거느리고 있다. 기존 주식거래 플랫폼도 로빈후드와 유사한 전술을 사용하기 시작했고, 심지어 모방 앱도 등장했다. 분석가들은 금융 업계가 결핍의 고리를 이용할 새로운 방법을 계속 모색하리라 확신한다.

모바일 도박

슬롯머신을 하거나 스포츠 경기에 베팅을 걸기 위해 더 이상 카지노를 직접 가는 수고를 할 필요가 없다. 카지노는 이제 우리 주머니 속에 있기 때문이다. 살은 말한다. "도박 업계에서 가장 큰 혁신을 꼽자면 모바일 도박의 등장이죠. 판도를 완전히 바꿨어요. 게임의 규모가 어마어마해졌거든요." 특히 스포츠 베팅은 특정 팀이 다음 턴에 득점을 할 수 있을지 등 경기 동안 순간적으로 발생하는 일들에 실시간으로 베팅할 수 있게 시스템을 구축함으로써 즉각적 반복 가능성을 극대화했다.

유례없는 접근성과 즉각적 반복의 용이성 덕분에 모바일 도박은 최근 한 분기에만 270퍼센트 성장률을 보였으며 미국에서만 수십조 달러 규모에 이른다.

영상물

넷플릭스의 자동 재생 기능을 만든 개발자 로버트 스위니Robert Sweeney는 말한다. "자동 재생 덕분에 시청 시간이 엄청나게 늘었어요. 지금까지 테스트한 어떤 기능보다도 시청 시간에 가장 크게 기여했죠. 넷플릭스는 고객의 시청 시간을 더 많이 확보하기를 원하고 제작 팀 역시 넷플릭스를 더 중독성 있게 만들기 위해 과학 기술을 동원하고 있습니다."

유튜브에서도 결핍의 고리는 악랄하기 그지없다. 기술사회학자 제이넵 투펙치Zeynep Tufekci는 유튜브의 자동 재생 알고리즘이 사용자를 점점 더 극단적이고 편파적인 영상으로 이끈다는 사실을 발견했다. 자극적인 영상은 우리를 매료시킨다. 인간의 주의력은 자연스럽게 위험한 상황이나 극적인 상황을 암시하는 정보로 쏠리는 경향이 있기 때문이다. 사실상 유튜브는 시청자의 주의를 끌기 위해 인간의 유구한 생존 기제를 이용하는 셈이다.

건강

훕whoop 같은 건강 추적기가 결핍의 고리를 얼마나 참신하게 이용하는지 생각해 보자. 최신 건강 추적 기기는 걸음 수처럼 예측과 교정이 쉬운 구체적인 수치를 보여 주지 않는다. 그 대신 사용자에게 매일 '회복 점수'와 '부담 점수'를 제공함으로써 예측 불가능한 보상이 가져다주는 짜릿한 긴장감을 활용한다. 이런 추상적인 점수는 우리가 하루 내내 어떤 활동들을 하는지에 따라 예측할 수 없는 방식으로 바뀐다.

예측이 불가능하다 보니 사용자는 매일 온종일 점수를 확인하고 또 확인하게 된다.

건강 추적기를 적극적으로 이용하는 사람들은 회복 점수를 보며 하루일과를 결정한다. 그날 쉴 것인지 헬스장을 갈 것인지, 헬스장에 가서는 어떤 운동을 얼마나 열심히 할 것인지 등을 판단한다. 이처럼 건강 측면에서 결핍의 고리는 우리의 습관을 이상한 방식으로 변화시키고 있다. 일례로 유명 물리치료사인 내 친구는 고객 중에 현재 컨디션이 굉장히 좋다고 말하면서도 건강 추적기에 회복 점수가 낮게 나온다는 이유로 고강도 운동을 거부하는 사람들이 있다고 알려 줬다. 그러면서 이렇게 덧붙였다. "우리는 다분히 의심스러운 전제 및 데이터에 근거해 건강과 관련된 결정을 내리고 있어요. 정말 중요한 결정인데 정체도 모를 게임 점수 같은 수치를 근거로 삼고 있다는 말이죠. 이게 광기가 아니면 뭡니까."

데이트

데이트 앱은 결핍의 고리를 활용해 행동을 자극하고 수익을 창출하는 사례 중에서도 특히 돋보인다. 틴더Tinder를 생각해 보자. 역대 최고 수익을 올린 모바일 앱 중 하나다. 스마트폰 화면을 좌우로 밀어 넘기는 기능도 틴더에서 비롯했다. 데이트 앱뿐만 아니라 앱 시장 전체에 영향을 미친 셈이다. 이 모든 건 인간의 가장 강렬한 욕구(섹스와 동반자를 향한 욕구)를 결핍의 고리 속에 집어넣은 덕분이었다.

틴더 개발자 브라이언 노가드Brian Norgard는 팟캐스트에서 이렇게 말한 적이 있다. "틴더를 생각해 보면 그건 보상을 예측할 수 없는 게임이나 다름없어요. 넘기기, 넘기기, 넘기기, 매칭! 와, 대박! 그러면 다시 넘기기, 넘기기, 넘기기를 누르며 또 매칭이 되기를 기대하죠. 도박 업계에서 빌려 온 수법이 많아요. 최대한 티가 안 나게 사람들이 결제 창을 보게 만들죠."

틴더 자체는 무료지만 사용자들은 결제 창에서 매칭 확률을 높여 줄 기능을 구매할 기회를 얻을 수 있다. 일부 슬롯머신에도 이와 비슷한 기능이 있다. 예컨대, 릴을 한 번 돌릴 때 돈을 더 내면 보너스 기능을 따낼 가능성이 높아지는 식이다.

돈을 내서 기능을 업그레이드하고 나면 무슨 일이 생길까? 노가드는 이어서 말했다. "당신 프로필을 오른쪽으로 미는 사람들이 더 많아져요. 당신을 마음에 들어 하는 사람들이 더 많아진다는 뜻이죠. 그러면 당신은 변화를 가만 보면서 '음, 이건 내가 업그레이드 기능을 구매한 덕분이야!'라고 생각하죠. 회사가 소비자의 이용 경험에서 원인과 결과를 연관시킬 수만 있다면 대박이 나는 거예요. 진짜 대박이요."

한 캐나다 연구팀의 조사에 따르면, 팬데믹 이후 싱글들이 데이트 앱에 더 크게 의존하기 시작했다고 한다.

비디오 게임

첨단 기술을 이용하는 사람의 심리를 연구하는 학자인 다리아 커스Daria Kuss는 내게 이렇게 말했다. "모바일 게임에서는 보상이 예측할 수 없는 방식으로 주어집니다. 여기서 유발되는 긴장감 덕분에 플레이어가 게임에 몰입할 수 있는 거죠. 계속 게임을 하면 언젠가 보상을 받긴 받을 것임을 알거든요."

비디오 게임 업계는 카지노 업계에서 사용하는 수법들을 굉장히 많이 빌려 왔다. 그러다 보니 연구자들은 그 현상을 가리키는 용어까지 만들었다. 바로 '도박화gambling turn'다. 도박화 현상은 모바일 게임, 비디오 게임, 컴퓨터 게임 모두에서 나타난다.

이와 관련해 캐나다의 연구진은 특이한 연구 하나를 진행했다. 실험 참가자들에게 심박수 측정기, 스트레스 측정기 등 온갖 종류의 모니터링 장치를 부착한 다음, 참가자들에게 모바일 게임 캔디크러쉬Candy Crush를 30분 동안 플레이하도록 요청했다. 참가자들의 신체는 게임 중 아슬아슬하게 실패했을 때, 즉 유사 승리를 마주했을 때 가장 강렬히 반응했다. 그러고 나면 참가자들은 게임을 더 빨리 반복했고 더 오래 플레이했다. 연구진은 "슬롯머신에서의 유사 성공이 도박꾼에게 미치는 심리적·생리적 영향이 캔디크러쉬에서의 유사 성공이 플레이어에 미치는 영향과 같은 것으로 보인다"고 결론 내렸다.

긱 워크

《뉴욕타임스》는 우버 같은 긱 경제gig economy(그때그때 필요한 노동자를 구해 일회성으로 계약을 맺고 일을 맡기는 방식의 경제 형태—옮긴이) 회사들이 "기업의 성장에 유리하도록 노동자를 조종하기 위해 비범한 행동 과학 실험을 벌이는 중"이라고 보도했다.

일례로, 우버는 운전자들이 더 오랜 시간 회사가 원하는 동선을 따라 운전하게끔 은근슬쩍 유도하기 위해 예측 불가능한 보상과 긴장감을 유발하는 신호를 활용한다. 유사 성공의 심리도 써먹는다. 운전자가 일을 멈추려고 하면 우버는 "21달러만 더 벌면 총 250달러를 벌게 됩니다. 그래도 종료하시겠습니까?"라는 알림을 보내 운전자가 기회를 포착하게 유도한다.

《뉴욕타임스》는 핵심을 이렇게 정리한다. "결국 심리적 기제를 이용하는 게 노동자를 관리하는 주된 접근법이 될 것이다."

뉴스

매일 24시간 내내 온갖 소식을 접하는 뉴스 환경에도 결핍의 고리가 존재한다. 미디어 학자들은 2016년 이전의 정치 뉴스는 지루한 초기 슬롯머신과 닮았지만 2016년 이후의 정치 뉴스는 레드의 슬롯머신과 더 비슷해졌다고 말한다. 물론 이건 오바마보다 4배 더 언론 보도에 노출된 도널드 트럼프로부터 시작된 현상이었다. 하지만 정치인 전반을 봐도 예상 밖의 대담한 행동을 저지르기 시작한 게 사실이다. 그들은 자기네가 무슨 언행이나 트윗을 할지, 그래서 어떤 감정을 불러일으킬지 예측 불가능한 상태를 유지함으로써 대중을 긴장 속에 몰아넣는다.

실제로 많은 사람이 다음 속보 알림을 기다리며 뉴스에서 눈을 떼지 못한다. 그 덕분에 CNN이나 《뉴욕타임스》 같은 정치 미디어는 역대 수익성이 가장 높은 시기를 보내고 있다.

카지노가 전부 레드의 슬롯머신으로 갈아탔듯이 언론매체

도 변화를 꾀했다.《컬럼비아저널리즘리뷰Columbia Journalism Review》의 미디어 분석가들은 2016년 이후로 미디어가 시청률과 수익에 지나치게 집착한 나머지 악순환의 고리를 형성하게 되었다고 주장한다. 정치인들이 미디어의 관심을 끌기 위해 점점 더 예측 불가능한 행동을 저지르면 미디어가 대중의 시선을 끌기 위해 기사를 더 자극적으로 내보내는 식이다. 최신 연구는 이런 분석이 정확하다는 사실을 보여 준다. 가장 예측을 벗어나고 논쟁적인 정치인이 뉴스나 소셜 미디어에 가장 자주 노출됐기 때문이다.

즐거움과 중독 사이
: 결핍의 명과 암

결핍의 고리는 다른 수많은 영역에서도 발생한다. 틴더 창립자 브라이언 노가드는 결핍의 고리를 이용하는 것이 "많은 기업이 따르는 패턴이 되었다"고 지적한다. 사람들의 행동을 조종하는 데 그만큼 강력한 동인이 없는 셈이다.

오늘날 사람들은 휴대 전화, TV, 컴퓨터 등을 통해 디지털 미디어를 사용하는 데 평균적으로 11~13시간을 소비한다. 하지만, 이는 결핍의 고리가 도사리는 곳 중 기술 전문가들의 설계에 의해 비교적 최근에 등장한 곳만 꼽은 것일 뿐, 결핍의 고리는 인류 역사 초기부터 존재했음을 기억하자. 실제로 학계에서는 현대의 식품, 의료, 교육 시스템 등 우리에게 가장 큰 영향을 미치는 제도 내에 결핍의 고리가 도사리고 있음을 발견했다.

학자들은 과소비, 비만, 중독, 번아웃에 이르는 온갖 유해한 행동 및 질환의 중심에 결핍의 고리가 존재한다고 믿는다. 결핍의 고리는 심지어 우리가 행복을 이해하고 처리하는 방식에도 간섭한다. 그러므로 단지 첨단 기술 분야에만 집중하다가는 문제의 핵심을 상당 부분 놓치고 말 것이다.

암울하고 우울한 현실 같다. 하지만 살은 결핍의 고리가 '작동'하는 이유가 매혹적이기 때문임을 강조한다. 결핍의 고리는 강력한 게임과 같다. 우리의 주의를 사로잡아 행동을 즉각 반복하게 만드는 데 그만한 게 없다.

매혹적인 것은 재미있는 것일 가능성이 높다. 실제로 내가 결핍의 고리에 빠져든 순간이 전부 부정적이었던 건 아니다. 오히려 긍정적일 때도 많았다. 예컨대, 나는 요즘 한두 달에 한 번씩 슬롯머신을 즐긴다. 다만 밑돈으로 들고 간 40달러가 다 떨어지면 멈출 뿐이다. 슬롯머신도 하나의 오락이다. 영화관에 가려고 40달러를 쓰는 것과 다를 바 없으며, 오히려 우리 혈관이 싫어할 버터 칠이 된 팝콘을 먹을 일도 없다. 이따금 돈을 따서 40달러보다 많이 챙겨서 떠날 때도 있다.

또한 몇몇 소셜 미디어에서는 재미있는 친구들을 만나 긍정적인 교류도 했다. 물론 소셜 미디어에서 접하는 정보가 전부 내 정신 건강에 도움이 되는 건 아니다. 종종 아무 생각 없이 스크롤을 내리고 또 내리는 내 자신을 발견할 때도 있다.

그렇다고 소셜 미디어 자체가 100퍼센트 나쁜 건 아니다. 어쩌면 건강 추적기에 뜨는 얼토당토않은 '부담 점수' 덕에 내가 조금이나마 활동적으로 변했을지도 모른다.

첨단 기술이 여러 비판을 받고 있기는 하지만 많은 사회적 혜택을 제공한 것도 사실이다. 예를 들어, 일부 통계에 따르면, 소셜 미디어가 등장한 이래로 LGBTQ(성소수자) 청소년의 자살률이 감소했다. 소셜 미디어 덕에 시골 마을에 사는 LGBTQ 청소년들도 서로 교류를 할 수 있었기 때문이다. 그들은 이전에는 상상도 못했던 네트워크를 형성해 서로를 격려하고 지원했다. 첨단 기술이 발달한 덕분에 코로나 자가 격리 기간 중에도 업무를 하고 교육을 받을 수도 있었다.

많은 기술 윤리학자, 대중 철학자, 정치인은 기술 규제를 늘릴 필요가 있다고 주장한다. 첨단 기술 제품이 덜 매력적으로 설계될 필요가 있다고도 지적한다.

하지만 우리가 원하는 게 정말 그런 걸까? 인스타그램이나 유튜브 디자인이 밋밋해져야 할까? 슬롯머신에서 40달러를 날릴 기회가 사라져야 할까? 좋아하는 팀에 베팅해서 경기를 더 쫄깃하게 즐길 기회를 포기해야 할까? 규제의 논리를 대체 어느 선까지 적용해야 하는 걸까?

개인적으로 나는 그 선이 지나치지 않았으면 한다. 하지만 결핍의 고리를 과하지 않게 '적당히' 이용하는 선을 찾아내는 게 과연 가능하긴 할까?

보이지 않는 설계자들

    1842년에 태어난 윌리엄 제임스William James는 미국 심리학의 아버지로 불린다. 그의 사상 덕분에 현대 심리학적 사고의 기초가 마련됐기 때문이다. 제임스는 인간의 의식이 존재하는 짧은 기간, 우리가 인생이라고 이름 붙인 기간에 관한 심오한 사실 하나를 포착했다. 우리가 주의를 기울이는 대상을 모두 합한 것이 곧 우리의 인생이라는 사실이다.

    도박 업계는 곳곳에서 따가운 눈총을 받는다. 그러나 샬은 도박이 엄격히 규제되고 있음을 지적한다. "확률을 얼마로 설정할 수 있고 슬롯머신에 어떤 기능을 넣을 수 있는지는 법으로 엄격하게 정해져 있어요." 오히려 요즘 인기 제품이나 서비스가 결핍의 고리를 마음대로 사용할 수 있는 편이다. 게다가 그런 제품이나 서비스를 제공하는 기업은 수조 개의 데이터와 수십 년 치의 연구를 바탕으로 우리의 소중한 자원을 반복적으로 사로잡는 법을 파악하는 중이다. 의도를 숨긴 채 은밀하게 결핍의 고리를 이용하는 경우도 있다.

    일례로 행동 추적 회사 닐슨Nielsen은 최근 시청 및 광고 패턴에 나타난 변화를 보고서로 정리해 발표했다. 보고서에서 강조하는 여러 충격적인 사례 연구에 따르면, 요즘 기업들은 넷플릭스 같은 스트리밍 회사에 돈을 지불해 자사 제품을 인기 프로그램의 스토리 라인에 깊숙이 엮어서 내보내도록 종용한다. 단순 PPL이 아니다. 특정 브랜드가 서사의 핵심적인 위치를 차지하기 시작했다. 실제로 닐슨은 어느 회사가 넷플릭스 블록버스터 쇼의 스토리 라인에서 핵심적인 위치를 차지한 덕분에 그 제품이 "주요 연령층인 21세 이상 시청자 사이에서 800만 회 이상 노출되었다"고 지적한다. 시청자는 감동적이고 흥미진진한 TV 프로그램을 보았다고 생각한다. 하지만 그와 동시에 몇 화에 걸친 광고를 본 것이기도 하다.

모바일 게임도 빼놓을 수 없다. 살은 말한다. "캔디크러쉬 같은 게임들은 슬롯머신과 굉장히 흡사합니다. 단지 수익 모델이 다를 뿐이죠. 게임 회사는 사람들을 게임에 끌어들인 다음 그들이 특정 단계에 갇히게 만듭니다. 사람들은 적절한 문양 조합이 나와서 본인이 실력 발휘만 제대로 한다면 다음 단계로 나아갈 수 있기를 기다리죠. 하지만 그런 문양 조합이 나올 확률은 500분의 1일 수도 있어요. 그러면 사람들은 얼마든 돈을 지불해서라도 다음 단계로 가고 싶어 안달이 나고요." 데이트 앱과 비슷한 수법이다.

닐슨 보고서에 따르면, 이와 같은 방식이 앞으로의 표준이 되리라 예측한다. 요즘 떠오르는 분야들에서 이런 방식이 발휘하는 영향력은 '놓치기엔 기업 입장에서 너무 애가 타는 기회'다. 정말 애가 탈 만하다. 제품 속에 단순하면서 매력적이고도 재미있는 결핍의 고리를 집어넣기만 하면 사람들의 돈과 관심이 와르르 쏟아지니까.

선동의 귀재이자 홍보 대가인 에드워드 버네이스Edward Bernays의 1928년 기록엔 이렇게 적혀 있다. "우리 일상의 거의 모든 행동은 대중 심리와 사회적 습성을 이해하는 소수에 의해 지배받는다. 우리는 듣도 보도 못한 사람들에 의해 정신의 틀이 잡히고 취향이 형성되고 생각이 주입되는 등 통제를 받는다. 대중을 꼭두각시처럼 쥐고 흔드는 건 바로 그들이다."

이미 한 세기 전부터 윌리엄 제임스와 에드워드 버네이스는 은밀한 의도를 가진 채 우리의 주의력을 끌어들이는 세력이 있음을 우려했던 것이다. 결핍의 고리가 우리에게 미치는 영향력이 지면상에 밝혀지기도 전의 일이었다.

결핍의 고리는 오래전부터 전해져 내려온, 너무나도 매력적인 게임이다. 그것은 우리의 손을 잡고 끌고 가면서, 우리가 더 많은 것을 원하게 만든다. 거기에는 그럴만한 이유가 있다.

4장

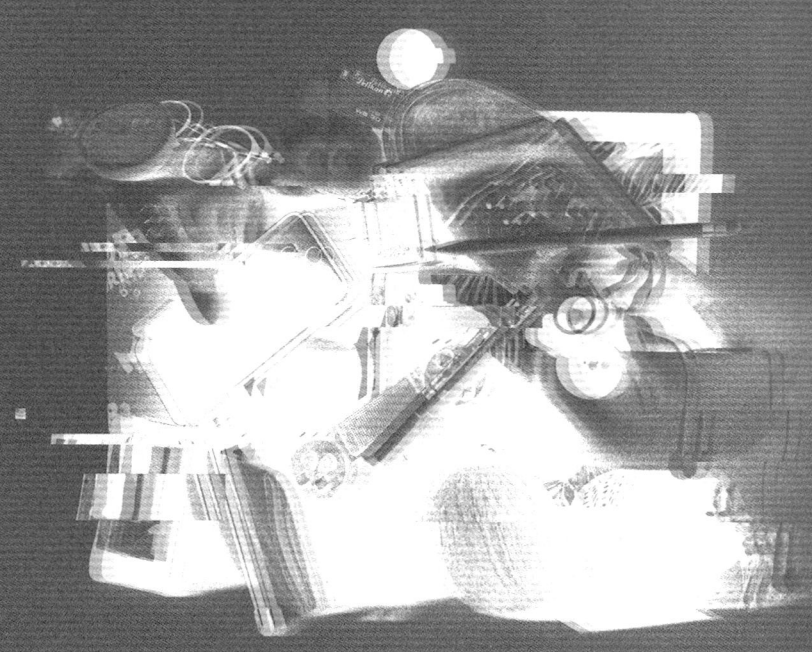

만족하지 못하는
사람들

결핍의 뇌에는 '더 많이'가 기본이며
'더 적게'는 거의 안중에도 없다.
우리는 더하는 것을 당연시함으로써
종종 최적의 선택을 놓치고는 한다.
최악의 경우에는 순 머저리 같은 짓마저 저지른다.

소설가 마거릿 애트우드Margaret Atwood는 인간에게 "만족할 줄 모르는 재능이 있다"고 말했다. 선구적인 심리학자 에이브러햄 매슬로Abraham Maslow 역시 인간을 "끊임없이 무언가를 원하는 동물"이라고 묘사했다.

이 사실을 알아차린 게 그들이 처음은 아니다. 인류는 오래전부터 인간이 끊임없이 더 많은 것을 갈구하고 소비한다는 사실을 인지하고 그런 욕망이 초래하는 위험을 경고해 왔다. 예컨대, 기독교에서는 정욕, 탐욕, 탐식, 시기의 위험성을 경고한다. 불교에서는 갈망과 집착이 모든 고통의 근원이라고 지적한다. 그리스 신화의 미다스 이야기, 힌두 신화의 키르티무카 이야기, 중국 신화의 도철 이야기도 마찬가지다. 종교 교리든 고대 신화든 모두 동일한 교훈을 전한다. "인간이 더 많은 것을 향한 무한한 욕구에 굴복했다가는 자기 파괴에 이른다"는 점이다.

우리는 나의 내면과 외부 환경이 언젠가 완벽해질 것이라고, 다음 욕망을 충족시키기만 한다면 마침내 종착지에 '도달'해 휴식을 취할 수 있을 것이라고 믿는다. 이는 망상에 불과하다. 크든 작든 지금 가지고 있는 욕망을 충족시키면 인간의 뇌는 곧장 다음 욕망을 만들어 낸다. 우리가 원하는 종착지까지 단 한 발짝 남은 것 같지만 막상 도착하고 나면 판이 더 커질 뿐이다.

나도 그랬다. 20대에는 다음 술잔만 털고 나면 내가 원하는 완벽한 종착지에 이를 수 있으리라 착각하면서 세월을 보냈다. 물론 그런 종착지는 존재하지 않았다. 오히려 그 과정에서 목숨을 잃을 뻔했다.

스물여덟에 금주를 시작하고 나서는 더 이상 스스로를 갉아 먹지 않을 수 있을 것만 같았다. 하지만 이내 새로운 욕구를 발견했다. 갈구하는 자아는 결코 사라지지 않았다. 단지 돈, 지위, 쇼핑, 외식 등 다른 대상을 더 많이 갈구하는 것으로 초점이 옮겨 갔을 뿐이다.

대체 왜? 의문을 해결하기 위해 나는 라이디 클로츠Leidy Klotz의 연구를 찾아보았다.

클로츠는 토목공학 학사, 건설공학 석사, 건축공학 박사 학위를 모두 미국 최고의 공과대학에서 취득했다. 지금은 버지니아대학에서 공학 학자이자 교수로 재직하면서 디자인이 어떻게 세상을 살아가는 인간의 경험을 개선할 수 있을지 연구하고 있다. 그는 수천만 달러에 이르는 연구 보조금을 따냈으며 미 정부의 에너지부와 국토안보부, 미국국립보건원, 세계은행 등에서 자문을 맡았다.

하지만 무언가에 전문가가 된다는 것은 여태까지 배운 것, 들은 것, 익숙해진 것 때문에 특정 행동 및 사고 패턴에 너무 깊숙이 얽매여 빠져나오지 못하게 된다는 것을 의미하기도 한다. 제일가는 수재들도 최적이 아닌(최악으로는 그저 멍청한) 행동이나 사고 패턴을 아무 생각 없이 반복할 수 있다.

클로츠가 자신의 맹점을 깨달은 건 몇 년 전이었다. 당시 그는 변기도 제대로 사용할 줄 모르고 부활절 토끼를 진심으로 믿는 사람에게 공학적 지식에서 밀리고 말았다. 그 사람은 바로 세 살배기 아들 에즈라였다.

덜어내기를 잊은 사회

클로츠는 에즈라와 함께 레고로 다리를 만들면서 기본적인 공학 지식을 가르쳐 주고 있었다. 둘은 사람이나 차량이 지나다닐 경간을 만든 다음 각자 경간을 받칠 기둥을 하나씩 만드는 중이었다.

하지만 각 부위를 전부 끼워 맞추고 나니 다리가 불안정했다. 에즈라가 만든 기둥이 클로츠가 만든 기둥보다 짧아서 경간이 살짝 기울어진 것이다.

공학 박사인 클로츠에게는 해결책이 있었다. 짧은 기둥을 높이 보강하기 위해 레고 바구니를 뒤져 더 많은 블록을 찾았다. 알맞은 블록을 찾고 나서 고개를 들었는데 그 사이 에즈라가 놀라운 일을 해냈다. 높은 기둥에서 블록을 몇 개 빼낸 것이다.

그가 내게 말했다. "블록을 더 많이 집어넣는 것에 비해 분명 더 나은 해결책이었죠." 에즈라 덕분에 다리는 기울기가 평평해졌을 뿐만 아니라 높이가 낮아진 만큼 더 안정적으로 변했다. 게다가 레고를 더 적게 사용했기에 다리 주위에 레고 도시를 세울 자원을 더 많이 확보할 수 있었다.

그 순간 클로츠는 머리가 맑아지는 느낌이었다. 어두컴컴한 토끼굴 속에서 밖을 잠깐 내다본 것만 같았다. 블록을 뺀다는 건 생각지도 못했다.

"문득 궁금해졌어요. 혹시 우리가 무언가를 빼는 것이 가져오는 변화의 힘을 간과하고 있는 건 아닐까 하고요." 클로츠는 레고 기둥 하나에서 블록을 제거해 다리를 다시 휘청이게 했다. 그런 다음 어디를 가든 삐뚤어진 다리와 레고 블록 몇 개를 지니고 다니기 시작했다. 업무 시간에 그의 사무실을 찾아가면 책상 위에 놓인 다리가 공대 학생들을 반겨 줬다. 공학과 교수들과 즉석에서 회의를 할 때도 그는 가방에서 다리와 레고를 꺼내 놓고는 "한 번 고쳐 보실래요?"라고 말하고는 했다.

효율적인 디자인으로 문제를 해결하는 방법에 관해 그들이 공부한 시간을 다 합치면 수백 년도 넘을 터였다. 그럼에도 다들 에즈라와는 다른 반응을 보였다. 레고 블록을 더하기만 한 것이다. 모두 세 살짜리 아이한테 패배하고 말았다.

"왜 모두 빼는 행위는 생각하지 못한 건지 이해하고 싶었어요." 그래서 클로츠는 실험을 계획했다. 각 실험에서 참가자 무리는 다양한 문제를 해결해야 했다. 한 실험에서는 (예상대로) 레고로 만든 플랫폼을 안정화해야 했다. 또 어떤 실험에서는 미니어처 골프 코스를 개선해야 했다. 그 밖에도 에세이, 조리법, 관광 일정 등을 수정하는 과제가 주어졌다. 총 여덟 개의 실험이었다.

참가자들은 구성 요소를 더할지 뺄지 선택해 문제를 해결할 수 있었다. 물론 비밀은 빼는 쪽을 선택하는 게 가장 효율적이었다는 점이다.

레고 플랫폼 안정화 작업을 예로 들어 보자. 플랫폼은 사실상 다리가 하나 달린 불안정한 판자였다. 다리 하나만 빼 버리면 플랫폼이 평평하게 바닥에 맞닿아 안정될 수 있었다. 미니 골프 코스는 어땠을까? 마치 잡동사니를 쌓아 놓은 것처럼 난잡한 상태로 주어졌다. L자 모양 코스에 모퉁이와 벙커가 곳곳에 포진해 있었다.

클로츠는 더하기 대신 빼기를 권장하는 환경까지 조성해 주었다. 참가자들에게 가짜 돈을 준 다음 골프 코스에 특정 구조나 기능을 더하기 위해 레고를 추가로 사용할 때마다 돈을 '청구'한 것이다. 심지어 몇몇 실험에서는 "구성 요소를 더해도 되지만 빼도 된다는 걸 명심하세요"라고 일러 주기까지 했다.

그럼에도 결과는 달라지지 않았다. 참가자들은 과제에 착수하자마자 요소를 더하기 시작했다. 골프 코스에 갖가지 레고 기둥을 붙였고 풍차, 범퍼, 벙커까지 설치했다.

물론 더 많은 레고나 장애물을 더함으로써 문제를 해결하기는 했다. 하지만 비효율적이고 값비싼 방식이었다. 시간도, 자원도 더 많이 소모되었다.

일련의 실험, 특히 레고 실험을 진행한 뒤 참가자들이 곧바로 변명을 했다고 한다. "사람들이 '어, 근데 애초에 누구든 레고를 더하고 조립해서 만드는 게 익숙하지 않나요?'라고 말하더군요. 그래서 제가 신랄하게 반문했죠. '그러니까요. 대체 왜 그게 익숙해진 걸까요?' 근데 어떤 지적인지는 이해해요. 그래서 격자 연구를 진행했죠."

바로 이 '격자 연구'에서 참가자들은 컴퓨터 화면에 나와 있는 가로세로 열 칸의 격자를 가지고 과제를 진행했다. 격자 중 무작위로 선택된 몇몇 칸은 초록색으로 칠해져 있었고 나머지는 전부 흰색이었다(십자말풀이 퍼즐을 떠올리면 된다). 과제 목표는 초록색 칸이 대칭 구조를 이루도록 만드는 것이었다. 흰색 칸을 클릭해 초록색으로 바꿔도 되고 초록색 칸을 클릭해 흰색으로 바꿔도 됐다. 레고 놀이와 달리 이 실험에는 어떤 사회적 조건도 주어지지 않았다.

클로츠가 말했다. "격자 문제를 해결하려면 초록색 칸 열두 개를 더할 수도 있었지만 초록색 칸 네 개를 뺄 수도 있었어요. 연구진은 참가자들에게 '최소한의 클릭으로 최대한 빨리 문제를 해결하세요'라고 말해 주기까지 했죠. 여기서 더하는 선택지는 분명 틀린 답이었어요." 그럼에도 대다수의 참가자는 흰색 칸을 하나둘 클릭해 초록색 칸을 더 늘려 나갔다.

클로츠는 실험의 틀을 거꾸로 뒤집어서 진행해 보기도 했다. 이 실험에서 참가자들은 일정이 빽빽이 들어찬 워싱턴 D.C. 관광 계획표를 수정해야 했다. 계획표에는 목적지가 열두 곳이나 들어 있었다. 연구진은 참가자들에게 "이 일정표를 어떻게 하면 더 나쁘게 만들 수 있을까요?"라는 질문을 던졌다. 참가자 대다수는 일정을 빼 버리는 선택지를 골랐다. 더 적은 게 더 나쁘다는 것이다. 하지만 객관적으로 보면 일정을 몇 개 빼는 게 여유롭고 현실적인 여행을 즐기기에는 더 좋을 것이다.

이 모든 실험에서 얻을 수 있는 결론은, 인간의 뇌가 더 적은 것이 더 나쁘고 비생산적이라고 여긴다는 점이다. 반면 더 많은 것은 더 좋고 생산적이라고 생각한다. 결핍의 뇌에는 '더 많이'가 기본이며 '더 적게'는 거의 안중에도 없다. 따라서 우리는 빼는 걸 고려할 때면 구리다고 생각하는 경향이 있다.

"사람들은 빼는 행위를 구조적으로 외면합니다. 만약 더하는 선택지와 빼는 선택지가 주어진 상태에서 더하는 쪽을 선택한다면 다르게 말할 수도 있겠죠. 하지만 사람들이 뺀다는 기본적인 행위를 아예 생각조차 하지 않는다면 그건 큰 문제입니다. 인간이 더 나은 것을 어떻게 만들어야 하는가에 관한 가장 근본적인 고민이라고 할 수 있죠. 과연 우리는 더할 것인가요? 즉 더 많이 할 것인가요? 아니면 뺄 것인가요? 즉 더 적게 할 것인가요? 사람들이 빼는 쪽, 덜 하는 쪽을 구조적으로 외면하고 있다는 사실이 점점 드러나고 있습니다."

2021년, 클로츠의 연구는 저명한 학술지 《네이처》 표지에 실렸다.

한 번 이 현상을 확인하고 나면 어디서나 눈에 띄기 시작한다. 막 머릿속에 떠오르는 최근 사례를 이것저것 나열해 보자. 일단 미국의 연방 규정은 1950년에 비해 17배 더 늘어났다. 미국 가정집 크기는 1970년에 비해 3배 더 커졌다. 미국인은 1930년에 비해 옷을 233퍼센트 더 많이 소유하고 있다. 레스토랑에서 제공하는 1인분 식사량은 1950년에 비해 4배 더 늘었다. 자동차, 냉장고, 전자레인지, 커피 머신 등 갖가지 제품이 예전보다 크기가 더 커졌거나 온갖 스마트 기능이 덕지덕지 추가됐다(대체 왜 식기세척기를 클라우드에 연결해야 하는 건지 모르겠다). 대학의 신임 총장이 제대로 돌아가지 않는 프로그램을 뺄 확률보다 새로운 프로그램을 더할 확률이 10배 더 높다. 스탠딩 코미디를 보면 "네, 그리고……"라는 표현이 판에 박힌 듯 등장한다. 심지어 이 표현은 이제 비즈니스 업계에서도 애용한다. 학계와 의료계 등 각종 영역에서는 2000년대 초 이후로 관리직 인원이 44퍼센트 증가했다. 사람들은 15년 전에 비해 90배 더 많은 데이터와 정보를 생성하고 소비한다. 조직에서 고위 직원들은 1960년대에 비해 회의를 하는 데 평균 130퍼센트 더 많은 시간을 쓰고 있다. 이 정도면 충분할 것 같다.

문제는 이처럼 더하는 행위가 더 나은 결과를 가져온다는 확실한 근거가 없다는 점이다. 회의를 생각해 보자. 관리직에 종사하는 사람 중 3분의 2 이상이 비생산적이고 비효율적인 회의가 더 많다고 고백했다. 회의가 점점 더해짐에 따라 본인들은 물론 직원들마저 중요한 업무를 완수하지 못하고 생각할 시간도 없을 뿐더러 (기대와 달리) 팀워크 역시 망가진다고 느꼈기 때문이다.

우리가 학계 말로 '시간 결핍'을 겪고 있는 것도 전혀 놀라운 일이 아니다. 우리는 시간이 모자란다고 느낀다. 사실 인간의 기대 수명이 늘어났고 직업의 성격 자체도 변했기에 우리에겐 이전 어느 때보다 더 많은 시간이 있다. 그럼에도 우리의 삶 속에 '해야 할 일'을 강박적으로 쑤셔 넣고 있기에 압박감을 느끼는 것이다.

경제 시스템 자체도 빼기보다는 더하기를 선호한다. 우리는 특정 나라의 국력이나 번영을 GDP(한 나라가 생산하는 재화와 서비스를 모두 합한 값)를 바탕으로 측정한다. 그런데 GDP를 향상시킬 수 있는 방법이 무엇일까? 바로 더하는 것이다. 더 많이 하고, 더 많이 만들고, 더 많이 뽑아내는 것이다.

물론 더하기를 향한 집착은 새로운 현상이 아니다. 진짜 새로운 문제는 이제 우리에게 더할 수 있는 물건도, 더할 수 있는 방식도 이전보다 훨씬 더 많아졌다는 점이다. 클로츠의 설명대로 "우리가 더 많은 것을 추구하도록 몰아붙이는 생물학적, 문화적, 역사적, 경제적 힘"이 존재한다.

결핍이 만든 과잉 : '더 많이'의 저주

'자연 선택'이라는 주제는 예전에 카지노에서 도박꾼을 꾀기 위해 내놓던 3.99달러짜리 스테이크랑 비슷하다. 하도 지지고 볶아서 잿덩이만 남았다는 말이다. 자연 선택만큼 철저히 분석을 당한 과학 이론이 과연 또 있을까. 자연 선택에 따르면, 우리가 생존하여 더 많은 후손을 갖게 만드는 특성은 시간이 지남에 따라 주된 특성으로 자리를 잡는다. 반면 그러지 못하는 특성은 도태된다.

여기서 결핍 개념이 등장한다. 하버드대학의 인류학자들은 말한다. "자연 선택은 풍요로운 시기보다는 스트레스와 결핍이 만연한 시기에 가장 강력히 작용한다." 인류의 신체와 정신은 결핍 때문에 근본적인 변화를 겪었다고 해도 과언이 아니다. 획득과 소비에 집착하게 된 것이다.

예컨대, 인류가 다른 유인원 조상으로부터 분기해 나온 것은 약 930~650만 년 전 사이였다. 지구가 냉각기를 겪으면서 밀림에 식량이 부족해진 시기였다. 유인원 중에서도 두 발로 조금이나마 더 높이

서서 더 넓은 지역을 탐색할 수 있었던 유인원만이 더 많은 식량을 구할 수 있었고 그 덕에 생존하여 유전자를 퍼뜨릴 수 있었다. 세대가 지남에 따라 그중 점점 더 많은 수가 두 발로 직립 보행을 시작했다. 그래야 전보다도 더 넓은 지역을 탐색해 결핍에 시달리는 걸 피할 수 있었기 때문이다. 바로 그들이 최초의 인간이 되었다. 이렇듯 인간은 더 많이 더하는 쪽으로 진화했다. 더하는 것은 결핍이 만연한 고대 기준으로 거의 늘 합리적인 선택지였기에 아예 기본값으로 자리를 잡고 말았다.

그런데 지난 수십 년간의 연구에 따르면, 현대 인류가 개인적·사회적 차원에서 온갖 문제를 겪는 근본적인 원인은 오늘날 더 많은 것을 얻으려는 욕망을 충족시키기가 너무 쉬워졌기 때문이다. 학계에서는 이를 '진화적 불일치evolutionary mismatch'라 부른다. 이는 어떤 환경에서는 우리에게 도움이 되는 행동이나 특성이 다른 환경에서는 해가 될 때 나타나는 현상이다.

우리가 갈구하게끔 길들여진 것들이 죄다 풍부해졌음을 기억하자. 우리가 먹는 음식, 받아들이는 정보, 계층의 사다리, 소유하는 물건 대부분이 우리의 진화적 욕망에 어울리지 않는 방식으로 변화해 왔다. 더 많은 것이 존재하는 세계에서 더 많은 것을 갈구하는 욕망을 맹목적으로 따르는 것은 많은 사람을 아프고 불행하게 만드는 듯하다.

자극, 고칼로리 음식, 풍부한 소유물, 정보, 지위 등을 갈구하는 인간의 욕망은 마약, 패스트푸드, 온라인 쇼핑, 구글링, 소셜 미디어 등이 가득한 세계에서 역효과를 내고 있다. 게다가 기업들은 바로 그 타고난 결핍의 고리를 이용해 사람들을 더 몰아붙일 신기술을 개발하고 있다.

안타깝게도 이와 같은 현대적인 문제들은 최신 유행하는 식단이나 운동 루틴, 명상법, 디지털 디톡스, 곤도 마리에식 집 정리로는 해결할 수 없다. 우리의 뇌가 끊임없이 결핍 신호를 찾아내 이를 우선순위로 삼게끔 설계되어 있음을 기억하자. 주변 환경에 존재하는 결핍 신호는 우리로 하여금 자원이 충분하지 않다고 느끼게 만든다. 결국에는 결핍 마인드셋을 촉발한다.

밴더빌트대학에서 결핍 신호가 인간에게 미치는 영향을 연구 중인 켈리 골드스미스Kelly Goldsmith는 말한다. "결핍 마인드셋은 비교적 풍요롭고 평온한 환경에 있는 사람에게도 나타날 수 있어요." 그의 연구에 따르면, 형편이 넉넉한 사람일지라도 냉장고 속 우유나 펜 잉크가 다 떨어진 것을 보면 결핍 신호로 인식해 더 많이 갈구하다가 결국 스스로에게 해를 입힐 수 있다.

골드스미스는 이렇게 덧붙인다. "저희가 발견한 바에 따르면, 일상적인 자원에 접근하지 못하게 위협하면 사람들은 더 많은 것을 손에 꼭 쥐려고 하고 타인에게 베풀려는 경향도 줄어들어요." 더 많은 것은 우리에게 안정감을 준다. 마치 상상 속의 결핍을 해결하려고 뭐라도 하고 있다고 착각하는 듯하다.

게다가 더 많은 것을 갈구하는 욕망을 빠르게 충족시키지 못하면 사람들은 자신에게 부족하다고 느끼는 것에 완전히 사로잡히게 된다. 미국심리학협회American Psychological Association에서 설명하길, "인간의 정신은 돈, 시간, 칼로리, 동반자 등 무언가가 부족하다고 느끼면

효율성이 떨어진다."

미국 심리학의 아버지 윌리엄 제임스가 했던 말을 기억하자. 우리가 주의를 기울이는 것을 합친 것이 곧 우리의 인생이다. 결핍에 초점이 맞춰지고 나면 미래를 계획하거나 진짜 문제를 해결하거나 지금 이 순간을 즐기는 데 사용하던 두뇌 에너지는 끝없는 갈구의 소용돌이 속으로 빨려 들어간다. 학자들은 이런 결핍은 삶을 강박 속에 빠뜨려 인지 작용에 지속적인 부담을 주는 것은 물론 자기 패배적인 행동을 강화할 수 있다고 강조한다. 쉽게 말해 "끊임없이 집착하느라 멍청한 짓을 저지르다 결국 스스로를 다치게 만든다"는 것이다.

문제는 자연 선택이 우리에게 언제 과잉으로 치닫는지 아는 법을 탑재해 주지는 않았다는 점이다. 인류 진보의 결과로 우리는 무엇이든 더 좋은 질로 더 많이 갖게 되었다. 하지만 잠깐 멈추어 자신이 가진 것을 음미하는 사람은 거의 없다. 그 대신 우리는 가진 것에 익숙해진 채 목표를 '저 멀리'로 옮긴다. 무엇이든 '지금보다' 더 많은 것, '지금보다' 더 나은 것을 원한다.

맥아더 천재상 수상자이자 스탠퍼드대학의 신경내분비학자인 로버트 새폴스키Robert Sapolsky는 말한다. "만약 공학자가 인간을 설계했다면 인간은 더 많이 소비할수록 더 적게 갈구했을 것이다. 하지만 인간이 으레 마주하는 비극은 더 많이 소비할수록 더 많이 갈구하게 된다는 점이다. 더 많은 것을 더 급하게, 더 심하게 갈구한다. 어제는 의외의 기쁨을 주던 것이 오늘은 당연한 것이 되고 내일은 아쉬운 것이 된다."

전설적인 농구 코치 팻 라일리Pat Riley는 이를 "더 많은 것의 저주"라 불렸다. 라일리는 코치나 감독으로 NBA 챔피언십 우승컵을 여덟 번 들어 올리는 동안 챔피언 팀이 다음 해에 연달아 우승하는 경우는 드물다는 사실을 깨달았다. 그는 "성공은 재앙으로 향하는 첫걸음"이라고 말했다. 처음에 프로 선수들은 그저 우승 경험을 더 많이 쌓기를 바란다. 하지만 일단 챔피언십 우승컵을 들고 나면 우승 말고도 '더 많은 것'으로 초점이 옮겨 간다. 더 많은 스폰서, 더 많은 출전 시간, 더 많은 연봉, 더 많은 명예를 원하게 되는 것이다.

이런 과정은 뇌 스캔 영상에도 나타난다. 케임브리지대학에서 진행한 연구에 따르면, 과거의 경험이나 기대에 따라 보상에 대한 뇌의 화학적 반응은 변화한다. 일례로 우리가 100만 달러를 땄다고 가정해 보자. 끝내 주는 일 아닌가? 그렇다. 하지만 그건 우리가 100만 달러 이하를 기대했을 때나 성립하는 말이다. 만약 딱 100만 달러를 기대했다면 그냥 괜찮은 정도일 것이다. 하지만 만약 200만 달러를 기대했다면 100만 달러를 딴 건 실망스러운 경험이다.

빼는 것이 본질적으로 낫다는 뜻이 아니다. 더하는 것도 본질적으로 나은 게 없다는 뜻이다. 우리가 더하는 데 끌리는 이유는 단지 오래전부터 더해 왔기 때문이다. 그런 와중에 점점 더 많은 업계가 결핍의 고리를 발견하고 우리가 빨리 더 많은 것을 추구하도록 만드는 데 이를 이용하고 있다.

우리는 더하는 것을 당연시함으로써 종종 최적의 선택을 놓치고는 한다. 최악의 경우에는 순 머저리 같은 짓마저 저지른다.

물론 빼는 것이 늘 정답은 아니다. 빼는 행위도 나름의 문제를 안고 있다. 따라서 우리가 해야 할 일은 어떻게 하면 적당한 선을 찾을 수 있을지 깊이 고민하는 것이다. 너무 많지도 너무 적지도 않은, 만족할 수 있는 선 말이다.

충분함에 이르려면 나는 첨단 기술 분야는 물론 결핍의 고리가 도사리는 다른 분야들에 대해서도 더 많이 공부해야 했다. 우리가 어떤 영역에서 어떤 이유로 얼마나 심하게 더 많은 것을 좇고 있는지 알아내야 했다. 우리가 결핍의 고리에 빠져드는 이유와 그것을 이용하는 세력의 동기를 의식적으로 이해해야 했다.

환경이 선택을 바꾼다

토마스 젠탈은 도박에 빠진 비둘기를 관찰하다 흥미로운 사실을 발견했다.

"저희는 보통 비둘기를 작은 새장 안에 두는데, 비둘기들도 새장에서 혼자 사는 데 나름 잘 적응하는 것 같아요." 실제로 관련 수치나 데이터를 보면 비둘기들의 삶의 질은 좋은 편이었다. "그런데 가끔 녀석들을 큰 새장에 넣을 때가 있어요. 야생과 비슷한 환경에서 살게 하는 거죠. 비둘기들은 서로 교류도 할 수 있어요. 그게 다가 아니에요. 그 새장은 애초에 야생 환경이랑 흡사하게 설계되었거든요. 그래서 살짝 날아 횃대에 올라갈 수도 있어요. 비둘기가 야생에서 주로 지내는 곳이죠."

그는 이러한 야생 환경에서 시간을 보낸 비둘기가 앞서 언급한

두 게임을 마주했을 때 어떤 반응을 보일지 궁금했다.

결과는 이랬다. "그 뒤로 비둘기들이 최적의 선택지를 고르기 시작하는 겁니다." 녀석들은 첫 번째 게임, 즉 도박 요소가 없는 게임을 골랐다.

젠탈이 이유를 설명했다. "최적 자극 모델optimal stimulation model이라는 개념이 있어요. 이 모델에 따르면, 우리 인간을 비롯한 동물은 자신이 선호하는 자극 수준이 있습니다. 자극 수준이 낮아지면 자극을 찾죠. 저희가 관찰한 바로는, 비둘기는 야생의 삶에서 접할 법한 형태의 대체 자극을 받으면 도박성 게임을 선택할 가능성이 상당히 줄어들었습니다."

어떤 식으로든 그 비둘기들은 이만하면 충분하다는 사실을 깨달았던 것이다. 녀석들은 자신이 가진 것에 만족했고 더 적게 갈구했으며 결핍의 고리 속으로 도망가려 하지 않았다.

그가 덧붙였다. "요즘 인간을 생각해 보면, 많은 이가 자원을 얻는 게 너무 쉽다는 사실에 질려 버린 것 같아요. 우리는 식량을 탐색하거나 수집하는 데 시간을 많이 쓸 필요가 없죠. 야외에서 전보다 적은 시간을 보내요. 사회를 이루는 세계가 바뀐 거죠. 그러다 보니 우리는 자극의 격차를 채우기 위해 주의를 돌리거나 불안을 잠재우기 위해 다른 방법을 찾아 나서죠." 작은 멸균 새장 속에서 자극이 부족한 채로 살아가는 비둘기처럼 우리 개인도 더 큰 세력이 깔아 둔 결핍의 고리에 빠지기 십상이다. 무의미하고 비생산적인 소비 행위로 자극이 부족한 삶을 채우려고 애쓰는 것이다. "욕구가 충족되지 않으면 우리는 도박을 하거나 온라인 쇼핑을 하거나 음식을 먹거나 소셜 미디어에 빠지죠. 심지어 마약까지 합니다."

결핍의 뇌가 극단에 치달으면 중독을 초래한다. 실제로 젠탈은 멸균 새장에서 자극 없이 사는 비둘기에게서 중독 행위가 나타나는 것을 관찰했다. 그의 동료 학자들도 그와 비슷한 환경에서 살아가는 실험용 쥐나 다른 동물에게서 중독 행위가 나타나는 것을 확인했다. 젠탈은 말했다. "인간은 여러 면에서 멸균 새장 속 비둘기와 크게 다르지 않아요."

사실상 젠탈은 아직 논란 중인 최신 중독 이론을 넌지시 언급한 것이다. 1990년대 이후로 사람들은 중독이 뇌 깊숙한 곳에서 일어나는 화학적 현상에 의해 발생한다고 생각했다. 하지만 젠탈을 비롯해 점점 더 많은 학자는 인간이 자극이 부족한 비둘기나 그 밖의 동물들과 생각 이상으로 유사하다는 사실을 깨닫고 있다. 게다가 이들의 중독 이론은 마약이나 술에만 적용되는 게 아니다. 장기적인 성장과 만족을 희생시키는 대신 단기적인 위안을 가져다주는 습관이라면 어떤 습관이든 그 뿌리를 이해하는 데 이들의 이론이 도움이 된다.

이만하면 결핍의 고리와 결핍의 뇌를 연관시키는 데 어느 정도 성공했으니 이제 안전지대를 벗어나 모험을 떠날 때가 됐다. 결핍의 뇌를 길들이는 법을 진정으로 이해하고 싶다면 바깥세상을 살아가는 사람들을 만날 필요가 있었다. 단지 멸균 실험실이나 영상 통화를 통해서가 아니라 실제 현실 세계에서 답을 찾으려는 사람들 말이다.

일단 결핍의 뇌의 극단을 마주해 보는 게 훌륭한 출발점이 될 것 같았다. 그렇게 잡은 첫 목적지가 바로 바그다드였다.

5장

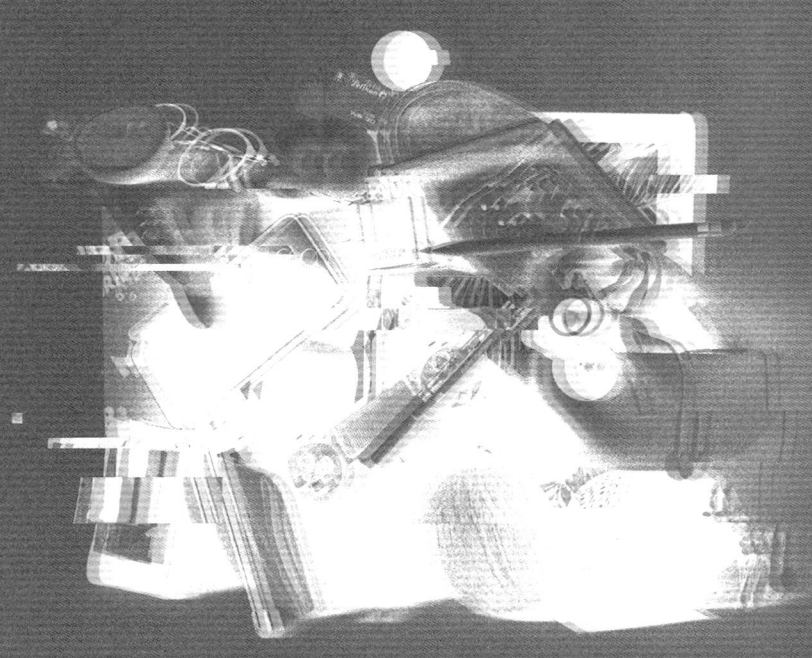

해방감
: 어제의 위안이
오늘의 지옥이 될 때

....

"물론 중독은 뇌를 변화시키죠.
하지만 안 그런 게 어디 있나요.
지금 나누고 있는 이 대화도 우리 뇌를 변화시키고 있어요.
진짜 문제는 뇌의 변화가 의사결정 능력을
완전히 망가뜨릴 수 있는지 여부입니다.
사람들은 중독 상태가 초래하는 신경화학 폭풍을 뚫고
행동을 변화시킬 역량을 가지고 있습니다.
변화는 가능해요. 어떤 변화든 가능하죠."

나는 에르비드와 함께 지난 며칠 동안 바그다드를 미친 듯이 돌아다녔다. 그는 딱 봐도 보통 미친 사기꾼이 아님이 분명했다.

이라크에 가기 전에 에르비드에게서 미리 한 주간의 일정표를 받은 상황이었다. 일정표에는 우리가 언제 어디에 가서 누구를 만날지 정확히 적혀 있었다. 게다가 일정표대로라면 우리는 굉장히 안전한 최고급 SUV를 타고 움직일 것이며 나는 바그다드에서 가장 고급스럽고 안전한 호텔에서 묵을 예정이었다.

그런데 공항에 마중 나온 에르비드가 끌고 온 차는 과연 굴러가긴 할까 싶을 정도로 허름해 보였다. 그 차를 타고 호텔이라는 곳에 내렸더니 폭격을 맞아 폐허가 된 건물 옆에 추레한 건물 하나가 서 있었다. 에르비드가 눈치를 살피며 미안한 표정을 보이더니 '확정'지었다는 약속들도 상황이 완벽히 맞아떨어지면 할 수도 있는 일을 제안한 것일 뿐이라고 시인했다.

이번 여행은 망했구나 싶었다. 하지만 에르비드는 어떻게든 나를 꾀어서 이라크로 오게 만든 것처럼 결국 다른 사람들도 꾀어내기 시작했다. 정말 단 한순간도 입을 닫는 꼴을 본 적이 없었다. 그 세 치 혀 덕분에 우리는 가고 싶은 곳을 갈 수 있었고 벗어나고 싶은 곳을 벗어날 수 있었다. 일단 우리는 테러리스트와 마약왕이 갇혀 있는 감방, 마약 단속국의 전초기지, 중독 치료 센터, 군대 정보 장교와의 비공식 회견 등 최근 이라크가 신종 마약 상대로 벌이는 전쟁의 최전방을 경험할 수 있었다. 그러는 한편 보안 검문소에서 겪은 아슬아슬한 대치 상황이나 미국과 미국인을 지도상에서 싹 쓸어 버리기를 원하는 지하디(이슬람이 말하는 성스러운 전쟁 지하드를 치르는 전사를 일컫는 말―옮긴이) 민병대원들을 마주한 위기 상황에서 무사히 빠져나올 수도 있었다. 총 든 사람을 몇이나 봤던지.

셋째 날에 에르비드는 치안과 국경 통제를 관할하는 이라크 내무부와의 만남을 성사시켰다. 하필 그때 어마어마한 모래 폭풍이 바그다드 전체를 집어삼켰다. 가시거리가 18미터 정도밖에 안 됐다. 다른 나라로 치면 눈보라나 허리케인이 닥친 상황이었다. 그래서 학교, 정부 청사, 일부 사업체들은 문을 닫았다. 절망적인 상황이었다.

겨우 다음 날 아침 에르비드의 말발로 우리는 경찰 요새에 들어가는 데 성공했다. 온갖 반대에도 굴하지 않고 입을 나불거리는 에르비드를 보니 나도 내가 할 수 있는 일을 해야겠다고 생각했다. 현지에 나와 있는 기자들을 몇 찾아내 연락을 취했고 다행히 한 기자가 압둘라자크Emad Abdul-Razaq 박사 연락처를 알려 줬다. 에르비드는 문자를 보내면서 수상한 미소를 지었다.

"이 사람, 저를 이름이 같은 다른 사람이랑 착각하는 것 같은데요. 어쨌든 중요한 건 저희랑 만나기로 했다는 거죠." 내가 멈칫하자 에르비드가 서둘러 덧붙였다. "분명 박사랑 얘기할 수 있을 거예요. 괜찮을 거예요." 쪽팔리지만 나도 절박했기에 수긍할 수밖에 없었다.

사무실 입구에 도착해 무장 경비에게 소지품을 전부 넘겨 주었다. 여권, 비자, 노트북, 대포폰, GPS 추적기, 납치될 경우에 사용할 탈출 도구들, 현금 5000달러까지 전부. 이제 내 수중에는 지갑, 공책, 펜밖에 없었다.

우아한 호두나무 책상을 사이에 두고 압둘라자크 박사와 마주 앉았다. 에르비드가 감히 이라크 정신의학계의 대장을 구워삶아 사기 만남을 주선한 덕분이다.

방 분위기는 싸늘했다. 박사는 나를 빤히 쳐다보았다. 하하, 누가 보면 최근에 자기 나라를 침략한 나라 사람이 뻔뻔하게 도움을 청하는 상황인 줄 알겠네! 아, 맞구나? 내 옆에는 에르비드가 능글맞게 웃으면서 아랍어로 재잘재잘 내 변호를 해 주고 있었다. 가서는 안 될 곳에 간 게 분명했다.

박사는 외판원처럼 활짝 웃고 있는 에르비드를 가리키며 영어로 말했다. "이 사람 말로는 그쪽이 교수라는데 신분증 같은 거 있어요?"

나는 당황해서 말끝을 흐리며 지갑을 꺼냈다. 일부러 모욕을 주려는 과장된 요구였다. 그래도 닳고 닳은 네바다대학 신분증을 꺼내 박사에게 건넸다. 박사는 안경을 살짝 내린 채 퀴즈 공부라도 하듯 정보를 꼼꼼히 읽어 보았다. 그러더니 "여기에는 '교수'가 아니라 '교직원'이라고 적혀 있는데요"라고 말하면서 우리를 내쫓으려 했다. 나는 미국에서는 교직원에 대학의 모든 교수진과 연구진도 포함된다는 점을 설명해야 했다.

"그래서 어느 학과 소속이라고요?"

"언론학과요."

박사가 기가 차다는 듯 눈을 굴렸다. "이라크의 마약이나 중독 실상이 궁금한 거면 2014년도 이라크 가구별 마약 사용 실태 설문 조사 자료를 다운로드해서 보세요. 저희 웹사이트에 들어가면 있어요." 그러고는 다시 문 쪽을 가리켰다.

하지만 이번 만남은 이라크에서 벌어진 다른 만남들과 다른 점이 한 가지 있었다. 총이 눈에 띄지 않았다는 점이다. AK-47도, 글록 권총도 없었다. 총기는 전부 방 밖의 복도에 있었다. 결핍의 뇌의 극단을 이해하려고 12000킬로미터를 날아 왔는데 지금 내 눈앞에 심지어 총도 없이 앉아 있는 저 박사가 그 의문을 해결해 줄지도 몰랐다. 좀 더 몰아붙이지 않을 이유가 있을까?

나는 박사에게 2014년 데이터는 너무 오래되어서 신뢰도가 떨어진다고 말했다. 나뿐만 아니라 박사 입장에서도 너무 오래된 자료였다. 2014년 이후로 이라크에는 많은 일이 일어났다. ISIS가 급부상했고 미군이 철수했다. 특히 이라크를 휩쓸고 있는 신종 마약 캡타곤이 너무나 궁금했다.

나는 내 고국에도 심각한 마약 문제가, 사실 이라크보다 심각한 마약 문제가 있음을 시인했다. 게다가 이라크가 새롭게 마주한 미지의 마약 사태가 중독이라는 주제를 이해하는 데 도움이 되리라 믿는다고도 말했다. 어쨌든 중독 문제는 국경도, 배경도, 은행 계좌도 가리지 않는 문제 아닌가. 어쩌면 이게 다른 온갖 보편적인 문제들에도 빛을 비춰 줄지 모르는 일이었다.

내가 '데이터' 같은 학문 용어를 언급했기 때문일까. 아니면 미국도 이라크만큼 엉망이라는 사실은 물론 이라크를 망치는 데 일조했다는 사실을 인정했기 때문일까. 어쨌든 박사의 표정은 살짝 누그러졌다. 박사는 내 교직원 신분증을 책상 위에 던지고는 가죽 의자에 등을 기댄 채 짙은 콧수염을 쓰다듬었다.

그가 드디어 입을 열었다. "맞습니다. 최근에 이 나라에서 마약 사용이 급증했죠. 2003년에 미국이 침략한 이후로 증가하기 시작했어요. 미국의 침략 때문에 나라가 불안정해졌고 사람들이 마약에 손을 대기에 좋은 여건이 됐죠. 그러다 2014년에 ISIS와의 전쟁이 시작된 이후 마약 공급량이 엄청나게 증가했어요. 특히 캡타곤 같은 흥분제 마약 말이죠. 캡타곤 문제는 지금도 문제지만 점점 더 심각해지고 있습니다."

캡타곤 제국의 탄생

1961년, 독일의 어느 제약 회사가 캡타곤을 발명했다. 캡타곤은 애더럴adderall, 덱세드린dexedrine, 벤제드린benzedrine 같은 암페타민 약품의 대안으로 시장에 나왔다. 집중력을 증진하고 행복감을 유도하는 효과가 있었기에 ADHD를 앓는 아동이나 우울증을 앓는 성인을 치료하는 데 주로 사용되었다.

1970년대에 접어들면서 의사들은 캡타곤의 효능이 문제가 될 정도로 과하게 좋다는 사실을 깨달았다. 캡타곤 남용과 중독 때문에 생기는 해악이 의학적 이점을 능가할 수준이었다. 사우디아라비아 같은 페르시아만의 석유 부국에서는 캡타곤이 마약으로서 인기를 끌기 시작했다. 물론 이슬람 국가는 일반적으로 하람haram, 즉 엄격한 종교적 금기를 따른다. 그래서 마약과 음주 자체가 금물이지만 캡타곤은 의학계의 인정을 받은 합법적인 처방 약이었기에 일부 사람들은 캡타곤을 이용해 하람을 어기지 않고도 취할 수 있다고 생각했다. 그리 특이한 일은 아니다. 예컨대, 미국의 유타주는 처방 약 남용률이 유독 높은 주인데 이는 모르몬교가 술, 커피, 니코틴 섭취를 금지하기 때문이다.

　1980년대에 유엔은 결국 캡타곤을 규제 약물 목록에 올렸다. 거의 모든 국가가 캡타곤 생산 및 사용을 금지하기 시작했다. 하지만 중동은 그 습관을 끊지 못했다.

　수요를 충당하기 위해 시리아 군대와 레바논 테러 조직 헤즈볼라가 나섰다. 1990년대에 그들은 군사 자금을 조달하기 위해 시리아-레바논 국경을 따라 작은 비밀 실험 단지를 세웠다. 세계적인 규제 때문에 캡타곤의 기존 활성 성분인 페네틸린fenethylline의 공급이 끊겼기에 그들은 메스암페타민, 암페타민, 카페인, 중금속 같은 값싼 흥분제를 마구 섞어 캡타곤 알약을 제조했다.

　2011년에 아랍의 봄(반정부 시위 운동)이 터지면서 시리아는 지금까지도 이어지고 있는 내전에 돌입했다. 바샤르 알아사드 대통령이 이끄는 시아파 무슬림 정권과 알카에다 같은 반정부 단체의 대결이었다. 2014년에는 이라크에서 등장한 ISIS가 이 분쟁에 참전했다. ISIS는 이라크와 시리아에 근본주의 이슬람 국가를 세우기 위해 이라크 정부는 물론 아사드의 군대와도 싸워서 이기려 했다.

이라크에 오기 전에 나는 워싱턴 D.C.에 위치한 지정학 싱크탱크 뉴라인스연구소New Lines Institute에서 캡타곤 무역을 연구하는 캐롤라인 로즈Caroline Rose와 대화할 기회가 있었다. 로즈의 설명에 따르면, 아사드 정권은 전쟁 자금을 조달하기 위해 제약 공장을 장악해 거대 실험 단지로 변모시켰다. "그들은 많은 사람을 고용해 거의 산업 규모로 캡타곤을 생산하고 있어요."

현재 시리아에는 정부가 지원하는 캡타곤 생산 시설이 적어도 열다섯 군데는 존재한다. 로즈는 덧붙였다. "시리아에서 캡타곤 생산 과정은 대개 제4사단이랑 연계되어 있어요." 시리아군의 제4사단은 미 해군의 네이비 실 같은 엘리트 특수부대다.

"게다가 이란의 혁명 수비대와 깊은 관련을 맺고 있는 조직들도 이를 돕고 있고요." 인민 동원군처럼 이라크 정부의 후원을 받고 이란으로부터 훈련과 자금을 지원받는 조직 역시 캡타곤 무역을 돕고 있다.

압둘라자크 박사를 만난 다음 날, 나는 에르비드와 바그다드에 있는 알만수르 쇼핑몰을 찾아갔다. 여러 층으로 된 전형적인 쇼핑몰인데 커다란 식당가에는 버거킹을 제외하고는 이라크에 프랜차이즈를 내지 않는 미국 패스트푸드 음식점들이 짝퉁 버전으로 가득하다고 생각하면 된다.

우리는 쇼핑몰 꼭대기 층에 있는 흡연용 라운지에서 이라크군 정보 장교인 에합과 나데르를 만났다(보안상의 이유로 이름 전부를 쓰지는 않겠다). 그들은 시리아 국경을 따라 ISIS를 비롯한 밀수업자를 상대로 마약 단속 작전을 수행하는 중이었다. 함께 둘러앉은 테이블에서는 조명이 수없이 반짝거리는 바그다드 전경을 내려다볼 수 있었다. 에합과 나데르는 전통 담뱃대로 레몬 향 물담배를 피웠고 나는 카르다몸 커피를 진하게 마셨다.

에합이 먼저 설명했다. "저희는 ISIS와 전쟁 중이던 2014년에 캡타곤이 점점 더 많이 유입되고 있다는 사실을 깨달았습니다. ISIS 군인들은 공포심을 죽이고 더 오래 깨어 있으려고 캡타곤을 복용했죠. 언제라도 죽을 준비를 하려고 했던 겁니다. 실제로 자살 테러범 중 대다수가 캡타곤을 먹곤 했어요."

이처럼 캡타곤이 ISIS와 연관되어 있었기에 서양 언론에서는 캡타곤을 '지하디 알약'이라는 명칭으로 부르기 시작했다. 하지만 캡타곤은 ISIS는 물론 상대측 군인 사이에서도 빠르게 인기를 끌었다. 나데르가 덧붙였다. "지금은 이라크 보병들도 캡타곤이나 여타 암페타민 약물을 사용하고 있습니다."

군인들이 암페타민 약물을 사용하는 사례는 새로운 일이 아니다. 《복합역사학저널 Journal of Interdisciplinary History》에 실린 논문에 따르면, 제2차 세계대전 중에도 연합국과 추축국 모두 다양한 종류의 암페타민을 사용했다. 당시 학자들은 암페타민 약물이 "자신감과 공격성을 높였고 '사기'를 증진시켰다"고 기술했다.

나데르와 에합은 둘 다 국경으로 자주 파견을 나가 급증하는 마약 범죄와 전쟁을 벌이고 있다. 둘은 이라크 민병대가 마약 거래에 크게 관여하고 있다는 로즈의 견해에 공감했다. 나데르가 말했다. "민병대는 거의 다 부패했습니다. 뇌물을 받거나 문제를 외면해 버리죠. 어차피 마약 자금 중 일부는 이란으로 흘러 들어가거든요."

결국 중동에서 가장 수요가 높은 마약인 캡타곤을 생산하고 밀수하는 과정에는 성전을 빙자한 군대, 조직, 산업이 전부 복합적으로 얽혀 있는 셈이다. 캡타곤 수요는 점점 그 마수를 새로운 지역까지 뻗치고 있다. 현재 시리아에서 불법적인 캡타곤 산업이 벌어들이는 수출액은 합법적인 산업이 벌어들이는 수출액의 45배에 달한다. 게다가 부를 축적하기 위해 마약을 제조하고 공급하는 멕시코의 마약 카르텔과 달리 캡타곤 산업은 전쟁 범죄와 테러를 일으키는 데 자금을 지원하고 있다.

수치를 보면 더 가관이다. 최근 말레이시아와 이탈리아 당국은 자국 항구에서 각각 1억 개의 알약이 실린 선적을 발견했는데 그곳을 거쳐 중동으로 보내질 예정이었다. 전문가들은 국경을 지나는 마약 중 단지 1~5퍼센트만이 압수를 당한다고 추정한다. 지금 이 순간에도 캡타곤 알약 수십억 개가 중동 전역에 유통되고 있다. 자그마치 수십억 개 말이다.

최근 로즈는 그와 관련된 수치를 전부 분석했다. 2020년에 캡타곤 무역 규모는 34억 6천만 달러에 달했고, 2021년에는 57억 달러로 늘었다. 2022년에는 100억 달러를 넘어섰다. 앞으로 그보다 훨씬 높아질 가능성이 크다. 심지어 일부 분석가들은 로즈가 제시한 수치가 보수적이라고 생각한다. 실제 시장 규모는 그보다 3배 더 클 수 있다.

유엔마약범죄국The United Nations Office on Drugs and Crime 보고에 따르

면, 예전에 이라크는 마약이 중동 전역으로 퍼지기 전에 거쳐 지나가는 곳이었다. 하지만 10년 전부터는 마약이 그냥 쏟아져 들어와 이라크 내에 쌓이기 시작했다. 2021년에는 이라크군이 불과 몇 달간의 수색 끝에 2019년과 2020년에 압수한 양의 20배에 달하는 캡타곤을 압수했다. 에합의 증언에 따르면, 최근 압수한 양은 이를 압도한다고 한다.

나데르는 이라크가 시리아와 맞대고 있는 국경이 꽤 길다 보니 밀수업자들이 창의적으로 변하고 있다고 했다. "최근에 저희는 시리아에서 국경을 넘어 이라크로 가려는 목동 하나를 멈춰 세웠어요. 알고 보니 양 떼의 배를 갈라 그 속에 캡타곤 꾸러미를 집어넣고는 다시 꿰매어 놓았더라고요."

마약 거래를 둘러싼 폭력 사태는 바그다드에서만 벌어지는 일이 아니었다. "저희 쪽 군인도 정말 많이 죽었어요." 에합이 말했다. 이제 밀수업자들은 캡타곤을 국경 너머로 밀수하기 위해 일단 죽이고 뒤이어 도망가는 식의 접근 방식을 택하기 시작했다. 마약 거래상들이 AK-47, 로켓포, 저격용 소총, 사제 폭탄까지 갖고 다닌다고 한다. 이라크군 사령관 지야드 알카이시는 "물론 테러와 마약이 동전의 양면 같은 존재지만, 최근에는 마약 거래에 맞서 싸우는 게 더 위험한 일이 되었다"고 말한다.

내가 이라크를 방문했을 무렵 캡타곤의 물결이 바그다드를 뒤덮고 있었다. 불과 며칠 전 이라크 당국은 바그다드에서 시리아로 향하는 화물트럭에서 800만 개의 알약을 발견했고 캡타곤 알약 620만 개를 유통시킬 계획을 세운 현지 마약 조직도 소탕했다.

결핍의 고리를 조이는 생존 본능

압둘라자크 박사가 입을 열었다. "이라크에는 트라우마 피해자가 정말 많아요. 1980년대에 이란과 전쟁을 벌이면서 시작된 트라우마죠." 당시 사담 후세인은 막 이슬람 혁명을 겪은 이란을 침략했다. 이란이 혁명 직후의 혼란기에 있었기 때문에 대충 밀고 들어가서 빠르고 쉽게 땅을 점령할 수 있으리라 생각했던 것이다. 하지만 전쟁은 8년 동안 이어졌고 결국 교착 상태로 끝나고 말았다.

"전쟁에서 100만 명이 죽었어요." 그로부터 2년 뒤인 1990년, 후세인은 쿠웨이트를 침략했고 결과적으로 미국을 비롯한 다른 국가들도 중동 사태에 개입해 걸프전이 시작되었다. 후세인에 반기를 드는 세력이 생기고 1994~1997년 사이에 이라크-쿠르드 내전이 발발하자 후세인은 대량 학살을 자행했다. 그는 통치 기간을 통틀어 약 25만 명의 이라크인을 학살했다고 전해진다.

2003년에는 미국이 동맹국을 이끌고 이라크를 침공했다. 그 결과 후세인이 축출을 당했지만 전쟁은 지지부진 이어지다 2011년이 되어서야 공식적으로 종결되었다. 일부 추정에 따르면, 이 전쟁으로 100만 명이 죽었다고 한다. 서구권을 향한 반감이 일자 ISIS는 이를 이용해 잔해 속에서 일어섰다.

극악무도한 폭력 조직인 ISIS는 2013~2017년에 이르기까지 칼리프 정권을 세우기 위해 공포정치를 자행했다. 이때 발발한 모술 전투는 제2차 세계대전 이후 가장 격렬한 시가지 전투로 여겨진다. 지금까지도 이라크 정부는 ISIS 반란군과 전쟁을 벌이고 있으며 그로 인해 폭탄 테러, 폭력 사태, 처형 등이 하루걸러 일어나는 수준이다. 당연히 경제도 파탄이 났다. 압둘라자크 박사는 지적했다. "외국인 투자액은 미미한 수준이고 실업률은 높습니다."

박사가 이어서 말했다. "저는 중독이 대개 환경에 달려 있다고 생각합니다. 상황이 맞아떨어지고 마약도 쓸 수 있으면 마약 사용량은 자연스레 늘어납니다. 사람들이 마약을 사용하는 이유 자체는 좋은 이유입니다. 마약을 하면 쉽사리 현실에서 도피할 수 있는 데다가 힘이 있다고 느낄 수 있고 삶의 고난에 대처하고 생존할 수 있으니까요. 정말 열심히 일하는 이라크 사람 중에는 단지 정신을 차려서 더 오랜 시간 일하려고 약을 사용하는 경우도 있어요."

박사 역시 젠탈이 언급했던 중독 이론을 똑같이 참고하고 있었다. 우리는 오랫동안 마약을 하는 행위를 기괴한 이상 현상으로 간주했다. 도덕성이 붕괴해서든 뇌의 화학 작용이 붕괴해서든 무언가가 잘못 작동한 결과라고 보았다. 하지만 과거 인류에게는 약물 사용이 거의 항상 좋은 결과를 낳았다는 인식이 점점 늘고 있다. 실제로 과거에 약물은 인간이 생존하는 데 도움을 주었다.

하지만 현대에 풍요의 시대가 찾아오면서 약물 사용의 본질 역시 변화했다. 그럼에도 약물에 중독된 사람의 뇌는 여전히 과거에 머물러 있기에 약물 사용을 생존 기제로 보는 경향이 있다.

만약 이런 현상이 발생하는 이유와 원리를 밝혀낸다면 이라크는 물론 그 밖의 다른 나라에 사는 사람들이 캡타곤을 사용하게 만드는 내부적·외부적 조건을 이해할 수 있을 것이다. 그러면 우리가 바꾸고 싶어 하는 수많은 습관의 뿌리가 무엇인지는 물론, 궁극적으로 우리가 언제, 왜, 어떻게 결핍의 고리에 빠지게 되는지, 우리가 어떻게 만족을 찾을 수 있는지도 이해할 수 있을 것이다.

중독의 기원과 진화적 뿌리

정신과 의사들이 환자를 치료할 때 교과서처럼 이용하는 《정신질환 진단 및 통계 편람 Diagnostic and Statistical Manual of Mental Disorders》 5차 개정판(《DSM-5》)에서 '중독'의 정의를 찾아보면 항목 자체가 없다는 것을 확인할 수 있다. '중독'이라는 단어 자체의 '정의가 불확실하기 때문'이다. 실제로 중독 연구에 평생을 바친 사람들을 찾아가 물어보니 저마다 다른 정의를 내놓았다. 그럼에도 학자든 실무자든 결국 비슷한 생각을 중심으로 이야기하기는 했다. 중독이란, 바로 부정적인 결과를 무릅쓰고도 보상을 만성적으로 추구하는 행위라는 것.

이런 관점에서 보면 인류 조상은 전부 중독자였다. 초기 인류는 엄청난 위험을 감수하고도 대담한 사냥을 감행했으니까. 그들은 미지의 세계 속에 어떤 위험이 도사리고 있는지도 모른 채 더 많은 것을 찾아 새로운 지역을 탐색했다. 식량과 안전을 보상으로 얻기 위해 위협적인 기후, 야생동물의 공격, 험난한 지형을 견뎌 냈다. 우리 조상들이 부정적인 결과에 굴복해 끊임없이 도전하지 않았다면, 즉 사냥

중에 팔이 부러졌거나 식량을 찾다 길을 잃고 배고파졌다는 이유로 다음 날 탐색을 반복하지 않았다면, 인류는 진작 멸종했을 것이다.

심지어 뇌 스캔 영상을 보면 중독과 관련 있는 뇌 영역이 (배우자를 향한 사랑이든 자녀를 향한 사랑이든) 사랑을 관장하는 뇌 영역에 함께 존재하는 것을 확인할 수 있다. 중독 연구자이자 저널리스트인 《망가지지 않은 뇌Unbroken Brain》 저자 마이아 샬라비츠Maia Szalavitz는 이렇게 말한다. "부정적인 결과에도 우리를 굴하지 않게 만드는 근원적인 보상 체계가 존재하지 않으면 배우자와의 관계를 지속할 수도 없을 거고 아이를 키울 때 따라오는 기저귀와 울음과 절망도 감당할 수 없을 거예요."

초기 인류 중 '중독자'는 가장 악랄한 조건과 결과에도 가장 오래 버틴 존재라는 점에서 가장 성공적으로 생존한 존재일지도 모른다. 물론 중독 때문에 죽기 전까지는 말이다.

여기서 약물 사용 행위가 등장한다. 약물 사용 관행은 오래전부터 존재했으며 인간에게만 국한된 것도 아니다. 오늘날 학자들은 향정신성 물질을 사용하는 것이 '대단히 깊은 진화적 뿌리'를 가지고 있음을 이해한다. 그 뿌리를 타고 끝까지 내려가면 5억 년 전에 처음 등장한 다세포 생물이 등장한다.

나는 볼링그린주립대학의 진화생물학자 모이라 반 스타덴Moira van Staaden과 이야기를 나누었다. 그의 설명에 따르면, 암페타민, 코카인, 오피오이드, 니코틴, 알코올 같은 마약성 화합물은 식물이 곤충을 상대로 개발한 방어 기제라고 한다.

곤충이 식물을 먹기 시작하면 식물 내의 마약성 화합물이 식물을 보호하는 방향으로 곤충의 행동에 영향을 미치는 게 그 원리다. 반 스타덴은 이렇게 설명했다. "일례로 위장술을 사용한 곤충을 상상해 보세요. 그 곤충이 식물을 먹다가 암페타민까지 섭취하는 바람에 갑자기 더 빨리 움직이게 되면 결국 위장술에 실패해서 천적에게 더 빠르고 쉽게 잡아먹히겠죠."

오피오이드opioid 같은 화합물은 오히려 곤충을 느리게 만들 수 있다. 또 어떤 화합물은 곤충의 생식 욕구에 영향을 미쳐 녀석이 후대를 못 보게 할 수도 있다. 이와 같은 마약성 화합물에 취하는 경험은 반드시 보상으로 느껴져야 했다. 곤충이 처음 화합물을 섭취했을 때 죽지 않았다면 화합물을 더 섭취하기 위해 다시 식물로 돌아오게 만들어야 했기 때문이다.

반 스타덴의 실험에 따르면, 인간이 자신의 정신 상태를 변화시키기 위해 사용하는 온갖 마약성 화합물은 인간에게 미치는 영향을 다른 생물에게도 똑같이 발휘한다. 예컨대, 가재에게 암페타민을 투여하면 가재는 과잉 행동을 보인다. 초파리에게 알코올을 먹이면 초파리는 취한 사람이 휘청휘청 걷듯 비틀거리며 날아간다. 가재에게 오피오이드를 투여하면 가재는 행동이 굼떠지고 번식에 흥미를 잃는다.

반 스타덴은 말했다. "그러니까 마약성 화합물은 애초에 인간을 겨냥해 진화한 결과물이 아니라는 말이죠. 그건 곤충을 겨냥해 진화한 결과물이었습니다." 하지만 곤충에게 처음 나타났던 유전자가 수억 년을 지나면서 우리 인간에게도 전해졌다.

물론 그는 6억 6500만 년 전에 처음 등장해 지금까지 살아남은 곤충과 인간은 '분명 구조적으로 굉장히 다르다는 것'을 인정한다.

"하지만 분자 차원에서 수용체나 생화학적 작용을 관찰해 보면 둘은 평균 80퍼센트에 달하는 유전자를 공유합니다. 그렇기 때문에 인간도 식물 내에 존재하는 향정신성 화합물에 똑같이 취약한 거예요. 사실상 의도치 않은 부차적인 피해를 겪었죠."

생존 본능의 역습

우리가 속한 호모 사피엔스 종은 공통 조상으로부터 분화한 이후로 줄곧 향정신성 물질을 섭취해 왔다. 그 공통 조상도 향정신성 물질을 섭취했다. 공통 조상의 조상도 마찬가지였다. 그렇게 조상의 조상을 끝까지 타고 올라가면 바로 그 고대의 곤충들이 등장하는 셈이다.

물론 인간은 곤충이 아니다. 곤충보다 훨씬 더 크고 똑똑한 인간은 식물에 담긴 화합물을 도구로서 활용하는 법을 배웠다. 스탠퍼드대학의 과학자들은 오늘날 우리가 중독성이 너무 강하다고 여기는 물질이나 행동 덕분에 초기 인류가 자연 선택이라는 가혹한 시련에서 살아남을 수 있었다고 주장한다.

알코올을 떠올려 보자. 초기 인류에게는 높은 당도와 칼로리 덕분에 과일이 다른 음식보다 가치가 컸다. 야생의 나무에서 과일이 떨어져 익으면 자연스레 공기 중에 존재하는 효모와 섞여 발효되기 시작한다. 버클리대학의 과학자들은 이처럼 발효된 과일이 풍기는 특이한 냄새 덕분에 초기 인류가 과일을 쉽게 찾을 수 있었다고 설명한다. 그런데 그처럼 발효된 과일 속에는 미량의 알코올 역시 생성되었다.

알코올이 든 과일을 섭취하면 소위 '식전주 효과aperitif effect'가 나타났다. 알코올을 섭취한 뒤에 평소보다 음식을 10~30퍼센트 더 먹게 되는 현상을 가리킨다. 따라서 발효된 과일을 먹은 인류 조상은 과일을 더 찾아내 폭식하게 되었고, 이는 의도치 않게 배고픈 시기에 대비해 몸을 불리는 효과가 있었다. 알코올로 오르는 취기 역시 보상으로 다가왔다. 게다가 알코올은 세균까지 죽이므로 알코올이 든 음식에는 우리를 병들게 할 수 있는 박테리아 역시 덜 들어 있을 확률이 높았다.

고대에는 알코올이 곧 생존에 직결되었다는 뜻이다. 물론 야생에서 발효된 과일은 알코올 함유량이 지극히 낮아서 당시 인간은 혀가 꼬부라지기 전에 배가 먼저 불렀을 것이다.

같은 원리가 흥분제, 오피오이드, 담배, 환각제, 마리화나 등에도 적용된다. 코카인은 코카잎에서 나온다. 물론 잎에 함유된 코카인 화합물은 농도가 1퍼센트도 안 될 만큼 낮다. 코카잎을 씹으면 배고픔이 가시는 것은 물론 지구력과 집중력을 높여 주기 때문에 고된 사냥이나 오랜 탐색을 할 때 도움이 되었다. 그 밖의 자연 흥분제를 함유한 식물 역시 동일한 작용을 한다. 양귀비에서 얻을 수 있는 아편은 영적 의식에 사용하거나 사냥 중에 입은 부상의 통증을 완화하는 데 사용했다. 그 시절의 애드빌, 즉 진통제인 셈이다. 담뱃잎은 배고픔을 달래 줬기에 식량이 부족할 때 식량을 구하는 데 집중하게 해 줬다. 담뱃잎에는 위장에 기생하는 기생충을 막아 주는 화학 물질도 들어 있었다. 환각제는 제례나 의료에 사용되었으며 인류가 생존하거나 세상을 새로운 방식으로 상상하는 데 도움을 주었을 것이다. 마리화나는 다양한 의학적 질병을 치료하는 데 사용되었다.

거의 인류 역사 내내 이런 물질들은 비교적 효력이 약하고 희소했다. 우리 조상들은 그 활성 성분을 가끔 일정량만 섭취했을 뿐이다. 그로 인해 유발되는 흥분감 역시 히말라야 산맥이라기보다는 두더지가 파놓은 둔덕 수준이었다.

하지만 비교적 최근에 인류는 식물에 담긴 향정신성 성분을 추출해 농축함으로써 가용성을 높이는 데 성공했다. 결과적으로 증류주, 농축된 코카인 분말, 메스암페타민, 캡타곤, 헤로인, 담배, 사탕이나 기화된 액체 형태로 섭취하는 환각제 및 마리화나가 만들어졌다.

몇 년 전부터는 불법 약물 대다수가 흙에서 길러 추출하는 대신(코카인은 코카잎을, 헤로인은 양귀비를 길러서 추출한다) 실험실에서 화학적으로 조제하는 방식으로 탄생하고 있다.

메스, 캡타곤, 펜타닐 같은 실험실 제조 마약은 이전 어느 때보다 큰 규모로 공급되고 있다. 흙에서 재배한 약물보다 수익성이 20배 이상 높기 때문이다. 효력 역시 80배 더 강력하다. 존제이대학 연구진의 보고에 따르면, 대규모 공급이 가능해진 덕분에 실험실 마약의 가격은 '역대 최저' 수준으로 떨어졌다고 한다. 헤로인이나 메스 같은 마약은 1980년대에 비해 10배 이상 저렴해졌다.

약물 사용과 남용 사례 역시 폭발적으로 증가했다. 미국에서는 메스 과다 복용 사례가 2000년 이후로 거의 16배 증가했다. 약물 과다 복용으로 인한 사망자가 1999년에 비해 약 6배 증가해 10만 명을 웃돌게 된 주된 원인 역시 펜타닐 때문이다.

신경내분비학자 로버트 새폴스키는 오늘날 향정신성 물질이 사용되는 풍경을 이런 식으로 줄여서 묘사한다. "한때 인간의 삶은 결핍이 만연한 가운데 가까스로 얻은 미세한 쾌락을 이것저것 즐기는 모양새였다. 그런데 지금 우리에게는 마약 없는 세계가 가져다주던 자극에 비하면 1000배는 더 자극적인 쾌락을 가져다줄 수 있는 약물이 존재한다."

물론 오늘날 존재하는 약물이 이전 어느 때보다 강력하기는 하지만 그렇다고 중독이 이제야 생겨난 건 아니다. 고대 그리스 시절부터 (아마 그 이전부터도) 사상가들은 어째서 중독에 빠지는 사람이 있고 중독에 빠지지 않는 사람이 있는지 이해하려고 노력했다. 수많은 사상가가 중독의 원인을 설명하기 위해 100가지가 넘는 이론을 제시했지만, 지난 한 세기 동안 논의를 거친 뒤로 우리에게는 크게 두 축의 이론이 남았다.

한 중독 모델에서는 중독자를 나쁜 사람으로 바라본다. 중독이 이기적이고 파괴적인 목적에서 비롯된 개인의 선택이라는 입장이다. 대표적으로 '마약과의 전쟁' 정책이 이 축을 기반으로 두고 있다. 마약과의 전쟁이 절정에 달한 1980년대에는 매년 100만 명에 이르는 미국인이 소량의 마리화나, 코카인, 헤로인을 소지한 죄로 감옥에 들어갔다.

하지만 1990년대 중반부터 사람들은 마약과의 전쟁에서 패배하고 있음을 깨달았다. 전 세계적으로 수조 달러를 사용해 마약과 전쟁을 벌이고 마약을 소지한 사람들을 체포해 투옥시켰음에도 마약 사용률이 떨어질 기미가 보이지 않았던 것이다. 오히려 이런 접근법은 사람들의 인생을 망쳤으며 사회적 약자에게만 큰 피해를 입혔다. 일례로, 1990년대 코카인 사용자 대부분은 백인이었지만 코카인 소지 혐의로 법정에 넘겨진 사람 중 90퍼센트는 흑인이었다.

그래서 1995년, 미국 국립보건원 국립약물남용연구소National Institute on Drug Abuse의 연구자들이 해결책을 모색하기 위해 한데 모였다. 마침 뇌 영상을 활용한 연구가 큰 주목을 받던 때였다. 인간의 뇌가 서로 다른 상황에 어떤 식으로 반응하는지 영상을 촬영해 관찰하는 신경 영상 기법이 크게 개선되었기 때문이다. 이를 통해 새로 밝혀진 사실은 만성 약물 사용자의 뇌가 비사용자의 뇌와는 다른 방식으로 마약에 반응한다는 점이었다.

도파민 자체가 쾌락 화학 물질은 아님을 기억하자. 도파민의 진짜 역할 중 하나는 우리가 즐거움을 추구할 수 있도록 욕구를 만들어 내는 것이다.

뇌에서 실제로 즐거움을 생성하는 시스템은 신경과학자 사이에서 '애호liking' 시스템이라 불린다. 애호 시스템은 미세한 '쾌락 과열점'들로 구성되어 있다. 우리가 재미있는 일을 하면 바로 이 쾌락 과열점이 오피오이드와 엔도카나비노이드 같은 화학 물질에 의해 활성화된다. 각각 뇌에서 자연적으로 발생하는 헤로인과 마리화나라고 생각하면 된다. 그러다 보니 이때 우리는 환상적인 감정을 느끼며 방금 한 일을 '애호'하게 된다.

하지만 마약 중독자의 뇌에는 이상한 점이 있었다. 선호하는 약물을 섭취해도 그들의 뇌에서 쾌락 과열점이 활성화되지 않았던 것이다. 그럼에도 여전히 상당량의 도파민이 분비되었기에 그들은 계속해서 마약을 갈구했다. 요컨대, 뇌 영상을 토대로 보면 마약 중독자는 마약을 갈구하긴 했지만 실제로 섭취했을 때 마약을 애호하지는 않았다.

이와 같은 신기한 발견 덕분에 약물남용연구소의 선임 연구원들은 두 번째 중독 모델을 떠올릴 수 있었다. 이 모델에서는 중독을 망가진 뇌에 발생한 질병으로 본다. 핵심은 중독성 물질이 인간의 뇌를 '탈취'할 수 있다는 것이다. 중독자는 탈취당한 폭주 기관차에 올라탄 무력한 승객일 뿐이다. 약물남용연구소 소장 노라 볼코우Nora Volkow는 중독자가 약물을 끊기로 결심하더라도 실제로 끊을 수는 없다고 지적했다. 중독자에게 선택의 여지는 없다. 볼코우가 학술지 《랜싯 정신의학Lancet Psychiatry》에서 언급했듯 "반복적인 약물 노출 때문에 시냅스 및 신경 회로 차원에서 특정 분자나 기능이 신경 가소성 변화를 일으켰기 때문"이다. 이때부터는 중독을 뇌 질병으로 인식하는 모델이 학문 및 정책 분야에서 최전선을 차지하게 되었다.

나는 압둘라자크 박사에게 뇌 질병 모델을 어떻게 생각하는지 물어보았다. 그는 중독자의 뇌가 비중독자의 뇌와 약물에 다르게 반응한다는 사실을 부정하지 않았다. 당연히 다르게 반응할 것이다. 하지만 박사는 그와 같은 복잡한 신경과학 지식이 사람들을 돕는 데 딱히 도움이 되지 않을 거라고 우려했다.

현장에서 중독자를 도우려고 애쓰는 사람 중에는 압둘라자크 박사 같은 사람 비율이 늘어나고 있다. 물론 그들은 중독자가 못된 사람이라고 생각하지 않는다. 하지만 그들이 직접 경험한 바로는 중독자가 뇌를 탈취당한 무력한 사람도 아니다.

이처럼 새로운 관점을 가진 한 전문가는 말했다. "타락이냐 질병이냐의 양극단 사이 중간 지대에는 어째서 수많은 사람이 약물과 알코올을 과도하게 사용하는지 설명하는 데 도움이 되는 방대한 경험과 지식이 존재한다."

중독은 변화 가능한가

이라크를 방문하기 전에 나는 바로 그 중간 지대를 탐험하는 수많은 전문가와 이야기를 나눴다. 예일대학의 중독 전문 정신의학자 샐리 사텔Sally Satel 박사는 중독을 뇌 질환으로 바라보는 관점이 중독자로 하여금 감옥에서 시간을 보내는 대신 전문적인 치료를 받을 수 있게 도와준다고 했다. "판사, 보안관, 보험 손해사정사랑 이야기할 때면 저는 '맞아요. 중독은 질병이에요'라고 말해요."

그렇다고 사텔이 도왔던 중독자 중 누구도 뇌를 탈취당해 무력해진 사람처럼 보이지는 않았다. 그녀는 지적했다. "물론 중독은 뇌를 변화시키죠. 하지만 안 그런 게 어디 있나요. 지금 나누고 있는 이 대화도 우리 뇌를 변화시키고 있어요. 따라서 중요한 문제는 뇌의 변화가 일어나는지 여부가 아니죠. 그건 당연히 일어납니다. 진짜 문제는 그와 같은 뇌의 변화가 의사결정 능력을 완전히 망가뜨릴 수 있는지 여부입니다. 이 의문에 답을 하자면 '아니'라는 겁니다. 물론 선택에 제약이 가해질 수는 있죠. 하지만 사람들은 중독 상태가 초래하는 신경화학 폭풍을 뚫고 행동을 변화시킬 역량을 가지고 있습니다. 변화는 가능해요. 어떤 변화든 가능하죠."

지금까지 어떤 학자도 약물 사용이 중독으로 이어지는 뇌의 변화를 정확히 규명하지는 못했다. 약물이 우리의 뇌를 탈취해 행동을 조종한다는 것도 사실은 작은 우리 속에서 외톨이로 키운 실험용 쥐를 관찰한 결과다. 실험에서 쥐는 레버를 눌러 코카인을 한 차례 복용할 수 있다. 당연히 코카인을 엄청 마음에 들어 한다. 그래서 레버를 누르고 또 누른다. 녀석은 코카인에 취한 상태에 완전히 사로잡혀 먹는 것도 잊은 채 죽음을 맞이하고 만다.

하지만 이런 실험에서는 쥐에게 좀 더 안전하고 편안한 환경, 쥐가 야생에서 누렸을 법한 환경을 제공했을 때 어떤 일이 일어나는지 논하지 않는다. 몸을 숨길 구멍, 보금자리, 나무 조각, 쳇바퀴, 풀, 다른 쥐 등이 존재하는 큰 공원 같은 환경 말이다. 그런 곳에서 쥐는 레버 누르기를 멈춘다. 마치 젠탈의 실험용 비둘기가 야생 비둘기다운 생활을 한 뒤 도박을 멈췄던 것처럼 말이다.

중독 연구 시설은 인간이 (비유적으로 말해) 레버 누르기를 멈추는 까닭을 간과할 때가 많다. 일례로, 약물남용연구소는 환경이 중독에 미치는 영향을 암묵적으로 인정하면서도 그 문제를 전면에서 다루지는 않는다. 연구 자금은 대부분 뇌 질환 모델을 연구하는 데 사용된다. 대중에게 내보내는 정보 역시 대부분 중독과 관련된 신경과학 지식이다.

약물남용연구소는 중독이 종신형이나 다름없는 질환이라고 주장한다. 내부 데이터에 따르면, 중독 환자 중 40~60퍼센트가 재발을 겪으므로 중독은 '만성적으로 재발하는 장애'라고 단정한다. 하지만 사람들은 다양한 이유로 중독을 극복한다. 게다가 중독을 극복하는 사례는 공식 데이터에 제시된 것보다 훨씬 더 흔한 일일 수 있다.

사텔은 "'임상의의 착각'이라는 개념이 존재한다"고 지적했다. 중독 연구자나 치료사가 가장 심각한 중독 사례, 즉 모든 것을 잃더라도 중독 습관을 끊지 못하는 사람만을 연구하고 관찰할 수밖에 없기 때문에 모든 중독 사례가 절망적이라고 믿는 경향이 있다는 것이다.

하지만 약물 남용과 씨름 중인 평범한 사람들을 상대로 연구를 진행하면 훨씬 더 밝은 전망을 마주할 수 있다. 사텔은 약 2만 명을 대상으로 이루어진 연구 하나를 소개했다. 이 연구에 따르면, 24세 이전에 약물로 어려움을 겪었다고 보고한 사람 중 75퍼센트가 37세까지 약물을 사용하지 않는 데 성공했다. 또 다른 대규모 설문 조사에 따르면, 중독 문제로 10년 동안 어려움을 겪은 사람 중 86퍼센트가 중독을 완전히 극복하는 데 성공했다고 한다.

사텔은 본인이 직접 도왔던 사람 중에도 이런 사례가 많다고 했다. 노숙 생활에 지쳐서, 음주운전으로 면허가 취소당해서, 술에 취해 자녀의 축구 경기를 놓치고 나서, 새로운 일자리를 구해서, 윌리엄 제임스의 말대로 '인생을 뒤바꿀 영적 경험'을 하고 나서 중독 습관을 끊은 사람 등 사례는 다양했다.

"설령 중독이 뇌 질환임을 받아들인다 해도 그게 어떤 종류의 질병인지 현실적으로 파악해야 합니다. 중독은 알츠하이머 같은 뇌 질환이 아닙니다. 상벌 시스템을 이용해서 경과를 틀 수 있는 종류의 질병이 아니죠. 하지만 중독자가 보상에 높은 반응성을 보인다는 증거는 차고 넘쳐요."

베트남에 파견된 미군에게 어떤 일이 있었는지 생각해 보자. 군의관들이 추정한 바에 따르면, 당시 미군 병사 중 10~25퍼센트가 헤로인 중독을 겪었다. 1971년 5월에 《뉴욕타임스》는 〈전염병 수준에 치달은 베트남 미군의 헤로인 중독〉이라는 기사를 일면에 실었다.

닉슨 대통령은 헤로인 중독자가 미국으로 귀환하는 걸 원치 않았다. 그래서 '골든플로우 작전Operation Golden Flow'을 실시했다. 전제는 단순했다. 고국으로 돌아오기를 원하는 병사는 소변 검사를 통과해야 했다. 만약 중독이 선택권을 탈취해 필연적으로 재발을 일으킨다면 헤로인에 중독된 대부분의 병사는 망가진 뇌를 고치지 못한 채 베트남에 남겨졌을 것이다.

하지만 거의 모두가 소변 검사를 통과했다. 단기적인 회복도 아니었다. 집으로 돌아온 병사 대부분이 헤로인에 흥미를 잃었다. 베트남에서 중독 문제를 겪었던 병사 중 단 5퍼센트만이 미국으로 돌아온 지 1년 내에 재발을 겪었다. 게다가 그들은 대개 전쟁 전부터 마약을 한 이력이 있었다.

연구를 주도한 과학자는 결과에 충격을 받았다. '헤로인 중독자는 도저히 견딜 수 없는 욕구를 느껴 다시 중독에 이를 수밖에 없다는 기존 통념'에 반하는 결과였기 때문이다. 지옥 같은 전장에서 벗어날 수 있다는 보상이 병사들의 심리 상태를 변화시켰다. 실험실의 비둘기나 쥐가 우리를 벗어나 비교적 자연스러운 환경으로 옮겨 갔을 때와 유사한 변화였다.

오늘날 실험실에서 더 적은 보상을 제공하더라도 비슷한 결과를 얻을 수 있다. 예컨대, 한 연구에서는 오피오이드 중독자에게 마약으로 바꿀 수 있는 쿠폰과 현금으로 바꿀 수 있는 쿠폰 둘 중 하나를 고를 수 있는 기회를 제공했다. 베트남 참전용사처럼 며칠 뒤 소변 검사에서 약물이 검출되지 않으면 현금을 고른 참가자는 쿠폰을 25달러로 교환할 수 있었다. 참가자 중 약 75퍼센트가 현금으로 바꿀 수 있는 쿠폰을 선택했다.

컬럼비아대학에서 진행된 실험에서는 연구진이 코카인 중독자를 모집해 두 가지 선택지를 제공했다. 코카인을 흡입하거나 5달러를 받거나 둘 중 하나였다. 단, 코카인 양은 다양하게 설정되었다. 실험 결과 참가자들 대부분 돈을 선택했으나 흡입량이 커질수록 코카인을 선택하는 참가자가 점점 늘어났다. 다시 말해, 약물 사용자가 경제적으로 합리적인 판단을 내릴 수 있었다는 뜻이다.

또 다른 연구에서는 마약 중독자의 뇌를 스캔하여 관찰한 결과, 뇌가 생각만큼 근본적으로 망가져 있지는 않다는 것이 드러났다. 앞서 언급한 컬럼비아대학 연구진은 꾸준히 약물을 섭취하는 사람이 그렇지 않은 사람만큼이나 합리적인 결정을 내린다는 것을 발견하기도 했다.

사텔은 설명했다. "물론 삶을 크게 변화시키는 데 실패하면 보상 효과도 감퇴하는 경향이 있습니다. 하지만 핵심은 어쨌든 중독자가 보상에 반응할 수 있다는 점이죠. 중독자의 뇌도 의사결정을 내릴 수 있습니다. 약물남용연구소가 제시하는 뇌 질병 모델의 논리를 극단적으로 따르면 절대 불가능한 일이죠. 그래서 저는 사람들을 무력한 존재로 묘사하는 관행에 진심으로 반대합니다."

지금으로서는 중독을 치료할 수 있는 기적의 약물이나 치료법은 존재하지 않는다. 재활에는 노력이 필요하다. 그렇다고 뇌 질병 모델을 100퍼센트 인정하면 일부 중독자는 노력을 기울일 동기 자체를 잃어버릴 수 있다.

이와 관련해 뉴멕시코대학의 연구진은 1년 이상 재활 중인 알코올 중독자들을 대상으로 분석을 실시했다. 그들이 재발을 겪는 주된 원인은 중독이 질병이라는 믿음이었다. 재발을 겪는 이들은 의학적인 치료법도 없는 질병과 싸우는 게 아무런 의미가 없다고 생각했다. 이런 관점은 심지어 중독자를 도울 수 있는 사람마저 희망을 잃게 만든다. 실제로 어떤 연구에서는 가족 구성원이 중독을 극복할 수 없는 질병으로 여기면 여길수록 중독자와 거리를 두는 경향이 있다는 점을 발견했다.

물론 뇌 스캔 영상에 드러나듯이 중독에 사로잡힌 사람조차 노력 여하에 따라 자신의 뇌에 벌어지는 화학 작용을 조절할 수 있다. 예일대학과 컬럼비아대학의 연구진은 금연을 시도하는 흡연자들에게 사람들이 담배를 피우는 영상을 보여 주었다. 그러자 참가자들의 뇌는 도파민을 분비해 욕구를 자극했다. 하지만 참가자들이 암 발병 등 흡연이 유발하는 장기적인 문제를 고려하자 욕구 회로는 차분해졌고 오히려 장기적인 결정을 관장하는 뇌 영역이 활성화되었다. 코카인 중독자들에게서도 유사한 결과가 나타났다. 이런 현상은 모든 종류의 욕구에 적용될 수 있다. 욕구를 채울 때 생기는 문제(도넛을 하나 더 먹었을 때 살이 찐다는 사실이나 소셜 미디어에 파묻혀 있다가는 불안감만 커진다는 사실 등)를 고려하면 뇌 속의 화학 작용이 바뀌어 자제하는 데 도움이 될 수 있다. 다시 말해, 우리는 뇌 속 화학 물질에 종속된 존재가 아니다.

사텔은 경고했다. "도파민 같은 뇌 내 화학 물질을 중독의 원인이라고 비난하는 것은 사실상 중독자가 도파민 차단제를 복용해야 한다고 말하는 것이나 다름없습니다. 그런다고 될 일이 아니죠."

사텔과 압둘라자크만 이런 생각을 품고 있는 게 아니다. 사텔의 동료 정신과 의사, 임상의학자, 간호사는 물론 중독자의 어머니까지 다들 중독자에게 가망이 없다는 생각에 반대한다. 사텔은 오피오이드 중독이 심각한 문제로 떠오른 오하이오주 아이언턴에서 1년 동안 환자들을 도우며 지내던 시절에 팸, 베키, 리사, 샤론과 친분을 맺었다. 그는 당시 경험을 이렇게 소개한다. "그들은 중독 문제에 진심으로 관심을 가지고 있었어요. 그리고 사람들이 틀린 생각을 강요하는데 진저리가 나 있었죠. 중독자가 의학적 치료가 필요한 환자, 처벌받아 마땅한 악인이라는 생각이었습니다."

그 사이의 광활한 중간 지대에서는 수백만 년 전 인간을 비롯한 동물이 애초에 향정신성 물질을 사용한 근원적인 이유를 찾을 수 있다. 사텔은《정신의학의 최전선 Frontiers in Psychiatry》에 게재한 논문에서 "뇌 질병 모델은 중독자가 지닌 선택의 범위가 넓다는 사실, 즉 중독자가 보상에 반응할 역량이 있다는 사실을 호도하며 애초에 사람들이 나름의 이유가 있어서 약물을 사용한다는 근본적인 사실 역시 무시한다"고 서술했다.

압둘라자크 박사도 같은 생각을 전했다. "이곳 사람들이 마약을 하는 데에는 나름의 이유가 있어요." 박사가 이라크에서 만난 캡타곤 중독자들은 삶을 개선하기 위한 목적으로 약물을 복용하기 시작했다. 전쟁 트라우마를 극복할 자가 치료 수단이나 경험의 질을 향상할 수단이 필요했기 때문이다. 박사의 말대로 "정신을 차리고 더 오랜 시간 일하기 위해 캡타곤을 복용하는 트럭 운전사나 빵집 직원"도 많다. 그들에게 캡타곤은 효력이 훨씬 강력한 것만 빼면 우리가 아침에 마시는 커피와 다르지 않다. 미국에서도 똑같다.

공식을 다시 떠올려 보자. 우리가 특정 행동을 한다. 행동의 보상이 만족스럽다. 이제 우리는 비슷한 환경에서 다시 같은 행동을 할 가능성이 높아진다.

자주 논의가 되지는 않지만, 중독 역시 결핍의 고리에 빠질 수 있다. 여전히 재활 중이고 같은 처지인 사람들과 대화도 자주 나눠 본 사람으로서 나는 이를 몸소 경험했다. 술을 마시고 나면 경계를 풀고 맨정신에 하지 못할 행동을 할 수 있었기에 술은 자연스레 나름의 결핍의 고리를 형성했다.

내가 갈구한 건 술 자체보다는 '무엇이든 할 수 있을 것만 같다'는 심리적 상태였다. 파격적인 경험을 하고 싶었고 다른 사람들과 스스럼없는 교류를 하고 싶었다. 한창 술독에 빠져 살던 시절에 나는 아무런 자극이 없는 평범한 사무직 일을 하던 중이었다. 마치 좁은 통에 갇혀 이리 찔리고 저리 찔리는 황소가 된 기분이었다. 속에서는 에너지와 욕구가 마구 끓어 넘치는데 이를 발산할 출구가 없었다. 바로 그때 알코올이 그 출구를 열어 주었다. 이성과 질서, 규칙의 지배력이 점점 강해지는 세상 속에서 나는 주말에 기울이는 술잔 덕에 자유롭고 대담하게 행동할 수 있었다.

밤마다 새로운 기회와 예측 불가능한 보상이 따라왔다. 술기운 덕에 용기를 내 파티에서 마음에 드는 여자에게 말을 걸게 되지는 않을까? 평소라면 어울릴 생각도 못했을 사람들을 술집에서 사귄 다음 부어라 마셔라 하다가 다 같이 노래를 고래고래 열창하며 술집을 나서지는 않을까? 맨정신으로는 생각도 못했을 매력적인 문장을 쓰게 되지는 않을까? 아침에 눈을 떴더니 앞으로 몇 년이고 웃고 떠들 수 있는 재미있는 이야기들이 생겨 있지는 않을까?

나만 이런 생각을 하는 건 아니다. 오늘날 학자들은 부정적인 결과에도 약물 사용이 지속되는 핵심적인 이유가 결핍의 고리 때문임을 인정한다. 워털루대학 연구진은 향정신성 물질을 사용할 때 따라오는 예측 불가능한 보상이 '부정적인 결과나 소거 현상에 훨씬 저항력이 강한 행동'을 초래한다고 지적한다. 불법적인 마약을 생각해 보자. 마약이 가져다주는 흥분은 상당 부분 마약을 획득하고 사용하는 악순환 속에서 비롯된다. 과연 약을 구할 수 있을까? 거래 중에 체포되지는 않을까? 얼마나 강력한 마약을 얼마나 많이 구할 수 있을까?

연구에 따르면, 예측할 수 없는 강도의 마약을 예측할 수 없는 간격으로 사용하는 경우(사실상 길거리에서 마약을 구해다 쓰는 모든 경우) 마약 남용률은 더욱 높아진다. 마약 사용이 더 흥미진진한 경험으로 인식되며 사용 시에도 더 높은 쾌감이 느껴지기 때문이다.

결핍의 고리는 우리가 마약을 계속하게 만든다. 고리가 형성되지 않는다면 중독률은 급감한다. 의료 목적으로 투여하는 마약이 중독률이 훨씬 낮은 것도 바로 이 때문이다. 일례로 한 조사에 따르면,

의사에게 처방받은 오피오이드를 복용한 환자 중 0.27퍼센트만이 중독 징후를 보였다. 이 경우에는 약물이 늘 예측 가능한 강도와 간격으로 투여되기 때문이다. 도박적인 요소가 전혀 없다는 뜻이다. 그렇기에 재활 중인 헤로인 중독자가 치료소를 찾아가 메타돈을 투여하더라도 약에 취하는 현상은 거의 나타나지 않는다.

　이런 이유로 미국국립과학원National Academy of Sciences은 "마리화나 사용의 합법화가 반드시 마리화나 사용률의 급격한 증가로 이어진다는 근거는 빈약하다"고 결론 내렸다. 학자들은 이것이 '금단의 열매' 효과가 감소되었기 때문이라고 판단한다. 금지된 열매를 먹는 것이 금지되지 않은 열매를 먹는 것보다 훨씬 스릴 넘치는 일이다.

　미국 법무부에서 오래전에 실시한 연구에 따르면, 마리화나를 합법화한 일부 주에서는 마리화나 사용률이 오히려 감소했다. 전문가들은 이런 현상이 나타나는 이유 중 하나가 도박적인 요소가 없어졌기 때문이라고 지적한다. 보상이 예측 가능해졌기 때문이다. 또 다른 연구에서는 금주법이 시행된 1920~1933년 사이에 오히려 알코올 중독률이 300퍼센트 증가한 것으로 나타났다. 미국에서는 여전히 나스카(당국의 추적을 따돌리기 위해 차량을 개조한 밀주업자들에게서 유래한 스포츠―옮긴이)를 통해 밀주 거래가 가져다주는 흥분을 만끽한다.

　술 덕분에 나는 참신하고도 재미있는 경험을 할 수 있었다. 일단 술을 마시기 시작하면 예측 불가능한 보상 때문에 한 잔을 더 마시는 것이 합리적인 판단처럼 느껴졌다. 하지만 점점 한계에 몰아붙일수록 장기적인 문제가 발생했다. 접이식 스쿠터로 최고 속도 기록을 세우려고 시도하다가 체포되었고, 광란의 밤을 보내다가 갈비뼈 몇 개가 부러져서 병원에 입원한 적도 있었다. 어느 날은 차를 어디다 세워 뒀는지 찾지 못했다. 인간관계가 막장으로 치달았다. 마침내 술을 끊으려 했지만 문제는 삶에 아무런 변화가 없었다는 점이다. 평일 일상은 여전히 텅 빈 압력솥 같았다. 침침한 불안과 불만이 쌓이고 쌓였고, 결국 무엇이든 가능하다는 감각을 되찾기 위해 다시 술을 마셨다. 부정적인 결과에도 습관을 지속했다는 말이다. 어쩌면 이번에는 모든 게 잘 풀릴 수도 있지 않을까 싶었다. 그런데도 릴을 안 돌리고 참아?

최근 일부 전문가들은 중독이 사회적 현상이라며 "중독의 대척점에는 관계가 있다"고 주장한다. 하지만 관계 부족만 가지고는 모든 중독 사례를 설명할 수는 없다. 중독자 중에는 다른 사람들과 충분히 관계를 맺고 있고 튼튼한 사회적 지원망을 가지고 있다고 느끼는 사람도 많다. 나도 그랬다. 따라서 다른 무언가가 결여된 게 분명하다.

바로 그 결여된 무언가를 앞서 젠탈이 언급한 최적 자극 모델에서 찾을 수 있을지도 모른다. 우리가 선호하는 자극의 수준이 낮아지면 다시 자극을 찾는 것이다.

술이나 약을 끊은 사람들 수백 명이랑 이야기해 보면 다들 술이나 약이 처음에는 가치 있는 보상을 제공해 줬다고 말한다. 그들이 되고 싶었던 사람처럼 느끼고 행동할 수 있게 만들어 주었고 지루함을 달래 주거나 일의 능률을 올려 주었다. 아니면 불안에 무감각해지거나 경계를 풀 수 있게 도와주었다. 혹은 머릿속에서 불안에 떨고 있는 또 다른 '나'로부터 탈출하게 해 주었다. 그 뒤는 다들 똑같은 말이다. "처음에는 효과가 있었는데 결국에는 효과가 사라졌죠."

중독에 사로잡힌 사람은 단테가 묘사하는 지옥 속 사탄을 닮았다. 단테의 지옥은 뜨거운 불구덩이가 아니라 차가운 얼음장이다. 사탄은 지옥을 벗어나 해야 할 일을 하기를 원한다. 평생토록 날개를 퍼덕이며 어딘가를 다니고는 했는데 지금은 가슴까지 얼음에 파묻혀 있다. 얼음에서 벗어나려고 사탄은 날개를 더 강하게 퍼덕인다. 하지만 그럴수록 지옥은 더 춥고 단단한 얼음장이 되어 자신을 더 깊숙이 파묻는다는 사실은 깨닫지 못한다. 중독이란 바로 이런 모습이다.

　　즉 중독이란, 처음 학습한 직후에는 좋은 기능을 했지만 결국에는 역효과를 내기 시작한 행동을 가리킨다. 마약이나 술은 불안감을 해소하고 자극을 제공한다는 점에서 단기적인 문제를 해결할 수는 있지만 장기적으로는 오히려 문제를 일으킨다. 그래서 더 자주 반복하면 할수록 행동은 더욱 강하게 학습되고 끊기 어려워진다. 그동안 우리는 문제 속에 파묻힌다.

　　중독 연구자 샬라비츠는 이렇게 말한다. "학습은 우리의 선택에 영향을 미칩니다. 그래서 일단 무언가가 진정으로 삶을 살 만하게 만들어 주거나 문제를 해결해 준다고 학습하고 나면 상당히 이상해 보이는 선택까지 할 수 있는 거죠. 마치 우리의 뇌가 탈취당한 것처럼 보일 거예요. 하지만 우리는 그것이 지금 주어진 상황 속에서는 최선의 선택이라고 진정으로 믿습니다. 완벽히 합리적인 선택이죠. 삶이 지금 엉망인데 그렇게 의미와 기쁨을 찾을 수 있다면 그런 선택을 하는 게 당연히 합리적이죠."

　　따라서 단기적으로 우리의 삶을 살 만하게 해 주거나 문제를 해결해 준다고 믿는 것이라면 무엇이든 중독으로 이어질 수 있다. 비디오 게임 세상 속으로 도피하는 것, 철인 3종 경기 같은 빡센 운동 경기에 몰두하는 것, 직장 내 계층의 사다리를 오르려고 애쓰는 것, 스포츠 경기를 응원하러 다니거나 직접 하는 것, 계속해서 먹는 것 등 무엇이든 말이다. 그리고 여기에는 명확한 선이 아니라 스펙트럼이 존재한다. 예컨대, 《DSM-5》에는 환자에게 사용 장애가 있는지, 있다면 정도가 얼마나 심한지 판단하기 위해 정신과 의사가 활용할 수 있는 기준 11가지가 목록으로 나와 있다. 2~3개 기준에 부합하는 사람은 장애가 '경미'한 것이고 4~5개에 부합하면 '보통' 수준이다. 여섯 가지 이상이면 '심각'한 것이다.

물론 그렇다고 뇌에 중독과 관련된 구성 요소가 없다는 말은 아니다.

뇌에 새겨진 습관 회로

바그다드 경찰 기지에서 한 시간을 기다리자 모하메드 압둘라 국장이 사무실에서 나오더니 우리를 안으로 불렀다. 천장에 달린 TV에서는 폭탄 테러니, ISIS니, 시위니 이라크 소식이 크게 울려 퍼졌다.

대기실에서는 형사들이 도대체 뭐가 웃긴지 모르겠는 농담을 해대며 웃음을 터뜨렸다. 반면 압둘라는 철저히 일에만 집중하는 두뇌파 수장으로 보였다. 코에는 까만 수염이 빽빽했고 새하얀 버튼다운 셔츠 위에 밝은 회색 슈트 차림이었다.

압둘라가 의자에 앉으면서 재킷 단추를 풀었다. 그는 우선 대체 무슨 정신으로 여기 올 생각을 했냐고 물었다. 그런 다음 최종 결정을 통보했다. 함께 출동을 나가는 건 너무 위험한 데다가 귀찮은 서류 작업까지 해야 하니 안 된다는 답변이었다. 에르비드가 어깨를 으쓱했다. 이미 일정 여덟 개가 죄다 실패했는데 하나 더 실패한다고 뭐가 대수냐 이거였다.

그래도 압둘라는 나와 대화를 나누고 이곳을 구경시켜 줄 의향이 있어 보였다. 그는 압둘라자크 박사와 같은 말을 늘어놓기 시작했다. 우선 캡타곤이 급증하는 이유를 자세히 설명해 줬다. "이라크는 실업률이 높아요. 그래서 사람들이 화가 나 있죠. 뒤처지는 것 같고 버려진 것도 같은데 그걸 풀 배출구가 없어요. 우리 정부는 음주를 허용하지 않거든요. 예전에는 마약도 많지 않았어요. 그런데 값싼 캡타곤이 시장을 집어삼키기 시작하니까 약물 사용이 급증한 거죠."

그는 자리에서 일어나 구치소로 우리를 안내했다. 수많은 남자가 나름 공간을 찾아 서거나 앉은 채로 널찍한 구치소를 가득 메웠다. 곁에는 사실상 군인에 가까워 보이는 경비들이 가슴팍에 기관총을, 다리에 권총을 찬 채 서 있었다.

죄수들은 대부분 젊었다. 우연은 아니었다. 《DSM-5》를 읽어 봐도 18~29세 연령대에서 약물 사용률이 가장 높게 나타나는 것을 알 수 있다. "성인의 사용 장애 비율은 중년기에 감소한다. 18~29세 사이에 사용 장애 비율이 가장 높고(16.2퍼센트) 65세 이상부터 비율이 가장 낮다(1.5퍼센트)."

연구에 따르면, 많은 사람이 10대 시절에 중독을 '학습'하기 시작한다. 사춘기부터 25세에 이르기까지 사람의 뇌는 전면적인 개편을 겪는다. 바로 이 시기에 인간은 문제에 대처하는 방법과 위안을 찾는 법을 배운다. 실제로 21세까지 술을 마시지 않은 사람이 알코올 중독에 빠질 확률은 9퍼센트에 불과하다. 하지만 14세 이하의 나이에 술을 마시기 시작한 사람이 알코올 중독에 빠질 확률은 50퍼센트에 이른다. 확률이 반반이라는 말이다. 대부분의 약물 중독이나 부적응 행동에서도 동일한 수치가 관찰된다.

　이와 같은 뇌의 성질은 마약에 국한되지 않는다. 미시간대학의 신경과학자 켄트 베리지Kent Berridge는 말한다. "마약이나 그 밖의 중독 행동 및 물질은 물론 효과가 강력하지만 그렇다고 마법을 부리지는 않습니다." 공익 광고에서는 마약을 한 번만 써도 중독으로 이어진다고 경고한다. 하지만 베리지는 한 무리의 사람들에게 헤로인 같은 강력한 마약을 제공하는 상황을 상상해 보라고 했다. 헤로인이 도파민 수치를 1000배나 치솟게 할 수 있음에도 무리 중 3분의 1은 헤로인을 투여할 때 받는 느낌을 싫어할 것이다.

　또 다른 3분의 1은 헤로인에 별 생각이 없을 것이다. 맞아도 그만 안 맞아도 그만이지만 일단은 먼저 해야 할 다른 일들이 있다. 다른 마약을 하는 것일 수도 있고 케이크 먹기, 쇼핑, 비디오 게임, 운동 등 더 재미있다고 느끼는 일일 수도 있다.

　결국 무리 중 3분의 1만이 헤로인을 즐길 것이다. 그 뒤로도 헤로인을 습관적으로 사용한다면 그중 '약 15퍼센트가 헤로인에 중독'될 것이다. 이 수치는 지난 수십 년 동안 잘 통제된 채로 실행된 연구와 조사에 기반을 둔 수치다.

가장 강력하다는 마약조차 그것을 정기적으로 사용하는 사람 중 10~20퍼센트만이 중독에 빠진다. 마리화나의 중독률은 10퍼센트가 채 되지 않는다. 알코올, 코카인, 헤로인 등의 약물은 10~20퍼센트 사이를 왔다 갔다 한다. 담배는 중독률이 30퍼센트로 약물 중 가장 높다.

주로 20대 청년들이 구치소에 갇혀 있는 것 같다고 말하자 압둘라가 대답했다. "네, 맞아요. 하지만 평균적인 캡타곤 사용자 같은 건 존재하지 않아요. 15세부터 65세까지 다양한 나이대의 사람들이 캡타곤을 사용하는 걸 봤거든요."

사텔의 설명에 따르면, 인생 후반기에 중독에 빠지는 사람들은 약물이나 술이 나쁜 상황이나 어두운 미래에 대처하는 데 도움이 된다는 사실을 알아차린다고 한다. 예컨대, 약물이나 술은 실직이나 은퇴, 사별, 생활고 등을 겪으며 느끼는 고통을 경감시킬 수 있다.

이렇게 보면 약물남용연구소의 주장도 일면 맞다. 중독은 단순한 선택이 아니다. 중독은 환경적·생물학적·역사적 이유 때문에 감히 다른 선택을 내리지 못하고 끊임없이 반복한 선택의 합산이다. 다시 말해, 꾸준한 학습의 결과다.

마치 살이 찌는 것과 비슷하다. 비만이 되려고 선택하는 사람은 없다. 하지만 시간이 지남에 따라 살이 찌고 비만이 되는 사람이 생긴다. 이런 결과는 우리가 매일 내리는 사소한 선택이 모여서 이루어진다. 무엇을, 왜, 얼마나 먹을지 하루에도 몇 차례 선택하다 보면 습관이 되는 셈이다.

온라인에서 시간을 과도하게 보내는 습관, 하루 종일 쇼핑을 하는 습관, 일을 너무 오랜 시간 열심히 하는 습관, 도박을 자주 즐기는 습관, 가족과의 시간을 희생하면서까지 취미에 집착하는 습관 등 동일한 패턴의 반복은 단기적으로는 해방감과 안정감을 제공하지만 장기적으로는 문제를 일으키는 모든 습관에 적용된다.

살라비츠가 말했다. "문제의 핵심은 어떤 물질이나 행동을 선택하는지가 아닙니다. 왜 그 약물을 필요로 하는지, 왜 그 약물을 매력적이라 느끼는지, 왜 탈출구를 찾으려 하는지가 진짜 핵심이죠. 당신은 무엇으로부터 탈출하려고 하나요? 편안하고 안전하고 생산적인 삶을 살고 있다고 느끼려면 무엇이 필요한가요?"

반복에서 벗어나는 선택

중독을 학습할 수 있듯이 더 나은 대처 방법도 학습할 수 있다. 사텔의 말대로 "어두운 미래를 밝히는 것이 가능"하다.

나를 보면 된다. 불안감, 인간관계, 삶에 대한 불만 등 술을 마시게 만드는 문제들을 아예 없애 버릴 수는 없었다. 하지만 그런 문제들에 정면으로 맞설 수 있는 다른 대처 방법들을 찾았다. 무엇이든 할 수 있다는 자신감 넘치는 심리 상태를 다른 방법을 통해 갖출 수 있었다. 물론 이 사실을 깨닫기까지 오랜 시간이 걸렸다. 실패도 많이 했다. 하지만 결국 나를 파묻은 얼음을 녹이려면 고된 노력이 필요했다.

나는 다른 사람들에게 도움을 요청했고 불안과 불만을 해소할 다른 출구를 찾기 위해 노력했다. 늘 편안할 필요가 없다는 사실도 받아들였다. 하나의 선택을 거부함으로써 다른 선택을 할 수 있었고 삶이 정말로 나아졌다. 날개를 퍼덕이는 게 상황을 악화시킬 뿐이라는 사실을 깨닫고 받아들인다면 결국 지옥에서 벗어날 다른 방법을 찾을 수 있다.

신경내분비학자 로버트 새폴스키는 내게 말했다. "대부분의 사람은 뇌의 화학 작용에 강력한 영향을 미치는 중독성 물질에 중독되지 않아요. 설령 중독되더라도 결국은 중독을 극복해 낸다는 사실이 정말 놀랍지 않나요?" 맞는 말이다. 미국인 열 명 중 한 명은 이전에 마약이나 술 문제를 극복한 적이 있다고 말한다. 심지어 그중 절반은 자력으로 극복했다. 약물 남용 문제를 겪는 사람이 한 해 안에 약을 끊을 가능성은 약 15퍼센트에 이른다. 해가 쌓이고 쌓여서 서른이 될 무렵에는 약물 문제를 겪던 사람 중 절반이 약을 끊는 데 성공한다.

샬라비츠는 설명했다. "중독에서 벗어나는 데는 셀 수 없이 많은 방법이 있어요. 하지만 어떤 방법이든 열정에 새로이 불을 지피는 것, 삶의 의미와 목적을 새로이 깨닫는 것, 소속감과 친밀감을 새로이 느끼는 것과 관련이 있는 경우가 많죠. 어떤 사람은 운동과 사랑에 빠질 수도 있고 어떤 사람은 암벽 등반에 푹 빠질 수도 있어요. 또 어떤 사람은 여태까지 약물로 달랬던 어린 시절의 트라우마를 제대로 해결하기 위해 전문가를 찾을 수도 있죠. 어느 쪽이든 중요한 건 삶에서 자신만의 길을 발견함으로써 애초에 자신을 중독에 빠지게 한 문제를 상대하는 방법을 찾는 거예요."

현재 이라크 전쟁을 겪었던 아이들은 10대, 20대, 30대에 접어들었다. 그런데 시리아는 이라크를 캡타곤으로 뒤덮고 있다. 많은 이들이 위안을 찾고 있는 고통스러운 시기에 마약이 넘쳐나고 긍정적인 자극을 찾을 방법이 거의 없다 보니 캡타곤 사용량은 충격적일 만큼 치솟는 중이다. 비단 이라크만의 문제는 아니다. 중동의 석유 부국이라면 어디에서든 일상에 질린 부자 청년들이나 과로에 지친 이민자들이 똑같은 문제를 겪고 있다.

여기까지가 가장 악랄한 결핍의 고리라 할 수 있는 약물 남용의 이야기다. 미국에서는 오피오이드 대유행이 중서부와 애팔래치아 지역에 심각한 타격을 입혔다. 한때는 제조업 중심지였으나 외국인 노동자의 유입으로 많은 주민이 일자리를 잃고 무기력을 느끼고 있었기 때문이다. 누구든 길거리에서 오피오이드를 마음껏 구할 수 있었다. 어두운 미래로부터 눈을 돌려 위안을 얻으려는 사람들 때문에 사용량은 급증했다.

남북전쟁 중에 부상당한 군인을 치료해야 할 필요성이 커지자 모르핀 생산량이 치솟았다. 하지만 전쟁이 끝난 뒤에는 남부 백인들 사이에서 오피오이드 남용률이 눈에 띄게 높게 나타났다. 오히려 남부 흑인들 사이에서는 급감했다. 한 집단은 굴복했으나 다른 집단은 자유를 얻었다.

오늘날 미국은 이라크의 캡타곤과 유사한 신종 마약 문제에 직면해 있다. 팬데믹 중에 원격 처방 규제가 완화되면서 의도가 수상한 온라인 처방 건수가 치솟았고 특히 흥분제 애더럴 사용률이 급증했다. 처방 건수는 2009년에 비해 3배 증가했으며 현재 미국인 여덟 명

중 한 명이 애더럴을 먹는다. 물론 정당한 처방 건도 있지만 대부분은 그렇지 않다. 미국 마약단속국Drug Enforcement Administration은 미국이 마약 중독의 새로운 시대로 이행하고 있는 건 아닌지 우려하고 있다. 알약 수요를 충당하기 위해 멕시코에서는 가짜 처방 약이 물밀듯 쏟아져 들어온다. 물론 그런 약품은 위험하다. 2022년에 마약단속국이 압수한 가짜 알약 중 5천만 개에는 펜타닐이 섞여 있었다. 중동처럼 미국에도 알약이 억 단위로 유통되고 있다.

사텔은 "공동체의 상황이 악화되고 마약을 구하기가 쉬워지면 대유행이 시작되기 딱 좋아진다"고 지적한다. 미국에서는 이런 유형의 중독으로 사망하는 사람을 '절망사'했다고 일컫는다.

한 번은 사텔이 아이언턴에서 치료하던 환자가 이런 말을 했다고 한다. "욕구 자체를, 그러니까 사람들이 마약을 하고 싶어 하는 원인 자체를 근절해야 해요. 그러지 못하면 마약 문제는 절대 끝나지 않을 거예요."

압둘라자크 박사의 생각도 마찬가지인 듯하다. 의자에서 일어나 바그다드의 열기와 소란을 다시 맞이할 채비를 하면서 나는 박사에게 마지막 질문을 던졌다.

"중독이나 강박적인 습관을 가진 환자들이 찾아오면 어떻게 도와주세요?"

박사가 답했다. "제가 꼭 하는 조언은 '큰 변화'를 주라는 겁니다. 환경을 바꿔야 합니다. 학교에 가서 교육을 받거나, 직업을 구하거나 바꿔야죠. 강의를 들어서 기술을 연마하고 책을 읽으면서 몰입하는 법을 배워야 하고요, 밖에 나가서 친구를 새로 사귀거나 어울리는 무리를 바꿔야 합니다. 어쨌든 삶에 큰 변화를 주는 거죠." 결국 단기적인 불편을 받아들이고 장기적인 유익을 찾아야 한다는 말이다.

이는 결핍의 고리를 벗어나는 방법 중 두 가지를 활용하는 전략이다. 첫 번째로는 언뜻 유용해 보이지만 실은 중독을 일으키는 기회를 차단해야 한다. 삶에 큰 변화를 주면 더 매력적인 기회가 찾아올 수 있으며 거기에도 예측 불가능한 보상이 딸려 있을 수 있다. 이는 자연스레 두 번째 단계로 이어진다. 새로이 마주한 보상은 약물 사용이 가져다주는 단기적인 위안을 능가할 수 있다. 샬라비츠 역시 사람들이 서른 즈음에 약물 끊기에 성공하는 주된 이유를 이렇게 설명한다. "그 나이대가 되면 갑자기 삶에 제약이 늘어나거든요. 마냥 앉아서 약에 취할 시간도 없고 다음 날 후유증을 떨쳐 낼 여유도 없습니다. 그 대신 직업을 구하고 결혼을 하고 자녀를 키우면서 다른 곳에서 의미, 목적, 사랑, 위안을 찾기 시작하죠."

팬데믹은 사람들의 욕구를 자극해 위안거리를 찾게 만들었다. 온 세대가 자극을 발견하고 불안에 대처하기 위해 부자연스러운 방법을 새롭게 학습했다. 샬라비츠는 말했다. "팬데믹은 사회 전체에 엄청난 스트레스 요인이 됐죠. 경계선에 서 있던 사람 중 대다수가 결국 선을 넘어 버린 것 같아요. 바로 이 스트레스 요인 때문에 수많은 사람이 온갖 기형적인 일을 벌이기 시작한 셈이죠. 그들은 무언가를 하긴 해야 했어요."

물론 팬데믹은 우리를 기괴한 생활 양식으로 밀어붙이는 강력한 추진력 중 하나였을 뿐이다. 우리로 하여금 무언가로부터 자극을 찾아야 한다고 부채질하는 생활 양식 말이다.

우리는 점점 더 젠탈의 실험용 비둘기를 닮아가고 있다. 인류가 진화해 온 자극적인 야생 환경 대신 단조로운 새장 속에 갇혀 살아가기에 결핍의 고리에 갇힐 가능성도 커졌다. 결핍의 고리를 겨냥한 첨단 기술이 우리로 하여금 더 많이, 더 빨리, 더 세게 자극을 반복하도록 밀어붙일수록 우리가 겪는 문제는 더 심각해질 것이다. 펜타닐 같은 강력한 신종 실험실 약물 때문에 약물 과다 복용으로 인한 사망률은 기록적인 수준까지 솟아올랐다. 2020년에 비하면 33퍼센트 증가한 수치다.

이제 우리 앞에 놓인 의문은 그래서 어떻게 되느냐는 것이다. 우리는 베트남에서 고국으로 돌아오는 데 성공한 참전 용사처럼 될까? 아니면 새로운 습관에 영영 안주하게 될까?

약물 남용과 마찬가지로 우리가 벗어나기를 원하는 수많은 습관이 결핍의 고리 속에서 더욱 번성한다. 하지만 기억해야 할 점은 습관마다 나름의 문제와 해결책이 존재한다는 것이다.

특히 최근에는 새로운 기술, 특히 결핍의 고리를 끌어다 쓰는 기술을 과도하게 사용하는 문제가 심각하게 대두되었다. 통계로 보면, 전 세계에서 마약이나 술에 중독된 사람은 전체 인구의 2퍼센트 남짓이다. 그런데 《정신의학연구저널 Journal of Psychiatric Research》에 소개된 한 연구에 따르면, 기술에 중독된 사람 역시 동일한 비율로 존재한다고 한다.

바로 이런 이유로 현재 미국심리학협회는 기술 중독을 사용 장애로서 인정하고 치료하기 위해 애쓰고 있다. 하지만 휴대 전화를 덜 쓰는 게 해결책이 되지는 못한다. 조금도 도움이 안 된다.

스탠퍼드대학 교수직을 역임했으며《훅》을 저술한 첨단 기술 사업가 니르 이얄은 내게 말했다. "약물 문제가 그렇듯 기술 중독 문제도 절대 제품 자체에 국한되어 있지 않아요. 제품과 사용자, 사용자가 불안에 대처하는 능력, 사용자가 대처하지 못해 고통을 겪고 있는 상황이 전부 상호 작용을 일으킨 결과물입니다. 이 세 가지 요인을 동시에 고려한다면 첨단 기술 제품을 통해 모든 문제를 즉시 잊게 해주는 경험을 만들 수도 있죠."

이라크에서 돌아온 후에 나는 그 지점에 대해 더 알고 싶어졌다. 첨단 기술 제품과 결핍의 고리가 애초에 우리에게 위안을 가져다주는 탈출구로 여겨지는 이유가 뭘까?

의문을 풀기 위해 나는 숫자, 데이터, 수치 자체가 일종의 마약이 될 수 있음을 점차 깨달아 가고 있는 사상가를 찾아갔다. 첨단 기술을 사용할 때는 물론 지극히 일상적인 활동을 하거나 제도를 이용할 때도 숫자가 우리의 행동에 크나큰 영향을 미칠 수 있다는 사실은 실로 놀라웠다.

6장

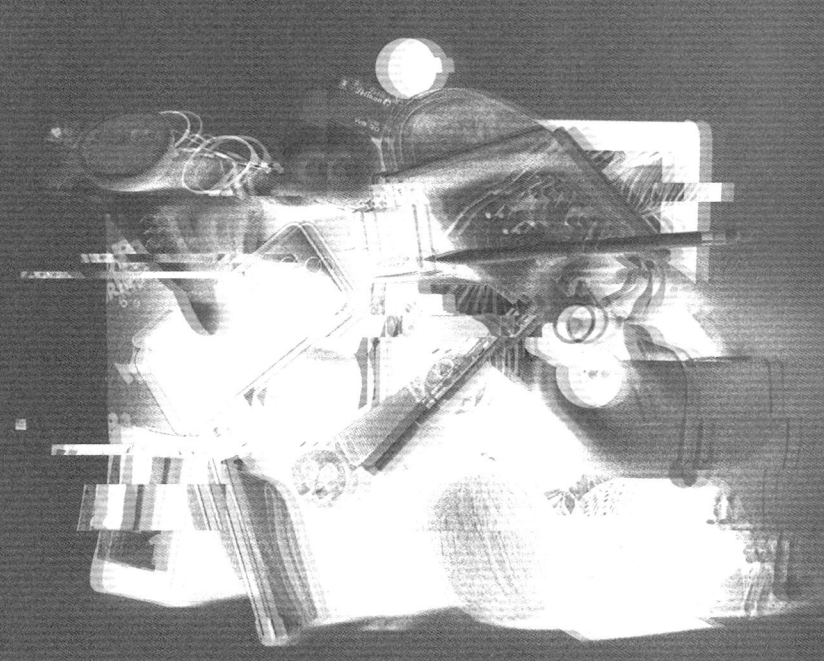

확실성

: 숫자가 가린 것들

....

"누군가 수치를 정확히 대면서 이야기하면
진실하고 심오한 말이라고 생각합니다.
근거가 있는 것 같잖아요.
정확한 수치까지 파악했으니
굳이 더 깊이 생각할 것도 없이 쉬면 돼요.
물론 실상은 그렇지 않죠."

오피오코르디셉스 우닐라테랄리스Ophiocordyceps unilateralis라는 곰팡이는 언뜻 무해해 보인다. 열대 지역에서 이 곰팡이는 왕개미 몸속에 들어가 혈류 속을 떠다닌다. 시간이 지남에 따라 곰팡이는 서서히 조용히 증식한다. 개미는 이를 전혀 알아차리지 못한다. 하지만 어느 순간 임계점을 지나면 곰팡이 세포는 서로 작은 관으로 연결되어 개미 몸속에 방대한 네트워크를 형성한다. 이때부터 곰팡이는 숙련된 꼭두각시놀이 실력을 선보인다.

일단 곰팡이는 개미의 뇌가 근육으로 신호를 보내지 못하게 차단한다. 그다음 화학 물질을 분비해 개미의 정신을 장악하고 행동을 통제한다. 개미는 사실상 곰팡이를 보호하는 캡슐 좀비가 되어 곰팡이의 명령대로 움직인다.

이 시점의 개미 상태를 가리켜 펜실베이니아주립대학 연구진은 '죽음의 속박'이라는 표현을 쓴다. 곰팡이의 명령대로 개미는 감염되지 않은 친구들을 뒤로 한 채 땅바닥에서 약 25센티미터 높이에 있는 풀잎을 향해 걸어 올라간다. 그 위치의 온도와 습도가 곰팡이가 성장하기에 최적의 조건에 해당하기 때문이다.

이제 곰팡이는 개미로 하여금 잎을 앙 물고 매달리게 한다. 곰팡이는 개미 몸속에서 포자를 키워 개미 군락 위에 비를 내리듯 퍼뜨림으로써 다른 개미들을 감염시킨다. 다른 개미들도 정신을 장악당해 행동을 조종당하고 궁극적으로 거대한 좀비 개미 네트워크가 형성된다.

나는 마치 곤도 마리에가 설계한 창고처럼 생긴, 미니멀리즘 그 자체인 툴리 베이커리에서 유타대학 철학과 교수 티 응우옌Thi Nguyen을 만났다. 광범위한 주제를 다루는 그의 논문은 이미 몇 개 읽어 봤다. 숫자가 우리를 어떻게 변화시킬 수 있는지에 대한 분석은 곧바로 결핍의 고리를 떠올리게 했다.

응우옌은 금방 록 콘서트에 다녀온 차림으로 어슬렁어슬렁 나타났다. 헐렁한 바지 위로 스웨터가 축 늘어져 있었고 그 위에 재킷 하나를 걸치고 있었다. 길게 헝클어진 흑발을 대충 묶은 머리는 꽁지 부분이 비니 밖으로 삐죽 흘러나와 있었다.

그는 심상치 않은 눈빛으로 유리 진열장 속에 놓인 빵들을 뚫어져라 쳐다보았다. "초콜릿 크루아상 하나, 아몬드 크루아상 하나, 모닝 번 하나, 커피 케이크 하나, 그리고 티 케이크도 하나 하죠. 또…… 아니다. 그거면 될 거 같아요." 한때 응우옌은 《로스앤젤레스타임스Los Angeles Times》에서 음식 평론가로 활동한 적이 있었다. 그러다 보니 여느 주문에서 그렇듯 이번에도 진심 모드였던 것이다.

사실상 밀가루, 버터, 설탕을 4000칼로리 넘게 주문한 것이었기에 놀람과 걱정이 반반 섞인 표정을 지었다. 응우옌이 내 표정을 읽었는지 과감한 주문에 얽힌 사연을 늘어놓았다. "여기서 약속이 있다고 하니까 꼭 먹어 보라면서 가족들이 추천해 주더라고요."

우리는 커피랑 탄수화물 덩어리를 손에 든 채 15번가를 따라 놓여 있는 야외 테이블에 자리를 잡았다. 아침 일찍 비가 와서 그런지 먹구름이 낀 하늘은 몽환적으로 느껴졌다. 주변으로 흙냄새를 풍기는 시원한 연무가 감돌았다.

그는 《로스앤젤레스타임스》에서 일했던 건 순전히 우연이었다고 했다. "저는 늘 음식에 관심이 많았거든요. 술기운에 레스토랑 리뷰를 올리고는 했죠. 그런데 당시 편집자가 게시물을 보고는 일할 생각이 있냐고 물어보더군요." 그 덕분에 응우옌은 UCLA에서 철학 박사과정을 밟던 중에 생활비를 댈 수 있었다고 한다.

"여하튼, 저랑 무슨 이야기를 하고 싶으신 건데요?"

결과를 알 수 없는 게임에 기꺼이 뛰어드는 이유

응우옌은 현대 게임화 트렌드에 반대하는 사상가였다. '게임화 gamification'란, 일상적인 행동 및 제도에 게임 같은 요소를 삽입하려는 시도를 가리킨다. 내가 이야기하고 싶은 주제도 바로 그것이었다. 물론 숫자도 빼놓을 수 없고. 우리 주변에 수치나 데이터 같은 숫자가 늘어나는 현실이 인간의 뇌와 행동을 어떻게 변화시키고 있을까? 세계를 게임화하고 인간에게 영향력을 행사하는 데 숫자가 어떻게 활용되고 있는 걸까?

응우옌은 고개를 끄덕이면서 어쩌다 이런 의문을 품게 되었는지 물어보았다. 여기에 대답하려다 보니 의도치 않게 굉장히 부끄러운 고백을 털어놓게 되었다.

시작은 인스타그램이었다. 다들 그랬듯 나도 친구나 가족과 함께 찍은 사진을 공유하고 싶어서 인스타그램에 처음 가입했다. 내가 말했다. "뭐, 대학 친구들이랑 스키를 탄 사진이라든가 아내와 같이 콘서트에 간 사진 같은 걸 올렸어요. 여기 반려견 사진도 열일곱 장이나 있네요. 그러다 어느 순간 모든 게 변했죠."

어느 시점부터 나는 어떤 사진이 '좋아요'나 댓글을 가장 많이 받는지, 어떤 사진이 팔로워를 새로 끌어들이는지 알아차리기 시작했다. "게다가 그 팔로워라는 사람들은 제가 한 번도 본 적이 없는 사람들이었죠. 그들이 어떤 사람들인지 전혀 몰랐는데도 저는 지표를 높여 줄 사진을 골라 더 자주 올리기 시작했어요. 사막에서 달리기를 한 사진이라든가 출장을 가서 찍은 사진이라든가……." 내가 그 밖의 예를 나열하는 동안 응우옌은 아몬드 크루아상을 한 입 먹고는 몸을 앞으로 숙여 빵의 설탕 가루나 버터 조각을 옷에 묻지 않게 테이블 위로 우수수 떨어뜨렸다.

나는 인스타그램을 사용할 때의 습관을 속삭이듯 털어놓았다. '좋아요'를 받고 싶은 욕구를 고백하는 게 창피했기 때문이다.

"하지만 더 큰 문제는 인스타그램이 제 머릿속에 스며들어 경험과 행동을 바꾸기 시작했다는 점이에요. 일례로, 제가 러닝을 정말 많이 하거든요. 저한테 러닝은 완전히 푹 빠져서 머릿속을 싹 비우는 시간이에요. 뛰면서 하는 명상이랄까. 그런데 러닝 사진이 '좋아요',

댓글, 팔로워를 끌기 시작하니까 러닝 도중에 하는 생각도 바뀌었어요. 명상 기능을 아예 잃어버린 거죠. 현재에 집중하고 긴장을 풀기보다는 어디서 사진을 찍어야 잘 나올지만 계속 생각했어요. 길모퉁이를 돌다가도, 와, 저기 인스타에 올리면 딱 좋겠다 싶고……." 그 순간 응우옌이 크루아상을 떨어뜨렸고, 나는 이야기를 멈출 수밖에 없었다.

바로 이때부터 대화가 상담 치료 시간으로 변모했다. 응우옌이 말을 이어받았다. "저도 트위터에서 비슷한 경험을 했어요. 처음에 제가 올린 트윗이 한두 번 인기를 끌고 나니까 재미있는 트윗거리를 찾겠다는 생각으로 세계를 바라보게 되더라고요. 여기저기 걸어 다니면서 생각에 빠지는 걸 좋아했는데 평소처럼 생각을 물고 늘어지면서 깊고 풍부한 아이디어를 도출하는 대신 어떻게 그 생각을 가지고 글자 수 제한에 맞는 재미있는 트윗을 뽑아낼까 궁리하는 데 집중하게 됐죠. 트위터가 제 뇌와 정신에 침투해 동기부여 시스템을 장악한 거예요."

물론 그러고 나면 '새로 고침' 버튼을 누르고 스크롤을 내리느라 앱에서 헤어 나오지 못했다는 점도 둘 다 고백했다.

응우옌은 박사 과정을 밟는 동안 어떻게 숫자와 게임화가 우리에게 영향을 미칠 수 있는지 고민하기 시작했다. 처음 그의 흥미에 불을 지핀 건 보드게임이었다. 캔디랜드나 배틀십 같은 아동용 보드게임을 가리키는 게 아니다. 1990년대 후반부터 2000년대 초반 사이에 보드게임은 지적 혁명을 겪었다.

그는 이렇게 설명한다. "유럽 보드게임 문화에 새로운 물결이 일었어요. 게임 설계 수준이 말이 안 됐고 기술적으로도 혁신적이었죠. 이를테면 단순한 규칙 몇 개만 가지고 복잡하고 흥미로운 시장 구조를 구축하는 식이었습니다. 수를 하나 놓을 때마다 시장 상황이 역동적으로 뒤바뀌는데 그에 맞춰 플레이해야 하는 거예요. 보통 재미있는 게 아니었죠."

세계적으로 3000만 장 이상 팔린 보드게임 '카탄Catan'을 생각해 보자. 플레이어들은 정착민 역할을 맡아 자원을 획득하고 거래하면서 복잡한 도시망을 구축해야 한다.

몇몇 게임은 심지어 심오한 사고실험의 장이 되었다. 예컨대, '트레인Train'이라는 게임에서는 최적화된 철도망을 구축해야 한다. 하지만 게임을 진행하다 보면 사실 게임의 배경이 나치 독일이며 철도망의 용도는 사람들을 강제 수용소로 이송시키는 것임이 드러난다. 트레인의 개발자인 브렌다 로메로Brenda Romero는 게임을 그만둘 것인지 아니면 계속해서 승리를 거둘 것인지 결정해야 하는 상황 속으로 플레이어를 몰아넣고 싶었다고 한다. 물론 이런 특성상 트레인은 한 번 이상 플레이하기 힘든 예술 작품에 가깝지만 어쨌든 보드게임 장르 내에서도 심오한 고민이 가능함을 잘 보여 주는 사례이기도 하다.

응우옌이 말했다. "그래서 게임이라는 주제에 대해 깊이 생각하고 논문을 쓰기 시작했죠. 게임에 관한 학술자료도 읽어 봤어요." 그런데 그가 읽은 학술자료들은 죄다 감을 전혀 못 잡고 있었다. 게임을 이야기를 전달하는 도구로만 설명하고 있었던 것이다. 내가 슬롯머신을 이해할 때 그랬던 것처럼 응우옌도 학계의 생각은 집어치우고 돈의 흐름을 따라가야 했다.

"제가 게임을 좋아하는 이유, 게임 개발자들이 게임에 대해 하는 말과는 전혀 맞지 않았어요. 최고의 게임 개발자들은 이야기를 전달한다는 식의 말은 절대 하지 않아요. 오히려 자신들이 애용하는 가장 중요한 도구가 점수 시스템이라고 말하죠. 점수 시스템이 플레이어에게 동기를 부여하니까요. 플레이어가 어디에 신경을 써야 하는지 그 틀을 잡죠. 게임이 우리한테 먹히는 이유는 진짜 단순하고 간단하고 명확해요. 바로 점수 시스템 덕분이죠."

게임을 즐기는 주된 이유는 일상에서 탈출해 작은 세계 속으로 들어가는 것이다. 목표를 달성하기 어려울 수 있겠으나 너무나도 매혹적인 오락거리다. 우리가 승리할지 예측할 수 없기 때문이다. 철학자 버나드 수츠Bernard Suits가 설명하듯 우리가 게임을 하는 이유는 자발적으로 불필요한 장애물을 맞닥뜨리기 위해서다. 장애물을 상대하며 우리는 어쩌면 극복할 수 있을지도 모른다는 기대를 품는다. 여기에 점수 시스템이 있기에 우리는 승리를 쟁취하기 위해 어떤 불필요한 일을 해야 하는지 정확히 파악할 수 있다.

보드게임만 그런 게 아니다. 온갖 부류의 게임과 스포츠 역시 마찬가지다. 마라톤, 등반, 미식축구 같은 걸 생각해 보자. 이런 게임들의 목적은 출발점에서 약 42킬로미터 떨어진 지점에 도달하는 것이나 산 정상에 우뚝 서는 것이나 공을 든 채 골라인을 넘는 것이 아니다. 핵심은 그런 쓸데없는 목표를 개고생해 가며 달성하는 짓에 정당성을 부여할 수 있도록 인위적인 규칙을 명확히 설정하는 것이다. 정당성을 충분히 부여해서 목표를 성취한 뒤 얻는 보상을 예측할 수 없는 수준까지 끌어올리는 것이다.

그러면 우리는 죽을힘을 다해서라도 결승선을 통과하려 하고 정상에 오르려 하며 골라인을 넘으려 한다. 다리를 후들거리게 하는 장애물에 맞서 예상치 못한 보상을 받으려는 의도가 없다면 택시를 타고 결승선에 가도 되고 헬리콥터를 타고 정상에 올라도 되고 다들 사이드 라인에서 연습용 공을 하나씩 잡고 골라인까지 걸어가도 된다.

응우옌은 그 원리가 궁금했다. 어째서 인간은 스스로를 인위적인 난관 속에 집어 던진 다음, 대승적인 관점에서 문제를 마주하고 (가능할지는 모르지만) 극복하려 애쓰는 것일까?

그 답은 복잡하지만 어쨌든 결핍의 고리와 관련이 있는 건 분명하다. 결핍의 고리는 현대의 혼란스러운 일상에서 벗어나 재미와 위안을 느끼게 해 주는 탈출구가 될 수 있다.

불확실성이라는 고통

현대의 삶은 확실히 혼란스럽다. 고려해야 할 정보도 골라야 할 선택지도 매일 해일처럼 몰아친다. 하루를 보내는 내내 우리가 할 수 있는 일도, 해야 하는 이유도, 내릴 수 있는 결정도 수없이 많다.

물론 이건 현대의 이야기다. 인류 역사 초기에 삶은 훨씬 단순했다. 누구든 같은 일을 협력해서 했다. 사냥이나 채집을 했으며 도구를 만들고 보금자리를 지었다. 세대를 거쳐 전해져 내려온 공통의 지식을 바탕으로 결정을 내리면 됐다. 이런 맥락에서 인간의 지혜란, 모두가 물을 끌어다 쓰는 얕은 연못과 같았다.

하지만 응우옌의 말대로라면 상황은 달라졌다. "철학자 일라이저 밀그램Elijah Millgram의 《대무지의 시대The Great Endarkenment》를 읽고 나서 철학자로서의 삶에도 게임의 가치를 바라보는 방식에도 거대한 전환점이 찾아왔어요. 밀그램은 우리 시대가 직면한 핵심 문제를 '정보 과다'와 '초전문적hyper-specialized 전문가'로 꼽습니다."

밀그램은 오늘날 초전문적 전문가와 직업 분야의 종류가 늘어나는 중이라고 지적하면서 이렇게 주장한다. "우리는 그저 다른 사람에게 의존하는 게 아니라 점점 더 다른 분야를 전공한 사람에게 의존하고 있다. 더 이상 다른 분야 전문가들이 하는 말을 이해하는 건 불가능하다. 그들은 당신이 이해할 수 없는 기준, 어차피 당신이 따를 일도 없는 기준에 따라 일한다. 누구도 예외는 아니다. 한 분야의 전문가조차 다른 분야의 전문가에게 똑같이 의존한다. 더 이상 무슨 생각과 행동을 해야 할지 스스로 판단할 수 없다. 자율성을 규정하는 게 무의미해졌다."

인간의 지혜는 더 이상 얕은 연못이 아니다. 바닥이 어딘지 모를 만큼 깊은 호수가 여기저기 있는 것과 비슷하다.

"그러니 지금 우리가 직면한 본질적인 문제는 과연 어떤 전문가나 정보를 신뢰해야 하는지, 신뢰할 만한 이유를 어떻게 판단해야 하는지 답을 찾는 것입니다. 누구도 모든 걸 알 수는 없죠. 딱 맞는 전문가가 누군지 알아내는 것도 불가능해요. 결국 우리는 삶을 살아가면서 고통스러우면서도 어색한 짓을 할 수밖에 없어요. 바로 사람이나 정보를 신뢰한 채 이해하지도 못한 결정을 내리는 짓이죠." 응우옌이 덧붙였다.

일상생활 속에서 우리는 불완전한 정보를 바탕으로 크고 작은 결정을 내려야 한다. 내가 옳은 일을 했다는 걸 어떻게 확신할 수 있을까? 딱 맞는 사람과 결혼한 걸까? 딱 맞는 차를 구입한 걸까? 딱 맞는 일자리를 구한 걸까? 자녀를 올바르게 교육한 걸까? 몸에 좋은 음식을 먹은 걸까?

잠깐 멈춰서 이런 의문들을 곰곰이 생각해 보자. 불안하지 않나? 나도 그렇다!

응우옌의 말대로 이런 불확실성은 불안을 유발한다.《네이처 커뮤니케이션즈Nature Communications》에 실린 어느 연구에 따르면, 인간은 불확실성을 너무나 싫어하는 나머지 차라리 벌을 받는 쪽을 택한다고 한다. 연구진은 실험 참가자에게 컴퓨터 게임을 할 것을 요청했다. 화면에 있는 바위를 클릭하면 바위가 뒤집어지면서 밑에 뱀이 숨어 있는지 없는지가 드러나는 게임이었다. 만약 뱀이 나오면 참가자에게는 따끔한 전기 충격이 가해졌다. 간단히 말하면 이런 식이다. 클릭. 뱀 없음. 끝. 클릭. 뱀이다! 찌릿!

참가자들이 게임을 진행하는 동안 연구진은 그들의 스트레스 수준을 몇 가지 방법으로 측정했다. 피부에 땀이 얼마나 나는지와 동공이 얼마나 확장되는지를 관찰했고 스트레스가 얼마나 느껴진다고 생각하는지 반복해서 물어보기도 했다. 게다가 이 악마 같은 연구진은 실험 내내 뱀이 등장하는 패턴과 뱀이 등장하는 비율을 계속 조정했다. 참가자 입장에서 게임은 예측 불가능한 악몽이 되었다.

실험 결과, 참가자들이 가장 심한 스트레스를 받았을 때는 클릭이 전기 충격으로 이어질지 아닐지가 불확실한 때였다. 그럴 때 땀이 가장 많이 났고 동공이 커졌다.

이 연구에서 가장 충격적이면서도 중요한 발견은 참가자들이 오히려 전기 충격을 받을 거라는 확신이 있을 때 전기 충격을 받을 가능성이 반반일 때보다 스트레스를 덜 받았다는 점이다. 벌을 받을 것임을 확실히 아는 것이 벌을 받을지 말지 모르는 것보다 스트레스를 덜 유발했다는 뜻이다. "후딱 맞고 끝내자"라는 말을 괜히 하는 게 아니다.

신경과학자 마크 루이스Marc Lewis는 이런 현상이 진화학적으로도 납득되는 설명이라고 말한다. 과거 인류의 생존에 도움이 되었기 때문이다. 예를 들어, 사냥을 나섰는데 사냥감이 이미 손에 확실히 들어온 것이나 마찬가지인 상황이라면 스트레스를 받지 않을 것이며 따라서 열심히 사냥하지도 않을 것이다. 이런 시나리오에서는 스트레스가 유발하는 극단적인 행동이나 투쟁-도피 반응이 쓸데없이 에너지를 낭비하는 무의미한 소모전일 뿐이다. 반대로 사냥이 성공할 가능성이 확실히 낮은 경우에도 스트레스 시스템은 그리 강하게 반응하지 않는다. 따라서 굳이 노력을 투자할 필요가 없다. 하지만 사냥이 성공할 가능성이 반반이라면 스트레스 시스템이 격렬히 반응할 것이며 그에 따라 인간은 어마어마한 노력을 기울일 것이다.

결핍의 고리를 이용할 줄 아는 개발자들은 이를 잘 알고 있다. 예컨대, 슬롯머신은 성공을 가장한 실패를 최적의 타이밍에 내보내도록 설계되었다. 디지털화가 이루어지면서 고객의 노력과 반복을 유도

하는 방향으로 결핍의 고리를 최적화하는 게 가능해진 덕분이었다.

응우옌은 현대인의 삶이 모든 것이 불확실한 한바탕 서커스와 같다고 다시 한번 강조했다. "우리가 무엇을 가치 있게 여겨야 하는지 불분명하죠. 수많은 가치 사이에서 균형을 잡는 것도 어렵고요." 이와 같은 불확실성은 스트레스와 불편함을 유발한다. 게다가 언제 어디에서나 존재한다. 우리의 일상은 신나는 일탈과는 정반대다. 오히려 우리는 일상을 늘 탈출하고 싶어 한다.

여기서 게임이 등장한다. 게임이 강력한 영향력을 발휘하는 이유와 우리가 게임에 집착하는 이유 역시 여기서 찾을 수 있다. 응우옌 말대로다. "게임은 우리가 현실에서 느끼는 혼란과 불안을 진정시키는 연고와 같습니다. 우리가 모든 요소를 이해하고 관리할 수 있는 작은 세계를 제공하거든요. 게임 세계에서 우리는 우리가 무엇을 하고 있는지, 왜 하고 있는지 정확히 알고 있습니다. 도전이 끝나고 나서는 우리가 얼마나 잘 해냈는지도 정확히 알 수 있죠. 이렇듯 게임은 혼란스러운 세계를 잠깐 벗어날 기회를 제공합니다." 물론 이건 그가 말하는 '단순하고 간단하고 명확한 점수 시스템' 덕분에 가능하다.

슬롯머신을 생각해 보자. 각 라운드의 결과는 예측 불가능하지만 일단 릴이 멈추고 나면 결과에 대한 불확실성은 아예 사라진다. 결과는 '정확'하다. 꽝이거나, 베팅한 돈보다 적게 땄거나, 본전이거나, 베팅한 돈보다 많이 땄거나. 그 외의 선택지는 없다. 슬롯머신은 그게 전부다.

점수가 경험을 지배할 때

　게임화 현상 이야기를 해 보자. 2010년에 제인 맥고니걸Jane Mc-Gonigal이 게임에 관한 TED 강연으로 큰 인기를 끌었다. 당시 그녀는 실리콘밸리에 있는 싱크탱크 미래연구소Institute for the Future의 게임 연구개발 책임자였다. '게임을 해서 더 좋은 세상을 만들 수 있습니다'라는 강연을 통해 게임의 작동 원리를 이용해 인간 행동을 변화시켜야 한다고 주장했다. 다시 말해, 세상을 '게임화'해야 한다고 역설했다.

　"저는 우리가 게임 세계에 있을 때 최고의 '나'가 될 수 있다고 믿어요. 게임 속에서 우리는 실패해도 다시 일어나 도전하면서 문제를 해결할 때까지 얼마가 걸리든 버티고 또 버티죠."

　게임 속의 '나'가 최고의 '나'인지는 논쟁의 여지가 있다. 맥고니걸은 아마 '찌질한 패배자sore loser(끝까지 패배를 인정하지 않는 사람—옮긴이)'라는 표현을 들어본 적이 없는 것 같다. 잃은 돈을 만회하겠다며 카지노 테이블을 떠나지 못하는 도박꾼도, 북미 아이스하키 리그 인포서enforcer(상대 팀 에이스를 상대로 몸싸움이나 도발을 거는 비공식 싸움꾼 포지션—옮긴이)들이 서로의 강냉이를 터는 모습도 본 적이 없나 보다. 그래도 게임이 우리로 하여금 실패를 겪어도 다시 일어나 계속 도전하게 만든다는 주장만큼은 정말 맞는 말이다. 오히려 많은 경우 게임을 너무 오래 붙들게 해서 문제일 정도다. 이게 결국 결핍의 고리다.

맥고니걸은 이런 양상이 우리가 실제 삶의 문제를 마주하는 양상과는 다르다고 지적했다. "현실에서 실패를 겪거나 장애물을 마주치면 대개 다시 일어나 계속 도전할 생각을 하지 못합니다. 오히려 패배감, 위압감, 불안감을 느끼며 때로는 우울, 좌절, 냉소를 경험하죠. 게임을 할 때는 이런 감정을 전혀 느끼지 않습니다. 게임에는 그런 감정 자체가 존재하지 않아요."

게임이 우리를 결핍의 고리로 몰아넣고 점수를 매겨 주기 때문이다. 점수 시스템 덕분에 우리는 이겼는지 졌는지, 제대로 한 건지 실수를 한 건지 불안해할 필요가 없다. 게다가 게임은 빠른 반복, 즉 다시 일어나 계속 도전할 것을 장려한다.

맥고니걸은 세상을 게임화함으로써 '유대, 신뢰, 협력을 구축'하고 '풍부한 생산성'과 '서사적 의미'를 발견할 수 있다고 주장한다. 그리고 이것이 우리가 개인으로서든 사회로서든 겪는 크나큰 문제를 해결할 수 있으리라 기대한다.

그녀는 이를 뒷받침하기 위해 일련의 연구도 수행했다. 대표적으로 일명 '석유 없는 세상' 연구가 있다. 여기서 연구진은 참가자 1700명을 석유가 고갈된 가상의 세계에 몰입시켰다. 참가자들은 석유 부족이 식량난, 교통난, 교육난, 폭동 등에 어떤 영향을 미치는지 실시간으로 정보를 제공받았다. 이를 토대로 석유 사용량을 줄일 방법을 찾아야 했다. 실험의 핵심은 참가자 중 상당수가 실제 삶에서도 석유 사용을 줄였다는 점이다.

선을 퍼뜨릴 잠재력을 가진 실로 흥미로운 발견이었다. 그런데 유행을 탄 TED 영상을 본 사람 중에는 세상을 구하자고 외치는 부류의 사람들만 존재하는 게 아니었다. 여러 산업 분야의 기업들도 포함되어 있었다.

맥고니걸의 TED 강연 후 몇 년 만에 유명 기업 350개 이상이 게임화 프로젝트를 시작했다. 그중에는 MLB, 어도비, NBC, 나이키, 스타벅스 등이 있었다.

기업들은 모두 결핍의 고리를 끌어다 썼다. 포인트, 순위표, 배지, 성과 그래프, 알림 시스템 등이 다양한 디지털 공간에 등장해 우리의 행동에 영향을 미치기 시작했다. 거기에는 기회, 예측 불가능한 보상, 즉각적 반복 가능성이 존재했다. 운동, 학습, 체중 감량, 쇼핑, 광고, 의료, 군대 등 게임화 잠재력이 보이는 모든 것이 게임화되기 시작했다.

예컨대, 미 육군은 병사 모집에 이용할 목적으로 '아메리카 아미'라는 슈팅 게임을 제작했다. 제과 기업 마즈는 엠앤엠 프레첼을 판매하기 위해 숨은그림찾기 게임을 만들었다. 나이키퓨얼은 가상 트로피와 할인 혜택을 내건 다음 이용자들이 누가 더 운동을 많이 했는지 소셜 미디어에 공유해 경쟁하도록 유도했다. 첨단 기술회사 블루울프는 개인 링크드인 계정이나 트위터 계정에 자사 콘텐츠를 공유하는 직원에게 포인트나 보상을 제공하는 게임을 내놓았다.

게임화 산업은 최근 몇 년 사이에 백지 상태에서 20억 달러 규모로 성장했다. 그 과정에서, 사람들의 행동을 틀 잡으려 오래도록 애써 온 기업들은 자극적인 사실 하나를 발견했다. 고객이나 직원에게 확실한 목표를 제시(응우옌의 말대로 "모든 요소를 이해하고 관리할 수 있는 작은 세계를 제공")하면 그들이 기업의 의도대로 움직일 가능성이 더 높아진다는 사실이었다. 게임화 프로젝트를 진행한 기업들은 사람들이 사이트 방문, 재방문, 브랜드 공유에 투자하는 시간이 평균적으로 30퍼센트 증가했음을 확인했다.

하지만 웅우옌은 경고했다. "결국 게임화 운동의 전제는 삶을 게임처럼 만들수록 삶이 더 멋지게 변할 것이라는 거죠. 근데 그건 진짜 순진한 생각이에요. 보드게임이나 스포츠 같은 통상적인 게임을 보면 게임 활동이 일상생활과는 분리되어 있죠."

통상적인 게임에서는 최종 목표가 바보 같은 규칙에 따라 점수 몇 점을 얻는 것이라 한들 문제가 되지 않는다. 어차피 일상생활 밖에서 일어나는 일이기 때문이다. 일상으로부터 분리된 시간 동안 엉뚱한 규칙에 따라 쓸데없는 점수 몇 점을 따는 것이 게임의 목표 자체다. 우리가 게임을 즐기는 이유가 지루한 일상을 벗어나 재미있는 일탈을 즐기기 위해서였음을 기억하자. 슬롯머신은 카지노(혹은 주유소나 마트)에 가만히 남는다. 마라톤은 결승선에서 끝난다. 보드게임 클루는 머스터드 대령이 서재에서 촛대로 범행을 저질렀음을 발견하면 끝난다. 이런 게임들은 결과도 일상에서 분리되어 있다. 내가 아내와 모노폴리를 하면서 아내를 땡전 한 푼 안 남게 파산시킨다 한들 아내는 '진심'으로 걱정하지는 않는다. 미식축구 선수들은 경기장 밖을 나서서까지 서로에게 몸싸움을 걸지는 않는다. 그랬다가는 감옥행이다.

웅우옌이 이어서 말했다. "하지만 일상생활을 게임화하다 보면 이미 복잡하게 얽혀 있어서 난해하고 불확실하기만 한 가치 체계에 명확한 가치를 부여하려 애쓰게 됩니다." 우리 인생에서 쓸데없지도

임의적이지도 않은 부분에다가 쓸데없는 규칙을 적용하고 그에 따라 임의적인 점수를 부여하려 애쓰는 것이다.

"그러다 보니 우리가 무언가에 주의를 기울이는 이유도 방식도 이해하려 하지 않아요. 특히 어떤 면을 가치 있게 여기는지 직접 정리해 볼 생각도 하지 않죠. 그저 게임화에 따라 '여러분은 이런 이유 때문에 저런 방식으로 주의를 기울여야 합니다'라고 지령이 떨어질 뿐이에요." 그럼 우리는 그에 맞춰 행동한다. "그러니 게임화가 의욕을 고취시킬 수 있냐고요? 물론이죠. 하지만 그 대가로 우리의 목표를 문제적인 방향으로 비틀 수 있어요." 게다가 그 여파는 실제 삶까지 미친다.

응우옌이 자기 경험을 이야기하기 시작했다. "숫자가 우리의 행동에 어떤 영향을 미치는지 처음 고민하기 시작했던 건 와인 점수를 마주쳤을 때였어요."

1970년대까지만 하더라도 와인 평론가들은 알아듣기도 힘든 형용사와 명사를 잔뜩 버무려 와인을 묘사하던 와인 덕후들이었다. 일례로 어느 와인 평론가는 이런 평을 남겼다. "린처토르테(격자무늬가 특징인 오스트리아식 페이스트리—옮긴이), 쌉쌀한 체리, 자두즙, 무화과 열매를 밀도 높게 뭉친 맛에 감초 향, 뜨거운 금속 향, 그을린 월계수 잎 향이 곁들어 있다. 오래 지속되는 끝맛은 구운 무화과 맛이 가장 돋보이고 맵싸한 타르와 향신료 맛이 풍미를 더한다. 깊이 배인 산미도 놓칠 수 없다."

이처럼 유난스러운 평을 접한 일반인들은 와인 평론가가 되려면 머리를 엉덩이 사이 깊숙이 처박고 자기 세계에만 갇혀 살아야 하는 건가 의문을 품었다. 그런데 1979년에 와인 평론가 로버트 파커Robert Parker가 등장하면서 모든 게 바뀌었다. 파커는 메릴랜드 북부의 숲에서 자란 노동자 계급 청년이었다. 와인을 너무나 좋아했던 파커는 와인 판매에도 종사하고 싶었지만 관련 교육을 공식적으로 받은 적이 없었다. 파커는 충분히 와인을 즐길 만한 사람들이 당시 평론가들의 속물적인 언어 때문에 거부감을 느낀 나머지 와인을 접할 기회를 포기하게 된다고 생각했다. 그래서 맥고니걸의 게임화 강연이 등장하기 한참 전에 파커는 와인 평가 시스템을 게임화했다. 50~100점 사이의 점수로 와인을 평가해 순위를 매기기 시작한 것이다. 그리고 그 평가를 직접 창간한 잡지 《와인 애호가The Wine Advocate》에 게재했다.

파커의 평가 시스템 덕분에 와인 제조 산업도 빠르게 게임화되기 시작했다. 명확한 점수가 제시되다 보니 90점 이상의 와인은 금방 팔려 나갔고 80점 이하의 와인은 먼지를 뒤집어썼다. 보르도의 한 와인 운송업자는 기자 엘린 맥코이Elin McCoy에게 만약 어떤 와인이 95점을 받으면 85점을 받을 때에 비해 와인 제조업자에게 700만 달러를 추가로 안겨 줄 수 있을 거라고 말했다. 파커가 100점을 준 와인은 기존보다 가격을 400퍼센트 인상해도 수요를 유지할 수 있었다.

와인 애호가들은 그 이후에 벌어진 일을 '파커화Parkerization' 현상이라 이름 붙였다. 어느 와인 잡지에서는 파커의 의견과 취향이 "와인 제조업자는 물론 와인 수집가에게도 중요한 유일한 기준이 되었다"고 지적했다. 와인 제조업자들은 수천 년간 이어진 전통 제조법을 바꾸기 시작했다. 점수를 올려서 판매량을 늘리기 위해 파커의 취향에 맞게 와인을 제조한 것이다. 파커의 평가 시스템이 크나큰 인기를 끌자 다른 평론가들도 점수 시스템을 받아들이기 시작했다.

근데 만약 자신의 취향이 파커의 취향과 다르면? 그럼 점수는 아무 의미가 없다.

응우옌이 말했다. "게다가 음식과의 궁합도 중요하죠. 와인은 음식에 따라 맛이나 향이 다르게 느껴질 수 있거든요. 와인만 마시면 너무 강렬하거나 밋밋할 수 있지만 음식을 곁들여 마시면 그 맛이 풍성해지거나 폭발적으로 변할 수도 있죠. 식사를 하는 도중에도 맛이 시시각각 변해요. 와인뿐만 아니라 무엇이든 점수를 매기려면 객관적인 시각을 가져야 합니다. 와인에 음식을 곁들여 마시면 안 되죠. 변수가 너무 많아지잖아요. 그래서 와인 채점 현장을 보면 작은 잔만 나란히 놓여 있어요. 이건 와인이 음식과 맺고 있는 관계, 와인의 역동성을 배제하는 거예요. 애초에 와인에서 가장 중요한 것이 그런 건데 말이죠." 설령 100점짜리 와인을 돈을 4배 더 주고 사더라도 어차피 그 와인을 저녁식사에 곁들여 먹는 순간 점수는 아무 의미가 없어진다.

이와 같은 채점 시스템은 우리의 기대와 경험까지 변질시킬 수 있다. 보르도대학 연구진은 와인학과 학생 54명을 모집했다. 그리고 두 병의 와인을 준비했다. 하나는 저렴하다고 알려진 와인이었고 다른 하나는 비싸다고 알려진 와인이었다. 연구진은 학생들 모르게 두 와인의 라벨을 서로 바꾸었다.

학생들은 값싼 와인을 비싼 와인으로 착각하고는 온갖 미사여구를 섞어 가며 찬사를 보냈다. 반면, 비싼 와인을 값싼 와인으로 착각하고는 웬 고양이 오줌이라도 마신 것처럼 평가했다.

점수 시스템이 일상을 잠식할 때

응우옌이 트위터에서 경험한 일, 내가 인스타그램에서 경험한 일, 분명 여러분도 어디에선가 경험했을 일을 생각해 보면 게임화와 정량화의 단점을 이해하는 데 도움이 될 것이다.

응우옌은 게임화 열풍이 불던 시기에 트위터에 가입했다. 세계는 게임화된 미래를 향해 나아가고 있었다. "처음 제 트윗이 1000번 넘게 리트윗이 되었을 때 제 뇌가 그러더군요. '이거야! 기분 좋잖아. 더 줘!' 그 순간 바로 깨달았어요. 와, 이거 진짜 강력하구나. 보통 위험한 게 아니네."

위험하다고 느꼈던 이유는 애초의 목적에서 큰 괴리가 발생했기 때문이다. 트위터는 본래 온라인 토론의 장을 자처해 시장에 등장했다. 하지만 응우옌이 '좋아요'나 리트윗 형태로 쌓아 올린 숫자는 토론이랑은 아무 상관이 없었다.

"보통 토론의 목표는 복잡하고 다층적이죠." 응우옌은 무엇이 토론의 목표가 될 수 있는지 몇 가지 예를 들었다. 토론의 목표는 서로를 잘 이해하는 것일 수도 있고, 공감을 나누는 것일 수도 있고, 함께 고뇌하는 것일 수도 있다. 그 밖에도 많을 것이다. 때로는 여러 가지를 동시에 목표로 삼을 수도 있다.

하지만 트위터의 점수 시스템은 그 모든 가치를 훨씬 단순한 목표 하나로 대체해 버린다. 바로 '좋아요', 리트윗, 팔로워를 쌓는 것이다. 와인 제조업자들이 그랬던 것처럼 우리도 더 높은 숫자를 쌓는 것을 트위터를 하는 목표로 삼고 말았다. 게다가 와인 애호가나 생산자처럼 우리도 그런 숫자에 큰 영향을 받는다. 이렇듯 점수 시스템과 게임화는 우리의 경험, 행동, 성공을 재편한다.

응우옌이 이어 말했다. "활동의 목표가 크게 바뀌면 활동 자체도 바뀝니다." '좋아요'와 리트윗을 잔뜩 받은 그의 트윗은 토론과는 거리가 멀었다. 점수를 얻으려면 트윗이 짧고 예리하며 맥락으로부터 자유로워야 했기 때문이다. 거기에 약간의 싸가지도 곁들여야 했다.

연구에 따르면, 격분처럼 강한 도덕적 감정이 담긴 트윗이 가장 많은 '좋아요', 리트윗, 팔로워를 얻는다고 한다. 학자들은 이를 '도덕적 전염moral contagion' 현상이라 부른다. 실제로 도덕적 감정은 바이러스처럼 전염성이 있다.

이는 소셜 미디어를 사용하지 않는 사람들에게도 중요한 사실이다. 최근 정치판이 어떻게 변화했는지 생각해 보자. 2022년에 캐나다, 스탠퍼드대학, 일리노이대학의 연구자들이 모인 연구팀은 미국의 선출직 공무원들이 점점 더 무례한 방식으로 트위터를 사용한다는 사실을 발견했다. 그래서 의원들의 트윗을 10년 치 수집했다. 총 130만 건에 달하는 트윗이었다. 뒤이어 연구진은 AI 알고리즘을 사용해 각 트윗에 0~100점 사이의 불량 점수toxicity score를 매겼다.

실험 결과, 정치인들의 트윗은 10년 동안 23퍼센트 더 불량해진 것으로 나타났다. 연구진의 표현을 빌리자면 "무례한 트윗이 더 많은 '좋아요'와 '리트윗'을, 즉 더 많은 인정과 주목을 받는 경향이 있기 때문"이다. 또한 연구진은 무례한 트윗으로 호응을 많이 받은 정치인은 이후의 트윗에서 더 무례한 표현을 쓸 가능성이 높아진다고 지적했다. 예측 불가능한 보상과 즉각적인 피드백이 무한한 결핍의 고리를 형성하자 정치인들은 트위터 사용을 늘렸고 결국 괴물이 되고 말았다.

양쪽 진영 모두 이 끔찍한 고리에 갇히고 말았다. 이런 쓰레기 같은 짓이 통상적인 게임에서처럼 일상과 분리되어 있었다면 그나마 나았을 것이다. 하지만 주목할 만하게도 여파는 곳곳으로 퍼져 나갔다. 정치인들은 정책을 고민하고 의사결정을 내릴 때도, 다시 말해 우리의 삶에 지금 당장 영향을 미치는 법안을 마련할 때도 동일한 전술을 사용하기 시작했다.

이를 '가치 점유' 현상이라 부른다. 특정 활동에 단순화된 점수 시스템을 도입하면 우리는 점수 시스템에 집착하여 활동의 본래 목표를 경험하는 대신 점수를 획득하는 데에만 몰두한다. 응우옌은 말했다. "그 숫자들이 우리의 동기를 장악해 버리는 겁니다. 우리는 설계자의 의도대로 목표를 수정하고 만족감을 얻죠. 하지만 그 대가로 활동 자체가 지닌 진짜 가치는 놓칠 수도 있어요. 훨씬 퇴보한 경험만 남는 거죠."

물론 그것이 명확한 점수를 통해 위안을 가져다준다는 점에서 재미있는 일탈이 될 수는 있다. 하지만 더욱 진실하고 풍성한 경험, 활동의 진정한 목적으로부터는 멀어지게 만든다.

트위터의 쾌감을 좇는 건 정치인들만이 아니다. 우리가 세상을 이해하기 위해 읽고 보는 매체를 만드는 사람들도 그로부터 자유롭지 못했다.

2022년에 《뉴욕타임스》 편집장은 기자들에게 트위터를 쓰는 시간을 줄이라고 지시했다. 트위터가 떠오른 이후로 점점 더 많은 기자가 진실하고 객관적인 방식으로 균형 잡힌 기사를 구성하는 대신 트위터 팔로워에게 점수를 딸 만한 방식으로 구성했기 때문이다. 게다가 트위터 팔로워 중 대다수는 대중이 아니라 동료 기자들이었다. 이와 같은 집단 내 채점 시스템은 《뉴욕타임스》 고유의 세계관을 희석시키고 있었다. 오죽하면 그곳에서 일한 적이 있는 공공 지식인 바리 웨이스Bari Weiss는 트위터를 《뉴욕타임스》의 '최종 편집자'라 불렀다.

나는 응우옌에게 소셜 미디어 도구를 우리 경험을 퇴보시키지 않는 방식으로 사용하는 게 가능하다고 생각하는지 물었다. 망치나 단두대처럼 트위터도 그저 하나의 도구일 수는 없을까?

그는 우리가 그것을 무슨 이유로 어떻게 사용하는지에 따라 다르다고 답했다. 트위터뿐만 아니라 다른 게임화된 결핍의 고리도 마찬가지다. 잘 사용하려면 점수의 유혹을 뿌리치고 점수 이외의 목표를 설정해야 한다.

이는 결핍의 고리에서 벗어나는 두 번째 방법과 관련이 있다. 소셜 미디어에서 매겨지는 점수를 더 이상 보상으로 여기지 않음으로써 기존 보상 체계를 무너뜨리는 것이다. 그 대신 우리는 자신만의 방식으로 예측 불가능한 보상을 설정해야 한다.

응우옌은 이것이 우리가 돈과 맺는 관계와 비슷하다고 설명했다. 어떤 사람들은 돈 그 자체를 목적으로 보는 반면 어떤 사람들은 돈을 수단으로 여긴다. 앞 유형의 사람들은 돈 자체를 위해 일하며 돈을 쌓는 데 도움이 되는 방식으로 의사결정을 내린다. 예컨대, 그들은 일자리를 고를 때 늘 급여가 가장 높은 일자리를 선택할 것이다.

반면, 뒤 유형의 사람들은 돈을 다른 목적을 성취하는 데 이용할 도구로 바라본다. 이를테면 행복이 궁극적인 목표라고 해 보자. 그러면 그들은 돈을 더 많이 벌 수 있는 기회가 찾아오더라도 더 행복해질 수 있겠다는 생각이 들 때만 그 기회를 붙잡을 것이다. 두 개의 일자리 중 하나를 선택해야 하는 상황이라면 급여가 낮더라도 더 행복할 것 같은 직업을 선택할 것이다.

이 논리를 소셜 미디어에 적용해 보자. 우리는 소셜 미디어를 사용하는 목표를 한두 개 설정한 다음 그 목표를 달성하는 데에만 소셜 미디어를 사용해야 한다. 숫자와 점수도 목표를 향해 나아가는 데 도움이 되는 범위 내에서만 유용하다고 판단해야 한다. 예컨대, 유용한 전문지식을 전파하거나 새로운 친구를 사귀거나 다른 문화를 배우는 것을 소셜 미디어 사용 목표로 삼았다면 그 외의 이유로 소셜 미디어를 사용하는 것은 머리를 단두대 아래 집어넣는 짓이나 마찬가지라는 것을 인지해야 한다.

데이터는 모두 옳다는 착각

설탕과 지방, 밀가루의 앙상블이 만들어 낸 황홀감을 느끼다 보니 지금 이 상황, 즉 무사태평한 남자 둘이서 빵과 커피를 먹고 마시며 소셜 미디어에 대해 불평을 늘어놓고 있는 상황이야말로 퇴보한 경험은 아닐까 멈칫했다.

응우옌이 이야기를 하는 동안 나는 머릿속으로 다양한 관점을 저울질하는 중이었다. 어쩌면 우리는 어서 빨리 철이 들어서 제대로 된 고민을 해야 할 복에 겨운 '어른이'일지도 모르겠다. 아니, 어쩌면 차라리 어른이라서 다행인 점이 있을지도 모르고.

이런 경험을 한 게 아마 우리 둘만은 아닐 것이다. 분명 우리의 경험은 보기보다 훨씬 큰 함의를 담고 있을 것이다. 이게 와인과 트위터, 인스타그램 세계에만 국한되는 이야기는 아닐 테니 말이다.

나는 응우옌에게 물었다. "점수 시스템이 또 어떤 분야에서 우리의 행동, 목표, 경험을 변질시키고 있다고 보세요?" 그는 마치 30년 동안 코마 상태에 있다가 깨어난 사람을 바라보는 표정으로 나를 바라보았다.

그러고는 낄낄 웃으며 말했다. "음, 어디서부터 시작해야 되나? 인간은 숫자를 선호하죠. 그래서 자연스레 정량화가 쉬운 대상들에는 관심과 가치를 부여하고 더 중요하지만 정량화하기에는 너무나 복잡한 대상들에는 거리를 두죠." 알고 보니 그는 이런 경향이 나타나는 방식에 대해 강의도 하고 있었다.

"제가 철학 입문 수업을 하면 학생들이 가장 좋아하는 시간이 '성적 시스템은 뻘짓인가?'라는 주제를 다루는 날이에요. 그날만큼 학생들이 잔뜩 몰입해서 감탄하는 때가 없다니까요."

수업에서 응우옌은 성적 시스템이 학업을 증진하고 사고력을 향상시키기 위해 생겨난 것이 아니라 행정 직원들의 삶을 편하게 만들기 위해 생겨난 것이라고 설명한다. 예컨대, 등급과 평점이 존재하면

학교 입학처 직원이나 잠재적 고용주가 학생의 역량을 더 빨리 판단할 수 있다.

하지만 우리는 속도를 얻는 대가로 방향을 잃고 말았다. 시간이 지남에 따라 성적은 교육 시스템의 목적 그 자체가 되었다. "그래서 요즘 학생들은 직장에서 성공하는 데 필요한 기술이나 개념을 이해하고 있는지에 초점을 맞추기보다는 학점에만 집착합니다." 그는 등급제 대신 서면 평가제를 사용하려 했지만 행정처에서는 허락하지 않았다.

나 역시 대학 교수였기에 공감을 표했다. "저도 평점이 대개는 학생을 충분히 나타내 주지 못한다고 생각해요. 제가 보기에 가장 유망한 학생들은 보통 A를 못 받더라고요. 사고방식이 너무 자유롭거든요. 학점을 꽉 채워 들으면서 동시에 주당 40시간 일을 하느라 평점을 잘 받기 어려운 친구들도 있고요."

그런데도 기업들은 A를 받는 학생들을 적극 채용하는 것은 물론 리더십이 필요한 자리에도 곧잘 올려놓는다. 결과적으로 기업 세계에서는 혁신으로 이어질 만한 대담하고 창의적인 아이디어보다 눈에 보이는 수치를 선호하는 분위기가 한층 더 강화된다. 스티브 잡스, 빌 게이츠, 오프라 윈프리가 대학을 중퇴한 이유도 여기에 있다.

한편, 숫자는 우리가 건강을 바라보는 방식에도 영향을 미쳤다. 의사들은 우리가 특정 체지방지수BMI 범위 내에 머물러야 한다고 권한다. BMI는 단지 키와 몸무게를 참고하여 우리를 '정상 체중' '과체중' '비만' 등으로 분류한다. 물론 성적 시스템이 그렇듯 이런 지표 역시 신속하고 개괄적인 분석에는 유용하다. 하지만 실제 건강 상태나

체중이 건강에 영향을 미치는 복잡한 방식을 제대로 포착하지는 못한다. 예컨대, 체중이 어떻게 분산되어 있고 애초에 체중 관리가 왜 필요한지 등은 수치에 나와 있지 않다. 혈압이나 혈당 수치 등 다른 건강 지표도 마찬가지다. 그럼에도 우리는 종종 그런 숫자를 바탕으로 필요하지도 않은 치료를 받거나 보험금을 청구한다.

건강과 자기계발을 위해 운동을 시작했지만 결국 건강 추적기에 나오는 일일 걸음 수나 부담 지수에 사로잡히기도 한다. 그럼에도 애초에 우리가 건강을 무엇이라고 생각하는지 정의할 생각은 하지 않는다. 혹시라도 고민해 본다면 건강의 의미가 결코 앱에 뜨는 숫자는 아닐 것이다.

목록은 끝없이 이어진다. 연구자들은 정량화 때문에 모든 게 바뀌고 있다고 분석한다. 리뷰 사이트 로튼토마토와 피치포크의 인기 때문에 영화와 음악을 감상하는 방식이 바뀌었다. 머니볼 분석 기법이 부상한 탓에 야구의 열정과 흥분이 식어 버렸다. 예술과 관광을 즐긴다는 건 소셜 미디어 '좋아요'를 받을 만한 셀카를 찍으려고 박물관이나 관광 명소를 찾아다니는 행위가 되어 버렸다. 인스타그램이나 틱톡에서 멋지게 보이는 것이 중요하기 때문에 음식을 요리하는 방식이나 공간을 디자인하는 방식 역시 바뀌었다.

그와 같은 공간 디자인 방식을 두고 기술 전문 작가인 카일 차이카Kyle Chayka는 '에어스페이스AirSpace'라는 용어를 쓴다. 가게들은 소셜 미디어 사용자들에게 매력을 호소할 수 있는 방식으로 스스로를 단장한다. 게임화된 기술 덕분에 동일한 미학적 취향이 전 세계로 확산되는 중이다. 고객들은 평범한 상품을 구매하기 위해 가게에 들르기도 하지만 소셜 미디어 사진을 찍기 위해 가게를 찾아가기도 한다. 차이카가 지적하는 대로 솔트레이크시티, 오스틴, 도쿄, 레이캬비크 등 대도시의 힙하다는 지역을 가보면 카페가 똑같이 빼다 박은 인스타그램 감성 인테리어로 되어 있다. 죄다 공장 감성을 풍기는 미니멀리즘 인테리어다. 아이러니하게도 내가 응우옌을 만난 빵집도 그런 감성이었다.

우리가 현실을 피해 결핍의 고리로 빠져드는 이유 중 하나는 그 안에 불편함과 불안함을 유발하는 불확실성이 없기 때문이다. 그곳은 더 안전하고 편안하게 느껴진다. 우리가 잘했는지 못했는지 확실히 알 수 있다.

자연에서 보내는 시간이 우리의 정신에 어떤 영향을 주는지 생각하는 게 훨씬 더 어려운 일이다. 회화 작품을 보고서 어떤 느낌을 받았는지 곰곰이 생각하는 것도 마찬가지다. 내가 왜 이 레스토랑에 왔는지, 내가 왜 이 노래를 듣는지, 내가 왜 이 영화를 보는지, 내가 왜 카페 내부를 이렇게 꾸몄는지에 더해 그래서 그게 왜 내 마음에 드는지 혹은 들지 않는지 고민하는 것도 쉽지 않은 일이다.

라스베이거스로 돌아오는 길에 마이애미대학의 숫자 전문가 케일럽 에버렛Caleb Everett과 나눈 대화가 떠올랐다. 그는 숫자가 인류 역사 전체로 보면 비교적 최근에, 고작 몇 천 년 전에나 나타난 개념임을 강조한다. "우리는 숫자를 인간이 지닌 기초적인 작업 수단이라고 생각하는 경향이 있죠. 실제로는 그렇지 않아요."

고대의 인간은 사물에 숫자를 매기지 않았다. 대략적인 추정만 했을 뿐이다. 심지어 아마존의 피라항 부족처럼 아직도 숫자가 전파

되지 않은 인간 사회도 존재한다. 에버렛이 말했다. "피라항 부족은 수를 셋 이상 셀 수 없고요. 각 수에 대응되는 숫자도 가지고 있지 않아요." 그 대신 적은지 중간인지 많은지 등 대략적인 추정치만 사용한다.

"숫자가 감정적인 차원에서나 행동적인 차원에서나 우리에게 그토록 강력한 영향을 미치게 됐다는 게 정말 신기해요. 숫자가 굉장히 자연스러운 존재처럼 느껴지지만 사실 숫자는 여러 면에서 부자연스러운 존재죠. 우리 뇌가 숫자 개념을 타고나지 않았다는 주장도 충분히 가능하거든요. 인간이라는 종의 역사를 보면 정교한 숫자가 등장한 건 이례적인 변칙에 가깝습니다. 그럼에도 지난 천 년 동안, 특히 지난 몇백 년 동안의 문화적 궤적은 우리가 모든 것을 정량화하게끔 만들었고 정량화가 절대적 진리인 양 믿게 만들었죠. 누군가 수치를 정확히 대면서 이야기하면 진실하고 심오한 말이라고 생각합니다. 근거가 있는 것 같잖아요. 정확한 수치까지 파악했으니 굳이 더 깊이 생각할 것도 없이 쉬면 돼요. 물론 실상은 그렇지 않죠."

우리가 숫자를 만들자 다시 숫자가 우리를 만들었다. 하지만 경험의 한 측면에만 집중하다가는 다른 중요한 측면들을 전부 놓칠 수 있다. 생각을 자극하는 측면, 의미 있는 측면, 삶을 살 만한 가치가 있게 만들어 주는 측면 말이다.

에버렛이 말했다. "실제로 데이터를 가져다 놓고 한참을 과학적으로 연구해 보면 데이터를 이해한다는 게 얼마나 복잡하고 어려운 일인지 알 수 있을 겁니다. 무언가를 정량화하는 방식은 수백만 가지가 있고 정량화를 어떻게 하는 게 최선인지에 대한 의견도 가지각색이죠. 예컨대, 어떤 변수를 통제할 것인지나 데이터가 실제로 의미하는 바가 무엇인지에 대해서는 논쟁의 여지가 다분하고 최종 판단을 내리는 것도 결국은 불완전한 인간이란 말입니다. 이건 정말이지 너무 복잡한 과정이에요. 회색지대가 두껍게 쌓여 있죠. 하지만 그런 모호한 데이터를 일반 대중에게 전달해 주면 대중은 그걸 흑백으로만 나누어서 봐요. 데이터는 본질적으로 참이라고 생각하죠."

물론 숫자도 쓸모가 있다. 하지만 숫자가 인간의 경험을 설명하지는 못한다는 사실을 기억해야 한다. 숫자로는 우리가 온갖 활동을 거치며 겪는 경험을 설명할 수도, 그런 경험이 우리 자신은 물론 다른 사람에게 미치는 영향을 설명할 수도 없다.

우리는 숫자의 실체를 있는 그대로 바라보아야 한다. 숫자는 현실을 지나치게 단순화한 모호한 데이터로서 우리에게 약간의 정보를 제공해 줄 수는 있지만 모든 정보를 제공해 주지는 못한다. 외부 세력은 숫자를 이용해 우리를 최상의 이익이 존재하는 현실로부터 끄집어내 결핍의 고리 속으로 던져 버릴지도 모른다. 결핍의 고리에 갇히고 나면 우리는 가고 싶지 않은 곳을 향해 나아갈지도 모른다.

그러므로 때로는 다른 길을 선택하는 게 나을 수 있다. 회색지대를 있는 그대로 인정한 채 불편한 물속으로 들어가 우리가 애초에 왜 이 일을 하고 있는지, 이 일이 우리에게 어떤 의미가 있는지 고민해 보는 것이다.

7장

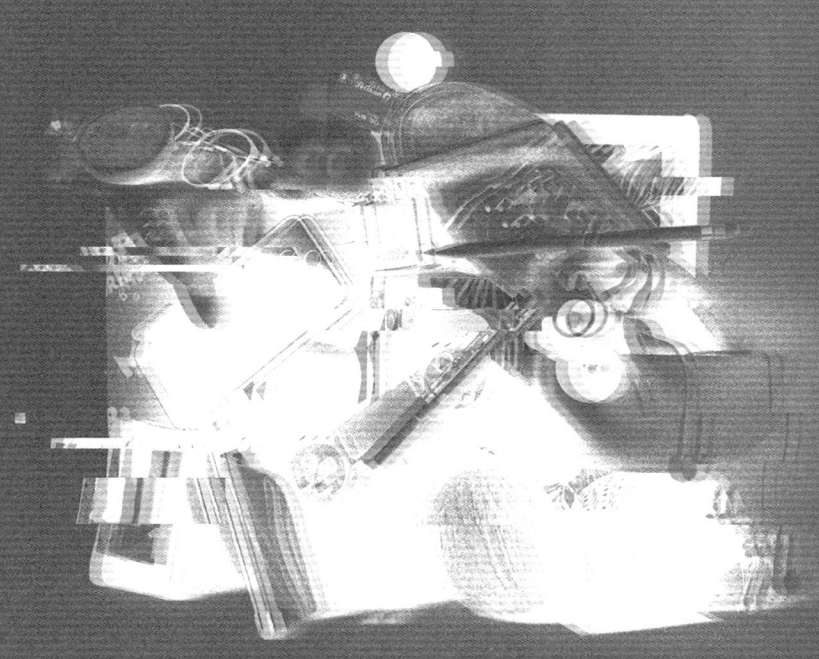

영향력
: 지위와 인정이라는 마약

....

상위 1퍼센트에 속한 부자, 즉 연봉이 60만 달러를 넘는 사람들이
종종 돈이 없어서 힘들다는 느낌을 받는다고 한다.
곁에 다른 상위 1퍼센트들이 살아가기 때문이다.
그들은 주변 사람들에 비해 자신이 가지지 못한 것에 집중한다.
결국 객관적으로 부유한 사람들이
주관적으로는 가난하다고 믿게 된다.

'영향력'이라는 주제를 생각해 보라고 했을 때 숫자 같은 도구가 인간에게 영향을 미치는 방식처럼 심오한 주제를 떠올리는 사람은 요즘 거의 없다. 대부분은 소셜 미디어 '인플루언서'를 떠올리거나 우리가 주변 사람에게 미치는 영향을 떠올릴 것이다. 당연한 일이다.

인간이 영향력을 갈구하도록 진화했다는 사실은 이제 잘 알려져 있다. 사회적 동물인 인간은 지위를 얻기 위해 치열하게 경쟁하고 다른 사람들이 자신을 어떻게 생각하는지 걱정하며 그들의 반응에 맞춰 생각하고 행동한다.

하지만 최근까지만 하더라도 영향력은 학계에서 이론적인 주제에 가까웠다. 누군가의 사회적 지위를 정확히 측정하는 게 불가능했고 다른 사람들이 있을 때 행동이 어떻게 달라지는지는 물론 특정 행동이 착한지 나쁜지 판단하기도 어려웠기 때문이다. 그러다 갑자기 모두가 인터넷으로 연결되었다. 그 덕분에 영향력을 정량화하는 게 가능해졌다.

타인에게 영향을 미치려는 욕구도 마약과 같아서 '더 많이, 더 빨리, 더 세게'의 덫에 빠지기 쉽다. 연구에 따르면, 인간은 영향력을 얻을 기회가 생겼다고 느낄 때 그 영향력에 더 많은 가치를 부여하고 그 영향력을 얻기 위해 더 많은 행동을 취한다고 한다. 소셜 미디어에 게시물을 올려서든 사람들 사이에서 특정한 방식으로 행동해서든 인간은 기회를 발견하면 행동을 취하고 예측 불가능한 보상을 기다린 다음 다시 그 행동을 반복한다. 딱 결핍의 고리다.

지위를 향한 욕망은 어떻게 우리를 움직이는가

1943년에 심리학계의 선구자 에이브러햄 매슬로Abraham Maslow는 〈인간 동기 이론A Theory of Human Motivation〉이라는 논문을 발표했다. 그 유명한 '욕구 계층 이론Hierarchy of Needs' 역시 이 논문에서 다뤄진다. 이 이론에 따르면, 인간은 기본적인 욕구를 충족시킨 다음에야 추상적인 욕구로 나아갈 수 있다. 따라서 영양, 수면, 물, 주거 같은 생존에 필수적인 욕구가 가장 먼저 등장한다. 다음은 안전 욕구다. 질병이 없고 일자리가 있으며 약간의 자원이 있는 상태를 충족하는 단계다. 그다음은 소속감 같은 심리적 차원의 욕구가 등장한다. 계층을 따라 계속 올라가다 보면 결국 매슬로가 '자아실현' 욕구라고 이름 붙인 욕구가 나타난다. 그는 자아실현 욕구를 "우리가 될 수 있는 모든 것이 되는 것"이라 설명한다.

합리적인 주장이다. 굶어 죽거나 곰에게 물어뜯길 상황이라면 우정이라든가 신의 존재에 대한 고찰보다는 음식이나 안전이 우선이다. 길거리에서 잠을 자거나 병원에 입원한 신세라면 '자아를 찾는 일'에 덜 신경 쓸 게 분명하다. 당시에는 다른 심리학자들도 대부분 동의했다.

하지만 매슬로의 욕구 계층 중 특히 네 번째 계층인 '존중' 욕구가 다소 논란을 불러일으켰다. 그의 주장에 따르면, 인간은 나만 나를 좋게 생각하면 되는 게 아니라 다른 사람도 나를 좋게 생각한다는 느낌을 받아야 한다. "우리는 명성이나 명예를 가지려는 욕구, 다른 사람들의 존경이나 존중을 받으려는 욕구, 인정이나 관심이나 공경이나 감사를 얻으려는 욕구를 가지고 있다."

당시로서는 뜨거운 논쟁거리였다. 그전까지는 지그문트 프로이트 같은 사상가들의 이론이 심리학을 지배했기 때문이다. 프로이트는 모든 인간이 무의식 깊숙한 곳에 동물적인 욕구를 가지고 있다고 믿었다. 그리고 이런 욕구를 억제하거나 타인에게 투사하는 데에서 문제가 비롯된다고 생각했다.

하지만 매슬로는 프로이트 같은 정신분석학자들이 인간이 사회적 존재임을 간과했다고 생각했다. 현장에서 환자를 만나는 정신과 의사들은 매슬로의 의견에 동의했다. 그들은 비공식적인 자리에서 매슬로에게 말하길, 프로이트가 지적하는 억압된 성적 좌절감 같은 걸 털어놓으려고 환자들이 의사를 찾는 게 아니라고 했다. 환자들은 대부분 자신의 사회적 지위에 관한 고충을 털어놓았다. 직장에서 승진하지 못했다거나 이웃만큼 부유하지 못한 것 같다는 둥 사회적 문제 때문에 불안해했다.

그럼에도 매슬로가 논문을 발표했을 때 모든 인간이 영향력과 사회적 지위를 갈구한다는 주장은 받아들여지지 않았다. 적어도 학계에서는 말이다.

버클리대학에서 권력, 지위, 영향력의 상관관계를 연구하는 캐머런 앤더슨Cameron Anderson은 내게 말했다. "심리학자들은 지위가 중요하다는 사실을 인정하지 않으려 해요. 입맛에 좀 안 맞거든요. 그들은 사람들이 지위 같은 걸 신경 써서는 안 된다고 생각해요. 지위를 얻으려는 욕구가 강한 사람을 이기적이고 속물적이라고 여기죠."

하지만 툭 까놓고 말해 보자. 사회적 지위를 신경 쓰지 않는 사람이 있나? 인정하기 싫지만 나도 온갖 종류의 계층 구조에서 내 위치가 어딘지 생각한 적이 한두 번이 아니다. 응우옌 덕분에 자세히 이해하게 된 내 소셜 미디어 습관에도 그런 경향이 반영되어 있다. 물론 우리는 화면 밖에서도 매일 자신의 지위를 되새긴다.

경기장이나 콘서트장에서 VIP 좌석을 볼 때도, 우리 집보다 큰 이웃집을 운전해 지나칠 때도, 상사의 아재 개그에 거짓 웃음을 터뜨릴 때도, 널찍한 비행기 일등석에서 샴페인을 홀짝이는 승객들을 볼 때도 우리는 지위를 생각한다. 이런 신호들에 꿈쩍도 안 한다고 생각하고 싶겠지만 절대 그렇지 않다.

예컨대, 토론토대학과 하버드대학의 연구자들은 최근 '기내 난동' 사건이 늘어나고 있음을 발견했다. 사람들이 3만 피트 상공으로 올라가기만 하면 미친 듯이 난리를 친다는 말이다. 연구자들은 그 이유를 알고 싶었다. 그래서 100만 건 이상의 비행과 약 4000건의 기내 난동 사례를 분석했다. 처음에 그들은 비행기 표는 비싸지는데 툭하면 지연이 생기고 다리 펼 공간은 좁아지니 자연스레 난동이 늘어난다고 추정했다. 하지만 결과는 달랐다.

연구자들은 비행기에 일등석 칸이 있는 경우 이코노미석 승객이 분노를 터뜨릴 가능성이 네 배 더 높아진다는 사실을 발견했다. 이와 같은 영향력 결핍 신호는 출발이 9시간 반 지연됐을 때만큼이나 기내 난동 발생률을 높였다. 만약 이코노미석 승객이 일등석 칸을 지나 비행기에 탑승해야 하는 경우 발생률은 여덟 배까지 치솟았다.

일등석 시민을 주춤주춤 지나치는 상황이 계층 시스템 자체를 박살 내고 싶은 충동을 은연중에 자극하는 셈이다. 아주 그냥 비행 도중에 혁명을 일으켜서 그놈의 일등 시민들을 일렬로 세운 다음 단두대로 보내고 싶은 마음이 드는 것이다.

어쨌든 그렇다. 인간은 모두 주변의 지위와 영향력 결핍 신호에 주의를 기울이며 그로부터 영향도 받는다. 물론 대부분은 그런 신호들이 우리 내면의 체 게바라를 긁어 대도 억누르며 살아간다. 오히려 매일같이 우리의 지위를 상기시키는 미묘한 신호들을 가볍게 초월한 척을 한다. "어우, 저 집은 크기만 크지 너무 별로야. 돈으로 취향을 살 수는 없는 법이지"라든가 "뭐, 일등석 탄다고 착륙도 빨리 하나?" 같은 말을 되뇌면서 스스로를 위로하고 높은 지위에 있는 사람을 깎아내린다.

우리가 지위를 신경 쓴다고 말하는 순간, 아이러니하게도 우리의 지위에 최악의 해가 가해지기 때문이다. 다른 사람들 앞에서 지위를 신경 쓰는 걸 티 내는 것만큼 지위를 떨어뜨리는 일이 또 없다.

결국 심리학자들 입장에서도 사회적 지위를 연구한다는 것은 인간이 다른 사람 생각을 무척이나 신경 쓰는 존재임을, 아리스토텔레스 말대로 다른 사람의 영향에 따라 행동을 바꾸는 '정치적 동물'임을 스스로 인정하는 꼴이었다. 사실 다른 학문 분야에서는 인간이 내리는 결정 대부분이 자신이 속한 사회에 대한 반응이자 사회에 맞추려는 노력임을 이미 깨닫는 중이었다.

일례로, 인류학에는 '분열 생성schismogenesis'이라는 개념이 있다. 이 이론에 따르면, 인간의 자아의식과 문화적 정체성은 사실상 타인에 대한 반응에 불과하다. 이에 대해 데이비드 그레이버와 데이비드 웬그로는 《모든 것의 새벽》에서 이렇게 설명한다. "어떤 유의미한 생물학적 기준을 갖다 대더라도 살아 있는 인간은 서로 거의 구별이 되지 않는다." 우리는 비슷하게 생겼다. 비슷하게 행동한다. 심지어 비슷하게 생각한다. 모든 인간 언어에는 명사, 동사, 형용사가 있다. 게다가 서로의 음악 스타일이 다를지라도 어쨌든 모두 음악과 춤을 좋아한다. 전 세계 누구나 한 끼 식사로 탄수화물에 고기, 생선, 콩 같은 약간의 단백질, 그리고 약간의 채소를 먹는다.

그럼에도 인간의 정신은 비교적 사소한 차이에 집중한다. 그리고 그 차이를 바탕으로 자아의식과 사회를 형성한다. 그레이버와 웬그로는 말한다. "사람들은 이웃에 견주어 스스로를 정의한다."

사회적 지위는 옛날 옛적부터 인류와 함께했음에도 과학자들은 이런 주제를 외면했다. 오늘날에도 사람들은 고대 사회가 계급에서 자유로웠다고 생각하는 경향이 있다.

하지만 노스웨스트 해안에 거주하는 아메리카 인디언 부족의

'포틀래치potlatch'라는 관습을 생각해 보자. 당신이 성대한 저녁 연회 자리에 초대받았다. 주최자는 연회 전에 우선 당신의 소득과 직함을 묻는다.

연회에 도착해서 보면 테이블 어디에 앉는지, 무엇을 먹는지, 어떤 식기로 먹는지는 전부 당신의 소득과 직함에 따라 결정되어 있다. 회계사인 당신은 테이블 중간쯤에 앉아 싸구려 코스트코 그릇에 스테인리스 스틸 나이프와 포크로 뉴욕 스트립 스테이크와 구운 감자를 먹는다. 그러는 동안 이웃에 사는 첨단 기술 투자자는 금칠을 한 식기로 고베식 와규에 랍스터 리소토를 먹는 중이다. 밥맛이 떨어진다. 그래도 좋게 생각하자. 저기 테이블 끝에는 공립학교 교사가 일회용 종이 접시에 올라간 핫도그와 정체불명의 감자칩을 맨손으로 먹고 있으니까.

찝찝하고 잔인한 이야기 같겠지만 포틀래치가 사실상 그런 행사다. 사회적 지위를 과시하는 성대한 행사에서 사람들은 사회적 지위에 따라 자리를 배정받는다. 그 지위는 먹는 음식은 물론 접시와 식기까지 결정한다. 연회를 주최한 지도자는 일장 연설을 펼친 뒤 손님들에게 호화로운 선물을 나눠주며 영향력을 과시한다. 마치 일등석 승객들이 따스한 식사에 샴페인을 곁들여 먹으며 기내 방송으로 환영 인사를 듣는 동안 나머지 승객들은 눅눅해진 프레첼에 미지근한 다이어트 콜라를 받으면서 안전벨트나 매라는 소리를 듣는 상황과 비슷하다. 사실 포틀래치는 시공간을 초월해 지구 전역에서 벌어지는 영향력 게임의 특이한 사례 한 가지에 불과하다.

지위에 목숨 거는 뇌

매슬로가 뛰어난 통찰을 내놓은 지 50년이 지나도록 심리학자들은 사회적 지위라는 주제 연구를 회피했다. 지위가 중요하다는 걸 인정하는 게 본인들의 지위에 영향을 미칠 수 있었기 때문이다. 그러다 1990년대 초, 미국에서 인종과 성별 문제가 대두되기 시작하면서 프린스턴대학의 심리학자 수전 피스크Susan Fiske가 인간의 고정관념에 초점을 맞춘 연구를 시작했다. 그 과정에서 피스크는 고정관념이 강자가 약자에게 통제력을 행사하는 방식 중 하나임을 발견했다.

캐머런 앤더슨은 피스크의 연구를 이렇게 평가했다. "그때부터 사회심리학자들은 사회적 계층이라는 화제에 다시 주목하기 시작했어요. 특히 사회적 약자에게 초점을 맞춘 덕분에 계층과 관련된 다른 주제들, 이를테면 누가 어떤 방식으로 높은 지위를 차지하는가 같은 주제들에도 관심을 불러일으켰죠."

그 이후로 연구는 쌓이고 또 쌓였다. 브리티시컬럼비아대학 감정자아연구소Emotion and Self Lab 소장이자 심리학과 교수인 제시카 트레이시Jessica Tracy는 말한다. "우리가 감정을 가지고 있는 이유는 감정이 인류의 생존과 번식에 중요한 기능을 했기 때문입니다."

트레이시의 설명에 따르면, 인간에게는 다른 사람들의 생각, 감정, 행동에 전적으로 의존하는 감정 도구함이 존재한다. 창피함, 죄책감, 수치심, 질투와 시기, 연민, 자부심 같은 감정들은 다른 인간을 전제하지 않고는 작동할 수 없다. 인간은 이런 영향력 감정influence emotions을 도구 삼아 다른 인간과 협력(혹은 충돌)함으로써 주어진 환경 속에서 번성한다. 즉, 사회적 지위를 유지하거나 상승시킨다.

결핍의 뇌는 영향력을 갈구한다. 다른 사람들에게 더 많은 영향력을 행사할 수 있다면 생존하여 유전자를 퍼뜨릴 가능성도 높아지기 때문이다. 영향력 덕분에 더 나은 짝을 얻었고 갈등에서 살아남았으며 희소한 자원을 차지할 수 있었다. 심지어 지루하면서 에너지만 많이 뺏는 온갖 잡일에서 벗어날 수도 있었다. 앤더슨은 인류 역사 내내 영향력은 비타민 아니면 독소처럼 작용한다고 말했다. "인간의 주관적인 행복과 자존감, 신체 및 정신 건강은 다른 사람들이 부여한 지위가 얼마나 높은가에 달려 있는 것 같아요."

앤더슨이 그렇게 생각하는 이유는 최근 사회적 지위와 관련된 광범위한 데이터를 싹 다 분석했기 때문이다. 매슬로 이후로 쌓이고 쌓인 수백 건의 연구까지 전부 살펴보았다. 분석에 따르면, 높은 지위를 가진 사람이 일반적으로 더 행복하며 불안, 우울, 심장질환 등 정신 및 신체 건강 문제도 덜 겪는다. 이는 단지 지위가 낮은 사람에게 건강을 관리할 여건이 주어지지 않기 때문이 아니다. 보편적 복지 시스템 덕에 누구나 균질한 의료 시스템을 이용할 수 있는 국가에서도 동일한 결과가 나타났다.

결핍의 뇌는 자원이 부족하다는 신호를 무의식적으로 포착해 내듯 영향력 신호 역시 놓치지 않는다. 음식의 양, 사무실의 장식품, 옷차림 등 지극히 사소해 보이는 차이조차 영향력 감정을 촉발시키고 스트레스를 유발할 수 있다.

사람들은 대부분 돈보다 지위나 영향력을 선호한다. 한 설문 조사에서는 근로자 중 70퍼센트가 임금 인상보다는 높은 직함을 원한다고 답했다. 높은 직함을 달면 다른 이들의 존중을 받는 건 물론 그들에게 더 큰 영향력을 행사할 수 있다고 믿었기 때문이다. 단지 직장 동료들에게만이 아니라 이웃, 가족, 친구 등 주변 모두에게 더 큰 영향력을 행사할 수 있으리라 기대했다.

뒤이어 코넬대학 연구진도 흥미로운 사실을 발견했다. 잘 알려진 대기업에서 애매한 직위에 머무르는 것보다는 작은 연못에서 노는 큰 물고기가 되는 것, 즉 중소기업에서 요직을 차지하는 것이 신체 및 정신 건강에 더 좋다는 사실이었다. 설령 대기업에서 돈을 더 많이 벌더라도 그랬다.

우리가 특정 순간에 느끼는 감정은 그때 우리가 속한 환경에 밀접한 영향을 받는다. 한 연구에 따르면, 상위 1퍼센트에 속한 부자, 즉 연봉이 60만 달러를 넘는 사람들이 종종 돈이 없어서 힘들다는 느낌을 받는다고 한다. 곁에 다른 상위 1퍼센트들이 살아가기 때문이다. 그래서 그들은 주변 사람들에 비해 자신이 가지지 못한 것에 집중한다. 결국 객관적으로 부유한 사람들이 주관적으로는 가난하다고 믿게 된다.

또 어떤 연구에서는 폭력의 뿌리에 영향력을 향한 욕구가 있다고 해석하기도 한다. 디트로이트 도심 내 범죄를 조사한 대규모 연구에 따르면, 남자가 남자를 죽이는 가장 흔한 이유는 돈, 마약, 여자가 아니라 지위 때문이었다. 연구자들은 두 남자가 당구대를 두고 싸운 사례를 예로 들었다. 사실 그 싸움의 진짜 목적은 당구대 자체를 차지하는 게 아니었다. 당구대(혹은 여자나 세력권)를 양보했을 때 자신의 지위에 가해질 위협이 두려웠던 것이다.

영향력을 향한 욕구는 불안을 야기할 수도 있다. 앤더슨이 연구한 바에 따르면, 우리가 겪을 수 있는 스트레스 중 최악은 준비가 되지 않은 상황에서 공개적으로 중요한 업무를 맡는 것이다. 이를테면, 잘 알지도 못하는 주제로 즉석에서 강연을 해 달라고 요청을 받는 경우다. 이는 우리 몸속에 스트레스 호르몬을 홍수처럼 쏟아 낸다.

저기 두 사람이 서로 귓속말로 대화를 나누고 있다고 해 보자. 이때 뇌는 두 사람이 내 욕을 하고 있다거나 나를 몰아낼 음모를 꾸미고 있다고 가정하는 경향이 있다. 누군가가 모호한 평가를 내리면 우리는 그게 나를 깎아내리는 말일 것이라고 생각하는 경향이 있다. 반대로 내가 모호한 평가를 건넸는데 뒤늦게 상대가 오해할 수도 있겠다는 생각이 들면 대개 상대가 실제로도 오해를 했으리라는 믿음을 갖게 된다. 그래서 상황을 어떻게 수습할지 머릿속으로 계획하고 또 계획한다.

물론 대부분 착각이다. 상대는 내 욕을 했던 게 아니고 내가 한 말을 오해하지도 않았다. 그럼에도 우리의 뇌는 기본적으로 최악의 상황을 가정한다. 혹시라도 내 판단이 옳으면 사회적 지위를 지켜 낼 수 있기 때문이다. 과거에는 목숨을 지켜 낼 수 있다는 뜻과도 같았다.

물론 영향력을 갈구하는 게 나쁜 건 아니다. 과거에도, 오늘날에도 생존과 번영에 도움이 된다. 영향력을 좇다 보면 더 열심히 일하고 더 관대히 베풀고 더 적극적으로 선을 행하게 될 수 있다. 하지만 영향력을 향한 욕구는 허영심과 이기심을 부추기거나 승부욕, 자만

심, 물욕, 폭력성 같은 파괴적인 특성을 자극할 수도 있다. 부처가 열반에 이르기 위해 극복해야 했던 세 가지 욕망 중 하나가 사회에 개입하려는 욕망이었던 이유도 바로 이 때문일 것이다.

점수로 평가되는 자부심과 수치심

인간은 인류 역사 250만 년 중 거의 대부분의 기간을 작은 무리를 이루어 살아왔다. 부족원은 최대 150명을 넘는 법이 없었다. 보편적으로는 그보다 훨씬 적었다. 새로운 사람을 만날 일도 거의 없었다. 사냥, 채집, 출산, 생존 등 모두가 같은 일을 해야 했다. 사회는 그리 역동적이지 않았기에 개인이 할 수 있는 일도, 개인이 영향을 줄 수 있는 사람도 그리 많지 않았다. 개인이 퍼뜨릴 수 있는 영향력의 크기와 종류도 극히 제한적이었다. 사회 '계층'이라기에는 계단 수가 너무 적어서 작은 발판에 가까웠다.

하지만 오늘날에는 무려 80억에 이르는 사람들이 서로 연결되어 있다. 발판 수천 개가 쌓이고 쌓여 사회적 계층이 드높은 바벨탑을 이룰 정도가 되었다. 우리는 매 순간 소셜 미디어에 삶의 단면을 찍어 올리거나 생각을 편집해 올려 영향력을 얻으려 한다. 수십 억 명의 사람들을 상대로 매일, 하루 종일 말이다. 게다가 그 모든 노력이 '좋아요', 팔로워, DM, 리트윗, 노출, 조회수, 수입 등으로 정량화되고 게임화되어 측정된다.

트레이시는 이 때문에 인간이 근본적인 변화를 겪었다고 말한다. 우리가 자부심이나 수치심을 느끼는 방식에 어떤 변화가 생겼는지 생각해 보자. "자부심과 수치심은 딱 사회적 지위와 계층 때문에 진화한 감정입니다. 이런 감정들 때문에 우리는 특정 행동을 하거나 하지 않음으로써 사회적 지위를 획득하고 우리가 그런 지위를 누릴 자격이 있음을 드러내죠."

자부심은 우리가 스스로를 긍정적으로 평가할 때 느끼는 감정이다. "자부심이 생기면 기분이 정말 좋죠. 그렇기에 우리는 더 큰 자부심을 느끼기를 원합니다. 더 큰 자부심을 얻기 위해 성공을 좇거나 자랑스러울 만한 행동을 하려 애쓰죠. 사회적 지위를 얻은 것 같은 기분을 느끼기 위해 행동한다는 말입니다." 하지만 트레이시의 연구에 따르면, 자부심에는 밝은 면과 어두운 면이 있다.

첫 번째 유형은 '진실한 자부심'으로서 우리가 큰 성취를 이뤘을 때 느끼는 긍정적인 자부심이다. 예컨대, 열심히 노력해서 중요한 계약을 따냈거나 마라톤을 예상보다 빨리 완주했거나 가치 있는 무언가를 창작했을 때 느끼는 자부심이다. 트레이시는 설명했다. "진실한 자부심은 우리가 해낸 일을 아무도 보지 못하더라도 느껴집니다. 하지만 그 위업을 심지어 누군가 보게 된다면 기분이 더 좋겠죠." 이러한 자부심은 우리의 창의성을 자극하고 장기적인 신체 및 정신 건강을 증진시키며 삶에 지속적인 영향을 미친다.

어두운 이면에 숨어 있는 두 번째 유형의 자부심은 '오만한 자부심'이다. 별다른 성취를 이루지 않고도 투사하는 자부심으로, 허풍이 심한 사람, 자의식 과잉인 사람, 자기애가 심한 사람, 병적으로 자기 중심적인 사람에게서 찾아볼 수 있다. 물론 오만한 자부심도 기분을 좋게 만들지만 '여러 문제'가 동반된다. "오만한 자부심은 다른 사람들이 나를 인정하게 만들려고 행동하게 하죠." 그렇게 광적으로 집착하다 자기 파멸에 이른 사람이 한둘이 아니다.

요컨대, 진실한 자부심은 끝내주는 위업을 달성하는 데서 나오고, 오만한 자부심은 스스로를 거짓으로 포장해 선보이는 데서 나온다.

과거에는 자부심을 광고할 만한 대상이 제한적이었다. 하지만 대중 매체가 등장하면서 영향력 게임의 판도가 뒤바뀌었다. 인쇄물에서 시작해 라디오와 TV까지 판이 확장되었다. 그래도 이런 매체를 통해 주어진 영향력은 나름 정당성이 있었다. 대중 매체의 주목을 받으려면 비범한 아이디어를 내놓든 흥미로운 일을 해내든 근거가 있어야 했다.

그런데 인터넷과 소셜 미디어가 등장했다. 트레이시는 말했다. "정말 광범위한 규모로 스스로를 광고하기가 쉬워졌어요. 이제 소셜 미디어에서 성취를 뽐내면 친구들 모두가 알게 되죠. 구미가 당길 수밖에 없어요. 관중이 많아서 더 많은 찬사를 받으면 그만큼 기분이 더 좋으니까요." 현재 전 세계에서 소셜 미디어를 이용하는 사람은 약 50억 명에 달한다.

"하지만 여기서 딜레마가 발생해요. 당신이 위대하다는 사실을 널리 알려서 사회적 지위를 높일수록 그 행위 자체가 지위를 낮추기도 하거든요. 잘난 척하는 얼간이로 보이잖아요. 사실 지위를 높이는 가장 효과적인 방법은 실제로 세상 밖으로 나가 훌륭한 일을 해내는 거예요. 그럼 지위는 자연스레 높아지죠."

수치심을 느끼는 양상도 달라졌다. 연구에 따르면, 새로운 의견이나 논란의 여지가 있는 의견이 소셜 미디어에서 가장 큰 관심을 받는다고 한다. 하지만 그런 식으로 주목을 끄는 건 아슬아슬한 줄타기와 같다. 선을 지나치게 넘어서 많은 사람을 불쾌하게 만들었다가는 공공의 비난을 받을 텐데 이제는 옛날처럼 부족민 몇 명한테 눈총을 받는 수준이 아니다. 작게는 수천 명에서 많게는 수백만 명에 이르는 사람들에게 소외를 당할 수 있다. 소위 '캔슬 컬처Cancel Culture(특정 유명인, 공인, 브랜드 등을 온라인에서 사회적으로 매장하는 문화―옮긴이)'는 온 사회가 전면적인 융단 폭격을 개시하는 것이나 다름없다. 카메라와 인터넷이 장착된 스마트폰이 보급되면서 어마어마한 크기의 수치심을 주는 게 가능해졌다.

이런 현실은 특히 청소년들에게 끔찍한 영향을 미친다. 청소년기에는 사회적 지위나 인정을 유독 중요하게 여기는 쪽으로 두뇌가 변화하기 때문이다. 뉴욕대학의 사회심리학자 조너선 하이트Jonathan Hiadt가 진행한 연구에 따르면, 소셜 미디어에서 주목을 받으려는 노력은 특히 여성 청소년 사이에서 우울증, 불안, 자해 사례를 급증시켰다. "특히 인스타그램은 10대 사이에서 이루어지는 다양한 형태의 상호 작용을 저해하고 친구가 얼마나 많은지를 공개적인 수치로 나타내며 외모 수준을 '좋아요'나 댓글 개수 같은 명확한 점수로 환산한다."

물론 청소년들은 소셜 미디어가 해롭다는 걸 이해한다. 하지만 이미 온라인에 사회적 삶이 존재하며 10대에게는 특히 친목이 중요하기 때문에 마치 불꽃을 향해 달려드는 나방처럼 소셜 미디어에 빠질 수밖에 없다.

그저 휴대 전화를 끄고 인터넷 사용을 줄이는 것만으로는 해결할 수 없는 문제다. 인터넷은 일상 그 자체가 되었기 때문이다. 설령 특정 온라인 플랫폼을 유익하게 다루는 법을 터득하더라도 인정 욕구를 활용해 우리를 결핍의 고리에 집어넣는 또 다른 플랫폼이 금세 등장한다. 인공지능이 발전하면서 나보다 나를 더 잘 파악하고 있는 플랫폼이 우후죽순 생겨나는 중이다. 그런 플랫폼에서는 딱 우리가 이끌릴 만한 예측 불가능한 타이밍에 맞추어 보상을 제공한다.

하지만 응우옌이 지적했듯 우리는 굳이 첨단 기술의 요구대로 단순화된 게임에 뛰어들 필요가 없다. 우리 각자는 고유한 목표와 결과에 따라 자신만의 게임을 구축할 수 있다.

인정받으려는 욕구와 영향력을 가지려는 욕구가 인터넷 너머에서도 우리에게 영향을 미친다는 사실을 깨닫는 것이 중요하다. 어쩌면 그것만큼 인생행로와 정체성에 큰 영향을 미치는 요소가 없을 것이다. 그런 욕구는 실제 세계에서도 우리가 태어난 순간부터 우리의 생각, 행동, 감정을 움직여 왔다.

정답을 찾고 싶니 행복을 찾고 싶니?

인간의 정신에는 사회적 통념, 강박, 암묵적 전제가 깊게 박혀 있어서 세계를 이해하는 방식, 판단을 내리는 방식, 사람들과 관계를 맺는 방식을 틀 잡는다. 과거에는 영향력을 획득하고 유지하는 것이 생존에 도움이 되었지만, 오늘날에는 오히려 제약이 되기도 한다. 학계에서는 이를 '인지 편향cognitive biases'이라 부른다. 주변에서 아주 다양하게 볼 수 있다.

과도한 의미 부여 효과

펜실베니아대학과 버클리대학의 연구자들은 우리가 공개적으로 과제를 수행할 때 다른 사람들이 나를 실제보다 더 가혹하게 평가한다고 믿는 경향이 있음을 발견했다. 게다가 다른 사람들이 내 삶의 단면만을 보고 지나친 일반화를 한다고 생각하는 경향이 있다.

예컨대, 한 시간짜리 발표를 하는데 단 한 줄을 잘못 말했다고 가정해 보자. 우리는 그 순간이 지난 뒤에도 청중이 (우리처럼) 계속 그 실수를 떠올리면서 발표가 전반적으로 별로라고 생각하리라 믿는다. 심한 경우에는 청중이 내 인생 전반을 형편없다고 생각하리라 믿는다.

물론 헛웃음 나오는 이야기다. 대부분의 사람은 그리 비판적이지 않으며 실수 한 번은 쉽게 잊어버린다. 그럼에도 우리는 자신의 사회적 행동 하나하나에 지나친 의미를 부여하기 때문에, 즉 사람들이 나의 공적인 행동을 크게 신경 쓴다고 믿기 때문에 불안을 느끼고 스트레스를 받는다.

학계에서는 이를 '과도한 의미 부여 효과overblown implications effect'라 부른다. 다른 사람들이 나에 대해 생각하는 정도를 과대

평가하는 스포트라이트 효과spotlight effect의 일환이다. 마치 자신이 황금 시간대 TV쇼에 출연해서 늘 스포트라이트를 받고 있다고 착각하는 것과 같다. 하지만 실상은 사람들 대부분 각자의 스포트라이트에 눈이 멀어서 정작 다른 사람을 주시할 겨를도 없다.

근본적 귀인 오류

다른 사람의 행동은 성격 탓으로 돌리지만 나 자신의 행동은 통제할 수 없는 외부 요인 탓으로 돌리는 경향을 '근본적 귀인 오류fundamental attribution error'라고 한다. 예컨대, 우리는 다른 사람이 회의에 늦으면 게으르다고 생각하지만 자신이 회의에 늦으면 갑자기 차가 밀려서라고 생각한다.

과잉 자신감 효과

자신의 신념에 과도한 자신감을 갖는 경향을 '과잉 자신감 효과overconfidence effect'라고 한다. 그러나 연구에 따르면, "99퍼센트 확신해"라고 말하는 사람은 중 40퍼센트는 꼭 틀린다.

자신이나 자신이 한 일을 실제보다 더 독창적이라 받아들이는 '허구적 독특성 편향false uniqueness bias'도 있다. 이런 편향에 빠지면 나와 타인이 가진 유사점보다는 차이점에만 집중하게 된다. 인간이 이웃에 견주어 스스로를 정의한다는 분열 생성 개념과도 일맥상통한다.

순진한 냉소주의

자기 자신을 제외한 모든 사람이 이기적이라고 생각하는 경향을 '순진한 냉소주의naive cynicism'라고 한다. 작가 데이비드 포스터 월리스David Foster Wallace의 표현대로 우리 대부분은 "내가 세상의 중심이며 내가 지금 느끼는 필요와 감정에 따라 세상의 우선순위가 정해져야 한다는 자동적이고도 무의식적인 믿음"을 가지고 있다.

또한, 우리는 '순진한 현실주의naive realism'라는 편향에도 시달린다. 내가 현실을 있는 그대로 바라보고 있다는 믿음이다. 어림도 없는 소리다.

심리학자들은 이와 같은 인지 편향을 수백 가지 발견했다. 하나하나 쌓아놓고 보면 영향력 욕구가 충분히 우리를 엉뚱한 곳으로 이끌 수도 있겠다는 생각이 든다.

나는 영향력 욕구가 나를 쥐고 흔들었던 때를 생각하면서 어느 친구가 해 준 말을 떠올렸다. 약 5년 전에 나는 아내랑 별것도 아닌 문제로 말싸움을 벌인 적이 있다. 둘 다 근본적 귀인 오류, 과잉 자신감 효과, 순진한 냉소주의를 한데 만 칵테일을 거나하게 들이킨 것만 같았다. 누구도 물러서지 않았다.

아무런 진척이 없자 나는 왜 내 말이 옳고 아내 말이 틀렸는지, 아내가 내 말을 이해하기만 한다면 이 세상이 얼마나 더 나아질지 친구에게 하소연했다. 그러고는 어떻게 하면 아내를 설득할 수 있을지 조언을 구했다.

친구가 물었다. "정답을 찾고 싶니 행복을 찾고 싶니?"

그때 이후로 자의식으로 똘똘 뭉친 뇌가 고집을 부리느라 두통을 일으킬 때면 친구의 질문을 떠올린다. 이는 영향력을 갈구하는 결핍의 뇌에 관해서도 중요한 점을 시사해 준다.

펜실베니아대학 연구진이 제시한 이론에 따르면, 인간의 추론 능력이 발전한 주된 이유는 더 나은 신념을 세우거나 더 나은 결정을 내리기 위해서가 아니다. 논쟁에서 이겨서 영향력을 얻기 위해서다. 다른 인간과 상호 작용하는 과정에서 결핍의 뇌는 체면을 지키고 이미지를 관리하는 무기로서 추론을 활용하는 셈이다.

이는 배우자와의 말싸움 너머로까지 적용된다. 오늘날 우리는 공통의 목표를 이루기 위해 애쓰는 150명 규모의 부족 생활을 벗어났다. 하지만 영향력 욕구는 지금 온라인과 오프라인에서 벌어지는 수많은 상호 작용에서도 영향을 미친다. 물론 중요한 논쟁에서도 그렇지만 지극히 사소한 갈등에서도 마찬가지다. 여전히 지위를 한 단계라도 올리기 위해 우리의 뇌는 온갖 종류의 인지적 편향을 끌어다 쓴다.

강한 자만이 살아남는 혼란스러운 인류 진화 역사 속에서는 의미 있는 일이었다. 실제로도 과거에는 생존에 영향을 미치는 지위를 두고 논쟁을 벌였다. 당시 영향력은 생존에 직결되었으니까.

하지만 안전하고 편안한 오늘날 대부분의 논쟁은 상상 이상으로 중요하지 않다. 그럼에도 우리는 이 사실을 깨닫지 못한다. 더 나은 사람으로 보이려는, 영향력을 손에 쥐려는 오랜 욕구가 스스로를 불안, 원한, 고통으로 이끌도록 내버려 둔다. 결국 장기적으로 큰 해악을 겪는다.

"정답을 찾고 싶니 행복을 찾고 싶니?"라는 질문은 우리가 장기적인 시각으로 손익을 따질 수 있게 만들어 준다. 질문을 조금 비틀어 볼 수도 있다. 예컨대, "체면을 구하고 싶니 행복을 구하고 싶니?" "우월해지고 싶니 행복해지고 싶니?" "이겨 먹고 싶니 친구, 동료, 배우자를 얻고 싶니?" 같은 질문을 던져 볼 수도 있다. 마음껏 바꿔서 써먹어 보자.

물론 이런 질문에서 뒤쪽 선택지를 고르는 건 단기적으로 불편할 수 있다(황소고집 뇌랑 싸우는 게 쉬운 일은 아니다). 하지만 시간이 지나고 나면 결국 그 선택지가 일상에 고통을 불러일으키는 헛소리를 잦아들게 해 줄 것이다. 그러고 나면 성장이 이어질 것이다.

"정답을 찾고 싶니 행복을 찾고 싶니?"라는 질문은 중요한 사실을 하나 더 일깨워 준다. 우리가 대부분의 논쟁에서 내는 답이 '정답'이 아니라는 사실 말이다. 물론 상대도 마찬가지다. 시간이 지나면 세계를 바라보는 시각도 달라진다. 과거의 논쟁을 되돌아보면 우리가 완벽히 반박의 여지없이 보편적으로 옳았던 적은 거의 없음을 깨닫게 된다. 우리는 과소 반응보다는 과잉 반응에 길들어 있다. 이 역시 인류가 생존하는 데 도움을 주었던 경향성이다. 그런 경향성은 마치 화재 경보 장치와 같아서 전자레인지에 넣은 팝콘이 살짝 타서 연기가 나든 대규모 화재가 나서 연기가 나든 똑같이 울린다.

게다가 우리의 정체성과 지식, 믿음은 늘 변화한다. 오늘 우리가 목숨 걸고 지키려 한 고지를 내일은 기꺼이 포기할지도 모른다. 그럼에도 우리는 당시에는 이 사실을 잘 알아차리지 못한다.

나는 영향력 욕구가 나를 잘못된 방향으로 이끌 때마다 스스로에게 "정답을 찾고 싶니 행복을 찾고 싶니?"라는 질문을 던진다. 뇌는 내게 영향력 게임을 하라고 요구하겠지만 나는 요구를 거절하거나 오히려 다른 게임을 제시할 수 있다.

물론 완벽히 익숙하지는 않다. 충분히 익숙하다고도 못하겠다. 하지만 자아에 매몰될 때 "정답을 찾고 싶니 행복을 찾고 싶니?"라는 질문을 떠올리면 비록 당장은 불편하더라도 결국 감정적인 여유를 얻을 수 있다. 넓은 시야로 상황을 바라보면서 일상의 고통을 줄일 수 있다. 그러면 나는 물론 주변 모두에게도 유익하다.

응우옌을 만난 뒤 집으로 돌아가는 길에 크루아상 부스러기가 아직 재킷에 붙어 있는 걸 발견했다. 순간 이라크에서의 기억이 하나 떠올랐다. 에르비드가 나를 어느 빵집으로 데려갔을 때였다. 아마 내게 이것저것 먹이면서 약속되지 않은 약속을 새로 잡으려 시간을 벌 속셈이었을 것이다.

빵집은 시아파 이슬람에게 가장 신성한 장소 중 하나인 알카디미야 모스크 근처에 있었다. 안으로 들어서자 밀가루, 버터, 설탕 향기가 우리를 맞이했다. 유리 진열장이 말굽 모양으로 가게를 둘러싸고 있었다. 진열장 안에는 에르비드 말마따나 '달달한 것'이 가득 차 있었다. 에르비드가 군침을 흘렸다. "음, 달달해 보이는군."

디저트가 최소한 100가지는 됐다. 시럽을 칠한 것, 씨앗을 뿌린 것, 꿀을 얹은 것, 설탕을 입힌 것은 물론 과일이나 견과류도 있었다. 쨍한 노란색, 짙푸른 하늘색, 에메랄드 바다색, 빨간 산호색, 금잔화 같은 주홍색 등으로 오색찬란했고 모양도 가지각색이었다. 전부 킬로그램 단위로 판매 중이었다. 가게 주인이 맛보기용 샘플을 계속 내밀었다. 에르비드가 말했다. "먼저 드세요. 미국 분들 단 거 정말 좋아하시잖아요." 이번만큼은 틀린 말이 아니었다.

인간이 갈구하도록 진화한 게 또 하나 있다. 통계대로라면 이번 결핍의 고리는 34초마다 한 명의 목숨을 앗아 가고 있다.

8장

음식
: 풍요로운 식사의 함정

....

기회가 주어졌을 때 최대한 많이 먹어 두는 것은
지난 수백만 년 동안 인간이
건강하게 생존할 수 있도록 만들어 주었다.
하지만 오늘날에는 결국 여분의 식량은
우리의 허리둘레와 동맥에 더해졌다.

인간이 갈구하는 것 중에 음식만큼 중요한 게 있을까. 우리가 살아남으려면 일정량의 음식이 필요하다. 충분히 먹지 못하면 건강이 골로 간다. 너무 많이 먹어도 마찬가지다.

하지만 인류 역사 중 대부분의 기간 동안 음식은 희소했다. 충분한 식량을 찾는 게 늘 골칫거리였다. 생존 확률을 높이기 위해 인간의 뇌는 결핍의 고리 같은 정교한 심리 기제를 발달시켜 계속 식량을 탐색하게 만들었다.

그런데 당시 인간이 먹던 음식은 누구도 찾지 않는 초창기 슬롯머신과 같았다. 물론 식량을 찾는 과정은 결핍의 고리를 자극했지만 먹는 과정은? 딱히 흥미롭지 않았다. 인간의 음식은 단조로웠다. 길가다 찾은 식물이나 사냥 혹은 낚시를 통해 구한 동물이 다였다. 흙 묻은 뿌리채소에 질척이는 물고기를 모닥불에 구워서 먹는 모습을 상상해 보면 된다. 소금도, 양념도 없었다. 딱히 먹고 싶지 않은 소박한 식단이었다.

이런 상황은 1970년대부터 변하기 시작했다. 전 세계의 식품 체계가 엄청나게 맛있는 음식을 대량 생산하는 방향으로 바뀐 것이다. 전 세계 사람들은 갑자기 설탕, 소금, 지방이 가득 섞인 수백수천 가지 음식을 놓고 선택하게 되었다. 우리는 으깬 감자를 버터랑 사워크림에 버무려 치즈와 베이컨을 얹어서 먹는다. 밀가루에 물고기를 튀겨서 지방 가득한 양념에 찍어 먹는다. 그런 음식을 구하려고 애쓸 필요도 없다. 상자나 봉지를 열고 전자레인지를 돌리는 것 말고는 준비하는 데 드는 노력도 없다. 씹는 노력도 거의 들어가지 않는다.

이처럼 미리 조리와 간이 된 먹음직스러운 음식들은 어디를 가든 대량으로 존재했다. 결국 음식을 먹는 과정 역시 결핍의 고리에 들어갔다. 기업은 식품을 거부하기 힘든 맛, 더 빨리 섭취할 수 있는 구성으로 만들었다. 과거 인류는 하루에 한두 끼만 먹었을 것이다. 하지만 오늘날 우리는 하루 종일 먹는다. 살크연구소Salk Institute 조사에 따르면, 현대인은 평균적으로 15시간에 걸쳐 세 끼 식사와 다양한 간식을 먹는다. 새로운 식품 체계는 즉각적 반복을 유도하여 충분히 배가 부른데도 계속 더 많이 먹게 만들었다.

각 식사는 맛을 예측하기 불가능하다는 점에서 도박이 되기도 한다. 긴 시간 인류는 매일 질리는 음식만 먹었다. 하지만 오늘날 우리에게는 수천 가지 선택지가 있으며 우리가 경험하지 못한 새로운 맛의 향연을 약속한다. 연구에 따르면, 사람들이 고를 수 있는 맛의 선택지가 다양할수록 더 많은 양의 음식을 먹는다고 한다. 뷔페에서 과식하기 쉬운 이유도 이 때문이다.

학자들은 결핍의 고리를 유발하는 맛있는 음식을 풍요롭게 누릴 수 있는 현실이 인간의 건강에 어떤 영향을 미쳤는지 아직 정확히 밝혀내지는 못했다. 물론 큰 영향을 미친다는 건 알지만 정확히 얼마나 영향을 미칠까? 만약 설탕, 소금, 지방이 폭발하는 식사를 하지 않는다면 우리 건강은 어떤 모습이 될까?

아직 이런 의문에 확답을 내놓지 못하는 이유는 애초에 식품이라는 주제를 완벽하게 연구하는 게 불가능하기 때문이다. 대부분의 영양학 연구는 결함 많은 설문 조사에 기반을 두고 있다. 게다가 심장병이나 암 등 식단과 상관관계를 가진 질병은 몇 달이나 몇 년 정도가 아니라 수십 년에 걸쳐 발병하고 진행된다. 완벽한 연구를 하려면 사람들을 실험실에 가둔 채 평생 같은 음식을 먹여야 할 것이다.

그때 나는 마이클 거번Michael Gurven의 연구를 발견했다. 선사시대에 먹던 음식이 우리의 건강을 어떻게 변화시킬 수 있는지 알아내는 게 그리 터무니없는 생각은 아니었다. 다만 실험실은 볼리비아 밀림에서도 가장 외딴 지역에 있는 몇몇 전초 기지였다. 연구 대상은 신비로운 고대 부족 치마네Tsimane였다.

알고 그랬든 모르고 그랬든 치마네 부족은 식품 결핍의 고리를 피함으로써 믿기 힘든 수준의 건강을 유지했다. 그들은 현대 생활의 너무 많은 측면에 영향을 미치는 거대한 문제에 한 가지 해결책을 제시한 것으로 보인다. 그들의 지혜는 여러 명문대학에서 수십 년에 걸쳐 연구해 내놓은 결론을 뒤엎어 버렸다.

거번은 말했다. "20년 전부터 저는 인간이 어떻게 진화했고 과거에 어떻게 살았는지 고민하기 시작했습니다. 그 답을 찾으려면 아직 산업화를 겪지 않은 인간 집단을 연구해야 했어요. 흥미롭게도 아직도 그런 집단이 많이 존재하더군요."

그래서 거번은 볼리비아의 아마존으로 여정을 떠났다. 처음에는 인간이 희소한 음식을 어떤 식으로 공유하도록 진화했는지 알아보려고 간 것이었다. "치마네 부족의 여러 마을을 방문해 어울리면서 '제일 필요한 게 뭐예요?'라고 물어보니 하나같이 몸이 아프다며 건강 관리에 도움이 필요하다고 말하더군요."

하지만 치마네 부족이 겪는 문제는 우리가 겪는 문제와 달랐다. 그들은 온갖 종류의 감염과 기생충으로 어려움을 겪고 있었다. 우리가 항생제 같은 약으로 이미 정복한 병이었다.

거번이 의사를 몇 명 모집했다. "저는 그들에게 필요한 의료적인 지원을 파악하고 사람들을 진단해 치료할 수 있으면 좋겠다고 생각했어요. 치마네 사람들이 겪는 심각한 질병이나 그로 인한 죽음은 완전히 예방 가능한 문제들이더군요."

그때 거번은 아이디어 하나를 떠올렸다. "문득 '잠깐, 마침 의사가 다 모였네?' 싶더군요. 이 기회에 치마네 사람들을 생애 단계별로 추적해 데이터를 수집해야겠다고 생각했어요. 훨씬 정교한 수준에서 건강과 질병이라는 주제를 더욱 깊이 파고들어야 했죠. 특히나 20년 전에는 그런 환경에서 겪는 질병에 대해 아는 게 별로 없었거든요. 그래서 새롭게 배울 수 있는 건 무엇이든 배우려 했어요."

의사들은 측정 가능한 데이터를 전부 측정했다. 연구 결과, 우리가 노화에 필연적으로 따라온다고 믿었던 일부 질병이 실제로는 그렇지 않다는 사실이 드러났다. 단, 특정 유형의 결핍을 받아들이고 결핍의 고리를 차단하는 조건에서만 그랬다.

치마네족과의 조우
: 우리가 잃어버린 시간 속으로

튼튼한 나무 보트 페케페케(작은 모터에서 나는 소리가 '페케-페케-페케-페케'와 닮은 데서 유래했다)가 엔진을 부릉거리며 볼리비아의 루네라바케를 떠났다. 빽빽한 나무 위로 드리운 먹구름이 아침 해를 가렸다. 치마네 부족을 직접 만나봐야겠다고 결심한 나는 바로 이곳, 볼리비아 아마존에 도착했다.

우리는 시원한 바람을 맞으며 아마존의 지류 중 하나인 베니강을 거슬러 올라갔다. 방금 막 거대한 협곡을 통과했다. 운전을 맡은 열여덟 살 소년 아우구스티노는 페케페케를 왼쪽으로 돌려 또 다른 지류인 퀴퀴베이강으로 향했다. 물 색깔이 맑아졌고 바람도 따뜻해졌다.

우추피아모나 부족 일원인 알렉스는 이 강이 위험하다고 했다. "수위가 높고 유속이 빠른 데에다 곳곳에 나무와 바위가 많아요." 다른 강줄기를 따라 여덟 시간을 가면 나오는 마을에서 자란 알렉스는 페케페케 선미에 NBA 수비수처럼 자리를 잡고 서서 아우구스티노 대신 물길을 살폈다.

물길은 마치 허파처럼 좁아졌다 넓어졌다 반복했다. 좁아질 때는 수위가 깊어지고 물살이 빨라져서 나뭇가지와 급류가 와르르 몰려들었다. 넓어질 때는 수위가 얕아지고 유속이 느려지는 바람에 드문드문 튀어나온 바위와 나무를 피해가야 했고 때로는 수위가 너무 낮아 배가 나아가지 못했다.

"조심해요!" 물길 위로 두꺼운 나뭇가지가 나타나자 알렉스가 머리를 조심하라며 소리쳤다. 알렉스는 사실상 덜 전투적인 체 게바라라고 생각하면 된다.

우리 전부 배 밖으로 튕겨 나가겠다는 생각이 들 때쯤이었다. 아우구스티노가 리드미컬하게 엔진을 조율하면서 프로펠러로 방향을 트니 배가 순간적으로 가속을 유지하며 통나무를 가까스로 스치듯 지나갔다. 이 녀석, 물 위의 데일 언하트(저돌적인 운전 실력으로 유명한 미국의 전설적인 카레이서―옮긴이)가 분명하다. 면봉 굵기만 한 공간에도 보트를 통과시킬 기세였다.

알렉스의 위험 신호 이후로 여섯 시간 만에 페케페케와 수제 카누 몇 대가 묶여 있는 강둑을 발견했다. 아우구스티노는 모터를 우현으로 돌려 배를 모래 해변 위로 올렸다. 우리는 배에서 뛰어내려 새빨간 둑을 올랐다. 빈틈없이 빽빽이 들어찬 밀림에 닿자 레몬 나무 향기가 우리를 맞이했다.

"갑시다"라는 말과 함께 아우구스티노가 보일 듯 말 듯 밀림 깊숙한 곳으로 이어지는 길을 가리켰다. 몇백 미터쯤 걸어가자 공터가 나왔다. 바로 그곳에 치마네족이 있었다.

우리를 맞이하는 치마네족은 아마 2005년에 당신이 구세군에 기증했을 법한 낡은 옷차림이었다. 어느 부족원은 홀리스터 청바지에 "인생은 즐거워"라는 문구가 적힌 티셔츠를 입었고, 또 어떤 부족원은 올드네이비 코듀로이 바지에 흰 티셔츠를 입고 그 위에 갭 카디건을 걸쳤다. 리바이스 청바지에 폴리에스터 재질 축구 유니폼 차림의 부족원도 있었다. 성인 세 명, 나머지는 청소년 아니면 어린이로 총 10명이었다. 모두 신발을 신지 않았다.

아우구스티노는 가장 나이가 많은 남자에게 살며시 다가가 치마네어로 뭐라고 말했다. 남자는 땅을 응시하면서 아무런 반응도 없이 듣기만 했다.

알렉스가 내게 속삭였다. 그 남자의 이름이 레온시오라고 했다. 키가 약 160센티미터에 몸무게가 55킬로그램 정도인 그는 구성원이 50명인 치마네 마을 코르테의 실질적 지도자였다. 짙은 갈색 피부에 새치가 듬성듬성 난 흑발이었다. 아우구스티노가 이야기하는 내내 레온시오는 시선을 한 번도 마주치지 않았고 이따금 내 쪽으로 고개만 까딱했다. 감히 내가 뭐라고 할 수는 없었다.

나 같이 허우대만 큰 백인은 골칫거리다. 늘 무언가를 요구하고 늘 문제를 불러일으킨다. 1616년에 스페인 탐험가들이 레온시오의 조상들을 처음 만나 기독교를 전파하는 대가로 황금이나 땅 등 금전적 가치를 매길 수 있는 모든 것을 요구한 이후로 늘 그런 식이었다.

다행히 아우구스티노는 치마네족이었다. 알렉스도 이쪽 지역에서 평판이 좋았다. 그래서 알렉스가 나서서 레온시오에게 스페인어로 말을 걸었다. 페리오디스타periodista, 코로조네스corazones, 아르테리아스arterias, 살루드salud 같은 단어들이 어깨 너머로 들렸다. 각각 기자, 심장, 동맥, 건강이라는 뜻이다.

주황색 불꽃을 닮은 나비가 그들 사이를 날아다니는 동안 레온시오가 마침내 입을 열었다. "좋소." 그러고는 시선을 올려 나와 눈을 마주 보았다. 무언가 알겠다는 표정을 지었다. 그가 바라보고 있는 허우대만 멀쩡한 백인은 제 발로 죽음을 향해 나아가는 중이었다.

충분함을 잃지 않은 사람들

나라고 여느 미국인들과 다르지 않을 테니 내 동맥도 서서히 막히고 있을 것이다. 플라크와 지방이 쌓이고 있겠지. 이건 여드름을 짜면 나오는 하얀 고름과 비슷하다. 역겹고 악취를 풍기는 끈끈한 물질 말이다.

결국 동맥 중 하나에 플라크가 너무 많이 쌓이게 되면 심장이나 뇌로 가는 혈액과 산소를 차단해 각각의 기관을, 궁극적으로는 나를 죽게 만들 것이다.

운이 좋으면 끔찍한 약물과 수술을 통해 심장마비나 뇌졸중을 버티고 살아남을지도 모른다. 하지만 운이 모자라면 그 과정을 견딘 뒤 몸 한쪽이 마비될 것이다. 말을 못하거나 앞을 못 보거나 기억 혹은 생각을 못하게 되거나 식물인간 상태가 될 수도 있다. 최악의 경우에는 그 자리에서 쓰러질 것이다. 암살자한테 칼침을 맞은 것처럼 죽음을 맞이할 것이다.

이런 시나리오 중 하나를 맞이할 확률은 거의 반반에 이른다. 나도 흔한 서구인 중 한 명이기 때문이다. 이처럼 심장이나 혈관과 관련된 문제를 심혈관 질환이라 부른다. 나나 당신을 포함해 우리 주변 사람들을 죽음에 이르게 하는 가장 큰 원인 중 하나가 바로 심혈관 질환이다. 현재 전 세계적으로 심혈관 질환은 다른 여덟 가지 주요 사망 원인을 합친 것보다 더 많은 사람을 사망에 이르게 하고 있다.

물론 의학의 힘은 훌륭하다. 의학은 암이나 폐질환 같은 질병, 교통 및 현장 사고로 인한 부상이 사망으로 이어지지 않는 데 도움을 줬다.

하지만 심혈관 질환 발생의 증가 속도를 따라가기가 쉽지 않다. 전 세계적으로 급증하여 점점 더 많은 지역에서 더 많은 사람에게 영향을 미치고 있는 이 질환은 흡연 인구가 줄어들고 고지혈증 치료제인 스타틴이 개발되면서 발병률이 떨어지는 듯했지만 다시 반등하여 증가하고 있다. 전 세계에서 심혈관 질환으로 사망하는 사람 수는 1990년에 비해 50퍼센트 더 많다. 인구 증가 속도보다 빠른 수치다.

통계를 보면 공포영화 수준이다. 미국에서는 34초당 1명이 심혈관 질환으로 죽는다. 터프츠대학 보고에 따르면, 미국인 중 7퍼센트만이 '심혈관대사가 건강'한 상태라고 한다. 나이가 어리다고 걱정을 놓을 수는 없다. 심장마비 환자 중 약 30퍼센트가 35~54세다. 70세 전에 사망하는 사람 중 40퍼센트가 심혈관 질환으로 사망한다. 20세 이상 미국 여성 중 44.7퍼센트가 어느 정도 심혈관 질환을 가지고 있다. 팬데믹 절정기에 미국에서는 코로나19로 사망한 사람보다 심혈관 질환으로 사망한 사람이 250퍼센트 더 많았다.

그렇다. 심혈관 질환이 우리를 죽이고 있는 건 분명하다. 그럼에도 우리는 그런 운명을 애써 외면하려는 것 같다.《뉴욕타임스》나《가디언》같은 세계 최대 언론 매체들은 심혈관 질환보다는 암 관련 기사를 약 10배, 살인 및 테러 관련 기사를 약 20배 더 많이 다룬다.

하지만 보편적인 미국인이라면 암이나 살인으로 사망할 확률보다 심혈관 질환으로 사망할 확률이 각각 1.5배와 38배만큼 더 높다.

걱정이 향하는 방향도 의아하다. 미국인은 평균적으로 심혈관 질환보다 암 걱정을 19배 더 많이 한다. 실제로 많은 이가 구글 검색 결과를 보고는 자신에게 나타나는 몇몇 신체 이상 증세가 4기 암의 증거가 확실하다고 자가 진단을 하며 벌벌 떤다. 마치 본인 머리에 총구를 겨누고 러시안룰렛을 하는데 방아쇠에 올려놓은 손가락에 집중하고 있는 상황이랑 똑같다.

어쩌면 아마존 밀림에 그 해결책이 있을지 모른다. 바로 레온시오를 비롯한 치마네족 구성원들이 그 해법을 가지고 있는 듯했다. 레온시오의 동맥 상태는 나와 정반대일 가능성이 높았다. 새 구리 파이프처럼 깨끗할 것이다.

최근 40세 이상 치마네족 구성원 약 1000명을 연구한 거번의 의료진이 실제로 발견한 사실이다. 실로 엄청난 규모의 연구였다. 거번은 말했다. "저희는 단지 혈압을 측정하는 것 이상으로 심장질환을 깊이 파고들고 싶었어요." 연구진은 부족민을 모아 하류까지 내려간 다음 버스를 빌려 중심지의 의료 센터까지 데려갔다. 그다음 CT 촬영 기법을 활용해 심장을 자세히 분석했다.

분석 전에도 '치마네족이 심장마비로 죽는 경우는 없는 것 같다는 대략적인 관찰'을 마친 상태였다. 하지만 그때까지만 해도 그들의 심장이 얼마나 건강할지는 예상하지 못했다. 분석 결과, 그들의 심장이 기록상 가장 건강한 심장이라는 사실이 밝혀졌다. 나이가 많은 부족원, 그러니까 70세가 넘는 부족원조차 심장 내에 플라크가 쌓인 흔적이 거의 없었다. 미국인의 심장에 비해 평균적으로 20~30년 더 젊어 보였다.

더욱 놀라운 점은, 그들의 건강한 심장이 위로는 뇌에 아래로는 주요 장기에 긍정적인 영향을 미쳤다는 사실이다. 한 연구에서는 치마네 사람의 뇌가 미국인의 뇌보다 노화로 인한 수축 속도가 70퍼센트 더 느리다는 것이 밝혀졌다. 치마네족이 치매나 알츠하이머(다섯 번째 주요 사망 원인)에 걸리지 않음을 의미한다. 또 다른 연구에서는 그들이 당뇨병과 신장질환(아홉 번째 주요 사망 원인)에 걸리지 않는다는 사실도 발견했다. 암조차 드물게 발생했다. 치마네족은 심지어 소위 후생적 노화 속도도 느렸다. 세포, 조직, 장기 시스템의 노화 양상을 상세히 측정한 결과였다.

반면, 미국인은 평균적으로 아플 가능성이 더 높다. 미국인 열 명 중 여섯 명은 만성 질환에 시달린다. 열 명 중 네 명은 만성 질환을 두 가지 이상 가지고 있다. 치마네족은 열 명 중 한 명도 없다. 그들은 미국인을 죽이는 질병에 죽는 데는 젬병이다.

치마네족은 어떤 식으로인가 충분함에 이르렀다. 한때 우리도 그랬다. 지금은 그걸 잃어버렸지만.

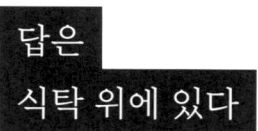
답은 식탁 위에 있다

간단한 소개 후에 레온시오는 나를 밀림에 둘러싸인 좁은 흙길로 안내했다. 말라서 누레진 잎이 땅을 덮고 있었고 그 사이로 다양한 크기의 풀, 덤불, 나무가 솟아 있었다.

레온시오는 나이가 쉰이었지만 영화배우 브루스 리처럼 몸이 탄탄했고 그만큼 민첩하고 우아하게 움직였다. 축지법이라도 쓰는 것처럼 쉼 없이 유려하게 길을 누비며 나아갔다. 나도 브루스는 브루스였는데 코미디언 레니 브루스 같았다. 레온시오의 목소리를 듣기 위해 거리를 유지하면서 쫓아가느라 발을 헛디디면서 비틀거렸다.

생물학자들의 조사에 따르면, 아마존에는 최대 1만 6000여 종의 나무가 있다고 한다. 내 눈에는 높이나 너비, 잎의 모양 말고는 다른 게 없는 거대한 녹색 벽이었다. 그럼에도 레온시오는 내가 무료할까 봐 신경이 쓰였는지 열의는 부족해도 걸어가는 내내 숲 안내인 역할을 해 줬다. 그는 크고 작은 식물을 가리키며 부족 사람들이 무엇을 먹는지 조용히 읊었다. "바나나, 플랜테인(바나나와 비슷하지만 채소처럼 요리해 먹는 경우가 많음), 초콜릿, 아보카도, 옥수수, 아차차이루(볼리비아 토착 망고스틴), 파카이(아이스크림 맛이 나는 솜이 열리는 콩과 식물), 감자, 유카(길쭉한 고구마처럼 생긴 덩이뿌리 작물), 쌀……." 자연적으로 자라는 식물도 있지만 그 외에는 레온시오가 직접 심어 놓은 것이다.

숲이 트이자 야외 구조물이 몇 개 드러났다. 어두운 판자를 쌓아 짚으로 지붕을 덮은 흙바닥 건물이었다. 단순한 구조물 같았지만 거기에는 장인 정신의 정수가 담겨 있었다. 알렉스는 치마네족이 엮은 짚 지붕이 30년도 거뜬하다고 말했다.

아래를 보니 말라깽이 닭들이 뛰어다녔다. 오리들도 엉망진창 대형을 이루어 이리저리 돌아다녔다. 7킬로그램쯤 나가 보이는 메기가 강에서 막 잡은 듯 판자 위에 널브러져 있었다.

가운데에는 불구덩이가 있었다. 레온시오의 자녀 몇 명이 불 위에 올려놓은 커다란 검은 솥 주위에 모여 있었다. 그들은 나를 환영하는 의미로 식사를 대접하려 했다. 하지만 일단 준비가 필요했다. 그러려면 구성원 모두가 노력을 보태야 했다. 레온시오의 열두 살 아들이 5킬로그램 정도 되는 바벨 모양 나무절구를 온몸으로 집어 든 채 큰 절구 안에 든 베이지색 씨앗을 반복해서 찧고 있었다. 알렉스 말로는 쌀 껍질을 벗기는 과정이라고 했다.

그들이 한 번 해 보겠냐고 물었다. 나는 좋다고 답한 뒤 절구를 찧기 시작했다. 눈에 보이는 결과가 나오는 운동이었다. 100번쯤 찧자 등이랑 팔 근육이 제대로 털렸다.

뒤이어 레온시오의 열 살 딸이 마체테를 든 채 닭을 하나 고르고 있었다. 그러더니 순식간에 한 마리를 휙 낚아챘다. 그의 아내가 껍질을 깐 쌀을 솥에 넣었고 또 다른 딸이 채소를 따러 밀림으로 떠났다.

한 시간 후 우리는 모두 자리에 앉아 식사를 시작했다. 정글 한가운데서 맛보는 식사였음에도 식사의 기본적인 구성과 맛이 제2차 세계대전 이전의 세상을 짐작하게 했다.

점심 메뉴는 사실상 그 불쌍한 닭을 해체해 얻은 각종 부위였다. 나는 닭다리를 먹었는데 살코기가 거의 없었다. 70~80년 전 미국에서 먹었을 닭과 비슷했다. 1950년대에는 닭이 최대 체중인 1킬로그램 정도에 도달하는 데 평균적으로 약 두 달이 걸렸다. 오늘날에는 더 적은 먹이로도 같은 기간 내에 닭을 4킬로그램까지 불릴 수 있다.

고기 옆에는 쌀이랑 양파와 토마토가 약간 있었다. 공동으로 쓰는 그릇에는 불 속에 껍질째 구운 플랜테인이 담겨 있었다.

볼리비아에 도착하기 전에 나는 거번의 박사과정 지도 교수이자 치마네족을 연구하기도 한 힐러드 카플란Hillard Kaplan과도 이야기를 나눴었다. 결국 요지는 이랬다. "심혈관 질환은 현대에 들어와 생긴 현상이에요. 심혈관 질환으로 인한 사망률은 생활방식에 달려 있거든요. 그런데 심장에 좋은 건 몸 전체에도 좋고 다른 질병을 예방하는 데도 좋아요."

결국 핵심은 우리가 먹는 것에 있었다.

금지된 음식의 반격

내가 고민하던 난제, 결국 이 험난한 정글까지 오게 만든 난제는 거번과 카플란이 치마네족의 식사에 관해 했던 말들이 이해가 가지 않는다는 점이었다.

지난 50년 동안 우리가 좋아했던 식단을 아무거나 말해 보자. 치마네족의 식단은 거기다 대고 곧바로 가운뎃손가락 날릴 것이다. 그들의 식단은 우리가 건강과 장수는 물론 잡지 표지에 나올 만한 몸매의 비결이라고 주입받아 왔던 팔레오, 비건, 케토, 야채 중심, 저탄수화물, 지중해식 식단 등과는 거리가 멀다.

레온시오를 비롯해 아마존 전역에 흩어져 사는 약 2만 명의 치마네족이 먹는 음식은 저명한 학술기관들이 내놓은 영양학 연구 및 조언과는 전혀 상반된다. 미국심장협회American Heart Association조차 그렇게 먹어도 될지 한 번 더 고민할 것이다. 그런데도 이들은······.

불과 한 시간 전만 해도 펄펄 뛰던 닭의 다리를 물어뜯으며(죽어서는 평안하길) 나는 레온시오에게 평소에 무엇을 먹는지 물어보았다. 레온시오가 식료품 목록을 읊었다. "일단 물고기랑 고기." 그는 전통 활을 이용해 동물을 사냥하는데, 그중 가장 큰 동물은 아마존 사슴이라고도 불리는 테이퍼다.

치마네족은 아침, 점심, 저녁으로 물고기나 고기를 먹는다. 고기는 비건 식단이나 채소 기반 식단을 정확히 거스르는 메뉴다. 사실 고기는 1950년대부터 영양학계에서 격렬한 논쟁을 불러일으켰다. 요즘도 학자들은 고기 섭취가 건강에 좋은 식단인지 아니면 질병과 죽음으로 향하는 직행 열차인지를 두고 소위 '고기 전쟁'을 벌이는 중이다.

뒤이어 레온시오는 과일과 채소 목록으로 넘어갔다. 개중에는 잘 아는 이름도 있었고 쉽게 접할 수 없는 이름도 있었다. "마힐로(볼리비아 아마존 지역에 자생하는 야자수), 아보카도, 치아(민트와 비슷한 식물로 씨앗을 물에 불리면 푸딩처럼 변해 여러 요리에 쓰임), 자몽, 양파." 심장이 그렇게나 건강한 사람이라면 분명 야채와 과일을 많이 먹으리라 짐작했다. 그래서 물었다. "채소를 많이 드세요?"

레온시오는 어깨를 으쓱하며 답했다. "조금 먹어요." 조금이라니. 실제로 레온시오가 하루 내내 먹는 채소 양은 우리가 먹는 샐러드 한 그릇 양과 비슷했다.

그다음 이어진 목록은 예측을 완전히 벗어났다. "설탕, 초콜릿." 레온시오는 직접 사탕수수를 재배해 수확한 다음 즙을 짜서 건조시켜 설탕을 만든다. 그 설탕이 주스와 음식에 들어간다. 초콜릿도 직접 구했다. 한 유명한 의사는 설탕이 코카인보다 중독성이 여덟 배 더 강하며 수명을 단축시킨다고 주장했다. 하지만 레온시오는 중독된 모습도 아니었고 목숨을 부지해야 할 상황도 아니었다.

그러고 보니 거번이 말했다. "치마네족은 첨가당을 많이 안 먹어요." 우리도 당을 직접 재배하고 수확해서 가공해야 한다면 아마 훨씬 적게 먹을 것이다.

하지만 레온시오가 언급한 음식 명단은 치마네 식단 중 일부에 불과하다고 했다. 아마 전체 식품 중 3분의 1 정도 될 것이다. 레온시오는 계속해서 자기네 가족이 건강히 살아가기 위해 주로 먹는 음식을 나열하기 시작했다. 그가 가장 많이 먹는 음식이었다.

인터넷의 다이어트 전문가들이 전부 동의하는 게 하나 있다면 그가 언급한 음식이 끔찍할 만큼 나쁜 음식이라는 것이다. 팔레오 식단 신봉자, 열성적인 케토 식단 실천자, '깨끗한' 먹거리 추종자, 기네스 펠트로와 그 라이프스타일을 지지하는 사람들을 아나필락시스 쇼크에 빠뜨릴 만한 음식이었다.

레온시오의 첫 마디는 "옥수수"였다. 생으로 먹기도 하고 '치차'라는 걸쭉한 유사 알코올음료로 만들어 먹기도 한다고 했다. 사실 옥수수는 식단에 신경 쓴다는 사람들 사이에서는 금기어 수준이다. 최근 베스트셀러에 오른 건강 서적 열 권 중 아홉 권에서 경고하는 음식이었다. 이 글을 쓰는 지금도 넷플릭스에는 옥수수가 어떻게 우리 모두를 은밀히 죽이고 있는지 보여 주는 다큐멘터리가 있다.

다음은 "쌀"이었다. 그렇다고 유기농 마트에서 볼 수 있는 온갖 건강 수식어가 붙은 특별한 쌀이 아니다. 레온시오가 말한 건 백미였다. 심지어 껍질까지 벗겨 먹는다. 하버드대학의 영양학자들조차 백미를 피해야 한다고 주장한다. 근거는 '탄수화물-인슐린 비만 모델'이라는 충분히 입증되지 않은 이론이다. 이 이론에 따르면, 탄수화물은 혈당을 높여 인슐린 분비를 증가시킴으로써 지방을 저장하게 만든다. 하지만 레온시오는 하루에 한두 번 쌀을 먹고 있음에도 마라톤 선수처럼 날씬했다.

뒤이어 레온시오가 말했다. "감자랑 플랜테인." 하루 한두 끼 삶거나 구워서 바로 먹는다. 하버드대학의 학자들은 감자와 플랜테인을 '전분 폭탄'이라 부른다. 전분은 밀, 쌀, 옥수수 등 거의 모든 식품에 포함된 탄수화물이지만 감자와 플랜테인 같은 음식에는 상대적으로 더 많이 포함되어 있다.

일부 학자들은 논란이 많은 탄수화물-인슐린 모델을 바탕으로 전분이 "나쁘다"고 말한다. 감자칩이나 감자튀김을 많이 먹는 사람들이 살이 더 쉽게 찌는 경향이 있다는 연구도 인용한다. 하지만 우리가 튀겨 먹고 치즈를 발라 먹고 크림, 버터, 설탕에 섞어 먹기도 하는 자연 식품을 죄다 금지했다가는 먹을 것이 하나도 남지 않을 것이다.

거번의 설명에 따르면, 치마네 식단 중 약 70퍼센트가 이처럼 탄수화물이 가득한 평범한 음식으로 구성되어 있다. 요즘 유행하는 식단은 물론 저명한 학술기관들조차 이런 음식들을 악의 축으로 삼았다. 하지만 그게 단단히 잘못된 판단임을 깨달았다.

치마네 사람들의 심장이 왜 멀쩡한지 이해하려면 우선 식량이 부족할 때 뇌가 어떤 반응을 보이는지 이해해야 한다. 오늘날의 기묘한 세계, 즉 열량, 맛, 식감이 풍부한 세계가 5억 년이 넘도록 진화를 거쳐 확립된 시스템을 어떻게 변화시키고 있는지 이해해야 한다. 이는 연간 8천억 달러 규모에 달하는 식단 및 다이어트 산업이 실패한 이유를 밝혀 주기도 한다. 실제로 앞으로 수십 년에 걸쳐 식단 관련 질병이 계속될 것으로 예상된다.

식량이 부족한 환경에서 진화한 뇌는 그런 환경에서 생존할 수 있는 방식으로 진화했다. 그래서 어떤 음식이든 갈구하지만 특히 칼로리가 높은 음식을 더욱 갈구한다. 기름지고 칼로리가 풍부할수록 더 맛있게 느껴진다. 결과적으로 필요한 양보다 더 먹게 된다. 여분의 칼로리는 지방으로 축적된다. 과거에는 바로 그 지방이 굶주린 시기에 보험 역할을 했다. 식량이 부족할 때면 우리의 몸은 지방을 에너지원 삼아 생존했다.

하지만 인류 역사 대부분에 걸쳐 인간이 사냥하거나 땅에서 뽑아낸 음식은 그렇게 기름지지도, 칼로리가 많지도 않았다. 양도 부족했지만 열량, 맛, 식감 등 미적인 매력도 부족했다. 인간은 그저 눈에 띄는 식물이나 직접 사냥한 동물이나 물고기를 먹었다. 흙이 묻은 뿌리채소나 모닥불에 구운 질척이는 식감의 물고기였다. 조상들의 소박한 식단은 그리 갈구할 만한 대상이 아니었다.

최소한 1만 3000년 전부터 인류는 채집과 사냥에만 의존하기보다는 식량 중 일부를 직접 기르면 식량을 더 많이 확보할 수 있겠다는 생각을 했다. 그래서 레온시오처럼 사냥, 낚시, 채집도 계속했지만 양이나 염소 같은 동물을 키우고 쌀, 감자, 옥수수, 밀 같은 농작물을 기르기 시작했다.

중동에서는 밀, 완두콩, 렌즈콩, 병아리콩을 재배했고 중앙아메리카와 남아메리카에서는 감자, 콩, 옥수수, 땅콩을, 중국에서는 쌀을 재배했다. 이러한 농작물 덕에 인구가 증가했고 문명과 제국이 세워졌다. 무역과 정복이 활성화되면서 이런 식량 자원은 전 세계로 퍼져 나갔다.

인류는 농작물에 의존하기 시작했다. 죽지 않고 잘 자란다는 점에서 놀라운 식물이자 뛰어난 식품이었기 때문이다. 음식 역사가 레이철 로던Rachel Laudan은 이렇게 말했다. "도시를 세우고 군대를 거느리려면 반드시 농작물이 필요했어요. 농작물은 제국을 구축하는 원동력이었죠." 농업학자들은 이와 같은 농작물을 '주요 작물'이라 부른다. 주요 작물은 대규모 인구가 번성하기에 충분한 칼로리, 비타민, 미네랄을 제공하기에 인간 식단의 핵심 구성 요소가 되었다.

오늘날 일부 학자들 사이에서는 인간이 저지른 '최악의 실수'가 농업이라는 주장이 인기를 얻고 있다. 그들은 농업이 계층화 문제를 초래했다고 주장하며 수렵과 채집을 하던 조상들이 오히려 더 적게 일해도 됐다고 생각한다. 물론 우리 조상들이 우리보다 적게 일했다는 믿을 만한 증거는 없다(대부분의 연구에서는 채집과 사냥을 통해 얻은 음식을 처리하고 가공하는 데 걸리는 시간을 고려하지 않는다). 게다가 농사가 시작되기 전, 세계 인구는 약 1000만 명 정도로 추정된다. 사냥과 채집을 통해 굶주리지 않을 만한 양의 식량을 찾으려면 광대한 범위의 땅을 탐색해야 하기 때문이다. 인류가 주요 작물을 재배하지 않았더라면 우리는 여전히 야생에서 식량을 찾아 헤매고 있을 것이다. 따라서 여전히 전 세계 인구가 1000만 명에 불과할 것이다. 당신이나 나는 물론 그 학자들도 운 좋게 1000만 명에 들어갈 가능성은 낮았을 것이다. 그러니 너무 불평하지 말자.

채소와 고기는 대개 양이 적게 주어지는 반찬거리였다. 채소에는 중요한 영양소가 많지만 얻기 위해 들이는 노력에 비해 칼로리는 충분하지 않았다. 채소 대부분 밀에 비해 동일 무게 기준으로 칼로리가 20분의 1~5분의 1에 불과하다.

과거 인류가 로스앤젤레스의 비건처럼 색색의 식물만 먹었다가는 굶주려 죽었을 것이다. 비건 식단은 한도를 모르는 신용카드가 주어지고 현대적인 식료품 마트나 고급 샐러드 레스토랑에 쉽게 접근할 수 있을 때나 가능한 이야기다. 그렇기에 치마네족 역시 인간이 억겁의 세월 동안 그랬듯 채소를 약간의 영양 보충제로서나 섭취하는 것이다.

고기와 생선도 마찬가지다. 케토, 팔레오, 육식 식단 옹호자들의 신념과 달리 초기 인류는 대부분 육류를 많이 먹지 않았다. 동물을 사냥해 다리를 씹어 먹고 다니는 만화 장면은 말 그대로 만화에나 나오는 일이다.

네바다대학의 인류학자이자 식단 역사 전문가인 알리사 크리텐든Alyssa Crittenden은 요즘 유행하는 식단이 고기에 지나치게 집중한다고 지적했다. "수렵 채집인은 주로 식물 기반 식단을 먹었습니다." 감자나 과일 같은 음식 말이다. 물론 극지방 지역에 사는 원주민처럼 예외도 존재한다. 하지만 고기가 풍부한 시기에도 수렵 채집인 대부분은 식물성 음식에 더 큰 비중을 둔다. 일례로, 탄자니아 북부의 하드자족은 고기가 풍부한 시기에도 고기를 식단의 40퍼센트 정도만 포함시킨다. 그것도 남성에게 적용되는 수치이지 여성은 훨씬 적게 먹는다. 고기를 구하기 힘든 시기에는 거의 전적으로 야생의 뿌리식물에 의존한다.

고기와 생선에는 필수 단백질과 미네랄이 들어 있다. 물론 인간 식단에 중요한 영양소다. 하지만 동물은 뛰거나 헤엄쳐서 도망칠 수 있었다. 총으로 어려운 사냥이 활이나 창 같은 수제 무기로 쉬울 리가 없다. 돼지나 소 같은 동물을 가축으로 길들인 뒤에도 많이 키울 수는 없었다. 사료를 마음껏 줄 수 있게 된 건 현대 생명공학의 발전 덕분이었기 때문이다.

음식 역사가 로던은 말했다. "고기는 늘 귀했어요. 그래서 인구 대부분은 사실상 채식주의자였죠. 동물을 기르더라도 달걀이나 새끼를 포기하면서까지 동물을 잡고 싶어하지는 않았습니다." 1900년까지도 고기는 대개 진미로 여겨졌다. 사실 저소득 국가에서는 지금도 마찬가지다. 오늘날 미국인의 하루 평균 고기 섭취량인 340그램은 과거에 왕과 여왕에게만 허락된 양이었다.

과거에는 사람들 대부분 치마네 식단과 유사한 식단을 섭취했다. 곡물이나 감자를 주식으로 약간의 고기와 채소를 더한 식단이었다. 이러한 식단 덕에 문명이 일어났고 위대한 사상가들이 나타났다. 《일리아드》와 《오디세이》를 집필한 고대 그리스 작가 호메로스는 보리와 밀가루로 구성된 식단을 '인간의 골수'라 불렀다. 가장 강력했다는 전사나 정복자도 그와 같은 주요 작물에 의존했다. 로마의 군인은 하루에 900그램의 밀을 먹었다. 18세기 대영제국은 밀가루 빵의 힘으로 세계 4분의 1을 차지했다. 일본 사무라이도 쌀이 주식이었다.

주요 작물은 뛰어난 뇌를 형성하는 데에도 기여했다. 하버드대학의 고고학 연구팀이 최근 실시한 조사에 따르면, 200~70만 년 전 사이에 인간은 현대의 고구마와 유사한 뿌리채소를 통해 전분질 탄수화물을 섭취하기 시작했으며 이것이 뇌의 용량을 두 배로 늘렸을 가능성이 있다. 일부 주장처럼 지방이 많은 고기만 뇌 성장에 도움을 준 건 아니었다.

식량이 결핍된 환경과 주요 작물에 내재된 무언가가 인간의 심장을 계속 뛰게 만들었다. 《미국의학저널American Journal of Medicine》에 실린 어느 연구에 따르면, "20세기 초만 하더라도 미국에서 심장병으로 사망하는 경우는 드문 일"이었다고 한다. 심장질환은 1904년이 되어서야 의학 교재에 등장하기 시작했다. 그런데 1970년대에 큰 변화가 있었다.

잘 먹는 시대의 역설

점심시간이 끝났다. 나는 레온시오와 편히 쉬면서 개들이 남은 음식 부스러기를 두고 다투는 모습을 지켜보았다.

허기가 가셨지만 배가 부르지는 않았다. 놀랍게도 가능한 이야기다. 최근에야 유명해진 호주의 어느 연구에 따르면, 주요 작물에 약간의 고기와 채소를 곁들인 식사가 허기를 채우면서도 배는 부르지 않게 하는 데 가장 도움이 되는 조합이라고 한다.

하지만 점점 의심이 들기 시작했다. 방금 내가 먹은 식사가 손님에게만 내놓는 특별한 음식이지 평소에 먹는 음식은 아니지 않을까? 어쩌면 레온시오네 가족이 애초에 미국인만큼 음식을 풍족히 보유한 게 아닐지도 몰랐다. 소식할수록 심장병에 걸릴 확률이 낮다는데 치마네 사람들도 식량이 부족해서 그런 거 아닐까? 실제로 제2차 세계대전 중에 노르웨이는 식량 배급제를 실시한 결과 심혈관 질환으로 인한 사망자 수가 급감하는 걸 확인했다.

하지만 눈앞의 풍경이 내 의심에 대신 답해 주었다. 한 나무에는 코스트코 쇼핑백으로도 담지 못할 만큼 많은 플랜테인이 열려 있었고 다른 나무에는 브루클린 힙스터 전원에게 한 달 동안 아보카도 토스트를 만들어 줄 수 있을 만큼 아보카도가 많이 열려 있었다. 쌀도 수북이 쌓여 있었다.

코넬대학의 음식 역사가 아드리엔 로즈 비타르Adrienne Rose Bitar의 조사에 따르면, 1940년대까지만 하더라도 미국인들은 음식 때문에 허리둘레가 불어나거나 동맥이 막힐까 봐 걱정하지 않았다. 그전까지는 그보다 훨씬 극적이고 잔인한 방식의 죽음만이 존재했다. 구토가 시작되고 열이 나고 설사를 했다. 잇몸에서 피가 나거나 기침하면서 각혈을 하거나 몸 전체에 징그러운 종기가 올라왔다. 콜레라, 이질, 폐렴, 펠라그라(니아신이라는 비타민의 결핍으로 발생하는 영양 장애로 피부병, 치매, 설사 등의 증상을 불러일으킨다—옮긴이), 괴혈병 등의 징후였다. 당시 사람들은 대개 전염병이나 영양실조로 사망했다.

음식을 더 많이 섭취할수록 죽음에서 멀어지고 영양실조나 질병으로부터 살아남는 데 도움이 된다는 점에서 당시 음식은 약으로 여겨졌다. 정부도 "힘이 넘치는 점심을 먹도록 합시다!" 같은 표어를 내걸며 더 많이 먹기를 권장했다.

그런데 미국인이나 다른 선진국 국민이 점점 더 자주 기이한 방식으로 죽어나가기 시작했다. 몸에 있는 구멍에서 이물질이 쏟아져 나온다거나 좀비처럼 돌아다니는 것 같은 극적인 전조가 보이지 않았다. 멀쩡해 보였던 사람들이 순식간에 가슴을 움켜쥐더니 그 자리에 쓰러져 사망했다. 20세기 초에는 순환기 질환으로 사망한 사람이 1퍼센트도 채 되지 않았다. 하지만 수치는 점점 더 높아졌다. 음식이 핵심 요인이었다.

인류는 약 180만 년 전부터 익히거나 말리거나 빻거나 발효하는 식으로 음식을 가공했다. 단, 가공 방식이 단순했고 가공 규모도 비교적 작았다. 하지만 산업혁명이 일어나면서 모든 생산품이 다양한 방식에 의해 대량으로 생산되기 시작했다. 거기에는 식품도 포함되어 있다.

밀, 감자, 옥수수, 쌀, 귀리는 대규모로 재배되어 수천 가지 식품으로 가공되었다. 오늘날 식료품 마트에 가면 평균적으로 5만 개에 달하는 품목이 존재한다. 그중 대다수가 다섯 가지 주요 작물을 기반으로 다양한 재료를 혼합해 만든 가공식품이다.

우리는 동물이나 동물의 부산물을 색다르게 변화시켰다. 옛날의 고기는 오늘날의 고기와는 달랐다. 과거에는 당시 인간과 마찬가지로 부족한 식량을 찾기 위해 야생을 하루 종일 돌아다니던 다양한 동물을 잡아먹었다. 그런 동물들은 지나치게 개량되지 않았고 과도한 약물을 맞지도 않았으며 너무 잘 먹어서 지방이 많지도 않았다. 실제로 요즘 스테이크는 늘어난 지방 때문에 치마네 사람들이 먹는 야생 고기에 비해 칼로리가 약 87퍼센트 더 많다.

우리는 오래도록 인간의 건강을 유지시켜 준 식단을 결핍의 뇌 입장에서 처음 접하는 복잡한 요리나 가공식품으로 대체하기 시작했다. 모두 결핍의 뇌가 갈구하도록 설계된 음식이었다. 달고 짜고 기름지고 바삭하고 톡 쏘는 맛에 칼로리가 높았다.

현대 식품 시스템에 관해 부정적인 이야기를 많이 들었겠지만 식품 혁명에는 나름의 긍정적인 면도 있었다. 음식 역사가 레이철 로던은 에세이에 이렇게 썼다. "우리 조상들은 비참한 삶을 살았고 단명했으며 끊임없이 질병에 시달렸다. 이는 대개 그들이 무엇을 먹었고 무엇을 먹지 않았는지와 직접적인 관련이 있다."

식량이 풍부해지자 전 세계적으로 기아가 감소했다. 음식을 유통하고 보관하는 과정은 훨씬 안전하고 쉬워졌다. 음식에는 더 많은 영양가가 생겼다. 갑상선종, 괴혈병, 펠라그라 같은 특이한 질환들이 요오드, 비타민C, 비타민B3 같은 단일 영양소 결핍으로 발생한다는 사실이 드러났다. 우리는 부족한 영양소가 없도록 식품을 개량했고 그 결과 짜잔! 수백만 명의 목숨을 구했다. 사람들은 심지어 키도 더 커졌다.

제2차 세계대전으로 식품 가공 추세가 더욱 거세졌다. 전 세계 수천만 명의 군대를 먹여야 했기 때문이다. 오래 보존되고 운반이 가능한 식량을 공급하기 위해 소규모 식품회사들마저 전쟁물자 지원에

힘을 보탰다. 그런 회사 중에 제너럴밀스General Mills, 크래프트Kraft, 네슬레Nestlé, 코카콜라 등이 있었다.

거대한 생산 라인을 확보한 식품 기업들은 전쟁이 끝난 뒤 일반 미국인을 먹이는 데 주력했다. 그들은 광고사를 끼고 제품을 홍보했고 식품 및 농업 학자들도 이런 흐름에 동참했다(20세기 말 기준으로 미국에만 관련 학자가 7만 명 있었다). 하나의 산업이 꽃을 피웠다.

1950년대 즈음 현대 식품 및 의료 시스템은 영양실조와 전염병을 거의 무력화시켰다. 인류에게는 풍부한 식량이 존재했지만 여전히 보릿고개를 넘기고 있는 것처럼 먹었다. 바로 그때쯤 하버드대학 교수를 역임한 뒤 미네소타대학에서 생리학자로 일하던 안셀 키스Ancel Keys가 한 가지 역설적인 현상을 발견했다. 새로운 식품 체계에 쉽게 접근할 수 있었던 부유한 미국인 남성들이 걱정 없이 잘 먹는데도 가슴을 움켜쥐고 그 자리에 쓰러져 죽는 질환에 시달렸던 것이다.

오히려 이탈리아 남부나 일본의 작은 마을에 사는 가난한 남성들이 심혈관 질환을 앓을 확률이 4~10배 낮았으며 90세 너머까지 장수하는 경우가 많았다.

식품 영양 강화 작업은 식품 속의 단일 영양소 부족이 질병으로 이어질 수 있음을 보여 주었다. 키스는 혹시 영양소가 '너무 많을 때'도 똑같은 일이 벌어지는 건 아닌지 궁금했다.

평범한 미국인의 식단에서는 지방이 전체 칼로리의 절반 가까이를 차지했지만 이탈리아인의 식단에서는 약 20퍼센트만을 차지했다. 키스는 이렇게 결론지었다. "심장병은 미국 남성들 사이에서 가장 많이 발생했으며 지방이 전체 식단에 덜 기여하는 국가로 갈수록 발병률이 점진적으로 감소했다."

음식 역사가 아드리엔 로즈 비타르는 말했다. "그러다 1955년, 아이젠하워 대통령이 심장마비를 겪었죠. 그때부터 심장병이 미국에서 유행 중이라는 사실이 공공의 관심을 끌었습니다. 아이젠하워는 저지방, 저콜레스테롤 식단을 선택했습니다. 키스 박사의 연구는 대중문화는 물론 미국 정부의 영양 지침의 틀을 마련하기 시작했죠."

음식을 둘러싼 학계의 시각이 바뀌었다. 사람들은 음식을 건강에 좋게도 나쁘게도 만들 수 있는 개별 화학 물질의 조합이라고 인식하기 시작했다. 그래서 정부, 대학, 전문가가 나서서 눈에 보이지도 않는 특정 식품 성분을 더 적게 혹은 더 많이 섭취하라는 조언을 건넸다. 지방, 탄수화물, 포화지방, 섬유질, 설탕, 단백질 같은 성분을 바탕으로 저지방, 저탄수화물, 고단백, 저당 식단 등 온갖 유형의 식단이 등장해 건강에 이르는 비법이라며 사람들을 유혹했다. 응우옌이 말한 가치 점유 현상이 식품 성분에 나타난 꼴이었다.

1970년대에는 적당함을 판단하는 능력에 근본적인 변화가 생겼다. 비만 연구자 겸 신경과학자이자 《배고픈 뇌The Hungry Brain》의 저자인 스테판 귀에네Stephan Guyenet는 말한다. "역사적으로 비만의 흐름을 보면 약 100년 동안은 좋은 의미에서 살이 붙었습니다. 하지만 70년대, 80년대, 90년대를 거쳐 오늘날에 이르기까지 비만이 가속화되었죠. 무엇 때문에 우리는 더 많이 먹게 되었을까요? 여러 이유가 있겠지만 먹는 음식과 관련된 건 분명합니다."

1990년대 후반, 박사과정 졸업을 눈앞에 둔 케빈 홀Kevin Hall은 특이한 현상을 발견했다. 1950년대까지만 해도 흡연자 수와 함께 줄어들었던 심혈관 질환 발병률이 지난 수십 년 동안 다시 증가했던 것이다. 그 원인은 바로 비만이었다.

한때 물리학도였던 홀은 숫자, 데이터, 수치에 집착하는 사람이다. 현재는 미국 국립보건원 연구자로 일하고 있다. 이런 배경 덕에 그는 막대한 자금과 지원을 바탕으로 엄밀히 통제된 실험을 통해 음식이 인간의 건강과 허리둘레에 미치는 핵심 영향을 확인할 수 있다. 홀은 사람들을 실험실에 가둔 채 실험을 진행한다. 물론 윤리적인 이유 때문에 오래 가둘 수는 없다.

인터뷰 중에 홀은 내게 말했다. "일반적으로 영양학에서는 탄수화물, 지방, 단백질, 섬유질, 설탕, 나트륨, 포화지방 같은 분자 단위의 성분에 초점을 맞춰 그것들이 몸에서 어떻게 처리되고 건강에 어떤 영향을 미치는지 이해하려 합니다." 일례로 그는 인간이 동일한 양의 칼로리를 섭취하는 경우 저탄수화물 식단이든 저지방 식단이든 체중 감소에 미치는 영향은 차이가 없음을 발견했다.

하지만 2010년대 초에 브라질의 어느 연구진이 여태까지 완전 잘못 생각하고 있었다는 주장을 펼치기 시작했다. 홀은 이렇게 설명했다. "연구진은 식품 내 개별 영양소가 딱히 중요하지도, 흥미롭지도 않다고 주장했어요. 어떤 식품이 건강에 좋은지는 오히려 가공의 정도와 목적에 달려 있다고 주장했죠. 그들은 초가공 식품이 비만과 심혈관 질환을 유발한다고 봤어요."

공식적으로 초가공 식품이란, '일련의 가공을 거쳐 값싼 인공 에너지원에 영양 첨가물을 조합해 만든, 자연식품이 거의 들어가지 않은 식품'을 가리킨다. 소위 '정크 푸드'를 학계 용어로 돌려서 말하는 것이다.

홀은 브라질 연구진이 내놓은 이론을 영양학계에 수북이 쌓인 수많은 개소리 중 하나처럼 여겼다. 열역학 법칙에 따르면, 신선한 브로콜리든 포장재에 쌓인 편의점 브라우니든 칼로리는 결국 동일하기 때문이다.

심지어 홀은 연구진에게 연락해서 불만을 표출하면서 어려운 질문들을 쏟아붙였다. 특히 인간이 오래도록 음식을 가공해 왔음에도 비만이 최근에야 증가했다는 사실을 지적했다. "제가 물었죠. '초가공 식품의 어떤 점이 나쁘다고 생각하시는 거예요?' 연구진의 답변은 오히려 본인들 주장을 약화시키는 것 같았어요. '초가공 식품에는 설탕, 소금, 지방이 너무 많고 섬유질과 단백질이 적습니다'라더군요. 그래서 제가 말했죠. '네? 잠깐만요. 방금 영양소를 몇 가지를 언급하셨잖아요. 영양소량은 상관없는 문제라고 하시더니 제가 몰아붙이니까 초가공 식품에 나쁜 영양소가 많고 좋은 영양소가 적다고 말씀을 하시네요'라고 말했죠. 지적으로 너무 성의 없는 답변 같았어요."

다른 사람, 특히 과학자를 상대할 때 과학적으로 입을 닥치게 하려면 데이터를 가지고 상대가 틀렸음을 입증하는 수밖에 없다. 정확한 숫자와 수치가 필요했다.

"그래서 저희는 실험실에 참가자 스무 명을 데려와 한 달 동안 머물게 했습니다. 매일 세 끼 식사와 간식 상자를 주고 원하는 만큼 먹으라고 요청했죠." 이처럼 엄밀하게 통제된 연구는 통상적인 설문조사 기반 영양학 연구보다 더욱 신뢰할 만하다. 섭취한 음식의 양을 정확히 측정할 수 있으며 운동, 흡연, 스트레스 등 체중에 영향을 미칠 수 있는 다른 모든 요인을 통제할 수 있기 때문이다.

한 달 중 절반의 기간 동안은 참가자들에게 초가공 식품이 가득한 표준 미국식 식단이 주어졌다. 나머지 절반의 기간 동안은 치마네 사람들이 먹을 법한 식단이 주어졌다.

표준 미국식 식단은 아침으로 크루아상, 버터, 지방이 많은 돼지고기 소시지, 파란 색소가 들어간 요거트 같은 메뉴가 나왔다. 치마네 식단은 아침으로 계란, 감자, 채소가 제공되었다. 미국식 식단의 점심은 치즈버거와 감자튀김이었지만 치마네 식단의 점심은 연어, 고구마, 완두콩이었다. 저녁으로는 미국식 식단은 지방이 많은 햄버거, 버터가 듬뿍 섞인 으깬 감자, 그레이비소스가 나왔고 치마네 식단은 지방이 없는 부위 스테이크, 평범한 쌀, 채소가 나왔다.

홀은 말했다. "두 식단은 칼로리, 탄수화물, 지방, 설탕, 나트륨, 단백질, 섬유질의 양이 똑같았습니다. 만약 체중 증가가 영양소 때문이라면 결과는 아무런 차이가 없으리라 생각했죠."

연구진은 참가자들이 섭취한 음식 하나하나를 추적해 무게를 재고 기록으로 남겼다.

물론 표준 미국식 식단에는 디저트로 쿠키, 크래커, 설탕에 절인 과일, 땅콩버터가 들어 있었다. 반면 치마네 식단에는 디저트로 베리를 곁들인 플레인 요거트가 나오거나 오렌지 혹은 사과가 나왔다.

결과는 어땠을까? 인간에게 쿠키(혹은 치즈버거, 색소가 들어간 요거트, 버터와 크림에 버무린 뒤 그레이비소스를 올린 으깬 감자 등)만 주면 그는 음식을 점점 더 많이 먹다가 살이 쪄서 심장병으로 죽을 것이다. 반면, 인간에게 베리를 곁들인 플레인 요거트(혹은 감자, 저지방 고기, 쌀 등)를 주면 그는 적당히만 먹을 것이다. 식량 결핍의 고리에 빠질 확률이 낮은 셈이다.

정크 식단이 주어진 동안 실험 참가자들은 식사라기보다는 푸드 파이트를 했다. 홀이 말했다. "초가공 식품을 먹는 동안 사람들은 하루에 500칼로리를 초과 섭취했고 그 결과 체중과 체지방이 증가했습니다." 하지만 치마네 식단을 먹는 동안은 자발적으로 덜 먹었기에 체중과 체지방이 감소했다.

결국 핵심은 풍요로운 세계와 결핍의 뇌에 있는 듯했다.

홀은 실험 결과를 설명하기 위해 우선 초가공 식품이 한 입에 섭취하는 칼로리 양이 높다는 점을 지적했다. "초가공 식품을 만들 때는 칼로리를 집약시킵니다. 그래서 어떤 영양소 형태로든 한 입을 먹을 때마다 훨씬 많은 칼로리를 제공하게 되죠." 예컨대, 감자 약 56그램을 먹는다고 가정해 보자. 그냥 생감자를 굽기만 한 것이면 한 입에 50칼로리가 나온다. 반면 감자칩 형태라면 360칼로리가 나온다.

두 번째 설명에는 결핍의 고리에 내재된 즉각적 반복 가능성의 흔적이 보였다. 홀은 '사람들이 초가공 식품을 먹는 속도가 훨씬 더 빠르다는 사실을 발견'했다. 치마네 식단이 식욕을 줄이는 호르몬 PYY$_{\text{Peptide YY}}$를 더 많이 분비하도록 참가자들의 뇌를 자극했기 때문일 수 있다. 치마네 식단은 허기를 느끼게 만드는 호르몬인 그렐린$_{\text{ghrelin}}$ 역시 감소시켰다. 게다가 치마네 식단은 씹는 데 물리적으로 더 많은 노력이 필요했다. 초가공 식품은 정반대였다. 적당함을 찾도록 돕는 자연적인 제동장치를 차단해 버린 셈이다.

그래서 비만과 그로 인한 심장마비를 증가시킨 원인이 뭐냐고?

1970년대부터 결핍의 뇌(수백만 년에 걸쳐 단조로운 식단을 적은 양 섭취하는 데 익숙해진 뇌)가 풍요로운 세상을 살아가기 시작했기 때문이다. 더 많이, 더 빨리 먹도록 설계된 음식이 차고 넘쳐서 많은 사람이 쉽게 접근할 수 있었다. 물론 더 자주 먹기도 했다.

즉각적 반복 가능성은 식품 업계에서 가장 중요하게 생각하는 요소 중 하나다. 간식을 예로 들어보자. 식품 연구개발부 책임자 카를로스 바로소Carlos Barroso는 간식 세계에 "세 가지 V"가 있다고 말한다. 바로 가치Value, 다양성Variety, 속도Velocity다. 정확히 결핍의 고리에 들어맞는다.

비만 연구자 귀에네는 말한다. "1970년대부터 간식에 중대한 변화가 일어나기 시작했습니다. 미국에서는 간식을 완전히 새로운 카테고리로서 제시하기 위한 막대한 마케팅 작업이 이루어졌죠. 결과는 성공적이었습니다. 게다가 사람들이 간식으로 무엇을 먹는지 보면 하나같이 초가공 식품이죠."

물론 홀의 지적대로 칼로리는 거짓말을 하지 않는다. 정크 푸드라고 해서 물리 법칙을 깰 수는 없다. 하지만 정크 푸드를 통해 섭취하는 칼로리는 우리가 더 많이, 더 빨리 먹게 만든다. 현재 홀은 정확히 무슨 요인이 실험에서 관찰된 체중 증가를 유발한 것인지 파악하기 위해 새로운 실험을 설계 중이다.

그럼에도 우리가 건강을 관리하려고 식단을 알아볼 때면 특정 영양소나 성분에만 초점을 맞춰 꼭 먹어야 한다거나 먹지 말아야 한다고 주장하는 최신 유행 식단을 권유받는다. 정작 식단 규정에만 맞춘 온갖 종류의 초가공 식품을 섭취하면서 말이다. 예컨대, 버거킹에서 판매하는 케토 식단 샌드위치는 치마네 사람들이 두 끼 식사에서 얻는 칼로리보다 많은 양의 칼로리를 함유하고 있다. 팔레오 팬케이크, 케토 에너지바, 저탄수화물 타코, 저지방 감자칩이나 쿠키도 빼놓을 수 없다. 퓨어 프로틴에서 내놓는 에너지바도 사실 일반적인 초콜릿바랑 동일한 양의 칼로리를 제공하며 동일한 가공 과정을 거친다. 이는 아마존 쇼핑몰에서 두 번째로 인기가 많은 간식이다.

유발 노아 하라리는 이를 '소비주의의 이중 승리'라고 설명한다. "적게 먹어서 경제 위축을 초래하는 대신 사람들은 실컷 먹고도 다이어트 제품을 구입하는 식으로 경제 성장을 두 배 촉진한다." 실제로 우리는 다이어트 식품을 구입할 때 더 적은 양을 먹는 데도 더 많은 돈을 지불한다. 멀리 떨어져서 보면 정말 기이한 현상이다.

게다가 다이어트를 극단적으로 실시하면, 즉 먹는 양만 무작정 줄이면 결핍의 뇌는 방어 태세에 들어간다. 이는 2차 세계대전 중에 시행된 미네소타 단식 실험에서 드러났다. 실험에 따르면, 인간이 너무 적게 먹으면 몸은 건강을 증진하는 신체 작용을 포기함으로써 신진대사 속도를 낮춘다. 심박수와 체온을 낮추는 건 물론 장기를 축소시키기까지 한다. 그와 동시에 뇌는 음식에 주의를 집중시키고 배고픔 신호를 증가시켜 음식에 더 저항하기 어렵게 만든다. 결과적으로 체중 감량은 더뎌지고 배고픔만 늘어나서 단식은 실패하고 심한 요요만 온다. 실제로 실험 참가자들은 연구를 시작할 때보다 끝날 때 몸무게가 더 늘었다. 이후로도 수년 간 신진대사 작용과 배고픔 신호는 제대로 기능하지 못했다.

아이러니한 점은 이와 같은 단식의 영향이 실제로 굶주리는 상태에 있을 때는 유익하다는 점이다. 식량을 구하기 어려웠던 시절에는 에너지를 절약하고 식량을 우선시하는 데 도움이 되었다.

하지만 오늘날에는 결핍의 뇌가 유발하는 생존 기제가 오히려 불리하게 작용한다. 미국 인구의 74퍼센트에 이르는 비만 혹은 과체중인 사람들이 체중 감량에 어려움을 겪는 이유도 바로 이 때문이다. 다이어트를 시작하는 사람들은 정상적인 신진대사를 가지고 맹목적으로 '더 적은 양'을 좇으려 애쓴다. 살을 급하게 빼지만 몸은 그런 노력을 방해한다.

결핍의 고리는 매년 체중 감량을 시도한 사람 중 95퍼센트가 결국 다시 원상 복귀를 하는 이유를 설명해 준다. 다이어트를 시작하면 매일 아침 체중계가 예측할 수 없는 보상을 제공한다. 체중이 무작위로 내려가니 신이 난다. 하지만 감량이 정체되기 시작하면 숫자는 예측이 가능해진다. 예측 불가능한 보상이 빠지는 셈이다. 결국 좌절감에 빠진 사람은 소거 현상을 겪는다. 자연스레 이전 습관으로 돌아가는 것이다.

이를 해결하려면 식단을 꾸준히 관리하되 결핍의 고리를 자극해 목표 성취에 도움을 주는 다른 행동을 찾아야 한다. 예컨대, 웨이트 운동은 어떨까? 근력이 성장할수록 들어 올릴 수 있는 무게와 횟수도 예측 불가능한 방식으로 흥미롭게 상승한다.

단순하지만 강력한 '적당히 먹기'

나는 친구 마이크 러셀Mike Roussell과 함께 새로운 식품 환경에 관해 이야기를 나누었다. 러셀은 영양학 박사로 영양 컨설팅 사업을 운영하는데 일반인은 물론 프로 운동선수와 실리콘밸리 억만장자도 고객으로 찾아온다. 유명인도 많아서 비밀 유지 계약에 서명도 한다.

러셀이 말했다. "저희 아버지가 재단사로 45년을 일하셨는데 팬데믹이 끝나고 더 바빠지셨대요. 다들 옷이 맞지 않았거든요. 활동량은 적고 주변에 초가공 식품이 널려 있는데 스트레스를 해소할 방법은 먹는 것밖에 없으니 체중이 증가한 사람이 엄청 많아요. 걱정되는 건 그렇게 생겨난 습관들이 지속되고 있다는 점이에요."

실제로 팬데믹 기간에 사탕 판매량은 고공행진을 벌였다. 무려 15퍼센트 증가한 것이다. 미국제과협회National Confectioners Association는 그 원인을 이렇게 분석했다. "힘든 시기일수록 사람들은 기분을 끌어올리려고 단 것에 의존한다. 팬데믹은 간식을 사는 것을 정당화할 명분을 제공했을 뿐만 아니라 온라인으로 구입해 집에서 섭취하는 습관을 들이게 만들었다."

맞는 말이다. 이런 상상을 해 보자. 당신 앞에 엠앤엠즈 신제품 두 종류가 각각의 그릇에 담긴 채 놓여 있다. 한쪽에는 저칼로리, 다른 쪽에는 고칼로리라고 적혀 있다. 마이애미대학 연구진이 밝혀낸 바에 따르면, 결핍 신호(이를테면 경기 침체, 팬데믹, 정치판 이야기 등 세상이 엉망이라는 뉴스 기사)를 접하는 경우 고칼로리 엠앤엠즈를 선택해 평소보다 2배로 먹을 가능성이 높아진다고 한다.

학자들의 생각에 따르면, 인간의 뇌는 부정적인 정보를 접할 때 무의식적으로 기근이 다가오고 있다는 가정을 세운다. 이와 같은 반응은 인간이 출현하기 전부터 존재했다. 따라서 어떤 동물이어도 마찬가지다. 자원이 부족하다고 생각하면 많이 먹으려 한다. 체중을 늘리는 행위는 훌륭한 방어 기제다.

이런 습성의 결핍의 뇌를 끊임없이 이어지는 뉴스 보도, 인생이라는 쳇바퀴, 차고 넘치는 초가공 식품, 한정 수량만 파는 맥도날드 시즌 메뉴 등 오늘날의 일상 환경에 접목시키면? 축하합니다! 출렁이는 살을 가누지 못하고 뒤뚱뒤뚱 걸어 다니는 몸뚱이 확정이요!

최근 러셀은 자신이 관리하는 고객들에게 한 가지 도전 과제를 내줬다. 한 달 동안만 입에 넣는 것 중 80퍼센트를 치마네 식단으로 유지해 보는 것이었다.

러셀은 그 결과를 이렇게 알려 줬다. "가장 큰 발견 중 하나는 흔히 사람들이 '건강식'이라 생각했던 음식이 사실 초가공 식품이었다는 거예요. 도전에 응한 사람 중 한 명은 케토 다이어트 중이었어요. 케토 쿠키, 케토 음료, 케토 바, 케토 도시락을 먹고 있었는데, 알고 보니 음식 대부분이 지나치게 가공된 음식이었죠. 퇴근 후에 헬스장에 와서 운동하던 여성분도 생각나네요. 그분은 헬스장 근처에서 늘 건강 스무디를 사서 집에 가셨죠. 판매처에서는 스무디가 어떤 효능이 있는지 마구 나열하면서 건강에 그렇게나 좋다고 광고를 해 댔지만 사실 거기에는 설탕 첨가물이랑 가공된 과즙이 잔뜩 들어 있었죠.

믿기지 않겠지만 스무디의 열량은 900칼로리였습니다."

그는 뒤이어 말했다. "사람들은 건강 마케팅의 이면을 쉽게 꿰뚫어 보지 못하죠. 포장된 건강식은 일반적으로 더 많은 가공을 거칩니다. 밀가루, 설탕, 유제품 등을 사용하지 않고 쿠키를 맛있게 만드는 게 훨씬 더 어렵기 때문이죠. 요컨대 우리 뇌가 정말 다양한 차원에서 영향을 받고 있는 것 같아요. 마케팅에 현혹되는 측면도 있겠지만 우리가 먹는 건강식이 대부분 초가공 식품이기 때문에 쉽게 과식하게 된다는 측면에서도 영향을 받죠." 코넬대학에서 실시한 연구에 따르면, 사람들은 유기농 가공식품이 칼로리가 더 작을 것이라 착각해서 더 많이 먹는 경향이 있다.

러셀의 실험은 홀의 실험을 현실 세계에 적용한 버전과 같았다. "저는 누구한테도 더 많이 먹거나 더 적게 먹으라고 지시한 적이 없어요. 그럼에도 칼로리 자체를 적게 먹게 되니까 따로 신경 쓰지 않았는데도 체중이 빠졌죠."

게다가 미네소타 단식 실험 참가자들과 달리 치마네 식단을 먹는 사람들은 속성 다이어트를 하듯 너무 적게 먹지도 않기 때문에 그로 인한 해로운 악순환에도 빠지지 않는다. 오히려 적당함을 찾는 데 성공한다.

내가 러셀에게 치마네족 사람들에 대해서는 어떻게 생각하느냐 문자 그가 즉시 대답했다. "우리와 달리 치마네 사람들이 과식하지 않는 이유를 알아내는 데 엄청나게 난해한 첨단 과학 이론이 필요한 건 아니에요. 초가공 식품은 우리가 더 많이 먹도록 여러 차원에서 우리를 미세하게 조종하죠. 초가공 식품의 맛 전달 체계는 우리의 뇌를 자극해 더 많이 먹고 싶게 만듭니다. 물리적으로 덜 씹어도 되게끔 가공되어 있기에 더 빨리 먹기도 쉽죠. 치마네족 식단에는 칼로리가 높거나 쉽게 접근이 가능한 초가공 식품이 없어요."

시간이 지나면서 우리의 뇌는 맛있는 정크 푸드에 적응하고 말았다. 귀에네는 말한다. "그런 음식은 우리를 더 많이 먹게 만들고, 우리의 뇌는 이런 음식에 익숙해지고 말았죠. 한 번 초가공 식품을 먹기 시작하면 다시는 소박한 현미, 브로콜리, 생선을 먹고 싶지 않을 겁니다. 마치 중독과 비슷하죠."

이런 사실을 알고 나면 현대 식품 체계에 좌절감을 느끼기 쉽다. 하지만 그럴 필요 없다. 음식 역사가 레이철 로던은 이렇게 격려한다. "음식에 관한 가장 큰 오해는 우리에게 끔찍한 음식과 끔찍한 식품 체계만 존재한다고 생각하는 겁니다. 사실 우리는 역사상 누구보다 더 나은 음식을 누리고 있어요." 장기간 기근을 경험해 본 사람이 거의 없기 때문에 우리는 이를 잘 인식하지 못한다. 혹은 19세기 검시관들이 왜 그렇게나 많은 청년이 펠라그라로 끔찍한 종기에 시달리다 목숨을 잃었는지 알아내려고 애썼다는 보고서를 읽어 본 적이 없기 때문이다.

로던은 '풍요'라는 문제가 부유한 국가에만 한정된 문제가 아니라고 강조한다. 1975년 이후 비만은 전 세계적으로 세 배 증가했다. 현재는 전 세계 국가 중 절반 이상이 비만율 20퍼센트를 넘는다. 과잉 영양, 즉 풍요의 질병으로 고통받는 사람 수가 영양실조, 즉 결핍의 질병으로 고통을 받는 사람 수보다 400퍼센트 더 많다. 다시 말해, 식량 부족은 분배나 정치와 관련된 문제이지 실질적 양 자체가 문제는 아니다. 실제 미국에서는 전체 식량의 3분의 1이 폐기 처분될 만큼 음식이 넘쳐난다.

풍요의 문제에는 어쨌든 긍정적인 현실이 전제되어 있다. 그럼에도 문제는 문제다.

식품회사는 고도로 자극적인 음식을 제조하고 홍보했다. 하지만 도박이나 약물 문제처럼 전적으로 산업에 책임을 전가하는 것은 개인의 책임을 덜기 위한 방법일 뿐이다(결핍의 뇌는 책임만큼은 늘 덜 지기를 원한다).

예컨대, 맥도날드 같은 프랜차이즈를 악의 축으로 모는 건 흔한 일이다. 튀김이나 칩이 설탕, 소금, 지방, 식감의 완벽한 조합에 이르러 정신물리학자 하워드 모스코위츠Howard Moskowitz가 말하는 '황홀 지점'을 가져다주도록 수백만 달러를 투자해 연구하고 시험했기 때문이다. 그렇다고 과연 우리가 이러한 음식이 존재하지 않는 세상을 진심으로 원할까?

러셀은 말한다. "저는 식품 업계가 맛있는 음식을 내놓는 것에 대해 불평하지 않아요. 자기 일을 하는 것일 뿐인걸요. 하지만 '그런 음식을 매일 먹지는 않고 가끔씩만 즐기기로 선택하겠어'라고 말하는 건 순전히 우리 각자에게 달렸죠."

로던은 말한다. "게다가 요리책, 잡지, 레스토랑, 셰프, 유튜브, 인스타그램으로 이루어진 소위 '미식' 업계를 보면 그들도 대형 식품 회사만큼이나 맛에 중점을 두고 있음을 확인할 수 있어요." 사실 1970년대에 들어서기 전만 하더라도 일반 대중을 위한 요리책이 음식의 맛을 주요 고려 사항으로 삼지는 않았다. "돈을 절약하는 게 우선이었고 맛은 그 과정에서 부수적으로 얻으면 좋은 것이었죠. 하지만 이제 그런 양상이 뒤집혔어요." 이 역시 풍요의 이점이다. 음식이 저렴해진 것이다. 1920년에 미국인은 소득의 40퍼센트 이상을 식비로 썼다. 2020년경에는 그 비율이 8.6퍼센트로 줄어들었다.

다시 말해, 우리 모두 "오늘은 꼭 더 많이 먹겠어!"라고 결심하는 건 아니다. 단지 우리가 구매하고 섭취할 수 있게 된 음식에 결핍의 뇌를 즐겁게 만들고 식량 결핍의 고리를 작동시키는 자극이 풍부해졌을 뿐이다.

우리가 그런 음식을 과식하지 않을 이유가 어디 있겠나? 기회가 주어졌을 때 최대한 많이 먹어 두는 것은 지난 수백만 년 동안 인간이 건강하게 생존할 수 있도록 만들어 주었다.

하지만 오늘날에는 그런 기회가 적당한 선을 지키는 뇌의 타고난 능력을 앞지를 만큼 많아지고 말았다. 결국 여분의 식량은 우리의 허리둘레와 동맥에 더해졌다. 인간에게 영양소가 풍부한 음식이 더 많이 제공되면 인간은 당연히 더 많이 먹게 되는 법이다. 따라서 우리는 결핍의 뇌를 이해하고 현대 식품에 담긴 결핍의 고리(결핍이 초래하는 '좀 더 많은 음식'의 악순환)를 인식한 가운데 레온시오처럼 먹기를 선택해야 한다. '적당히' 먹어야 한다는 뜻이다.

서서히 심장을 망가뜨리는 초가공 식품

"매일 어떻게 드세요?" 점심 식사를 마친 뒤 레온시오에게 물었다.

치마네 사람의 하루 식단은 어떤 모습일까? 세부 사항이 필요했다. 레온시오는 기꺼이 대답해 주었지만 특별할 건 없었다.

매 끼니 중 4분의 1은 닭고기나 생선, 달걀 두세 개나 붉은 고기처럼 기름지지 않은 단백질로 채워진다. 또 4분의 1은 양배추 같은 채소가 들어간다. 나머지는 감자, 고구마, 쌀, 퀴노아, 호박, 옥수수, 플랜테인 같은 가공되지 않은 주요 작물이다.

물론 이런 식단은 이미 우리가 익숙해진 환상적인 맛이 아니다. 하지만 지난 수천 년 동안 우리를 질병 없이 건강하게 지켜주었다. 게다가 굳이 세부 사항에 집착할 필요가 없다. 치마네 식단에서 딱 하나 공통점이 있다면 메뉴마다 단 하나의 재료만 쓴다는 점이다.

나는 아마존에서 며칠 밤을 더 보냈다. 담백하지만 만족스러운 식사를 더 즐길 수 있었다. 어느 날은 실수로 개미집에 발을 디뎠다가 다리를 수백 방 물렸다. 열세 살짜리 치마네 소년이 직접 잡은 메기의 머리를 마체테로 거칠게 자르는 모습을 보았다. 해가 강 너머로 지는 동안 잘린 생선 머리에서 피, 내장, 척수가 튀어 올랐다. 지극히 자연적인 풍경이었다.

치마네족은 우리를 죽음에 이르게 하는 질병에는 걸리지 않을지언정 죽기는 죽는다. 거번은 폐렴을 비롯한 감염 질환이 특히 문제라고 말했다. 물리적인 사고를 당하는 경우도 많다. 내가 알렉스에게 치마네족이 마주하는 위협에 무엇이 있냐고 묻자 알렉스는 진지한 표정으로 나를 바라보며 말했다. "부시마스터죠." 최대 4.5미터까지 자라는 살무사였다.

"물리면 죽을 수도 있나요?"

"물론이죠. 저희 삼촌도 부시마스터한테 물려서 돌아가셨어요." 독성은 지독한데 병원은 너무 멀었다.

그러고 나서 나는 새 친구들에게 작별을 고해야 했다. 솔직히 말하자면 그들도 나를 친구로 여겼을지는 모르겠다. 음식에 수상할 정도로 관심이 많은 덩치 큰 외지인 정도로 생각하지 않았을까.

강을 따라 돌아가는 길에 우리는 모세텐족의 터전에 잠시 들렀다. 치마네족이 그랬듯 그들도 점심으로 나를 환대했지만 음식 종류는 달랐다. 재료는 비슷했지만 그들은 플랜테인과 생선을 빵가루에 묻혀 튀겼다. 모세텐족 음식이 치마네족 음식보다 맛이 없었다고 말하면 거짓말일 테지만 내가 인터뷰한 연구자들은 모세텐족이 치마네족보다 설탕과 기름을 각각 350퍼센트, 550퍼센트 더 많이 섭취한다는 사실을 발견했다.

모세텐족도 치마네족만큼이나 활동적이다. 하루에 약 2만 보를 걷는다(우리도 심장을 위해 시도해 볼 만한 일이다). 하지만 연구에 따르면, 모세텐족의 심장은 점점 미국인의 심장을 닮아가고 있다. 거번은 그들이 "심혈관대사 건강이 더 나쁘다"고 지적한다. 최근에는 강을 따라 문명이 전파되면서 심지어 일부 외딴 지역의 치마네족마저 음식을 튀기거나 소금에 절이거나 초가공 식품을 사 먹기 시작했으며 결과적으로 더 많이 먹게 되었다고 한다.

거번은 이런 현상이 전 세계적인 추세라고 말했다. 그러면서 케냐 북서부의 투르카나족을 사례로 언급했다. 그들의 전통 식단에는 초가공 식품이 포함되어 있지 않아서 만성 질환에 걸릴 확률이 낮다. 그러나 점점 더 많은 투르카나 사람들이 마을과 도시로 이주하고 있다. 거번은 도시에 사는 투르카나족에 대해 이렇게 말했다. "그들은 초가공 식품을 먹기 시작했으며 신체 활동 양상도 달라졌습니다. 당뇨병과 심장병 위험도에도 큰 변화가 관찰되는 중입니다. 이런 변화는 급속히 진행될 수 있어요."

결핍의 고리를 자극하지 않는 균형 잡힌 식단

라스베이거스로 돌아온 뒤 한 달 동안 최대한 치마네 식단에 가깝게 먹기로 결심했다.

첫째 날에 일단 식료품 창고에 들어가 상황을 점검했다. 음식이 127가지 있었다. 통상적인 미국 가정에 비하면 적은 수치였다. 하지만 그중 단 15가지만이 치마네족이 먹을 만한, 한 가지 재료로만 구성된 음식이었다. 그마저도 통조림에 든 채소를 포함한 것이었다.

여태까지 건강식이라 생각했던 통밀 시리얼이나 유기농 에너지바조차 많은 재료와 성분이 섞여 있었다. 냉장고 상황은 그나마 나았다. 신선한 당근과 사과가 있었기 때문이다. 하지만 냉장고 한 면에 줄지어 있는 조미료는 설탕, 소금, 지방이 잔뜩 든 탓에 칼로리가 워낙 높아 먹을 수 없었다.

결국 내게 주어진 건 쌀, 감자, 비트, 당근, 양파, 사과가 전부였다. 다행히 최근 사냥에서 얻은 담백한 엘크(말코손바닥사슴) 고기가 냉동고에 가득 들어 있었다.

식단을 보충하기 위해 코스트코로 갔다. 코스트코는 민주주의와 더불어 미국이 발명한 가장 위대한 시스템이 아닐까. 하지만 카트를 들고 무료 샘플을 얻으려고 몰려든 사람들 사이를 지나다니는데 이곳이 초가공 식품으로 가득 차 있다는 것을 금방 깨달았다.

내 결핍의 뇌는 너무나 먹고 싶지만 먹을 수 없는 모든 식품에 반응했다. 그러는 사이에 아내는 집채만 한 시리얼 박스를 카트에 담았다. 나는 크나큰 배신감을 얼굴 표정으로 드러냈다. 아내가 나를 바라보며 말했다. "흥, 어쩌라고." 그러더니 쇼핑에 한껏 속도를 냈다. 마치 "우리 남편이 치마네 식이요법 중이 아니라면 뭘 가장 먹고 싶을까?"라는 기준을 충족하는 음식만 마구 고르는 것 같았다.

내가 음식을 고를 때면 아내가 온갖 논평을 늘어놓았다. 한 번은 내가 카트에 집어넣은 품목을 집어 들더니 라벨을 보면서 이렇게 말했다. "오호, 그러니까 치마네 사람들이 낚시를 해서…… 트라이던트 씨푸드의 알래스카 야생 연어 버거를 만들어 먹었다는 말이지?"

변명하자면, 물론 치마네족 식단에 최대한 맞추고 싶었지만 현실적이어야 할 필요가 있었다. 레온시오야 퀴퀴베이강으로 뚜벅뚜벅 걸어가서 신선한 생선을 낚아 올리면 그만이겠지만 나는 사막에 산단 말이다. 그러니 아무렴 코스트코에 와서 뼈가 발린 채 진공 포장된 신선한 냉동 연어를 버거로 먹을 수밖에 없지.

아침은 베리와 계란을 곁들인 오트밀이었다. 점심으로는 쌀이나 플랜테인에 양배추와 연어 버거를 먹었다. 저녁에는 고구마, 완두콩, 엘크 고기를 먹었다. 디저트는 사과였다. 간식이 당길 때면 당근이나 바나나를 생으로 먹었다.

엄청 단순해 보이지만 인류 역사상 대다수의 사람이 섭취했을 음식에 비하면 충분히 다양했다. 음식 역사가 로던은 인류 역사를 거의 통틀어서 단 몇 가지 음식만이 사람들의 식단을 지배했다고 설명한다. "매일 주요 작물에 약간의 고기를 먹었을 겁니다." 선택지가 풍성한 건 좋은 일이다. 하지만 선택지가 다양할수록 과식할 가능성이 높다는 걸 기억하자. 식사를 거하게 마친 뒤에도 '디저트 배'는 따로 있다는 말이 괜히 나온 게 아니다.

게다가 음식 선택지가 다양해지면서 사람들은 식탁에서 까탈스럽게 굴기 시작했다. 로던은 이렇게 설명한다. "풍요가 가져오는 문제 중 하나는 모두가 자신만의 식단을 짤 수 있다는 겁니다. 옛날에는 가족 모두가 먹어야 하는 음식이 먹기 싫으면 그냥 굶어야 했습니다. 아무도 당신을 위해 따로 음식을 준비해 주지 않았죠. 결과적으로 한 끼 분량에 가족 차원의 통제가 가해졌습니다. 식량 자체는 충분하더라도 모두가 먹고 싶은 만큼 먹을 정도로 충분하지는 않았으니까요. 하지만 요즘 아이들은 나름의 이유만 있으면 먹고 싶은 걸 마음대로 고를 수 있다고 믿으면서 자라납니다. 사람들은 더 이상 입맛을 다른 사람에게 맞추려 하지 않죠. 오늘날 식단에는 엄청난 개인화가 이루어졌습니다. 이는 식사의 사회성을 크게 망쳤죠."

이를 염두에 두고 나는 이웃이 나를 저녁식사에 초대했을 때도 굳이 내 실험 이야기를 하지 않았다. 이웃이 차려주는 대로 먹되 샐러드나 구운 닭고기처럼 치마네 식단에 가까운 음식 위주로 먹었다. 레스토랑에 가서도 최선을 다했다. 대부분의 식당에서는 구운 고기와 감자나 쌀 같은 탄수화물을 제공했다. 물론 양은 어마어마했다. 그리고 말도 살찌게 할 만한 버터랑 소금이 버무려져 있었을 것이다. 하지만 그게 현실이다. 식사의 개인화와 버터를 비롯한 조미료 때문에 요즘은 전통적인 레스토랑 음식이 패스트푸드보다 체중 증가에 더 크게 기여한다.

물론 이 실험 과정은 아내 입장에서는 코미디나 마찬가지였다. 내가 저녁을 준비할 때면 아내는 "아하, 치마네 사람들은 고기를 익힐 때 테팔 압력솥을 쓰나 봐?"라든가 "치마네 사람들은 강에서 물을 퍼서 마시지 않나? 사막 저 멀리 산책이라도 나가서 물을 찾아보는 게 어때?"라고 물었다.

웃음을 터뜨릴 수밖에 없었다. 다행히 이번 실험은 아내의 장난을 받아 줄 만한 가치가 있었다. 나는 빠르게 체중을 감량하기 시작했다. 몇 주 만에 몸무게가 약 3킬로그램 줄었다. 식사는 만족스러웠다. 내 적당함의 영역을 찾아냈다. 더 이상 나는 무의식적인 과잉 섭취를 불러일으키는 식량 결핍의 고리에 빠지지 않았다. 치마네 식단은 결핍의 고리를 구성하는 요소 중 두 가지, 예측 불가능한 보상과 즉각적 반복 가능성을 없앤 것이다. 홀과 러셀이 실험 참가자들에게서 보았던 사실을 나도 몸소 확인할 수 있었다.

하지만 체중을 너무 많이 감량하고 싶지는 않았다. 79킬로그램을 유지하려면 더 많이 먹어야 했다. 생각 이상으로 많은 음식이 필요했다. 치마네족은 하루에 약 2750칼로리를 섭취하지만 나는 그보다 약 500칼로리를 더 먹어야 체중을 유지할 수 있었다. 표준 미국식 식단을 따를 때는 늘 덜 먹으려고 애써야 했는데 치마네 식단을 따르는 동안은 식사 시간이 거의 노동처럼 느껴질 때도 있었다. 어느 날은 점심으로 차린 플랜테인을 먹는 데 30분이 걸렸다.

하지만 나는 잠을 더 잘 잤고 피부도 깨끗해졌고 혈압과 심박수가 안정되었고 집중력이 더 좋아졌다. 직장에서 생산성도 높아진 건 물론, 기분도 전반적으로 나아졌다.

한 달이 지난 후에 치마네 식단 실험을 끝마쳤다. 그 과정에서 몇 가지 사실을 깨달았다. 우선 다이어트 소다를 마시는 습관이 밤에 속 쓰림을 유발한다는 사실을 알아차렸다. 오후 5시 이후로 소다를 마시지 않으니 잠을 더 잘 잤다. 또한 에어프라이어에 돌린 플랜테인이 정말 맛있고 든든한 음식이라는 사실도 깨달았다. 디저트로 먹는 사과가 시리얼 한 그릇만큼 포만감을 주면서도 칼로리는 네 배나 적다는 것도 알게 되었다. 무엇보다도 나는 결핍의 고리를 자극하지 않는 음식이 무엇인지 알아냈다.

그래서 이후로도 치마네 식단에 들어가는 요소들을 계속 유지했다. 기본적으로 치마네 식단을 베이스로 하되 가끔씩 치즈버거와 감자튀김을 먹었고 다이어트 소다를 마신다고 해서 너무 염려하지는 않았다. 치마네 사람들도 같은 상황이라면 똑같은 선택을 하리라 확신한다. 현대의 음식도 훌륭하므로 결국 중요한 건 균형을 맞추는 것이다.

가장 중요한 점은 이런 접근법이 지속 가능하다는 점이다. 최근 국제적인 연구팀이 14종류의 식단을 분석한 결과 지속 가능성이 중요하다는 사실을 발견했다. 뛰어난 영양학자 레인 노턴Layne Norton 박사는 말한다. "이번 분석을 통해 알아낸 사실은 우리가 '장기적으로 가장 쉽게 따를 수 있는 식단은 무엇일까?'라는 질문을 해야 한다는 점이다. 당신도 그렇게 해 보기를 권한다."

거번과의 대화를 마무리하면서 인간에게 보통 무엇이 좋은지 우리가 이미 알고 있다는 사실에 관해 이야기했다. 단일한 재료로 구성된 음식, 충분한 운동, 스트레스를 덜 받는 것이 중요하다는 건 모두가 안다. 하지만 다이어트 산업은 건강 관리를 인공위성을 우주에 띄우는 것보다 더 복잡한 일로 만들었다. 요즘 우리는 온갖 기이한 식단과 운동, 수면에 관한 세세한 규칙을 따르느라 정신이 없다.

거번은 이렇게 권했다. "저는 사소한 일 하나에 너무 스트레스를 받으면 안 된다고 생각해요. 건강한 식사, 운동, 수면 습관을 지키려 하는데 어떤 세부사항 때문에 불안이 느껴진다면 뭔가가 잘못되었다는 뜻입니다. 그런 복잡한 건강 요법이 수명을 1년 늘려 줄 수도 있겠죠. 하지만 스트레스를 받아 가며 요법을 따르느라 낭비한 시간과 노력도 계산에 넣어야죠."

체중을 감량한 후로 나는 결핍의 뇌가 갈구하는 게 또 무엇이 있을지 탐구할 준비가 되었다. 차 뒷좌석에 물건을 잔뜩 실은 채 나는 곰 서식지로 향했다.

9장

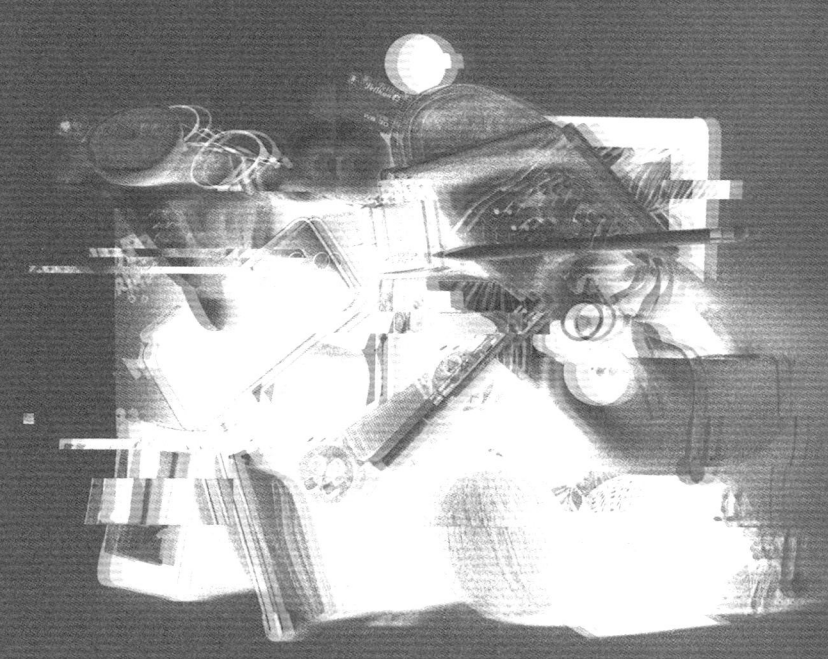

소유물
: 더 많이 갖고도
더 불행한 이유

새로운 물건을 사거나
오래된 물건을 기부할지 결정할 때
도움이 되는 원칙 하나는
60초 이내에 결정을 내리는 것이다.
결정을 내리는 데 1분 이상 걸린다면
불필요한 물건을 사거나 지키려고
정당화하는 중일 가능성이 높다.

라스베이거스에서 미줄라까지 열세 시간 운전을 한 뒤 마침내 승객으로서 다른 차에 올랐다. 로라 제라Laura Zerra가 운전대를 잡은 2017년형 지프 체로키는 몬태나 200번 고속도로를 따라 동쪽으로 달렸다. 미국에서 가장 긴 이 고속도로는 몬태나를 쭉 가로지르는 2차선 아스팔트 도로다.

도로 주변으로는 큼직한 소나무들이 서 있었다. 드문드문 보이는 소나무가 도로 위로 그늘을 드리운 덕에 그 아래를 지날 때면 틈 사이로 햇볕이 번쩍번쩍 점멸하는 효과를 자아냈다. 빛이 번쩍일 때마다 제라의 팔과 다리를 뒤덮은 새까만 문신 역시 밝아졌다 어두워지기를 반복했다. 제라의 문신은 칼 융과 조지프 캠벨이 들려주는 신화와 상징 이야기를 명징한 환상으로 마주한 느낌이었다. 왼팔 바깥쪽에는 하이에나 한 마리가 있었다.

제라가 커브를 돌며 말했다. "다들 하이에나가 시체만 뜯어 먹는다고 생각하죠. 실제로는 사자보다 사냥을 더 많이 다녀요. 저는 사람들이 오해하는 동물들이 왜 이렇게 좋을까요." 제라의 팔 안쪽에는 독수리 문신이 있었다. "독수리 같은 청소 동물은 평판이 정말 안 좋죠. 하지만 생태계에서 중요한 역할을 해요. 개인적으로도 독수리한테 참 공감이 가요. 다른 이들이 욕심을 부리다 남긴 부스러기를 먹고 살아간다는 게 어떤 기분인지 실질적으로 이해하니까요."

현대 인간도 결국 동물이다. 카펫을 깐 집에서 과자를 와그작와그작 씹으면서 스마트폰을 하다 보면 그 사실을 잊어버릴 때도 있겠지만 어떤 사람들은 원초적인 상태에 더 가깝게 지내며 살아간다. 그런 사람들은 하이에나와 독수리처럼 오해를 받는다. 그리고 그중에 제라가 있다.

미줄라를 나선 지 한 시간 지났을 무렵 링컨 외곽에 도착했다. 유나바머라는 별명으로 유명했던 테드 카진스키(미국의 수학 교수였으나 반기술주의 사상을 실현하기 위해 여러 차례 폭탄 테러를 자행한 인물로 FBI는 그가 주로 대학교$_{University}$와 항공사$_{Airline}$에 폭발물을 보낸다는 점에 착안해 '유나바머'라는 별명을 붙였다—옮긴이)가 오프그리드 오두막에서 생활했던 곳이다. 제라가 시트에 등을 기대고는 말했다. "저는 어린 시절에 좀 유별난 아이였어요. 숲에서 시간을 보내는 걸 좋아했고 그곳 동물들을 가까이서 보고 싶었죠. 결국 코요테 무리랑 친해져서 하루 중 대부분을 개네랑 같이 보냈어요. 정확히는 개네들이 저를 참아 준 거겠지만요. 그 코요테 친구들은……." 제라가 말끝을 흐리고는 액셀에서 발을 떼 속도를 줄였다. 그러더니 등을 곧게 펴고는 마치 독수리처럼 갓길을 바라보았다.

노새 사슴 한 마리가 쓰러져 있었다. 로드킬이었다. 제라는 목을 쭉 빼고는 눈을 가늘게 뜨고 있었다. 지프 속도가 스르르 줄어들었다. 제라가 액셀을 다시 밟으며 말했다. "아이고, 이런. 이렇게 늦봄에는 아침 일찍 로드킬을 발견하는 게 아니면 아무 소용이 없어요."

제라는 지프 뒷좌석에 '연쇄살인용 키트'라 부르는 도구함을 가지고 다닌다. 여기에는 뼈 톱, 방수포, 장갑, 메스, 밧줄, 쓰레기봉투가 들어 있다. 만약 사슴이 죽은 지 얼마 안 됐다면 차를 세우고 고기를 손질해서 미줄라로 몽땅 가져갔을 것이다. "저는 동물이 쓸데없는 이유로 죽는 게 싫어요. 고기가 그런 식으로 낭비되면 안 되잖아요."

제라가 키우는 개 네론은 벨지안말리누아 종인데 신선한 고기만 먹는다. "저는 이제 차를 몰면서도 동물이 죽은 지 얼마나 됐는지 쉽게 파악할 수 있어요. 예전에는 정확히 확인하려면 차를 세워야 했거든요."

제라의 소유물은 거의 다 지프 안에 있다. 물론 연쇄살인용 키트도 있지만 목적이 뚜렷한 장비가 가방 절반쯤 차 있는 커다란 배낭도 있다.

차를 타고 출발하기 전에 제라의 친구인 자나 윌러 집에 들렀었다. 윌러는 스포츠맨 채널에 이어 현재 카본 TV에서 쇼를 진행 중인 사냥 업계의 유명 인사다. 제라는 2021년부터 윌러 집 손님방에 얹혀살기 시작했다. 몬태나 야생 지역을 다니기가 쉬웠기 때문이다.

나는 제라와 거실 바닥에 앉아 장비를 죄다 펼쳐 놓고 밥 마셜 자연공원에서 며칠 묵을 채비를 했다. 그곳은 도로 하나 없이 광활하게 뻗쳐 있는 몬태나 야생 지역으로 미국산림청에 따르면, 미국 본토에서 회색곰 서식 밀도가 가장 높은 곳이다. 하지만 곧 닥칠 여정에 대비하는 각자의 짐은 굉장히 달랐다.

제라가 챙긴 장비 중에는 일단 텐트 대용 방수포, 비상용 은박 담요, 나침반, 라이터, 착화용 풀, 상처 접합용 접착제가 든 일명 '망했다 봉지'가 있었다. 그 외에 칼, 우비, 화장지, 칫솔, 스웨터, 다운 재킷, 전조등, 깡통 냄비, 곰 퇴치용 스프레이, 밤에 먹을 캠핑용 비상식량, 아침과 점심으로 먹을 빵 한 덩이와 버터 세 개, 숟가락 하나가 있었다.

이번에는 내가 가져온 장비 더미를 바라보았다. 옷가지는 마치 야외 활동을 좋아하는 다이애나 로스(세계적으로 가장 성공한 여성 아티스트로 꼽히는 미국의 가수로 무대마다 화려한 의상이 돋보인다―옮긴이)가 챙겨 온 것처럼 거창했다. 양말, 속옷, 껴입을 옷도 여러 벌 있었다. 텐트는 널찍한 크기였다. 구급상자는 유타 해변에서 다친 사람을 죄다 치료해도 남을 만큼 거대했다. 온갖 캠핑용 먹거리가 점심용과 저녁용 따로 준비되어 있었고 초콜릿바, 에너지바 같은 것도 있었다(치마네 식단은 개나 줬다). 칼을 비롯해 서른일곱 가지 기능이 있는 다용도 도구를 챙겼는데 별도로 칼을 또 가져왔다. 이 모든 걸 리무진만 한 배낭에 짊어지고 다닐 예정이었다.

"제가 물건을 너무 많이 챙겨 온 걸까요?"

내 물음에 제라가 답했다. "음…… 당신한테 맞는 물건만 고르면 될 것 같아요." 사실상 "아니, 무슨 이삿짐이라도 싸셨어요?"를 돌려 말한 거였다.

이 기회에 제라한테 배울 마음으로 나는 장비 목록을 줄이고 줄이기 시작했다. 일단 큰 배낭을 작은 배낭으로 바꿨다. 텐트를 포기하고 제라에게 방수포 하나를 빌렸다. 제라가 덧붙였다. "곰 서식지에서 텐트에 들어가겠다는 건 스스로를 가둬 놓는 거나 마찬가지예요. 재질만 옷감일 뿐 사실상 감옥이죠."

여분의 옷, 양말, 속옷을 포기했고 내 안의 과체중 꼬마가 칭얼거리는 걸 외면한 채 식량도 줄였다.

근처 테이블 위에는 제라가 곰 퇴치용 스프레이 여분과 10밀리미터 권총을 올려 두었다. 나는 곰 습격에 대비해 둘 중 하나를 가져갈 수도, 둘 다 가져갈 수도, 하나도 가져가지 않을 수도 있었다. 처음 드는 생각은 무조건 중무장해야겠다는 생각이었다. 당연히 권총이 필요하겠지. 그럼, 제라라면 어디 헬파이어 미사일도 준비해 두지 않았을까?

그런데 문득 더 높은 차원의 생각이 들었다. 곰이 F1 경주용 자동차처럼 나를 향해 돌진할 때 침착하게 권총을 꺼내 발포해서 10밀리미터 권총을 20센티미터 너비 과녁인 곰 이마에 정확히 맞출 수 있어야 권총을 가지고 다니는 게 의미 있을 터였다. 더 이상 교회에 나가지 않는 스스로를 자책하며 악 소리를 지르고 똥오줌을 지리는 와중에 과연 그게 될까? 그건 어마어마한 기술이 필요해 보였다.

그래서 나도 곰 퇴치용 스프레이만 챙겼다. 곰이 돌진할 때 최소한 스프레이 정도는 뿌릴 수 있지 않을까 싶었다. 죽어라 뿌리다 보면 매운 스프레이가 결국 내 눈마저 멀게 해서 내가 저 멀리 튕겨 나가는 꼴을 보지 않을 수라도 있지 않을까.

"좋은 선택이에요. 괜히 총을 들고 갔다가는 어차피 빗맞히거나 곰 몸통에 맞혀서 화만 돋울 게 뻔해요. 곰이 저를 물어뜯고 있는 상황이라면 결국 곰이 아니라 저를 맞히실 것 같고요." 나를 믿어 주는 사람이 있다는 게 얼마나 감동적인 일인지 새삼 느꼈다.

물건을 줄이고 줄였는데도 내 배낭은 여전히 꽉 차 있었다. 게다가 가져가고 싶은 품목이 마지막으로 하나 더 있었다. 바로 캠핑용 버너였다. 어떻게든 배낭에 집어넣으려고 다양한 각도로 밀어 넣어 보다가 도저히 안 돼서 결국 포기했다. "그냥 당신 냄비로 물을 끓이는 게 낫겠네요. 커피를 포기하면 되는걸요." 제라는 내 촉촉한 눈가에 마음이 흔들렸는지 버너를 집어 들며 말했다. "제가 대신 들고 갈게요."

사슴 사체를 지나 다시 속도를 높이며 도로 위를 달리는 동안 내가 입을 열었다. "이걸 어떻게 말씀드려야 할지 모르겠는데……. 로드킬 이야기만 빼놓고 생각하면 하시는 일에 비해 꽤 정상인처럼 보이셔요."

"그게 제가 생존주의자라 보기 어려운 이유죠. 뭐, 적어도 저는 아니라고 생각해요. 저는 가진 것 없이 살 수 있고 실제로 오래도록 그렇게 살아온 사람일 뿐입니다." 제라는 웃으며 말했다.

제라는 지난 15년을 그와 비슷한 방식으로 배낭을 싼 채 살아왔다. 생존주의자에 비비지는 못한다는 말도 겸손이었다. 그녀는 확실히 생존주의자였다. 하지만 TV에 나올 법한 극적인 부류의 생존주의자는 아니었다. 예컨대, 산악인 생존주의자들은 비버 가죽을 걸친 채 장총을 들고는 개척시대 부흥회를 다닌다. 프레퍼Prepper 생존주의자들은 임박한 핵 재난이나 외계인 침공에 대비해 온갖 기술을 연마하고 식량을 쌓아 둔다. 극단적 생존주의자들은 대개 문명의 이기를 모조리 거부한 채 독재 정부의 등장에 대비해 총기와 탄약을 비축하는 데 관심이 있다. 마지막으로 원시 기술 생존주의자들이 있다. 드림캐처를 달고 다니는 히피 유형으로 의식주를 자급자족하며 대체로 어머니와 같은 자연과 하나가 되려고 애쓴다.

그에 비해 제라는 굉장히 독특한 존재다. 달리기 선수이자 총잡이이자 탐험가이자 여행가로서 다양한 종류의 인간 경험을 추구하는 사람이다. 그러기 위해 여러 해 동안 맨몸으로 세계를 여행했다. 억만장자들과 함께 여행한 적도 짧게 있었다. 어부, 도축업자, 대장장이, 버섯 채집가, 농부로 일하며 돈을 벌기도 했고 〈네이키드 앤드 어프레이드Naked and Afraid〉라는 생존 리얼리티 쇼에 출연해 너무나도 쉽게 승리를 따낸 나머지 제작진에게서 더 길고 까다로운 도전을 준비할 테니 제발 돌아오라는 요청을 받기도 했다. 한 번은 물건 가격을 맞추는 쇼 〈프라이스 이즈 라이트The Price Is Right〉에서 상품으로 차를 딴 적도 있었다. 정말 다양한 인간 경험을 한 사람이다.

제라가 항상 그렇게 유별났던 것은 아니다. 제라는 지프를 몰면서 이야기했다. "학교 성적이 늘 좋았어요. 논문도 쓸 줄 알았고 정보도 잘 외웠죠. 원래는 의사나 수의사가 될 계획이었어요. 그때는 좋은 성적을 받아 잘나가는 직업을 얻으면 가장 행복하게 잘 사는 거라고 배웠죠. 하지만 제가 진정으로 하고 싶은 건 다양한 환경을 탐험하면서 그 안에서 살아남는 법을 배우는 거였어요." 그래서 일단 의사가 되고 나면 돈을 충분히 모은 다음 유급휴가 중에 야생을 탐험하며 살아보는 게 가능한지 시험해 봐야겠다고 판단했다.

그렇게 2003년에 미국 인문계열 명문대 코네티컷대학에 입학했다. 이스트코스트 지역의 소위 작은 아이비 대학 중 하나였다. 제라는 올 A를 받았다. 하지만 그때조차 좋아하는 일을 하며 여가 시간을 보냈다. 기숙사는 사실상 샤워하는 곳이자 책을 보관하는 곳에 불과했고 주로 학교 근처 숲에 쉼터를 지어 놓고 생활했다.

하지만 때때로 최악의 인간 경험이 최선의 인간 경험으로 이어지기도 한다. 제라는 당시를 이렇게 회상했다. "정말 멋지고 똑똑하고 재능 있는 친구가 있었어요. 하지만 그 친구는 학업 때문에 너무 스트레스를 받았죠. 좋은 성적을 받아 직장에 들어가서 주말이나 휴일에 하고 싶은 일을 하는 게 최선의 삶을 사는 방법이라고 생각했으니까요. 압박감이 너무 심했는지 그 친구는 학교 안에서 자살을 시도했어요. 친구를 처음 발견한 게 저였죠. 그때 머릿속에서 뭔가 딸깍하는 게 느껴졌어요. '정말 중요한 게 뭘까?' 당시 저는 고작 졸업장 하나 얻겠다고 온 삶을 투자하고 있었죠. 하지만 수업에서 배우는 지식은 제 관심사랑 거리가 멀었어요. 제가 진짜 하고 싶은 일에는 쓸모가 전혀 없다는 걸 깨달았죠."

제라는 돈이 없어도 얼마든지 여행을 하면서 다양한 환경을 탐험하고 그 안에서 살아남는 법을 배울 수 있음을 깨달았다. 얼마든지 원하는 기간 동안 말이다. 사실 애초에 직장이 없으면 휴가 일수를 고민할 필요도 없었다.

그래서 한 학기를 남긴 채 학교를 그만두었다. "주변 사람들은 엄청 속상해했죠. 하지만 저는 제가 무척 자랑스러웠어요. 세상이 돌아가는 방식에 대해 다른 사람들이 이야기하는 내용이랑은 상관없이 난생처음 오로지 저 자신만을 위해 저지른 일이었으니까요. 저는 저를 믿었어요."

그렇게 제라는 지금이랑 똑같은 장비 가방을 챙기고서 여정을 시작했다. 그 오랜 여정 중에 바로 지금 이 순간 내가 제라 곁에 함께 하게 된 것이다.

욕망의 알고리즘과 결핍의 고리

나는 제라가 대량 소비의 세계에서 잘 살아가는 법에 관한 지혜를 가르쳐 줄 수 있으리라 기대했다. 통계에 따르면, 팬데믹 기간에 충동구매가 급증했으나 팬데믹이 끝난 이후에도 쭉 그 상태를 유지 중이라고 한다. 나는 내 행동을 돌아봤다.

온라인 알고리즘은 내가 가장 산만해지기 쉬운 타이밍에 내 성격과 관심사에 완벽히 어울리는 물품을 눈앞에 제시했다. 그럴 때마다 나는 물건을 샀다.

예를 들어, 자가격리 기간 중에 나는 어디 갈 곳도 없었고 5분마다 쳐다보는 스마트폰에 이미 시계가 있었지만 그럼에도 터무니없이 비싼 명품 시계를 샀다. 그 시계를 찬 채 집안을 돌아다녔다. 그것도 마트에서 14달러를 주고 산 추리닝 바지에 치과에서 무료로 얻은 티셔츠 차림을 하고서 말이다.

아무 생각 없이 저지른 온라인 쇼핑 말고도 정말 쪽팔리는 사건이 하나 있었다. 자세한 내용은 숨기고 싶지만 어쨌든 나는 4년 동안 애지중지하던 픽업트럭을 스바루 아웃백으로 바꿨다.

트럭이 아직 한참 더 쓸 만했기에 일단 쓸데없는 지출이 분명했다. 게다가 내 성격을 고려해도 끔찍한 선택이었다. 물론 스바루 아웃백 같은 차가 단란한 가족용 차로는 합리적인 선택이겠지만 일단 나에게는 자녀가 없었고 해치백이 달린 차는 내 분위기에 맞지 않았다. 마치 열성 부모가 평범한 혼다 오디세이 차를 대뜸 폭주족이 몰 만한 할리데이비슨 오토바이로 바꾸는 짓이랑 똑같았다.

그날 집에 돌아왔을 때 아내가 물었다. "당신, 스바루…… 아웃백을 샀다고?" 아내는 평소엔 말 잘 듣는 훈련된 강아지가 제일 아끼는 카펫에 오줌을 갈긴 것을 발견한 것처럼 나를 바라보았다. 황당함과 실망이 뒤섞인 표정이었다. 하지만 동시에 이 녀석이 뭘 잘못 먹어도 한참 잘못 먹었다는 진심 어린 걱정도 담겨 있었다.

내가 항변했다. "《컨슈머리포츠Consumer Reports》 잡지에서 최고의 상품으로 꼽은 차라고!"

아내는 고개를 절레절레 흔들었다. 내 충동 제어 능력만 산산조각 난 게 아니었다. 나조차도 낯설 만큼 고삐 풀린 충동이 나를 굉장히 당혹스러운 영역으로 몰아가고 있었다. 탕자가 돌아오긴 돌아왔는데 헤로인에 잔뜩 취해 돌아온 수준이었다.

결핍의 고리에 빠진 것 같았다. 나는 내 삶을 개선해 줄 것만 같은 딱 맞는 제품을 찾고 또 찾다가 결국 하나를 낙점하고야 말았다. 그러고 나면 또다시 반복이었다. 택배 직원과 서로 이름을 부르는 사이가 될 정도였다.

하지만 새로운 소유물이 쌓이고 또 쌓일수록 오히려 물건이 나를 소유하는 기분이 들었다. 일례로, 나는 딱히 하고 싶지도 않은 컨설팅 일을 맡았는데, 카드로 긁은 물건 값을 내야 함은 물론, 카드를 더 긁어도 괜찮다는 근거가 필요했기 때문이다.

마침내 물건이 너무 많다는 것을 깨닫고 짜증이 나기 시작하자 한계점에 다다른 나는 해결책을 찾기 시작했다. 카드 청구서를 갖다 버릴 수는 없었다. 그 대신 어느 온라인 사이트에서는 물건을 갖다 버리면 삶이 더 나아질 것이라고 제안했다. 나는 '더 적은 것'의 삶, 즉 미니멀리즘의 삶을 소개받았다.

하지만 이런 해결책이 '애초에 내가 왜 더 많은 물건을 사려고 했는가?'라는 근원적인 질문을 해소하는 데는 도움을 주지 못했다. 정리 행위는 일시적인 안도감을 줄 뿐이었다. 그건 악순환을 깨부수는 행위가 아니라 오히려 악순환의 일부에 속했다.

그래서 나는 혹시 제라가 충동구매의 고리를 해결할 방법을 가지고 있지는 않은지 궁금했다. 물론 집(이라 쓰고 에어컨 거치대라 읽는 것)을 판 채 배낭 하나만 가지고 살아가겠다는 환상을 품은 건 아니었다. 그러고 싶지도 않았다. 그보다는 내가 짊어진 소유물이 내게 어떤 의미를 지니고 있는지, 그것이 내게 어떤 영향을 미치는지 깊이 생각해 보고 싶었다. 내 소유욕의 근원을 자세히 들여다보고 나면 어쩌면 적당함에 이르는 법을 찾아낼 수 있을지도 몰랐다.

'더 빨리' '더 많이'가 바꾼 소유의 개념

우리 조상이 소유물에 얽매이지 않은 도인들로서 히피 공동체 같은 자유로운 사회를 이룬 채 살아갔다고 생각하면 괜히 마음이 벅차다. 소유욕 없이 모든 걸 공유하면서 평화와 사랑을 노래하는 광경이라니.

물론 과거 인류가 오늘날 우리만큼 소유물을 많이 가지고 있지 않았던 건 사실이지만, 그렇다고 언젠가 소유욕이 없는 인간이 존재했다고 생각하는 건 동화 속 이야기에 불과하다. 《소비자행동Consumer Behavior》이라는 책에서는 말한다. "모든 인간은 정도의 차이가 있을 뿐 물질주의적이다. 자연스레 인간은 자기 문화 내에서 귀하게 여겨지는 물질적 자원을 더 많이 가지기를 갈망한다."

인류 조상이 자연과 '하나'가 되어 필요한 만큼만 취하며 살았다는 디즈니 만화 같은 순진한 생각과 달리 실상은 정반대였다. 자연은 타란티노 감독 영화처럼 잔혹한 세계에 가까웠다. 생존하려면 인간도 종종 잔인해야 했다. 너무 적게 갖는 것보다는 너무 많이 갖는 것이 생존에 더 유리했다.

블랙풋족의 '피스쿤piskun' 관습을 생각해 보자. '흥건한 피의 가마솥'을 뜻하는 피스쿤은 버팔로 무리를 절벽으로 모는 2000년 된 사냥 관습이다. 막다른 절벽으로 몰린 버팔로 무리는 결국 절벽 아래로 떨어졌고 블랙풋족은 그런 식으로 수백 마리를 한 번에 잡을 수 있었다. 부족원에게는 그날이 추수감사절이자 블랙프라이데이로서 식량과 물품을 잔뜩 얻을 수 있었다.

무려 수천 킬로그램에 달하는 고기와 물품이 나왔다. 가죽으로는 보금자리와 옷을 만들었고 뼈와 다른 부위로는 도구나 무기를 만들었다. 하지만 그 많은 버팔로 사체를 빠르게 해치울 수는 없었다. 많은 양이 그대로 썩어서 낭비되었다.

이는 그저 한 가지 사례에 불과하다. 고대에는 사회마다 물질주의를 추구하는 정도도, 물질을 공유하는 정도도 다 달랐다. 물론 완벽히 평등한 사회는 없었다. 밴쿠버아일랜드의 콰키우틀 부족처럼 사회 대부분 소유물을 쌓는 데 혈안이었다. 콰키우틀족을 연구한 인류학자 헬렌 코데레Helen Codere는 이렇게 보고했다. "집마다 깔개, 상자, 모피에 삼나무 껍질을 엮은 담요, 나무 식기, 뿔 숟가락, 카누를 여러 개씩 만들어 소유했다." 그들은 무작정 물건을 만들고 또 만들었다. "동일한 물품을 더 많이 생산하는 일은 절대 불필요하다고 느껴지지 않았다." 그도 그럴 것이, 굳이 한 사람당 뿔 숟가락을 하나만 써야 할 이유가 있을까? 50개를 소유해도 되지 않을까? 이런 습성은 유럽인이 도착하기 훨씬 전부터 시작됐으므로 물품 저장 욕구가 외부 영향 때문만은 아니라는 건 분명하다.

콰키우틀 주거지 남쪽에도 소유물에 집착하는 부족들이 있었다. 기후가 온화하고 자원이 풍부한 지역(오늘날의 캘리포니아)인 만큼 이곳 부족들은 이동할 일이 거의 없었다. 그래서 소유물을 쌓으며 시간을 보냈다. 학자들은 그들이 부를 축적하려는 '강박'을 가지고 있었다고 기록했다.

텍사스대학의 인류학자들은 인간의 타고난 성향이 물건을 덜 모으기보다는 더 모으는 것이라고 믿는다. 그들은 인간이 물질적 재화를 좋아하게 된 이유 세 가지를 이론화했다.

첫째, 물건을 소유하는 것은 생존에 도움이 된다. 학자들은 이렇게 설명한다. "과거에는 필요한 물품을 적절한 양만큼 소유하는 것이 보호와 편의를 제공했으며 교환 능력을 확장시켰다." 이 시절에 소유물은 '물건stuff'이라기보다는 '도구gear'에 가까웠다. 도구에는 명확한 쓰임새가 있다. 연장, 무기 같은 도구는 생명을 유지하는 데 도움이 되었다. 같은 규칙이 오늘날에도 적용된다.

제라가 소유물을 대하는 모습을 보면 소유물을 도구로 보는 관점의 정수 그 자체였다. 제라는 말했다. "제가 소유한 물건은 모두 그 무게에 상응하는 대가를 지불해야 합니다. 여러 기능을 수행해야 한다는 말이죠."

둘째, 물질적 재화는 지위를 가져다줄 수 있다. 시대와 장소에 딱 맞는 물건을 소유하면 사회적 지위가 높아진다. 특정 물품은 기본적인 목적 외에도 사회적 지위를 다른 사람들에게 알리는 부차적인 역할도 수행한다.

1899년 미국 경제학자이자 사회학자인 소스타인 베블런Thorstein Veblen은 이를 '과시적 소비'라 부른다. 사회적 지위를 과시하기 위해 기능적으로 동등한 물건 중 비교적 저렴한 물건 대신 값비싼 물건을 구매하는 현상이다. 베블런은 말한다. "값비싼 물품을 과시적으로 소비하는 것은 유한계급인 사람이 평판을 관리하는 수단이다." 예컨대, 명품 시계를 사는 사람은 '실제로' 시간을 보려고 사는 게 아니다. 명품 가방을 사는 사람도 그저 짐을 나르려고 사는 게 아니다.

희소성과 독점성은 명품 브랜드나 프리미엄 가격이 존재하는 핵심 근간이다. 템플대학 연구진의 발견에 따르면, 특정 물품이 구하기 어렵거나 한정적이라는 믿음이 특정 물품이 인기가 많다는 신호(이를테면 베스트셀러라는 광고)보다 소유욕을 더 크게 자극한다.

소위 깨우친 사람들조차 과시적 소비나 한정적 물품의 덫에 쉽게 빠져든다. 예를 들어, 달라이 라마는 명품 시계를 15개나 가지고 있다. 그중에는 롤렉스 두 개와 세계에 몇 없는 파텍필립 하나가 포함되어 있다. 시계를 잘 모르는 독자를 위해 덧붙이자면 파텍필립은 롤렉스가 너무 저렴하다고 느껴질 때 찾아보는 브랜드다.

셋째, 물질적 재화는 소속감을 가져다줄 수 있다. 이는 지위를 높이려고 물건을 사는 것과는 다르다. 학자들은 그 차이를 이렇게 설명한다. "지위를 높이려는 동기는 집단 내에서 다른 구성원 '위로 올라서려는' 노력을 통해 나타나는 반면, 어딘가에 속하려는 동기는 집단 내에서 다른 구성원 '곁에 함께하려는' 노력을 통해 나타난다."

이를 학계에서는 '브랜드 부족주의brand tribalism'라 부른다. 자신이 구입하는 물건에 사회적 의미를 부여하는 셈이다. 브랜드 상품을 구매한 다음 집단 내 구성원들 앞에서 로고를 드러내는 행위는 음식, 보충제, 커피, 비싼 패딩을 사는 행위만큼이나 사회정치적인, 어쩌면 종교적인 행위다. 인간이 물건 위에 소인燒印을 찍기 시작한 것은 최소 5000년 전까지 거슬러 올라간다.

하지만 인류 역사 상당 기간에 걸쳐 인간은 물건을 많이 소유할 수 없었다. 물건을 제작하는 데 필요한 재료를 구하기가 더 어려웠고 수작업으로 물건을 만드는 데 시간도 더 많이 걸렸다. 예컨대, 대장장이가 못 하나를 만드는 데만 1분이 걸렸다. 못이 어찌나 희소하고 귀중했는지 방화범들은 종종 못을 훔치려고 건물을 불태우기도 했다. 반면, 오늘날 못을 제조하는 기계는 1분에 못을 360개 생산할 수 있다.

과거에 소유물이 적었던 또 다른 이유는 인간 대부분이 끊임없이 이동했기 때문이다. 그래서 옮기기 어려운 물건은 대개 버려졌다.

요컨대, 과거의 인간이라고 적게 가지기를 원했던 건 아니다. 더 많이 소유하기를 갈망했고 갈망을 충족할 기회가 생기면 기꺼이 물건을 취득했다. 다만 그런 기회가 드물었을 뿐이다.

18세기에도 대부분의 미국인은 소유물을 많이 갖지 못했다. 가진 것이라고는 집, 식량을 구하거나 조리하는 데 도움이 되는 도구 몇 개, 기본적인 가구, 성경, 옷 몇 벌이었다. 남의 집에 불을 지른 경험이 많다면 못은 많이 가지고 있었을지도 모르고. 구체적인 수치를 들자면, 당시 미국 남성과 여성은 1인당 평균 3벌의 옷을 가지고 있었다. 가장 부유하다는 사람조차 대형 옷장이 필요하지는 않았다. 예를 들어, 제3대 대통령 토머스 제퍼슨의 아내 마사는 옷을 총 17벌 가지고 있었다.

결핍의 고리의 세 번째 단계가 즉각적 반복 가능성임을 기억하자. 따라서 과거에는 물품 구매 행위가 결핍의 고리를 불러일으킬 수 없었다. 당시 인간은 너무 가난한 데 반해 물건은 너무 희귀하고 비쌌다. 사람들은 한 번 물건을 만들거나 사고 나면 완전히 닳아 없어질 때까지 사용했다.

하지만 18세기에 들어서면서 모든 게 뒤집혔다. 1733년에 영국인 존 케이가 직조기를 발명하면서 노동자가 직물을 만들어 내는 속도가 두 배로 늘었다.

단지 사람들이 직물을 더 많이 얻었다는 이야기로 끝나지 않았다. 케이의 발명은 도미노처럼 연쇄 작용을 일으켰다. 뒤이어 실에 대한 수요가 늘어났다. 수요를 따라잡으려면 이제 더 많은 실을 뽑아낼 수 있는 기계를 개발해야 했다. 그러고 나면 더 많은 면화를 추출할 기계가 필요했다. 당연히 더 많은 기계를 제조할 기계도 필요했다. 이렇듯, 어느 기계가 어느 산업의 생산성을 크게 높이면 그 수요를 충족하기 위해 다른 산업에서도 새로운 기계를 발명하거나 도입했다. 그런 식으로 모든 산업이 기계화를 거쳐 물질을 생산하기 시작했다.

1850년 즈음에는 산업혁명이 완성 단계에 이르렀다. 인간이 물건을 더 신속하고 저렴하게 만드는 방법을 알아내면서 250만 년 전에 인류가 침팬지로부터 분기해 진화한 이후로 쭉 이어졌던 결핍의 환경이 풍요의 환경으로 뒤바뀌었다.

만약 지금 마사 제퍼슨에게 우리 옷장을 보여 주면 아마 큰 충격을 받을 것이다. 미국인은 옷을 매년 평균 37벌 구입한다. 한 연구에 따르면, 1인당 평균적으로 보유한 옷 개수는 107벌에 이른다. 같은 연구에서는 우리가 그 옷들을 어떻게 생각하는지도 자세히 조사했다. 사람들은 107벌의 옷 중 21퍼센트는 입을 수 없다고 생각한다. 57퍼센트는 너무 꽉 끼거나 헐렁하다고 생각한다. 12퍼센트는 여태까지 한 번도 입지 않았다. 결국 꾸준히 입는 옷은 나머지 10퍼센트인 11벌로 마사 제퍼슨과 크게 다르지 않다. 환경보호청Environmental Protection Agency 보고에 따르면, 미국인은 매년 1인당 약 30킬로그램에 이르는 의류와 직물을 버린다.

물론 기계화는 더 많은 옷을 안겨 주는 것으로 끝나지 않았다. 모든 것이 더 많아졌다.

국제운송포장협회International Shipping and Packing Association 보고에 따르면, 미국에서는 가구당 평균적으로 4535킬로그램에 이르는 물건을 보유 중이다. 여기에는 가벼운 물건인 볼펜부터 무거운 물건인 TV에 이르기까지 총 1~5만 개의 품목이 포함되어 있다. 《월스트리트저널》에서는 오늘날 미국인이 필요하지 않은 물건에 매년 1.2조 달러를 지불하고 있다고 지적한다.

정신과 의사들은 1930년대에 부유층에게 나타나는 충동구매 현상을 처음으로 인식했다. 하지만 이제는 부유하지 않아도 충동구매가 가능하다. 역사학자 지넷 쿠퍼먼Jeannette Cooperman은 "20세기에 들어 크게 가치도 없는 물건을 무작위로 마구 축적하는 기이한 현상이 처음 나타나기 시작했다"고 말한다.

《정신의학의 최전선》에 실린 한 연구에 따르면, 미국인 6퍼센트가 충동구매 장애를 겪고 있다. 그 수치가 2퍼센트라고 주장하는 연구가 있는가 하면, 16퍼센트에 달한다고 주장하는 연구도 있다.

미국의 저명한 정신과 의사이자 아이오와대학 교수인 도널드 W. 블랙Donald W. Black은 충동적 구매자가 거치는 독특한 단계들을 관찰했다. 이는 결핍의 고리와 매우 유사하다. 첫 번째 단계는 좋은 기회(세일을 자주 하거나 신상이 많은 가게)를 찾는 것이다. 다음 단계는 상점, 쇼핑몰, 온라인 쇼핑몰의 세계에 들어가 물건을 탐색하는 것이다. 블랙의 발견에 따르면, 이때 쇼핑객은 예측할 수 없는 할인 품목, 이를테면 원래 60달러인데 30달러에 판매 중인 가방이라든가 한정 기간 내에만 40퍼센트 할인해 2200달러로 판매 중인 명품 가방 등을 찾으려는 경향이 있다. 물건을 사고 나면 즉각적으로 다음 구매 품목을 찾는 행위를 반복한다.

블랙은 충동구매 장애를 겪는 사람이 "쇼핑이 매우 흥미진진하다"고 묘사하는 경향이 있다고 말한다. 중독과 마찬가지로 이 역시 학습된 대응 기제다. 예컨대, 충동구매를 겪는 사람들은 흔히 우울, 불안, 권태 같은 '부정적인 감정'이 '쇼핑의 선행 조건'이었으며 그와 같은 '부정적인 감정의 해소와 희열'이 '가장 흔히 나타나는 결과'라고 언급했다.

블랙은 값싼 물건이 넘쳐나면서 충동구매 장애가 저소득층 사람들에게도 똑같이 영향을 미친다고 분석했다. 특히 즉각적 반복 가능성이 핵심이었다. "충동구매자는 대부분 물건을 대량으로 구매한다."

현대에는 '필요'라는 개념도 변했다. 흔히 필요가 발명의 어머니라고 하지만 퓨리서치센터Pew Research Center는 사실 그 반대가 참이라고 말한다. 발명이 필요의 어머니라는 것이다. 딱히 필요하지 않은 물품이 발명되더라도 시간이 지나면 그 물품이 문화 속에 너무 깊이 스며든 나머지 우리는 그것을 필수품이라 여기기 시작한다. GPS, 블루투스, 무선 헤드셋, 리모컨, 텔레비전, 전자레인지 등이 그 예다. 우리가 기계를 만들면 이제 거꾸로 기계가 우리를 점점 의존적으로 만든다. 미국인이 '사치품'이 아닌 '필수품'으로 여기는 물건 수는 10년

마다 증가하는 추세다.

　데이터를 확인하는 내내 수치가 너무 높다고 생각했다. 말도 안 된다고까지 느껴졌다. 우리가 물건을 최소 1만 개, 심지어 5만 개까지도 쌓아 놓고 있다고? 이 단락을 쓰는 와중에 잠깐 멈추고 일단 책상 위에 놓인 물건만 세어 보았다. 펜, 펜 보관함, 머그잔, 방향제, 컴퓨터, 휴대 전화, 모니터, 웹캠, 어댑터, 램프, 책, 킨들, 공책 등 물건이 총 19개 있었다. 서재 전체를 보면 어떨까? 허허, 그저 웃지요. 쓸데없는 물건만 꼽아 보자. 중동에서 가져온 아라비아어가 적힌 담뱃값, (절반 읽다가 덮은) 너무 많은 책, 가수 제리 가르시아의 상반신 사진이 보였다. 방콕의 골목길을 다니다 어느 남자에게 산 이상한 가루가 든 병도 있었다. 남자는 비상시에만 사용하라고 말했었다. 하지만 정작 비상시가 되면 내가 챙겨서 나갈 건 우리 강아지밖에 없다. 물론 그 강아지마저 템퍼페딕 애견 매트에 몸을 눕힌 채 장난감 세 개에 둘러싸여 있었다.

　맞다. 미국에서는 심지어 개조차 한두 세기 전 미국인보다 물건을 더 많이 소유하고 있다. 물론 우리 부부는 개한테 옷을 입히는 게 동물 학대라고 생각하기 때문에 반려견용 옷을 사지는 않는다. 그러나 반려견용 의류 산업은 앞으로 몇 년 안에 166억 달러 가치에 이를 것으로 예상된다.

　조상들과 달리 우리는 이따금 소유물을 뒤로한 채 떠날 필요도, 몽땅 갖다 버릴 필요도 없다. 우리는 인생 전반에 걸쳐 물건을 수집하여 반복해 사용한다. 메리 올리버의 시 〈내게는 집이 있네 I Own a House〉에서는 그 과정을 이렇게 묘사한다. "내게는 집이 있네. 작지만 편안한 집. 그 안에는 침대, 책상…… 전화기가 있네. 그렇게 당신도 알다시피 물건들이 모이네." 정말 그렇다. 물건들은 모인다.

하지만 우리의 물건들은 올리버가 살던 작은 오두막집에 모이는 게 아니다. 1910년 이후로 평균적인 집 크기는 75퍼센트 커졌다. 지금은 대략 2500제곱피트에 이른다. 일부 도시에서는 집 크기가 세 배로 늘어났다. 내가 사는 라스베이거스도 거기에 포함된다.

산업화가 온 지구를 휩쓸면서 결핍의 뇌는 끊임없이 우리가 더 많은 것을 갈구하도록 몰아붙인다. 이제는 우리가 소유한 물건이 어찌나 많은지 그걸 관리해 주는 산업이 생겨날 정도다. 우리는 물건을 정리하는 기술을 가르쳐 주는 책을 사고 TV쇼를 본다. 우리가 더 많은 물건을 저장하기 위해 돈을 주고 빌리는 별도의 공간, 즉 물품 보관소는 단지 존재하는 정도를 넘어 미국 내에서 가장 빠르게 성장하는 사업 중 하나가 되었다. 현재 미국에는 맥도날드, 버거킹, 스타벅스, 월마트를 합친 것보다 더 많은 물품 보관 서비스 시설이 있다.

UCLA 연구진은 우리가 너무 많은 물건을 수집하는 이유 중 하나가 과잉 구매 했음을 알려 주는 생물학적 제동장치가 없기 때문이라고 설명한다. 먹거나 마시는 행위도 얼마든지 과할 수 있지만 결국 배가 불러서 멈춰야 한다. 그러나 물건(혹은 영향력이나 정보)을 쌓는 행위는 얼마든지 빠르게 반복할 수 있다. 공간이 없으면 물품 보관소를 찾아가면 그만이다.

새로운 물건을 사거나 오래된 물건을 기부할지 결정할 때 도움이 되는 원칙 하나는 60초 이내에 결정을 내리는 것이다. 심리학자이자 호주인지행동치료협회Australian Association for Cognitive and Behaviour Therapy

회장 멜리사 노버그Melissa Norberg는 말한다. "결정을 내리는 데 1분 이상 걸린다면 불필요한 물건을 사거나 지키려고 정당화하는 중일 가능성이 높다."

풍요로움이 낳은 문제

많은 사람이 물건을 구입할 때 죄책감을 느낀다. 방대한 양의 물건이 자연환경을 파괴하고 있다고 믿기 때문이다. 예컨대, 아마존 프라임에서 상품을 주문하거나 6달러짜리 티셔츠를 구입하는 건 북극곰을 죽이는 데 한 표를 던지는 것이나 마찬가지라고 생각한다.

하지만 MIT 선을 위한 기술 연구단Tech for Good Research Group 공동 책임자 앤드류 맥아피Andrew McAfee와 대화를 나누면서 죄책감이 살짝 해소되었다. 단, 주의해야 할 점이 두 가지 있었다. 첫째는, 1970년대까지만 해도 지구는 환경파괴를 향해 치닫고 있는 것처럼 보였다.

맥아피는 이렇게 설명했다. "오염이 증가하는 추세였습니다. 많은 생명체가 멸종했고 생태계가 위험에 처해 있었습니다. 경제 성장 속도에 비례해 매년 자원 소모도 기하급수적으로 늘어났습니다." 하지만 제1회 지구의 날 즈음 인구가 증가함에도 자원 소비량이 줄어들기 시작했다. 이 추세는 매년 가속화되고 있다. 인구가 늘어났고 경제가 탄탄해졌지만 자원은 더 적게 사용하는 것이다.

맥아피는 그 이유를 이렇게 말했다. "인류는 인구와 경제를 계속 성장시키면서도 지구가 받는 부담을 줄이는 방법을 마침내 알아냈습니다." 하지만 그렇다고 우리가 덜 소비하거나 덜 갈구하기 시작했다는 뜻은 아니다. 그 반대다.

"오히려 경쟁적 자본주의 문화가 득세하고 더 작은 투입량으로 더 많은 산출량을 내는 뛰어난 기술이 끊임없이 발전하면서 소비 풍조에 원투 펀치가 가해졌습니다. 재료와 자원을 투입하는 데는 비용이 들고 회사는 비용을 절감하기를 원하니 당연한 일이죠. 기술이 발전해 더 적은 자원을 사용하면서 더 많은 일을 할 기회가 생기면, 즉 재료에 더 적은 돈을 투자하면서 더 많은 상품과 서비스를 시장에 내놓을 기회가 생기면, 기업 입장에서는 언제나 그 기회를 받아들일 것입니다."

예를 들어, 1960년에는 맥주 한 캔을 만드는 데 사용하는 알루미늄 양이 오늘날 맥주 여섯 캔을 만드는 데 사용하는 알루미늄 양보다 많았다. 알루미늄 캔의 무게는 85그램에서 13그램 미만으로 줄었다. 맥주 양조업자들은 세계 알루미늄 공급량을 신경 쓰지는 않을 것이다. 하지만 수익은 신경 쓴다. 캔 제조 과정에 알루미늄을 덜 사용함으로써 생산자(그리고 소비자)는 비용을 절감할 수 있었다. 이런 흐름은 대부분의 자원 이용 양상에 적용된다.

미국에서는 일산화탄소나 납을 비롯한 여섯 가지 대기오염 물질 농도가 1970년 이후 77퍼센트 감소했다. 반면, 미국의 GDP와 인구는 각각 285퍼센트와 60퍼센트 증가했다. 2007년 이후로 이산화탄소 총량은 13퍼센트 줄었다. 순전히 경제 논리와 정부의 환경 규제 덕분이다.

자원을 더 효율적으로 사용하는 것은 물론 오랜 혁신의 산물이 하나로 합쳐지고 있기도 하다. 예컨대, 나는 강의 중에 학생들에게 유명한 광고 하나를 보여 준다. 바로 1991년도 라디오쉑 광고다. 이 광고에는 컴퓨터, 전화기, 시계가 달린 라디오, 스테레오, 계산기, 무전기, 캠코더, 카메라, 녹음기, 자동 응답기 등 당시 매장에서 판매 중이던 모든 제품이 등장한다. 물론 광고는 신문에 찍혀 나왔다.

그런데 맥아피의 설명대로 "이제 이 모든 제품이 스마트폰 하나에 흡수"되어 있다.

살펴본 두 현상이 전 세계적으로 확장되는 데 더해 정부 역시 환경 오염을 줄이고 자연환경을 보호하기 위해 지혜롭게 개입한 결과, 인류는 삶을 개선하면서도 지구에 탄소 발자국을 덜 남기게 되었다. 실제로 오늘날 우리는 더 적은 자원을 소비하고 더 적은 땅을 사용하며 오염 물질을 줄이고 멸종 직전까지 내몰았던 종을 되살리고 있다. 그러는 동시에 인구와 생활 수준 역시 높이는 데 성공했다.

맥아피는 앞으로 인구와 경제가 얼마나 성장하든 10년 후에는 지금보다 더 적은 자원을 사용할 것이라고 확신했다.

그럼에도 우리가 죄의식을 완전히 떨칠 수는 없다. 우선 맥아피는 현실적인 문제 하나를 지적한다. "지구 온난화는 현실입니다. 우리가 초래한 현실이고 끔찍한 문제죠. 게다가 여전히 오염 수준이 심각하고 계속 악화 중인 지역도 있습니다." 그는 1970년부터 효과를 본 방법을 계속 사용하는 게 답이라고 믿는다. "이런 문제를 해결하려면 각본대로만 움직이면 돼요."

맥아피는 세계 인구가 2050년경부터 감소하기 시작할 것으로 예상한다. "지구의 자원은 전 세계 인구의 소비를 충족시킬 만큼 풍부합니다. 물론 직관에는 맞지 않겠죠. 인류가 점점 더 빠른 속도로 지구를 망치고 있다는 생각을 계속 주입 당해서 그래요." 하지만 데이터는 우리가 혁신을 계속하고 그 혁신을 전 세계로 확산시키기만 한다면 전망이 괜찮을 것임을 시사한다.

우리가 주목해야 할 두 번째 문제는 알루미늄 캔을 개량하거나 혁신을 한데 집약하는 식으로는 해결할 수 없는, 인간으로서의 삶과 관련이 있다. 최근 우리가 효율적인 기술과 제품 덕분에 더욱 편해진 것은 사실이지만 그렇다고 더욱 만족스러운 삶을 살게 된 것은 아니다. 전 세계적으로 정신 건강 문제가 심각해지고 있다. 사실, 여러 기술적 변화가 우리를 불안하게 만들고 있다. 이런 변화 때문에 우리는 다른 사람들로부터 단절되었을 뿐만 아니라 만족스러운 삶의 양식으로부터도 단절되었다.

맥아피는 이렇게 정리했다. "풍요에도 문제가 딸려 옵니다. 결핍이 초래하는 문제보다는 낫겠지만 어쨌든 문제는 문제죠."

적은 자원이 가져다주는 창의적인 해답

제라는 연중 6개월을 사람들 발이 닿지 않는 야생에서 보낸다. 단지 캠핑이나 산책을 다니는 게 아니다. 나는 제라를 따라 소나무가 우거진 초원, 바위투성이 언덕, 돌밭, 빽빽한 덤불과 나무를 헤치며 나아가야 했다.

오지에서 보내는 두 번째 날 오후였다. 20분 전쯤에 점심을 먹으려고 잠시 길을 멈췄다. 나는 민트 초콜릿 칩이 든 에너지바를 먹었다. 양치를 한 다음에 초콜릿 우유를 한 모금 마시는 느낌이었다.

제라는 버터를 먹었다. 버터 한 덩어리에서 4분의 1을 숟가락으로 떠서 빵 조각 위에 올린 다음 타코처럼 접어 먹었다. 이름하여 버터 타코였다.

문제는 제라가 고작 버터 조금을 먹고도 마치 에스프레소 콩을 삼킨 테리어가 온 집 안을 미친 듯이 쌀쌀 뛰어다니는 것처럼 앞으로 튀어나가는 바람에 그 뒤를 따라잡아야 했다는 것이다. 물론 여기는 반려견 놀이터가 아니라 미국에서 가장 험준한 산 중 한 곳이었다. 우리는 점점 더 높이 야생 깊은 곳으로 나아갔다.

등산이 뭔지 나도 잘 알지만, 제라 덕분에 하는 이 짓은 등산이 아니었다. 산 좀 탄다 하는 네발짐승도 학을 뗄 지형을 지나야 했다. 바위투성이 오르막을 간신히 오르는데 제라는 저 멀리 앞서가더니 오르막 꼭대기에서 수직으로 수십 미터 치솟은 절벽을 가리키며 말했다. "보통 절벽 바로 아래는 평평하거든요. 산양이 그런 곳에 자주 머물러요. 거기서 죽는 경우도 많고요. 그래서 두개골을 찾기에 그만한 곳이 없어요."

제라는 가을에는 고기를 구하려고 사냥할 때도 있다. 하지만 봄과 여름에는 뿔 사냥에 집중한다. 특히 동물이 자연적으로 남긴 뿔을 찾아서 수집한다. 겨울 중에 사슴이나 엘크처럼 발굽이 있는 동물이 뿔을 떨어뜨리기 때문이다. 때로는 사슴, 엘크, 산양의 뼈나 두개골을 찾기도 한다.

"연중 언제든 할 수 있어요. 움직이지 않는 표적을 찾아야 하는데 심지어 표적이 크지도 않으니 어렵죠. 그래서 훨씬 더 주의를 기울여야 해요. 사실 제가 진짜로 찾으려는 건 뿔이 아니에요. 다른 동물의 삶을 위해 동물이 죽음을 맞이한 순간을 찾고 싶었죠." 이것이 그녀가 뿔 사냥을 즐기는 이유였다.

어떤 사람들은 뿔 사냥을 수익성 좋은 부업 정도로 생각한다. 수집가들은 두꺼운 뿔이 달린 채 완벽히 보존된 산양이나 엘크 두개골에 수천 달러라도 지불할 것이다. 뿔은 무게 대비 강도가 지구상에서 가장 튼튼한 자연물 중 하나이기 때문에 잘 보존된 뿔은 나이프 손잡이를 만들거나 아웃도어 제품에 장식용으로 붙이는 데 사용될 수 있다. 설령 마모나 손상이 있는 뿔일지라도 개 껌을 만드는 회사에 킬로그램당 약 60달러 가격으로 팔릴 수 있다.

하지만 제라는 말했다. "저는 뼈나 뿔을 절대 팔지 않아요. 그랬다가는 제 탐험의 의미가 완전히 퇴색되겠죠." 괴로움과 즐거움을 오가는 스릴과 뿔을 찾는다는 명확한 목표가 야생에 더 오래 머무를 수 있는 동기를 부여해 준다고 했다. 나는 이 사실을 마음에 새겼다. 대니얼 살과 토마스 젠탈이 말하는 결핍의 고리와 굉장히 비슷하게 들렸다.

마침내 경사 꼭대기에 도착했다. 우리는 목을 길게 내민 채 그새 더 높아진 것 같은 절벽 위를 올려다보았다. 제라가 말했다. "죽기 딱 좋은 곳이네." 너무 험해 접근이 어려워 보였다. 몇몇 동물들을 제외하고는 발도 들이지 않을 곳이었다.

뒤이어 제라는 절벽 바로 아래 깔린 평평한 바닥을 따라 빠르게 움직였다. 마치 꿩 냄새를 맡은 사냥개처럼 경로를 파악하며 신속하게 나아갔다. 그 끝엔 결국 평평한 바닥이 가파른 경사로 바뀌어 수직으로 수천 피트 아래까지 이어졌다.

제라가 말했다. "운이 없군요." 이곳에서는 아무것도 찾지 못했다. 성공을 가장한 실패였다. 그 대신 끝내 주는 경치를 얻었다. 하얗게 맑은 하늘에는 손을 뻗으면 닿을 거리에 짙은 구름이 더러 걸려 있었다. 아래로는 마치 뱀이 산을 비집고 나아가듯 호수가 구불구불 이어졌다. 우리는 잠깐 앉아 시간을 보냈다.

제라는 여행을 다닐 때면 야생을 떠도는 맥가이버가 되어야 했다고 말했다. "군용 상점에서 헐값에 산 배낭에 담요, 물병, 냄비, 칼, 일기장, 여권, 라이터만 넣어서 다녔죠." 무언가가 없으면 창의력을 발휘해야 했다. "한 번은 타이벡(외벽 내장재, 보온재, 특수 작업복 등으로 쓰이는 친환경 합성섬유—옮긴이) 한 장을 발견했는데 간이 텐트로 써먹기 딱 좋았죠. 창의적으로 문제를 해결해야 하는 상황을 맞닥뜨리면 흥분됐어요. '그냥 사러 가면 그만이야'가 안 되니까요. 그러다 보니 온전히 지금 내 경험에 몰입하는 법을 알게 됐어요. 정말 보람 찼죠."

참 유별나다 싶을 수도 있겠지만 사실 제라의 말에는 심오한 진리가 담겨 있었다.

일리노이대학과 존스홉킨스대학의 연구자들은 최근 이렇게 보고했다. "특히 선진국에서는 과잉 소비와 소유가 통상적인 생활 양식으로 자리 잡았고 풍요가 당연한 상식이 되었다." 다양한 자원에 쉽게 접근할 수 있게 되면서 우리는 문제를 해결하는 기본 방식으로 구매 행위를 선택한다.

구매-해결 접근법의 단점을 이해하기 위해 연구자들은 두 그룹에게 여섯 가지 실험을 실시했다. 한 그룹에게는 자원이 희소한 상황이, 다른 그룹에게는 자원이 풍부한 상황이 주어졌다.

각 실험에서 두 그룹은 주어진 자원을 바탕으로 문제를 창의적으로 해결해야 했다. 예컨대, 한 실험에서는 벽돌의 용도를 최대한 많이 생각해 내는 과제가 주어졌고 다른 실험에서는 몇 개의 레고를 가지고 가장 멋진 장난감을 만들어야 했다. 또 어떤 실험에서는 양초, 성냥 한 갑, 압정 한 통을 가지고 양초를 벽에 붙이되 촛농이 바닥에 떨어지지 않는 방식으로 붙이는 방법을 궁리해야 했다.

여섯 가지 실험 전부 자원이 희소한 그룹 참가자들이 더 나은 성과를 보였다. 벽돌 쓰임새를 더 많이 생각해 냈고 훨씬 재미있는 장난감을 만들었으며 마치 맥가이버처럼 문제를 해결했다. 전반적으로 더 많은 해결책을 제시했고, 질 역시 더 효율적이고 창의적이었다.

요컨대, 우리는 물건이 풍부할수록 문제를 더 많은 물건으로 해결하려는 경향이 있다. 그저 사서 더하기만 하는 셈이다. 어차피 문제를 해결할 제품을 어디에선가 또 살 수 있을 테니 가지고 있는 물건은 광고에 나오는 대로만 사용한다.

물건이 희소한 환경에서는 정반대의 일이 벌어진다. 물론 처음에는 더 많은 것을 쌓는 방식으로 문제를 해결하려 할 것이다. 하지만 인간은 끈질기고 창의적인 생물이다. 많은 것을 더하는 방식으로 문제를 해결할 수 없을지라도 포기하지 않는다. 자원이 충분하지 않다고 포기했더라면 인류는 진작 멸망했을 것이다. 따라서 현대에도 무작정 더하는 대신 지금 가진 것으로 문제를 해결하려 한다면 더욱 더 창의적이고 효율적인 방식으로 문제를 해결할 가능성이 높아진다. 결핍 속에서 창의성과 효율성이 꽃을 피우는 셈이다.

이런 발견은 지난 수십 년 동안 축적된 연구들에 쐐기를 박는다. 그 모든 연구 결과는 인간이 제약에 직면할 때 오히려 더 많은 것을 성취할 수 있다는 것을 보여 준다. 단지 상대적으로 '투입량 대비 산출량'이 많다는 뜻이 아니라 절대적 산출량 자체가 많다는 뜻이다.

힘들여 얻은 것의 가치
: 문제 없이는 이야기도 없다

제라는 한정된 자원을 가지고 "아하!" 하고 문제를 해결한 경험이 자신의 세계관을 뒤바꾸었다고 말한다.

"처음에는 사람들이랑 어울리는 걸 별로 좋아하지 않았어요. 혼자 있는 걸 즐겼죠. 제가 너무나 사랑하는 자연을 사람들이 망친다고만 생각했어요." 그래서 한동안 떠돌아다니며 지내다가 결국 문명으로부터 완전히 단절된 오두막에서 은둔생활을 하게 되리라 생각했다고 한다.

하지만 그 생각은 뒤집혔다. "히치하이크를 하다가 사람들을 사랑하게 됐어요. 차에 타면 한정된 시간 동안만 상대방과 함께하게 되죠. 게다가 서로 다시는 볼 일이 없다는 것을 알아요. 그래서 완전히 진솔해졌죠. 평소에 이래야만 한다고 생각했던 모습으로 스스로를 가장할 필요가 없었으니까요. 사람들은 마음속 깊이 숨겨 둔 어두운 비밀을 털어놓았고 저는 함께 눈물을 흘렸어요. 아름다운 경험의 연속이었죠. 어디에도 얽매이지 않은 채 지금 이 순간에 집중하는 게 가능한 덕분이었어요. 저는 수백 달러짜리 비행기나 버스 탑승권을 사려고 아등바등 일할 필요가 없었어요. 그렇지 않았다면 경험도 시간도 완전히 달라졌겠죠. 비행기나 버스를 타고 누구와도 말하지 않은 채 목적지에 도착했을 거예요. 인생관과 세계관을 완전히 뒤바꾼 수많은 경험을 놓쳤겠죠."

경치를 몇 분 정도 감상한 뒤 제라는 다시 움직이기 시작했다. 우리는 서핑을 하듯 바위를 타고 내려갔다. 마찰 소리가 너무 커서 제라가 소리를 지르듯 말해야 들릴 정도였다.

"사람들이 마음껏 이야기하도록 내버려 둔 채 듣기만 했더니 인간으로서의 삶 전부를 경험하고 싶다는 생각이 들었어요. 삶의 겉과 속, 성과 쇠, 명과 암까지 풍부하게 경험하고 싶었죠. 그런 경험들이 모두 좋을 거라 기대하지는 않았어요. 하지만 모두 중요할 거라고는 기대했죠. 제 시각을 바꿔 줄 테니까요. 사람들에게는 좋은 면이 많아요. 다들 자기가 가진 것으로 최선을 다해 살아가고 있었죠. 하지만 우리는 내가 만든 틀에 모든 것을 맞추려 하죠. 부정적인 것에 초점을 맞추면 부정적인 것밖에 보이지 않아요. 약간의 연민에 진실한 관심을 가지고 선의의 눈으로 사람들을 바라보면 내가 만든 틀에 들어맞는 사람은 존재하지 않는다는 걸 알 수 있어요. 오히려 각자 그 나름대로 놀라운 존재임을 깨닫게 되죠."

웬 부자가 서민 체험 같은 걸 하는 게 아님을 기억해야 한다. 제라의 부모님은 유치원 교사와 전기 기술자로 평범한 중산층이다. "열네 살에 농장에서 처음 일을 했어요. 아마 불법 노동이었을 거예요. 원하는 게 있으면 제가 직접 그 비용을 구해야 한다고 부모님이 말씀하셨거든요. 열여섯에 야생을 탐험하러 떠나려면 차가 필요했으니 어쩔 수 없었죠."

대학을 중퇴했음에도 제라에게는 여전히 대출금이 남아 있었다. 액수가 컸다. 그래서 여행 중에도 두세 달 임시직 일을 해 1년 치 대출금을 갚았다.

평소의 방랑자 생활과는 전혀 딴판인 생활을 하던 시기도 있었다. TV 출연으로 이름을 좀 날린 덕분에 취미 삼아 거친 삶을 즐기는 억만장자들과 친분이 생겼기 때문이다. 그들은 한 번 사냥을 다녀오는 데 4만 달러도 곧잘 들이붓는 부자였다.

제라는 돈이 늘 심리적 부담을 수반한다는 사실을 깨달았다. "더 많은 재산을 가질수록 지금 이 순간에 몰입하기가 더 어려워지는 것 같았어요. 그들은 미래에만 몰입했어요. 재산으로 무엇을 해야 할지, 재산을 유지하려면 어떻게 해야 할지 고민하느라 말이죠."

제라는 부자들의 사냥 놀이를 이렇게 평했다. "모든 게 사전에 준비되고 계획되고 예정되어 있었어요. 그들에게는 엄청 비싼 해피밀인 셈이죠. 제 경험이랑은 완전 달랐어요. 6달러에 물건 몇 개만 든 배낭을 가지고 야생으로 나가면 무슨 문제든 스스로 해결해야 했거든요. 그들과 함께한 건 정말 독특한 경험이었는데 모든 걸 완벽히 처리할 돈이 있으니 저처럼 즉흥적인 경험을 할 수 없었죠."

경사가 완만해지고 바위 대신 소나무가 보이자 제라는 뿔과 두 개골을 찾기 위해 주위를 살폈다.

물론 제라도 직업인이 직면할 수밖에 없는 제약을 이해하지 못하는 건 아니었다. 그들을 어떤 식으로도 비난할 생각은 없다며 덧붙였다. "회사를 운영하고 있거나 먹여 살려야 할 식구가 많아서 휴가를 가고 싶더라도 엿새밖에 가지 못한다고 가정해 보죠. 그럼 그 짧은 시간을 최대한 활용하기 위해 돈으로 해결할 수 있는 건 해결하려 하겠죠. 계획을 세우고 싶지도 않고 아무 문제도 생기지 않았으면 하니까요. 시간은 한정되어 있는데 다른 온갖 책임까지 신경 써야 하잖아요. 그건 이해해요. 하지만 돈이 별로 없을 때에 비해 딱히 더 나은 경험을 하지 못했다는 점에서 돈이 그렇게 도움이 되는 것 같지는 않아요. 돈을 쓰면 상황을 통제하기는 더 쉽겠지만, 그만큼 모험적인 요소는 떨어져요. 오히려 더 적은 자원을 가지고 출발할 때, 그래서 무슨 경험이든 받아들이고 무슨 문제든 직접 해결할 때, 자원이 무한할 때에 비해 매 순간을 조금이라도 더 즐길 수 있어요. 그 과정에서 일종의 해방감과 놀라움을 느낄 수 있어요. 요새는 '자기계발'이라는 표현을 아무데나 갖다 붙이지만 자신만의 경험을 창조하고 스스로에게 의지한다는 점에서 이건 정말 자기계발이라고 할 수 있어요. 모험이 끝나고 나면 '말도 안 돼. 내가 이걸 다 해냈다고?'라는 생각이 들면서 큰 만족감이 느껴질 거예요."

제라의 이야기를 듣고 나니 젠탈이 했던 말이 생각났다. 결핍의 고리는 식량 탐색처럼 생존에 도움이 되는 활동 중에 집중력과 끈기를 높이기 위해 생겨났다. 하지만 결핍의 뇌는 가장 힘들고 어려운 시도를 통해 가장 큰 보람을 느낄 수 있도록 또 다른 심리 기제 하나를 발달시켰다.

젠탈은 말했다. "동물들은 배가 고픈 와중에 평소보다 더 많은 시간을 들여 힘들게 먹이를 찾았다면 그 먹이를 평소보다 더 가치 있게 여기는 경향이 있습니다. 심지어 완전히 똑같은 먹이일지라도 말이죠. 그와 같은 심리적 보상 덕분에 앞으로도 계속 먹이를 찾아야겠다는 끈기와 활력이 생깁니다."

큰 도박일수록 보상에 대한 기대도 커진다. 그리고 보상이 필요하다는 내적 신호(극심한 허기나 추위)가 뚜렷할수록 식량을 발견하거나 불을 지폈을 때 느껴지는 심리적 황홀감도 강렬해진다. "이런 경향성이 현대까지 넘어 왔기에 인간이 더 오랜 시간을 들여 힘들게 얻은 것을 가치 있게 여기는 거라고 생각해요."

배낭여행이나 하프 마라톤 후에 처음 먹는 식사가 평소보다 훨씬 더 맛있게 느껴지고, 오랜 기간 적은 수입으로 열심히 일한 뒤 크게 승진할 때 훨씬 더 만족스럽게 느껴지는 것도 그래서다. 젠탈도 비슷한 사례를 제시한다. "제 학생들은 본인이 원래부터 잘한다고 생각했던 수업에서 A를 받는 것보다 가장 어렵다고 생각했던 수업에서 A를 받을 때 훨씬 더 흥분했어요. 두 학점 모두 GPA에 정확히 똑같이 반영되지만 얻기 어려운 학점을 더 가치 있게 여기는 거죠."

생각에 잠긴 채 소나무 사이를 헤치고 나아가다 보니 경사진 초원이 널찍하게 펼쳐졌다. 돌이켜보면 가장 기억에 남는 취재 여행은 꼭 무언가 잘못돼서 직접 문제를 해결해야 했던 여행이었다. 모래 폭풍이 휘날리고 정신줄 놓은 브로커가 사고를 몰아치던 이라크 여행이나 계획에도 없던 수직 하강 쇼를 펼쳐 볼리비아 밀림으로 들어갔던 여행처럼 말이다.

이런 경험 덕분에 나는 어떤 시련에도 적용할 수 있는 좌우명을 하나 만들었다. "문제 없이는 이야기도 없다." 모든 이야기에는 골치 아픈 문제가 존재한다. 예정에 없던 사건이 삶을 불확실하고 도전적으로 만든다. 문제를 없애기 위해 현실을 회피하거나 돈을 지불한다면 물론 삶이 편해지고 확실성을 얻겠지만, 자신에 대해 더 많이 알 기회를 놓치게 되고, 자기 이야기의 주인공이 되지 못한다.

최근에 사냥 여행을 가서도 이런 경험을 했다. 어느 회사에서 여러 사냥꾼과 함께 넓은 사유지에서 사냥할 수 있게 나를 초대했다. 이전에는 한 번도 해본 적 없는 경험이었다.

보통은 공유지에서 사냥하곤 했는데, 그럴 때면 형편없는 냉동 건조 식품을 먹었고 흙바닥 위에서 잠을 청했다. 배고픔, 지루함, 추위, 피로가 기본으로 전제된 여행이었다. 게다가 공유지에서 사냥해 보면 난이도도 더 어렵다. 성공할 확률이 훨씬 낮다. 야생 깊숙이 하이킹을 해야 하고 더 오래 머물 각오도 해야 한다.

하지만 이번 사냥은 정반대였다. 우리는 오두막에 머물렀다(비포장도로로만 갈 수 있는 저가 호텔을 상상해 보면 된다). 식사는 푸짐한 데다가 맛있었고, 방은 따뜻하고 잘 꾸며져 있었다. 동물들이 잠들 낮이면 우리는 오두막으로 돌아가 부드러운 침대에서 낮잠을 자거나 이메일을 확인하거나 TV를 보았다.

물론 실제로 사냥을 하기는 했다. 하지만 그곳 부지에서는 야생동물 관리가 최적으로 이루어지고 있었기에 열에 아홉은 나이 많고 큰 엘크를 잡아 집으로 가져갈 수 있었다. 여행에 동행한 다른 사냥꾼들은 딱 제라가 말했던 직업인들이었다. 시간이 한정된 성공한 사람들 말이다.

나름 괜찮은 경험이었지만 평소 사냥에서 느끼던 감정적 중압감이나 보람은 느끼지 못했다. 사냥이 실패하더라도 느낄 수 있는 그 감정 말이다.

이상하게 들릴 수 있겠지만, 흙바닥에서 자고 밤에 추위를 느끼고 형편없는 식사를 하고 오후 내내 따분함을 견디는 경험은 일시적으로는 불편할 수 있지만 결국 더 보람차다. 게다가 나는 사냥에서 얻은 고기를 한 점도 빠지지 않고 전부 먹기 때문에 저녁 식사 때마다 사냥 경험을 다시 떠올릴 수도 있다.

줄이는 것만이 정답은 아니다

계속 탐색을 벌이던 중에 제라가 말했다. "제가 너무 극단적이던 때도 있었죠. 가지고 있는 물건이 배낭에 여유롭게 들어가지 않으면 스트레스를 받았어요. 그게 짐처럼 느껴졌죠. '이 물건을 얻은 이상 책임을 져야 하고 관리를 해야 해'라는 찝찝한 느낌이 들었어요. 정말 스트레스였죠."

지나가는 길에 이따금 다람쥐가 덤불 속에서 튀어나오거나 나무 위로 쫄쫄 올라갔다. 녀석들도 다음 식사를 위해 열심히 움직이고 있을 터였다. 그러고 보니 어쩌면 우리 인간은 생각 이상으로 다람쥐와 비슷한 구석이 많은 듯했다.

매년 가을 추위가 찾아오면 다람쥐에게도 변화가 생긴다. 다람쥐의 쪼그만 결핍의 뇌는 호르몬에 따라 사냥 모드로 전환된다. 그래서 겨울을 대비해 가능한 한 많은 음식을 모으기 시작한다. 이 시기는 크게 두 가지 양상으로 전개된다.

여름 날씨가 그리 혹독하지 않아 견과와 씨앗이 넘쳐 난다면 가을의 수집 기간 역시 여유롭게 진행된다. 마치 두둑한 현금을 챙겨 친구들이랑 쇼핑몰로 놀러 가는 것과 같다. 다람쥐들은 한데 모여 이웃 다람쥐들이랑 인사를 나누면서 식량을 모은다. 습득한 견과나 씨앗은 굴에 보관한 채 느긋하게 더 많은 식량을 구한다.

하지만 여름 날씨가 혹독해 견과와 씨앗 수확이 많지 않다면 상황이 달라진다. 결핍과 함께 다람쥐의 현실은 종말론적으로 변한다. 일단 방어적이고 편집증적인 태도를 보인다. 이웃 다람쥐들이 자기 식량을 훔치려 한다고 생각해서 희소한 견과나 씨앗을 두고 싸움을 벌이기도 한다. 충분한 음식을 모으더라도 싸움에 대비한다. 자기 굴 입구에 클럽 문지기처럼 딱 버티고 서서 쌓아 둔 식량을 지킨다.

나는 이에 관해 미시간대학의 심리학자 스테파니 프레스턴Stephanie Preston과 이야기를 나눴다. 프레스턴은 동물과 인간이 자신의 소유물과 어떤 식으로 관계를 맺는지 연구해 왔다. 그의 설명에 따르면, 필수품이 부족해지는 시기에 인간은 다람쥐가 된다. "좋은 사례가 팬데믹이죠." 실제로 팬데믹은 다람쥐의 삶으로 치면 혹독한 여름과도 같았다.

초기에 사람들은 공황에 빠졌다. 첫 반응은 사재기였다. 화장지, 통조림, 소독제 등을 차지하려고 마트 한복판에서 다툼까지 벌였다. 팬데믹 겨울을 버틸 자원을 충분히 확보한 뒤에도 다람쥐 같은 행동을 반복했다.

"그때 사람들은 화장지나 식량을 도둑맞을까 봐 걱정하는 태도를 보였습니다. 그래서 총기를 구입하기 시작했죠. 총기와 탄약 판매량도 신기록을 찍었고 총기 소유자 수 역시 전례 없는 수치였습니다. 다람쥐랑 똑같죠. 식량을 모은 다음에 굴 입구에서 경쟁자랑 맞서 싸울 준비를 하는 거예요."

초기의 공황 상태가 지나고 두 번째 단계가 시작됐다. 밴더빌트대학의 연구자 켈리 골드스미스의 설명에 따르면, 사람들은 기본적인 필수품을 확보한 뒤 스트레스를 줄이기 위해 무분별한 구매를 반복하는 결핍의 고리에 빠지기 시작했다.

이런 양상은 많은 언론의 주목을 받았다. 하지만 언론에서 자주 다루지 않은 또 다른 행동 패턴이 있었다. 정반대로 반응하는 사람들도 있었던 것이다. 같은 시기에 집안을 깔끔하게 정리하고 불필요한 물건을 없애는 사람 역시 급증했다. 다람쥐는 정리 기술을 연마하지 않지만, 인간은 한다.

구세군 기부가 두 배로 늘었다. 2020년 7~9월 사이에 뉴욕시의 사람들이 버린 것 중 쓰레기가 아닌 물품의 양은 약 10퍼센트 증가했다. 중고판매전문가협회 Association of Resale Professionals 회장은 《뉴욕타임스》와의 인터뷰에서 이렇게 밝혔다. "다들 상품 입고가 쏟아졌다고 하더군요. 저희 업계에서 여태까지 한 번도 겪어보지 못한 일이었어요." 일부 중고품 가게는 기증품 공급을 관리하기 위해 창고를 따로 임대해야 할 정도였다. 사람들이 물건을 정리한 이유는 다른 사람들이 물건을 구입한 이유와 동일했다. 그중 누군가는 이렇게 말했다. "이제 훨씬 더 평온함을 느껴요."

이런 행동을 수년간 파고든 프레스턴의 연구 덕분에 사람들이 통상적으로 겪는 구매-정리 패턴에 대한 이해도 한층 높아졌다.

프레스턴은 소유물을 과도하게 축적하는 행위든 소유물을 최소한으로 줄이려는 행위든 무엇이든 완벽하게 해내려는 일종의 완벽주의에서 유발되는 경우가 많다며 이렇게 설명한다. "일종의 불안감이죠. 하지만 각각의 경우에 불안감의 종류가 달라요. 물건을 과도하게 축적하는 사람들은 언젠가 실수를 저지를 때 필요한 물건이 생길까 봐 불안해서 모으고 또 모읍니다. 반면, 물건을 최소한으로 줄이려는 사람들은 물건이 너무 많아지면 그 무질서로부터 영영 벗어나지 못할까 봐 불안해합니다." 결국 혹시 필요할까 싶어 자질구레한 물건을 집에 쌓아 두는 행동이든 반대로 물건을 죄다 없애고 미니멀리즘을 좇는 행동이든 '상황을 통제하고 있다는 감각을 되찾게 하는 행동'에 속한다.

무턱대고 소유물을 줄이는 것을 목표로 삼는 게 효과가 없는 이유도 이 때문이다. 미니멀리즘은 온라인에 공유된 사진으로 보면 좋아 보이지만 근본적인 문제를 해결해 주지는 않는다. 중독 문제를 다룰 때와 마찬가지로 그 이면에 작용하는 근본 원인을 파악하는 게 우선이다. 애초에 우리는 왜 소유물을 줄이기를 원하는 걸까?

프레스턴은 설명한다. "다들 어느 정도는 스트레스가 쌓인 상태예요. 매일 너무 많이 일하니까요. 그런데 눈만 돌리면 저렴한 상품이 풍부하게 쌓여 있으니 물건을 통해 기분을 달래는 악순환의 고리에 갇히게 되는 거죠." 많이 사는 것일 수도 있고, 조금 사는 것일 수도 있고, 쌓아 두는 것일 수도 있고, 정리하는 것일 수도 있고, 줄이는 것일 수도 있다. "일단 악순환에 갇히면 상황은 더욱 악화돼요. 결국 삶의 질이 떨어지는 지경에 이르죠."

제라는 이제 적당한 균형에 이르는 데 성공한 것 같다며 말했다. "지금은 꽤 좋은 상태예요. 너무 많이 가지고 있지도 않고. 그렇다고 스스로를 억누르고 있다는 느낌이 들지도 않아요. 제가 가진 물건에는 전부 나름의 목적이 있고 그 점을 감사하게 생각합니다."

히치하이크를 하는 동안 나는 제라가 누리는 삶의 방식에 대해 생각해 보았다. 그러고는 말했다. "제가 보기에 당신은 물건을 소유하는 것 같지 않아요. 그보다는 '장비'를 소유한 것 같달까요. 가지고 있는 물건에는 전부 중요한 목적이 있잖아요. 때로는 목적이 여럿인 경우도 있고요. 그래서 뿔 사냥처럼 당신에게 생동감을 불어 넣는 일을 하는 데 도움을 주죠."

제라가 골똘히 생각하더니 대답했다. "그러네요. 그런 식으로 생각해 본 적은 없는데 저는 대체로 물건보다는 장비를 소유하는 것 같아요."

물건이 아닌 장비를 산다

마지막 날 오후, 뿔 사냥에 질려 가는 중이었다. 여태까지 아무것도 찾지 못했다. 초창기 슬롯머신이 카지노에 남겨 준 교훈대로, 실패가 연속으로 너무 많이 반복되면 인간은 게임을 포기하는 법이다.

그런데 소나무랑 마른 덤불이 빽빽이 들어찬 곳으로 향할 때였다. 제라가 "엘크가 죽기 딱 좋은 곳 같다"고 말했다.

"저기 보세요." 앞 거리에 뿔 두 개가 솟아 있었다. 갈색 가지들이 빳빳이 뻗은 사이에 황백색 곡선이 유독 눈에 띄었다. 제라는 덤불을 밀어내며 성큼성큼 뿔을 향해 나아갔다.

뿔 위에 선 제라는 월드컵에서 골든골을 넣은 선수마냥 "아자!" 하는 포즈를 취했다. 양쪽 뿔이 성하게 붙어 있는 엘크 두개골을 통째로 발견한 것이다. 잭팟이다.

제라는 엘크의 눈 위를 지나는 가지 부분을 붙잡아 뿔을 들어올렸다. 두개골을 배 위에 올려 놓으니 뿔의 중심 기둥 부분이 하늘을 향해 1미터는 뻗어 올랐다.

제라는 아이 같은 미소를 지었다. 한껏 매료되어 기쁨에 가득 차 있었다. "아름답다는 말 말고 할 말이 없네요. 너무 신나요."

우리의 노력과 계산과 끈기가 마침내 엄청난 성과를 거뒀다. 뿔 사냥의 진가를 맛본 나는 금세 전문 사냥꾼에 빙의해 말했다. "아직 어두워지려면 몇 시간은 남았어요. 계속 가 보죠."

두 시간 후 우리는 협곡 반대편까지 넘어갔다. 여느 협곡처럼 나무랑 덤불이 너무 많이 자라서 지나가기 힘들었다. 어디로 가든 빽빽한 덤불 사이로 몸을 밀어 넣어야 했다. 그때 제라가 저기 빈터에서 황백색의 물체를 하나 더 발견했다.

양 두개골이었다. 심 봤다. 두개골을 향해 달려가는 제라 뒤를 바짝 붙어 따라갔다. 하지만 근처에 다다르자 제라가 나를 돌아보며 탄식했다. "아이고, 이런. 꽝이에요. 너무 오래됐어요. 뼈가 이미 썩었네요. 아쉽네요. 너무 아쉬워요." 기대가 컸던 만큼 아쉬움도 큰 유사 성공이었다. 마치 슬롯머신 릴에서 네 줄이 맞았는데 다섯 번째 줄이 살짝 어긋나 잭팟을 놓친 기분이었다.

마지막 날 밤, 우리는 불을 피워 놓고 둘러앉았다. 찬바람이 연기를 휘리릭 휘젓자 솔향 나는 연기가 이따금 얼굴에 닿았다.

내가 입을 열었다. "좀 이상한 질문을 해도 괜찮을까요? 뿔을 찾을 때 혹시 어떤 기분이 들어요?"

제라가 불꽃을 응시하며 말했다. "저는 그 순간에 100퍼센트 몰입해요. 제가 하고 있는 행동 외에는 아무 생각도 하지 않죠. 미래에 무슨 일이 벌어질지, 과거에 무슨 일이 벌어졌는지 생각하지 않아요. 100퍼센트 지금 이 순간에 현존하죠. 그럼 자유로운 느낌이 들어요."

제라는 언뜻 당연한 이야기를 덧붙였다. "동물 머리에서 떨어져 나온 성장의 흔적을 찾아다니는 행위가 저를 현재의 흐름 속에 데려다 놓는다니, 참 신기하죠. 되게 신기한 일이에요."

그러곤 이어 말했다. "어쨌든 탐색을 하면 할수록 짜릿한 긴장감도 같이 쌓여요. 바로 그 순간에는 뿔을 찾는 게 굉장히 어려운 일처럼 느껴지죠. 하지만 진정한 기쁨은 뿔을 찾기 5분 전, 그러니까 제가 괜찮은 장소를 발견해서 '여기 진짜 괜찮아 보이는데'라고 생각할 때예요. 물론 예측은 예측일 뿐이죠. 괜찮은 장소라고 생각했는데 아무것도 찾지 못할 수도 있어요. 그럼에도 저는 끊임없이 기대감을 좇고 또 좇죠. 사냥을 나갈 때마다 매번 뿔이나 두개골을 발견한다면 오히려 재미없을 거예요. 목표가 사라지겠죠. 그렇게 뿔이나 두개골을 찾고 나면 정말 보람이 넘쳐요. 그게 성공 여부를 알려 주는 표식이자 제가 야생에 나가는 인위적인 목표는 되거든요. 사실 뿔을 찾는 게 진짜 목적이 아니에요. 심지어 뿔을 찾아도 대부분은 여기저기 나누어 준단 말이죠. 오히려 진짜 목적은 경험 속에 온전히 몰입할 때 느껴지는 재미예요."

나는 계속 고개만 끄덕였다. 제라가 잠시 말을 멈추고 나를 바라보다가 다시 말을 이었다. "마치 뇌에서 평소에 안 쓰는 부분에 딸깍 스위치가 켜지는 느낌이랄까. 뿔을 찾아다니는 바로 그 순간에 현존하는 게 제 정신 건강에 미치는 긍정적인 영향, 그게 제일 중요한 거예요. 말하고 보니 말도 안 되는 이야기 같네요."

사실 너무나 말이 되는 이야기였다. 나는 제라에게 결핍의 고리를 설명해 주었다. 결핍의 고리가 인류의 생존을 위해 진화한 만큼 얼마나 강력할 수밖에 없는지 토마스 젠탈의 연구를 들어 이야기했다. 시 레드와 카지노 업계가 결핍의 고리를 어떻게 이용했고 지금도 얼마나 많은 기술이 결핍의 고리를 정교하게 활용하고 있는지도.

"아, 말하자면 저한테는 자연이 카지노와 같고 뿔 사냥이 슬롯머신과 같은 거군요." 제라는 스스로에게 목적을 부여하는 방식으로 결핍의 고리를 활용한다. 결핍의 고리 덕분에 제라는 존재의 극한에 다다르고 자연 속에서 시간을 보내며 신체를 단련하고 정신 건강을 증진한다. 결핍의 고리를 긍정적인 습관 형성의 고리로 뒤바꾼 셈이다. 이름하여 '풍요의 고리'를 창조했다.

다음 날 야생을 떠나면서 나는 여행을 준비했던 순간을 떠올렸다. 제라의 지침대로 여행을 정말 잘 해냈다.

이번 경험 덕분에 앞으로 구매 결정을 내릴 때 참고할 원칙이 생겼다. '물건이 아니라 장비를 사야 한다'는 원칙이었다. 물건은 소유 자체가 목적인 소유물에 불과하다. 우리가 이미 가지고 있는 소유물 컬렉션에 추가될 뿐이다. 물건은 대개 감정적인 충동을 만족시키거나 우리가 특정 유형의 사람임을 사회에 광고하는 데, 혹은 약간의 창의성만 발휘하면 더 잘 해결할 수 있는 문제를 쉽게 해결하는 데 이용된다. 반면, 장비는 우리가 더 고차원적인 목표를 달성하는 데 도움을 준다는 명확한 목적을 가지고 있다.

이런 접근법은 충동구매라는 결핍의 고리에서 벗어나는 세 가지 조건을 전부 충족시킨다. 기회도, 예측 불가능한 보상도, 즉각적 반복 가능성도 제거한다. 물건이 제공하는 기회는 더 의미 있는 목표로 대체된다. 물건 자체가 예측 불가능한 보상이 되는 대신 우리가 장비를 활용해 얻는 성과나 경험이 진정한 보상이 된다. 구매 전에 물건이 아닌 장비를 사자고 생각하면 구매 횟수 자체도 줄어들 수밖에 없다.

제라에게는 배낭 속 물건들이 곧 장비였다. 지나치게 많지도, 지나치게 적지도 않았다. 장비는 제라를 풍요의 고리로 인도한다. 풍요의 고리는 몸과 마음을 단련시키고 깊은 만족감을 가져다준다.

우리처럼 평범한 사람 역시 현재에 깊이 몰입한 채 의미 있는 삶을 살고 싶다면 '물건이 아닌 장비' 접근법을 활용해 비유적인 배낭을 장비로 가득 채워야 한다. 비록 그 배낭이 실제로는 집이라 할지라도 말이다.

10장

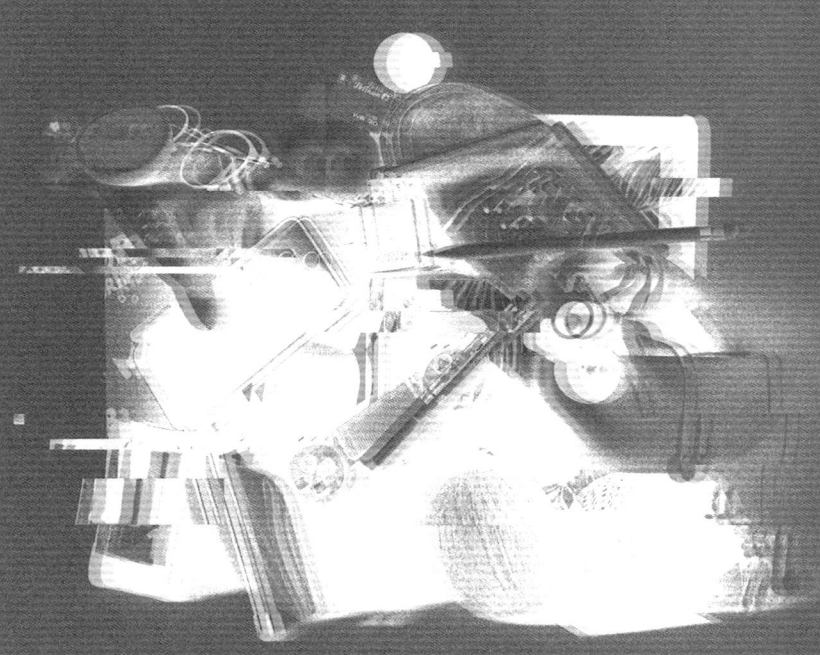

정보
: 방랑벽 유전자를 지닌
정보 탐식가의 명과 암

....

인류는 더욱 푸르른 지역을 찾아 보상을 얻을 때까지
탐험을 계속 반복했다. 보상을 얻은 뒤에도 또 어딘가에
그보다 더 푸르른 지역이 있을 것임을 깨달았다.
이런 깨달음은 인간을 기회와 보상의 굴레 속으로
다시 밀어 넣었다. 실제로 인간에게는 위험을 감수하고라도
탐험을 나서는 성향과 관련된 유전자가 존재한다.
학계에서는 이 유전자에 '방랑벽 유전자'라는 별명을 붙였다.

우주 비행사 마크 반데헤이Mark Vande Hei를 처음 만난 곳은 우주였다. 그는 지구 표면에서 400킬로미터 떨어진 저궤도를 시속 2900킬로미터로 도는 중이었다. 물론 나는 라스베이거스의 서재에 앉아 고성능 화상통화로 반데헤이와 대화를 나눴다.

우주에서 오래 버티기로는 반데헤이를 따라올 사람이 없다. 그는 ISS(국제우주정거장)에서 주관한 탐사 임무에 다섯 차례나 참여했으며 우주에서 총 523일 8시간 59분을 보냈다. 미국인 중 최장 기록이며 2021~2022년 사이에는 355일 연속으로 우주에 머물렀다.

그는 우주에서 내 책 《편안함의 위기The Comfort Crisis》를 오디오북으로 듣고 나서 흥미가 생겼는지 나랑 대화하기를 원했고 NASA가 우리 둘을 화상통화로 연결해 주었다.

약속 시간은 오전 8시 5분이었다. 나는 15분 일찍 접속해 기다리면서 인터넷 서핑을 했다. 솔직히 만남에 회의적이었다. 사막 한가운데, 그것도 울퉁불퉁 솟은 모래언덕에 둘러싸인 동네에 살다 보니 고작 5킬로미터 떨어진 피자집에서 피자를 주문하기도 어려울 만큼 신호가 잘 안 잡혔다. 그런 지역에서 사실상 지구 주변을 도는 인공 소행성에 사는 사람과 실시간으로 화상 면담을 바란다니 어불성설 같았다.

"안녕하세요." 그때 스피커에서 목소리가 들렸다. 나는 화상통화 앱을 클릭해서 다시 화면을 띄웠다. "시간 내 주셔서 감사합니다."

화면 속에 반데헤이가 있었다. 치밀한 개수작 같은 건 아닌 게 분명했다. 화면 속 남자가 허공을 떠다니고 있었으니까. 그는 평범한 베이지색 바지에 파란색 티셔츠 차림이었다. 영상은 믿기지 않을 만큼 선명했다. 이게 다 여러분의 세금 덕분이다.

화상 통화는 우주 정거장을 간략히 소개하는 것으로 시작되었다. ISS 내부는 흰색에 껌뻑 죽는 공돌이가 디자인한 것처럼 보였다. 벽에는 각종 전선, 스위치, 버튼, 화면, 다이얼, 튜브, 패널이 즐비했다. 중력이 없는 곳이니 천장이나 바닥이라는 개념이 없었다. 전부다 벽이었다. 상하좌우를 따지는 게 불가능했다.

반데헤이가 내게 주방을 보여 줬는데 온 우주에서 가장 깨끗하게 정돈된 주방이라 해도 손색없었다. 철제 서랍 안에는 탈수 식품이 하나하나 슬리브 박스에 포장된 채 서류철마냥 차곡차곡 줄지어 있었다. 뒤이어 우주복을 보관하는 방을 구경했다. 다음으로는 헬스장이었다. 헬스장 벽에는 이상한 장치들이 붙어 있었다. 러시아 우주 비행사 표트르 두브로프가 화면을 수평으로 가로지르며 나타났다. 그는 헬스장의 고급 저항 운동 기구(진공 실린더를 활용해 최대 270킬로그램에 이르는 저항을 만들어 내는 기구)에 선 채 스쾃을 하는 중이었다.

90분간 대화를 나누는 동안 반데헤이는 지구를 정확히 1.29회

공전할 것이다. 지구 주위를 굉장히 빠르게 돌다 보니 우주 비행사는 하루에도 열여섯 번씩 해가 뜨고 지는 것을 목격한다.

그가 말했다. "저희가 이곳에서 주로 하는 활동은 과학의 일환이죠. 정보를 얻는 게 목적이에요." 최근 ISS의 우주 비행사들은 DNA 염기 서열을 분석하고 중력이 시신경에 미치는 영향을 연구하며 무중력 환경에서 불이 어떻게 작용하는지 조사하는 등 다양한 실험을 진행했다. 지구에서 당연하게 생각했던 시스템이 우주에서는 전혀 다른 방식으로 작동할 수 있다. 그는 그런 차이점을 해독해야만 인류가 우주 깊숙한 곳으로 나아갈 수 있다고, 인간이라는 존재와 인류의 미래를 이해할 수 있다고 역설했다.

"매일 새로운 정보를 터득해요. 애초에 과학의 기본 개념 자체가 새로운 것을 시도하고 학습하는 거죠. 탐사를 통해 색다른 시각을 얻고자 하는 열망이 저를 우주 비행사로 만들었어요. 결국 탐사란, 새로운 경험을 하고 중대한 의문에 해답을 찾는 과정이거든요."

물론 탐사 과정이 늘 쉬운 건 아니다. 우주 비행사들은 인간 이해의 새로운 지평을 열기 위해 많은 희생을 해야 한다. 보잉747만큼 거대하고 사방이 온통 흰색이며 시끄럽고 불편하기까지 한 우주선 내부에서 가족과 떨어진 채 1년 동안 갇혀 지내는 일은 심리적으로 큰 부담이 된다. 육체적 부담도 있다. 반데헤이가 말했다. "이번 임무를 마치고 나면 제 골밀도가 아마 8퍼센트 정도 줄어들어 있을 걸요." 지구로 돌아올 때쯤에는 백발노인처럼 연약한 뼈를 가지게 된다는 의미다. 그러면 한동안 달리기도 자제한 채 골밀도가 회복될 때까지 1~2년을 기다려야 한다. 화성 탐사를 가로막는 난제 중 하나도 인간의 몸이 최소 3년에 달하는 탐사 기간을 버티게 할 방법을 찾는 것이다.

하지만 반데헤이는 그럴 만한 가치가 충분하다며 이렇게 말했다. "뭐 하나 보여 드릴게요."

그러고는 화면에서 물러나더니 컴퓨터를 긴 복도 쪽으로 휙 보냈다. ISS 특유의 새하얀 벽이 어두운 배경으로 바뀌었다. 얼마 뒤 화면이 안정되고 컴퓨터를 붙든 반데헤이의 얼굴이 다시 나타났다.

"여기 지구를 보세요." 그가 카메라를 180도 돌리자, 무한한 공간에 동그란 지구가 4분의 1 정도 보였다. 얇은 두께의 푸른 선이 새까만 허공과 지구의 경계를 나누고 있었다.

"저 푸른 광택이 지구의 대기예요." 우리 인류와 뜨거운 죽음 사이를 가르는 경계라고는 바로 저 푸른 광택이 다였다. "저게 우리가 사는 집이에요. 우리는 지구가 아니라 대기권에 살죠." 저기가 나의 집이자 당신의 집이자 우리의 집이구나.

"지금 저희는 캐나다, 미시간, 오대호 위를 지나는 중이에요." 벙어리 장갑을 닮은 미시간 끝자락과 미시간 상부 반도는 눈 때문에 하얀 와중에 갈색이 약간 섞여 있었다. 오대호는 에메랄드빛 수변에서 시작해 강청색 수역으로 이어졌다. 서쪽 지역은 어두웠다.

나는 정말로 생명이 무에서 왔는지, 아무 의미가 없는지, 죽으면 그걸로 끝인지 늘 고민했다. 그런데 참, 이런 시야로 지구를 바라보니 어쩌면 만물을 초월하는 더 높은 질서가 존재하는 건 아닐까 싶었다.

세인트 클레어 호수는 뽀얗게 파란빛을 뿜고 있었다. 그곳에서 디트로이트강이 뻗어 나와 디트로이트를 가로질러 이리 호수로 흘러

들어갔다. 우주에서는 디트로이트(자동차 산업이 쇠퇴하면서 함께 몰락 중인 미국의 도시로, 포브스에서는 미국에서 가장 비참한 도시 1위로 선정하기도 했다─옮긴이)마저 이렇게 아름다워 보일 수 있다니, 어쩌면 세상은 생각보다 살 만한 곳 같다는 낙천적인 희망이 피어올랐다.

반데헤이는 우주적 시야가 사람들에게 큰 울림을 줄 수 있음을 알고 있는 게 분명했다. 내가 그 광경을 충분히 음미할 때까지 잠깐 기다려 줬다. 카메라가 여전히 지구를 비추고 있는 가운데 그가 다시 입을 열었다.

"첫 번째 임무를 마치고 나서는 우주 정거장에서 별을 제대로 보기가 참 힘들다고 생각했어요. 정거장 안에 조명이 너무 많이 켜져 있으니까요. 하지만 언제부턴가 다른 동료들이 일어나기 30분 전에 여기 와서 불을 끄고는 눈을 뜬 채 명상하듯 앉아 있기 시작했어요. 특별히 무언가를 생각하기보다는 그냥 있는 그대로 받아들이려 했죠. 처음에는 어려웠는데 결국 놀라운 경험을 했어요. 일단 눈이 적응하기 시작했죠. 첫 임무 후에 사람들에게 우주가 칠흑같이 어둡다고만 했는데 꼭 그런 건 아니었어요. 별은 우리가 지구에서 보는 것처럼 뚜렷이 구별되는 존재가 아니었죠. 저 멀리 어슴푸레한 별무리가 눈에 들어오기 시작했어요. 별이 너무 많으니까 회색, 흰색, 검정색 음영처럼 보였죠. 직물이나 그물 같달까. 인식이 어떤 식으로 작동하는지, 인간 지식이 얼마나 제한적인지, 인류가 탐구해야 할 것이 얼마나 많은지 새삼 느꼈어요."

우주 비행사들은 오랜 탐험가들의 전통을 이어가는 중이다. 과학자들은 지구에 생명이 37억 5천만 년 전부터 존재했다고 믿는다. 생명은 바닷속 세포에서 출발했다. 세포는 탐험 정신 덕분에 점점 모습을 바꾸었다. 박테리아, 벌레, 새, 물고기, 동물 등으로 진화한 것이다. 일련의 과정에서 호모 사피엔스가 30~20만 년 전 사이에 등장했다.

탐험은 언제나 크나큰 도전이었다. 그럼에도 진화를 이룩하고 삶을 발전시키려면 반드시 탐험해야 한다. 탐험의 역사에서 가장 위대한 사례를 꼽자면 단연 인간이다.

미지의 세계는 존재를 드러내기 위해 큰소리로 우리 인간을 부른다. 기회를 발견하고 진보를 이룩하라고 외친다. 하지만 넘쳐나는 정보에 결핍의 고리마저 뒤얽힌 오늘날, 정보를 찾고 새로운 세계를 탐구하려는 우리의 욕망 역시 변화하고 있다.

우리 안의 탐험 본능을 증명한 최초의 탐험가, 틱타알릭

다른 종은 인간처럼 탐험하지 않는다. 대부분은 본인이 적응한 영역에 정착하여 세대를 거듭해 머문다. 혹시 이동하거나 퍼지더라도 예측할 수 있는 범위 내에서 움직인다. 예를 들어, 카리부 순록은 마이애미로 이주하지 않는다. 펭귄은 미네소타로 행진하지 않는다. 스틸헤드 송어는 뉴저지 시사이드 하이츠로 헤엄쳐 가지 않는다.

분포 지역이 넓은 동물조차 인간처럼 탐험하지는 않는다. 예컨대 여우는 지구 전역에 퍼져 있지만 퍼지는 과정에서 서로 다른 종이 되고 말았다. 그래서 오늘날 나름의 환경 적소를 차지한 여우가 벵골

여우, 북극여우, 붉은여우, 섬여우, 팜파스여우 등 23종에 이른다.

반면 인류는 '호모 사피엔스' 하나만 남았다. 그럼에도 우리는 어디에서든 거주할 수 있다. 지구에서 가장 높은 봉우리에 올랐고 해저 가장 깊숙한 곳으로 잠수했다. 북극에 연구 기지를 50개 이상 세웠고 아마존 한가운데 전초 기지를 세웠으며 생명이 거의 없는 사막에 현대 도시를 건설했다.

우리는 이런 탐험 능력에 자부심을 느낀다. 그래서 평범한 일상을 보내던 인물이 미지의 세계로 탐험을 떠나 정신적으로 성장하는 이야기를 참 좋아한다.《오디세이아》《아라비안나이트》《모비딕》《어둠의 심장》《길가메시 서사시》《이상한 나라의 앨리스》《반지의 제왕》등 이런 영웅 서사는 문화를 가리지 않고 존재한다.

인류가 위대한 탐험가로 발돋움하는 데는 30억 년 이상이 걸렸다. 이에 대한 설명을 듣고자 닐 슈빈$_{\text{Neil Shubin}}$에게 전화를 걸었다.

슈빈은 시카고대학 진화생물학자로서 지구상에 생명체가 어떻게 생겨났는지를 연구한다. 주말에는 청소년 축구 경기장에 나가 손을 보태는 전형적인 미국 중서부 '올해의 아빠' 상이다.

그래서인지 지구에서 가장 혹독한 장소 중 하나라는 엘즈미어섬을 슈빈이 거니는 모습을 상상하기란 쉽지 않다. 엘즈미어섬은 툰드라와 빙하만 남은 불모지로서 캐나다 북극 군도에 속한다. 지구 최북단에 존재한다는 뜻이다.

슈빈은 말했다. "엘즈미어섬은 북극판 사막 고지대라고 할 수 있어요. 붉은 사암, 메사(꼭대기가 평평하고 가장자리가 가파른 탁자 형태의 사막 언덕), 뷰트(메사가 침식 작용으로 깎인 지형)로 이루어진 미국 남서부 사막 지형을 떠올린 다음에 빙하, 얼음, 툰드라, 북극곰을 집어넣으면 딱이죠."

2004년에 슈빈은 조촐한 연구진을 이끌고 헬리콥터에 올라타 엘즈미어섬 남서쪽 끝에 다다랐다. 수억 년 전에 죽어 잠든 생명체의 흔적을 찾기 위해서였다. 매년 7월 한 달을 엘즈미어 탐사에 꼬박 바친 지도 벌써 6년이었다. 탐사에는 연구 보조금 수백만 달러가 들어갔다. 그럼에도 아직 아무것도 찾지 못한 상태였다.

슈빈은 인간 팔의 매력에 사로잡혀 있었다. 인간의 팔은 어떻게 구성되어 있을까? 일단 뼈 하나(상완골)가 몸통에 붙어 있고 그 뼈에 다시 두 뼈(요골과 척골)가 붙어 있다. 두 개의 뼈에는 작은 뼈 덩어리(손목)가 붙어 있다. 그 뼈 덩어리에 다시 손가락이 붙어 있다. 이는 도마뱀, 곰, 개, 고양이, 사자, 호랑이, 곰에게도 '정확히 똑같이' 나타나는 구조다. 모든 육지 동물은 이처럼 상완골, 요골과 척골, 손목, 손가락이 차례로 이어지는 구조를 지닌다.

다리, 폐, 간, 눈, 귀, 입 등도 마찬가지다. 종마다 생김새가 판이해 보이지만 육지 동물은 모두 유사한 구조를 지닌다. 자연에 몸의 청사진 같은 게 존재하는 셈이다. 대체 그 청사진은 어디에서 왔을까? 분명 출발점이 있을 것이다.

슈빈이 엘즈미어섬에서 간절히 찾고 있던 게 바로 그 출발점이었다. 오래된 화석과 신생 화석을 모두 조사한 결과, 그 출발점이 약 3억 7500만 년 전에 등장했음을 추론할 수 있었다. 그러나 화석을 무작위로 발굴한다는 것은 지구만 한 다트 판에 다트를 던지는 짓이나 다름없었다. 엘즈미어섬에는 화석이 갇혀 있을 만한 퇴적암이 무려

3억 7500만 년 치 존재했다. 게다가 그 퇴적암은 풀밭이나 쇼핑몰에 가려지지 않은 채 그대로 노출되어 있었다.

만약 엘즈미어섬의 퇴적암이 바로 그 이론상의 출발점, 즉 청사진을 품고 있고 슈빈이 그걸 발견할 수만 있다면 역사상 가장 위대한 발견 하나를 이루는 셈이었다. 과학적으로 어마어마한 의미가 담긴 도전이었다.

하지만 2004년은 슈빈에게 생사의 갈림길과도 같았다. 돈이 거의 다 떨어졌기 때문이었다. 연구비를 지원하는 후원자들도 도박꾼처럼 연달아 너무 많은 실패를 겪으면 지원을 포기한다. 이번 시도 역시 또 한 번의 실패로 끝나는 듯 보였다.

섬에서 보낼 수 있는 시간이 얼마 남지 않은 어느 날 슈빈은 채석장 바닥에 앉아 있었다. 화성 표면에서나 볼 법한 붉은 암석이 파랗고 하얀 얼음으로 뒤덮여 만화경 같은 광경을 자아냈다. 슈빈은 지난 6년간 7월마다 해 왔던 대로 암석과 빙하를 두드리며 이론상의 청사진을 찾고 있었다. 마음 한편에서는 또다시 탐사에 실패해 여느 흔한 과학자들처럼 야심이 꺾인 채 이름조차 남기지 못하고 사라지면 어쩌나 하는 걱정이 들었다.

손에 땀을 쥔 채 망치를 두드리던 슈빈은 얼음에 뒤덮인 어느 암석 덩어리를 발견했다. 겉으로는 여태까지 두드린 여느 얼음이나 암석과 다르지 않았다. 그럼에도 어쨌든 망치질을 했다. 그리고 절대 잊지 못할 광경을 맞닥뜨리고 말았다.

비늘이었다. 이전에도 섬에서 여러 비늘 화석을 발견한 적 있었지만 이건 달랐다. 크고 매끄러운 비늘 대신 작고 거친 점토기와 같은 것이 널려 있었다.

　심장이 쿵쾅거렸다. 망치질을 계속했다. 비늘이 더 많이 나왔다. 망치질을 더 했다. 그러자 어마어마한 것이 모습을 드러냈다. 우악스러운 턱뼈였다.

　동물이 땅에 나타나기 전 생명의 역사를 요약하면 이런 식이다. 약 138억 년 전 빅뱅이 일어나 우주가 탄생했다. 시간이 지나면서 은하가 형성되기 시작했다. 지구는 약 48억 년 전에 형성되었다. 당시 지구는 생명체가 살 수 없는 변화무쌍한 구체 덩어리였다. 그러나 곧 대기가 구체를 감쌌다. 물이 암석 표면에 고여 저지대를 채워 나가자 바다와 호수가 생겨났다. 생명은 약 37억 5천만 년 전에 탄생했다. 시작은 바닷속의 미세한 단세포였다.

　마침내 약 8억 년 전 단세포 중 일부가 한데 모였다. 쪽수가 많아지자 더 많은 자원을 찾고 안전을 확보하기가 쉬워졌다. 시간이 지남에 따라 세포 무리는 더 작은 집단으로 나뉘어 각자 특정 역할을 맡았다. 예컨대, 일부 집단은 식량의 위치를 감지했다. 또 어떤 집단은 식량을 소화하는 데 도움을 주었다. 각각의 집단이 신경계나 소화계 등 몸속의 특정 기관으로 발전했다는 뜻이다. 최초의 동물은 이런 식으로 탄생했다.

　약 5억 8천만 년 전에는 온갖 부류의 기이한 수생 동물이 바다를 채우고 있었다. 이들은 해면, 리본, 가시 돋친 마법 양탄자처럼 생긴 몸을 지니고 있었다. 시간이 지남에 따라 스스로를 보호하기 위해 껍질이나 가시를 발달시켰다. 또한 괴상한 머리와 꼬리를 형성해 빠른 속도로 돌아다니면서 다른 생물을 강타해 죽인 뒤 먹이로 삼기 시작했다.

슈빈의 말에 따르면, 약 4억 년 전부터는 '생명체가 육지에서 살 만한 장소'가 생겼다. "식물과 곤충이 뿌리 체계를 발달시켜 토양을 가꾸었죠. 육지에 새로이 탐험할 만한 생태계가 생겨난 겁니다. 물론 생명체 대부분 여전히 물속에서 진화하는 중이었습니다."

물속은 전적으로 '물고기가 물고기를 잡아먹는 환경'이 되었다. "크고 작은 물고기가 있었지만 거의 모두가 포식자였습니다. 제가 여기서 말하는 큰 물고기란, 4.5미터 길이에 대못만 한 이빨을 가진 물고기를 가리킵니다."

슈빈이 엘즈미어섬의 채석장에서 발견한 턱뼈가 바로 이런 이빨이 달린 턱뼈였다. 슈빈의 연구진은 화석을 조심스레 발굴해 실험실로 가져갔다. 물고기는 장어, 송어, 악어를 섞어 놓은 존재 같았다. 길이는 거의 3미터였다. 당시에는 약자에 속했을 것이다. 자원이 부족한 가운데 하루하루 생존하기가 버거웠을 것이다. 더 크고 빠른 물고기들이 녀석을 잡아먹으려 했겠지만 이 물고기에는 독특한 자산이 있었다. 바로 특이한 지느러미였다.

지느러미는 독특한 구조를 가지고 있었다. 두꺼운 뼈 하나에 두 개의 뼈가 연결되고 그 위로 덩어리가 형성되었으며 끝부분에는 마치 손가락 같은 것들이 달려 있었다. 그 덕분에 녀석들은 몸을 곧추세운 가운데 해저 밑바닥을 뒤뚱뒤뚱 걸을 수 있었다. 마치 악어가 걷는 것처럼 말이다.

어느 날 이 물고기는 그 특별한 지느러미를 사용해 물 밖 육지로 걸어 나왔다. 지구 역사상 가장 위대하고도 중대한 탐험이었다. 말하자면 이 물고기는 태초의 마젤란(세계 최초로 지구 일주 항해에 도전한 탐험가—옮긴이)이었다. 더 나은 삶을 가져다줄지도 모르는 정보를 얻기 위해 미지의 세계로 나아갔던 것이다. 이내 녀석은 육지에서 더 많은 것을 얻을 수 있음을 발견했다. 육지에서는 더 많은 음식, 더 많은 자원, 더 많은 안전이 보장되었다.

그렇게 청사진이 육지 위에 펼쳐졌다.

슈빈은 물고기의 이름을 틱타알릭Tiktaalik이라 붙였다. 이는 이누이트 언어로 '커다란 민물고기'를 뜻한다. 현재 학계에서는 틱타알릭의 몸을 이루는 팔, 폐, 목, 이빨, 코, 눈, 귀 등이 인간 몸의 청사진이 되었음을 정설로 받아들인다. 사실 공룡 벨로키랍토르, 바다오리, 사자, 호랑이, 곰에 이르기까지 지구상의 다른 모든 생명체에게도 마찬가지였다. 요컨대, 틱타알릭은 지구상의 생명체에게 기초적인 유전 레시피를 제공한 셈이다. 각 생명체는 그 레시피를 토대로 진화를 거듭하면서 더 많은 후손을 남기며 생존해 왔다. 그러지 못한 생명체는 물론 멸종했다.

슈빈이 말했다. "단순한 추측이 아니에요. 지난 150년 동안 여러 갈래의 증거가 쌓이고 쌓여 이 아름다운 연결고리를 입증해 냈어요."

2006년 4월, 슈빈은 틱타알릭이 어떤 생명체이고 인간이라는 종에 관해 무엇을 알려 주는지 논문으로 발표했다. 이는 과학 학술지 《네이처》 표지에 실렸다.

틱타알릭은 다른 모든 동물 몸체의 근간이 될 청사진은 물론 탐험하고자 하는 욕구 역시 품고 있었다. 녀석은 삶을 개선할 정보를 끊임없이 갈구했다. 그리고 그 욕구를 채워 보상을 얻으려고 계속 노력했다. 슈빈이 말했다. "틱타알릭은 당시 육지를 탐험하기에 적합한 능력을 발전시켰습니다. 그래서 기회를 찾아 물 밖으로 걸어 나갔죠."

기회의 발견 --- 예측 불가능한 보상 --- 즉각적 반복 가능성

오로지 탐험을 위해 탐험하는 동물들

학자들은 한때 배고픔, 갈증, 성욕 같은 생존 욕구가 모든 인간 행동을 좌우한다고 보았다. 그러나 1950년대에 하버드대학의 심리학자들은 인간을 비롯한 동물들이 탐험하려는 욕구에 의해 움직인다는 사실을 발견했다.

관련 연구가 이미 여러 해에 걸쳐 축적된 시점이었다. 20세기 초에는 개 훈련으로 유명해진 심리학자 이반 파블로프Ivan Pavlov가 개에게 '탐색 반사investigatory reflex'라는 행동이 나타난다는 사실을 발견했다. 다소 전문 용어처럼 느껴지다 보니 파블로프는 종종 '이게 뭐지? 반사'라고도 불렀다. 이는 새로운 장소에 데리고 간 개가 곧장 킁킁 냄새를 맡으며 이리저리 돌아다니는 것을 가리킨다. '이게 뭐지?'라는 의문에 해답을 찾기 위해 정보를 탐색하는 과정인 셈이다.

그런데 파블로프는 탐색 반사가 자기 자신은 물론 동료, 친구, 가족 등 모든 인간에게 나타난다는 사실을 깨달았다. 그 뒤로 과학자들은 탐험이 인간의 발달에 중요한 역할을 한다는 사실을 알아차렸다. 예컨대, 신생아는 새로운 광경을 익숙한 광경보다 훨씬 오랫동안 관찰하고 탐구한다. 이는 뇌 발달에 도움이 된다. 또한 소위 '헬리콥터 부모(늘 아이 곁에 머무르면서 사사건건 간섭하고 참견하는 부모—옮긴이)'에 이끌려 같은 환경에만 머무르는 아이들보다는 스스로 세상을 탐험할 자유를 가진 아이들이 더 빠르게 잘 발달한다. 탐험하는 아이들은 언어 및 신체 능력을 더 빨리 습득하고 더 튼튼한 면역 체계를 갖추며 세상을 더 잘 이해한다. 심지어 잠도 더 잘 잔다.

파블로프는 탐색 반사가 "인간과 동물에게 새로운 사물과 장소를 탐색하려는 즉각적인 반응을 불러일으킨다"고 설명했다.

1925년에 과학자들은 파블로프의 이론을 검증하기 위해 실험을 진행했다. 이 실험에서 쥐들은 새로운 영역을 탐험할 기회를 얻기 위해 전기 충격을 가하는 격자판마저 기꺼이 가로질렀다.

다른 실험에서는 원숭이들이 탐험할 기회를 잡기 위해 네 단계로 구성된 악독한 시험조차 감내했다. 인간으로 치면 고시를 통과한 셈이다.

중요한 점은 실험 동물 중 어떤 동물도 배가 고프거나 성욕에 차 있거나 목이 마르거나 추위에 떨거나 위험에 처해 있지 않았다는 것이다. 이들은 음식, 짝짓기, 물, 안전 등의 필요가 전부 충족된 상태에서도 탐험을 선택했다. 단지 탐험하기 위해 탐험했다는 뜻이다.

그렇기에 1950년대에 하버드대학 연구자들은 자신 있게 단언할 수 있었다. "동물의 행동에 나타나는 가장 명확한 특징 하나는 환경을 탐험하고자 하는 경향이다. 호기심 때문에 고양이는 죽음을 맞이하고 개는 주변을 철저히 탐색하며 원숭이와 침팬지는 끈기 있게 탐구한다." 따라서 탐험 욕구는 뚜렷이 독립된 핵심 욕구 중 하나로 분류되어야 한다.

인간 역시 이런 욕구를 공유한다. 그런데 인간의 탐험 욕구는 훨씬 강해서 우리를 미지의 세계 더욱 깊숙한 곳으로 이끈다. 틱타알릭이 특유의 지느러미 덕분에 육지라는 광대한 미지의 세계로 걸어 들어갈 수 있었던 것처럼 인간은 특유의 몸과 뇌 덕분에 어떤 종보다 끈기 넘치는 탐구자로 거듭날 수 있었다.

특히 결핍의 뇌는 우리를 우주 역사에 길이 남을 탐구자로 만들었다. 4장에서 언급했듯 지구는 930~650만 년 전 사이에 큰 냉각기를 겪었다. 당시 유인원에 훨씬 가까웠던 인류 조상은 아프리카 밀림에서 과일을 먹으며 살아가는 중이었다. 그런데 지구가 추워지자 밀림이 줄어들기 시작했고 변두리부터 점차 건조한 삼림지대로 변했다. 과일나무가 줄어들면서 과일을 특정 계절에만 구할 수 있었다.

하지만 바로 이런 결핍 속에서 최고의 탐험가들이 등장했다. 더 넓은 지역을 다니면서 과일을 더 잘 찾을 만한 신체적 특징을 가진 유인원만이 더 많은 식량을 구할 수 있었다. 그들만이 살아남아 유전자를 퍼뜨렸다. 이 과정에서 유인원이 인간으로 진화했다.

이런 식으로 이주, 발명, 발상에 기여하는 결핍은 물리적 지도는 물론 정신적 지도에도 새로운 지평을 여는 원동력이 된다.

시간이 지나면서 자연 선택이 본격적으로 작용했다. 록밴드 그레이트풀 데드가 노래하듯 인간은 '좀 더 넓은 땅을 밟게 될 운명'이 되었다. 인간은 다른 영장류와 달리 네 발이 아니라 두 발로 서서 걷도록 진화했다. 그 과정에서 아치형 발바닥, 큰 무릎 관절, 골반 아래로 비스듬히 각진 무릎, 옆쪽을 바라보는 큰 고관절, 길고 좁은 허리, 긴 척추 등을 얻었다.

두 다리로 직립 보행이 가능해진 덕분에 인간은 더 먼 거리를 이동할 수 있었고 양손을 자유롭게 사용할 수 있었다. 이는 독특한 이점 두 가지를 제공했다.

첫째, 나무 높이 달린 희소한 열매를 따서 보금자리로 운반할 수 있었다. 실제로 인간은 본인 의지로 무거운 짐을 짊어진 채 장거리를 이동할 수 있는 유일한 동물이다. 그 덕분에 도구나 물자를 미지의 세계로 운반할 수도 있었다. 이는 낯선 곳에서 생존하는 데 도움이 되었다.

둘째, 더 넓은 지역을 훨씬 효율적으로 돌아다닐 수 있었다. 다른 유인원은 인간이 이동하는 만큼 이동하려면 에너지를 네 배 더 써야 한다.

오늘날에도 침팬지 같은 유인원은 하루 평균 2~3킬로그램을 걷지만, 인간은 하루 평균 13킬로미터를 걷는다. 과거 인간 조상은 대규모 사냥이나 탐험을 떠날 때면 하루에 32킬로미터 이상을 이동하는 경우도 있었다. 오늘날 초장거리 마라톤 선수는 24시간 이내에 160킬로미터도 걷는다.

예일대학 연구진은 이와 같은 장거리 보행 덕분에 탐험의 선순환이 형성되었다고 주장한다. 더 많이 탐험할수록 더 많은 자원(특히 식량)을 얻는다. 더 많은 자원을 얻을수록 두뇌 발달이 더욱 촉진된다. 두뇌가 발달할수록 새로운 지역을 탐험하는 더 효율적인 방법을 떠올리는 게 가능해진다.

주변 환경에 주의를 기울이며 걷는 활동이 창의성, 집중력, 이해력 향상에 도움이 되는 이유 역시 이런 배경 때문일 수 있다. 최근 《심리학연구Psychological Research》에 실린 어느 연구에서는 주변 세계에 주의를 기울이며 자유로이 걷는 사람들이 휴대 전화에 집중하며 걷는 사람들보다 창의성 및 아이디어 테스트에서 훨씬 높은 점수를 받는 것으로 밝혀졌다. 또 다른 연구에서는 아이들에게 20분 동안 걷게 하자 집중력은 물론 복잡한 정보를 이해하는 능력이 향상되는 것으로 나타났다. 연구자들은 여유롭게 걷는 활동이 "평생에 걸쳐 인지 건강을 향상시키며 능률적인 뇌 기능에 필수"라고 지적했다. 과거에도 걷는 활동은 인간의 집중력과 창의성을 높여 중요한 지형지물을 기억하고 더 멀리 이동할 방법을 떠올리며 탐험 중에 생존하는 데 도움이 되었을 것이다.

동물들 대부분 특정 지역에서 번성하는 데 도움이 되는 특징을 가지고 있다. 예를 들어, 북극여우의 하얀 털은 눈 덮인 지역에서 유용하다. 흥미롭게도 인간의 뇌는 거의 모든 상황에서 유용하다. 커다란 뇌 덕분에 인간은 창의적으로 생각할 줄 알고 용도에 맞게 도구를 활용할 줄 안다. 다른 동물들이 쓰러진 나무를 장애물로 볼 때 인간은 그것을 돌삽으로 파내 물에 띄운 다음 카누로 사용하겠다고 상상한다. 카누를 물에 띄우고 나서도 어떻게 하면 더 멀리 갈 수 있을지 계속 궁리한다. 결과적으로 카누에 돛이나 키를 달겠다는 생각을 한다.

노벨상 수상자이자 막스플랑크 진화인류학연구소Max Planck Institute for Evolutionary Anthropology 소장 스반테 페보Svante Pääbo는 내셔널지오그래픽과의 인터뷰에서 말했다. "인간만큼 널리 돌아다니는 포유류가 없어요. 우리는 국경을 넘나들고 심지어 자원이 충분한 곳에 살면서도 새로운 영토를 개척하려 나아가죠. 다른 동물들은 그러지 않아요. 다른 고대 인류 종도 그러지 않았죠. 네안데르탈인은 수십만 년 동안 존재했지만, 전 세계로 퍼지지는 않았어요. 반면 우리는 단 5만 년 만에 온 지구를 뒤덮었죠. 거의 광기에 가까워요. 저 끝에 뭐가 있을지 전혀 모르면서 무작정 바다를 항해합니다. 지금은 화성을 노리는 중이죠. 우리는 절대 멈추지 않아요. 왜일까요?"

정말 왜일까? 우리는 무엇을 찾고 있는 걸까? 학자들은 그 답이 "정보"라고 믿는다.

브라운의과대학의 심리학자 저드슨 브루어Judson Brewer 박사는 인간의 결핍의 뇌가 정보를, 특히 삶을 개선하고 생존 확률을 높일 정보를 갈망하도록 진화했다고 밝힌다.

더 많은 정보는 죽을 가능성을 비약적으로 낮췄다. 다음 식량을 어디서 구할지 알아내는 건 정말 중요했다. 자원을 구할 만한 곳을 새로 찾아내는 것, 앞으로 폭풍이 다가올지 알아내는 것, 다른 인간의 동기를 이해하는 것, 미래를 예측하는 것 등도 마찬가지로 중요했다. 이런 정보를 더 많이 습득할수록 식량, 짝짓기 상대, 도구, 지위 등을 확보할 가능성이 더 높아졌고 죽음을 초래할 만한 상황을 피하기가 더 쉬워졌다.

따라서 하버드대학 계산인지신경과학연구소ComputationaCognitive

Neuroscience Lab 연구원인 토미 블랜차드Tommy Blanchard는 인간을 "정보 탐식가"라 부른다. '육식 동물이 고기를 사냥해 먹어 치우듯 인간은 정보를 탐색해 소화시키는 생명체'라는 뜻이다.

정보를 찾기 위해 미지의 세계를 탐험하는 과정은 결핍의 고리를 따랐다. 기저에는 더욱 푸르른 풀을 찾으려는 갈망과 호기심이 깔려 있었다. 이를 충족하려면 신체든 정신이든 적극적으로 활용해야 했다. 사실상 모든 것을 걸어야 했다. 인류는 집을 떠나 미지의 세계 깊숙한 곳으로 나아갔다. 아무것도 몰랐고 무엇이 나타날지 예측할 수 없었다. 언덕 너머에는 커다란 사냥감이 떼로 존재할 수도 있었고 반대로 천적이 잔뜩 존재할 수도 있었다.

그럼에도 인류는 더욱 푸르른 지역을 찾아 보상을 얻을 때까지 탐험을 계속 반복했다. 보상을 얻은 뒤에도 또 어딘가에 그보다 더 푸르른 지역이 있을 것임을 깨달았다. 이런 깨달음은 인간을 기회와 보상의 굴레 속으로 다시 밀어 넣었다.

과학자들의 발견에 따르면, 실제로 인간에게는 위험을 감수하고라도 탐험을 나서는 성향과 관련된 DRD4-7R이라는 유전자가 존재한다. 학계에서는 이 유전자에 '방랑벽 유전자'라는 별명을 붙였다.

그런데 이 방랑벽 유전자는 탐험에 국한되지 않는다. 과학 저널리스트 데이비드 돕스David Dobbs는 방랑벽 유전자가 사람들로 하여금 "위험을 감수할 가능성, 새로운 장소, 발상, 음식, 관계, 약물을 탐험할 가능성, 이주, 변화, 모험을 수용할 가능성을 높이는 것 같다"고 보았다.

NASA는 이런 공식 입장을 내놓기도 했다. "인간에게는 미지의 세계를 탐험하고 새로운 세계를 발견하며 과학 및 기술의 한계를 넘어 한 발짝 더 나아가려는 욕구가 있다. 우리가 아는 것과 우리가 살아온 곳의 경계 너머를 탐험하려는 무형의 욕망은 여러 세기에 걸쳐 인간 사회를 이롭게 했다. 호기심과 탐험 욕구는 인간 정신을 구성하는 핵심 요소다."

어쩌면 생존에도 핵심일지 모른다. 철학자 프랭크 화이트Frank White는 학계를 떠들썩하게 한 저서《조망 효과The Overview Effect》에서 이렇게 말한다. "우주 탐사는 인간이 생존과 진화에 이르기 위한 열쇠일 수 있다. 어쩌면 그 이상일 수도 있다. 우리는 단순히 지구 외부의 자원을 사용해 지구상에 새로운 기회를 창출하기 위해 우주로 나아가는 것이 아니다. 인간 진화의 다음 단계를 이룩하기 위해, 즉 새로운 문명의 기초를 놓기 위해 우주로 나아가는 것이다."

나와 같이 절반만 드러난 지구를 바라보던 반데헤이는 우주 탐사에 대한 화이트의 기대에 동의하는 눈치였다. 하지만 경고 하나를 덧붙였다.

"이상적으로는 언젠가 인류가 우주 탐사에 성공해 지구에서 훨씬 멀리 떨어진 다른 행성에 도달해 살 수 있을지도 모릅니다. 하지만 거주하기에 적합한 환경을 찾더라도 이미 지구에 완전히 적응한 이상 지구만큼 편안한 곳은 없을 거예요. 그러니 우리가 존재할 수 있는 제일가는 공간이 지구라는 것을 기억해야 합니다. 그러지 않으면 과감히 지구를 포기하는 실수를 저지를지도 몰라요."

결핍의 뇌를 자극하는 미디어의 전략

마치 화면 보호기를 켜 둔 것처럼 지구가 화면 속을 스르르 가로지르고 있었다. 그때 반데헤이가 지구 최북단 쪽을 가리켰다.

"저기 미네소타가 제가 자란 곳이에요. 저는 자주 여기 와서 지구 위의 광활한 공터를 바라보고는 하는데요. 미네소타랑 위스콘신의 호수와 수로, 뉴펀들랜드의 라브라도 해안선, 중앙아시아의 광야까지 보이죠. 전부 텅 빈 공간이에요. 아직도 지구는 사람이 거의 살지 않는 광활한 공간으로 이루어져 있다는 뜻이죠. 이 사실을 깨닫고 나서 지구가 훨씬 더 궁금해졌어요. 집으로 돌아가면 자주 밖에 나가서 새로운 지역을 탐험해 보고 싶네요."

오늘날 우리 대부분은 전통적인 의미의 탐험을 하지는 않는다. 반데헤이처럼 우주로 가지도, 제라처럼 한 해의 절반을 야생에서 보내지도 않는다. 그럼에도 모두가 탐험을 한다고 할 수 있다.

우리 모두 정보 탐식가이기 때문이다. 미지의 세계를 알고자 하는 욕구는 여전히 우리 속에 존재한다. 이런 욕구는 결핍의 고리 중에서도 예측 불가능성에 동력을 불어넣는다. 슬롯머신의 릴이 어디서 멈출지, '좋아요'를 몇 개나 받을지, 주식이 얼마나 오를지, 데이트 앱에서 몇 명에게 간택받을지 등 특정 결과에 관한 정보를 기다릴 때 초조함과 불안함이 느껴지는 이유도 그 때문이다.

하지만 과거에는 정보가 희소했다. 직접 오감을 통해 지금 당장

인지할 수 있는 정보 외에는 없었다. 더 많은 정보가 삶을 개선해 주리라는 기대와 달리 인류는 정보가 희소한 세계를 살아가야만 했다. 새로운 정보를 원한다면 물리적으로 직접 '그곳에 가서' 얻어야 했다.

인류가 진화하는 동안 세계 곳곳이 사람 손을 타지 않은 채 텅 비어 있었다. 그중 70퍼센트는 인간이 살 만한 지역이었다. 빙하, 소금밭, 해변, 모래 언덕, 바위 등 나머지 30퍼센트는 '불모지'에 해당했다. 이런 수치는 여전히 유지되고 있지만 기후변화 때문에 변할 가능성도 있다.

의외로 오늘날에도 세계에는 인간이 거주하지 않는 지역이 널리 존재한다. 도시는 지구에서 극히 작은 공간만 차지한다. 그뿐 아니라 도시, 마을, 촌락을 다 합해도 인간이 거주할 수 있는 땅의 1퍼센트에 불과하다. 인간이 거주할 수 있는 지역 중 50퍼센트는 농업에 사용된다.

수천만 제곱킬로미터에 달하는 나머지 지역은 인간이 대담하게 탐험할 수 있는 공간이다. 미국만 해도 인간의 탐험을 반기는 아름답고 야생적인 공공 토지가 260만 제곱킬로미터에 달한다. 캘리포니아 면적의 6.5배에 해당한다. 그럼에도 우리는 웬만하면 야생에 발을 들여놓지 않는다. 실제로 국립공원 방문객 중 14퍼센트만이 포장도로 너머까지 나아간다.

공유지 개발을 반대한 미국의 생태주의 작가 에드워드 애비Edward Abbey는 말한다. "차에서는 아무것도 볼 수 없습니다. 망할 놈의 기계에서 나와 직접 걸어 다니면서, 여차하면 손과 무릎으로 기어 다니면서, 사암과 가시덤불과 선인장 사이를 뚫고 나아가야 해요. 그렇게 피를 흘리며 나아가야 무언가를 발견할 수 있을 겁니다." 다소 극단적인 조언이다. 하지만 과학자든 철학자든 가지 않은 길을 가는 것의 이점은 오래전부터 잘 알고 있었다. 연구에 따르면, 야생에서 보내는 시간은 '무언가를 발견'하는 데 도움이 된다. 나 역시 《편안함의 위기》를 한창 집필하던 시기에 자연이 인간의 신체적 건강과 정신적 건강은 물론 영적 건강까지 증진한다는 점을 확인했다. 자연이 야생에 가까울수록 효과는 더 좋아진다.

꼭 야생이 아니더라도 마을이나 도시의 블록 하나하나를 탐험할 수도 있다. 다양한 문화에 속하는 사람들과 어울리면서 새로운 관점을 배우고 새로운 이야기를 듣고 새로운 경험을 즐길 수 있다. 하지만 대부분의 사람은 예측 가능한 일상에 안주한다. 늘 같은 길로 출근하고 늘 같은 동네, 식당, 가게를 방문한다.

인간에게 탐험하려는 욕구와 지평을 확장하려는 욕구가 남아 있음을 기억하자. 템플대학 연구진의 지적대로 지난 20년 사이에 탐험 방식이 급격히 달라졌을 뿐이다. 인류 조상이 대초원에서 정보를 찾던 것에 반해 오늘날 우리는 온라인에서 정보를 찾으려 한다.

우리가 가격대가 딱 알맞은 커피머신을 찾으려고 온라인 쇼핑몰을 탐험하는 것이 과거 조상이 식량이나 보금자리를 찾으려고 아프리카 대초원을 탐험하던 것과 별반 다르지 않다니 어딘가 친근한 기분이 든다. 하지만 그와 동시에 우울해지기도 한다.

현대에는 언제 어디서나 실시간으로 정보를 검색할 수 있다. 조금이라도 더 푸르른 초원을 찾겠다며 정보의 홍수 속에 휘말릴 수도 있다. 그 과정은 과거의 탐험에 비해 편리하고 인위적이고 수동적인 환경에서 이루어진다.

200년 전까지만 해도 정보는 상대적으로 희소했다. 인간이 오감을 통해 지금 당장 받아들일 수 있는 정보 외에는 정보랄 게 딱히 없었다. 전 세계 인구 중 약 85퍼센트가 문맹이었다. 새로운 정보를 원한다면 인류 조상만큼이나 심신의 노력을 기울여야 했다.

당장 중요한 정보에만 집중하며 살아가는 삶이 대략 1833년까지 이어졌다. 그런데 그때 벤저민 데이Benjamin Day가 신문 하나를 창간했다. 데이는 자신이 팔아야 할 '상품'이 신문이나 뉴스가 아니라 '독자의 관심'임을 최초로 파악한 인물이었다. 독자를 더 많이 모을수록 광고료를 더 많이 요구할 수 있었기 때문이다.

그래서 그는 두 가지 파격적인 행보를 밟았다. 첫째로, 신문 가격을 다른 신문보다 여섯 배 낮춤으로써 더 많은 독자를 끌어들였다. 결과적으로 더 많은 사람이 신문을 사서 읽을 수 있었다. 판매 이익 자체는 마이너스였지만 광고 수익으로 손해를 충당하면 됐다.

둘째로, 데이는 결핍의 뇌가 집착할 만한 유형의 정보에 집중했다. 당시 신문들은 경영 문제 같은 지루한 화제를 다뤘다. 하지만 데이는 사람들의 눈길을 끌고 광고 수익을 더 많이 내려면 결핍의 고리가 지닌 예측 불가능성을 활용할 필요가 있음을 느꼈다. 인간의 관심은 큰 보상이나 큰 고통을 초래할 수 있는 예측 불가능한 정보에 끌리는 경향이 있음을 기억하자. 이를테면 사람들은 슬롯머신 릴이 일렬로 맞춰지는 장면이나 연쇄살인범이 도주 중이라는 소식 등에 주의를 기울인다. 그래서 특히 부정적인 뉴스를 활용했다. 난동, 살인, 사기, 도난, 폭동, 유혈, 추문 등을 다루는 기사를 집중적으로 내보냈다.

데이의 신문사는 1년 만에 뉴욕시에서 가장 큰 신문사로 거듭났다. 뒤이어 데이의 전략을 모방하는 신문들이 우후죽순 생겨났다. 대중의 관심을 자본 삼아 돌아가는 오늘날의 정보 경제가 탄생한 것도 바로 이때였다. 이때부터 우리 사회는 정보를 갈망하는 인간의 욕구를 이용해 사람들의 주의를 끌기 위해 일종의 정보 군비경쟁을 벌이고 있다. 지금도 뉴스 기사 중 약 90퍼센트는 부정적인 내용을 담고 있다.

20세기 초에 라디오가 처음 등장했을 때 영국의 어느 학자 집단은 이렇게 평했다. "실시간으로 대중에게 정보를 전달하는 비법이 마침내 밝혀졌다." 라디오 방송 제작자들은 미디어가 사람들의 일상을 '소유'한 채 정보를 지속적으로 주입할 수 있음을 파악했다. 뒤이어 1950년대에는 TV가 등장했다. 궁극의 정보 채널이었다. TV 없이 잘만 살던 사람들이 불과 10년 만에 TV를 하루 평균 5시간씩 시청했다.

그 후 인터넷이 등장했다. 인터넷은 정보를 대량으로 전달하고 받아들이는 매체로 금세 자리매김했다. 대부분의 정보는 더 이상 방송사나 출판사 같은 권위 있는 기관을 통해 나오지 않았다. 인터넷 덕분에 모뎀을 가진 이라면 모두가 방송사나 출판사가 될 수 있었다. 누구나 읽고 보고 들을 수 있는 정보 생태계에 누구나 정보를 내보낼 수 있게 되었다.

20세기 초만 해도 사람들이 디지털 정보를 받아들이는 데 소비하는 시간은 0이었다. 하지만 2020년대에 와서는 사람들이 스크린과 스피커를 통해 정보를 습득하는 데 하루에 11~13시간을 사용한다. 정보 중 40퍼센트는 '인터넷 사용자가 직접 생산'한 콘텐츠다. 유튜브 영상, 틱톡 영상, 블로그 포스트, 레딧 스레드, 팟캐스트 방송 등이 여기에 포함된다.

일부 학자들은 오늘날 우리가 하루에 접하는 정보량이 15세기에 살던 사람이 평생 접하는 정보량보다 많다고 추정한다. 그런 정보 중 대부분은 결핍의 고리를 자극해 우리가 확신, 분노, 행복, 슬픔 등 다양한 감정을 느끼도록 만든다. 궁극적으로는 광고를 보게 만든다.

컬럼비아대학의 미디어 전문가 팀 우Tim Wu는 이렇게 설명한다. "광고 중심 사업 모델은 사람들의 주의를 끌어 오래 붙드는 데에만 전적으로 집중합니다. 여기에 경쟁이 붙으면 상황은 파국으로 치닫죠. 사람들의 관심은 늘 더 화려한 것, 더 음란한 것, 더 충격적인 것으로 끌리기 때문입니다." 이처럼 예측 불가능한 부정적인 정보의 흐름은 결핍의 고리를 자극해 우리를 사로잡는다.

이는 실질적인 영향도 미친다. 2013년 보스턴 마라톤 폭탄 테러 사건 직후 캘리포니아대학 연구진은 두 집단을 조사했다. 첫 번째 집단은 폭탄 테러 보도를 여섯 시간 이상 시청한 사람들이었고 두 번째 집단은 실제로 2013년 보스턴 마라톤에 참가한 사람들이었다.

조사 결과에 따르면, 폭탄테러 뉴스를 몰아 본 사람들이 대조군에 비해 PTSD를 비롯한 정신 건강 문제를 겪을 가능성이 더 높았다. 한 번 더 짚고 넘어가자. 집에서 편안히 TV로 폭탄 테러 뉴스를 몰아 본 사람들이 폭탄 테러를 '실제로 겪은' 사람들보다 더 많은 심리적 외상을 입었다.

또 다른 실험에서는 아홉 살 아이들에게 틱톡 앱을 설치해 가입하도록 했다. 가입한 지 몇 분 만에 앱에서는 코로나 사태가 집단 학살 음모라는 정보를 띄웠다. 이를테면 이런 식이었다. "안녕, 친구들!

여기 댄스 영상이 있고 여기도 댄스 영상이 있네요. 참, 그런데 코로나가 여러분과 여러분이 사랑하는 사람들을 죽이려고 정부의 비밀 실험실에서 개발된 바이러스라는 사실을 알고 계셨나요? 그럼 댄스 영상을 하나 더 볼까요?"

현대의 많은 정보는 인간이 아니라 컴퓨터에 의해 생성되거나 처리된다. 인간이 며칠에 걸쳐 수행해야 했던 계산, 생성, 분석 과정이 이제는 컴퓨터 소프트웨어에 의해 밀리초 단위로 이뤄진다. 물론 그 덕도 많이 보고 있다. 예컨대, 지루한 작업을 대신 처리해 주는 스프레드시트나 보행자가 앞에 있다는 것을 운전자가 인식하기도 전에 차를 멈춰 세우는 안전 시스템 등이 있다. 하지만 독일의 과학자들이 연구한 바에 따르면, 인간의 정보 이해 능력과 그에 따른 판단 능력은 급속한 기술 발전에 발맞추어 진화하지 못했다.

해당 연구진은 정보가 효용 체감의 법칙에 영향을 받고 있다고 지적한다. 아무것도 모르는 상황에서 추가적인 정보를 얻으면 더 나은 결정을 내리는 데 도움이 된다. 그러나 계속 정보가 쌓이고 쌓이다 보면 '정보 과부하'에 도달한다. 이때부터는 추가적인 정보가 오히려 더 나쁜 결정을 초래한다. 다루는 정보가 복잡할수록 한계점에 도달하는 속도도 더 빨라진다.

정보 탐식가인 인간은 자신이 이런 한계점에 도달했는지 전혀 알아차리지 못한다. 결핍의 뇌는 끊임없이 더 많은 정보를 갈구한다. 정보가 너무나 희소해 더 많은 정보를 찾는 게 무조건 이득인 세계에서 진화했기 때문이다.

그래서 심리학자들은 정보의 바닷속에서 결정을 내리는 데 도움이 되는 규칙 하나를 제시한다. 물건을 버릴지 말지 결정할 때 사용하는 규칙과 비슷하다. 핵심은 항상 60초 내에 결정을 내리는 것이다. 60초가 지났는데도 계속 정보를 분석하면 시간 낭비이며 더 나은 결과를 얻지도 못한다.

전문가가 넘쳐나는 무지의 시대

과거에는 모르는 것을 받아들이거나 알아내기 위해 미지의 세계에 들어가야 했다. 끊임없이 대가를 저울질하며 정보 욕구를 해소하는 것이 충분히 가치가 있는지 판단해야 했다. 하지만 이제는 아무런 노력 없이 그 욕구를 채울 수 있으며 너무 많이 채워서 머리가 터질 지경이다.

오늘날의 정보 생태계는 우리가 상상할 수 있는 모든 질문을 아우른다. 인터넷에는 수십억 개의 답변이 존재한다. 어떤 식단과 운동이 좋은지, 어떻게 생산성을 높일 수 있는지, 어떻게 사람들이랑 잘 지낼 수 있는지, 어떤 제품이나 주식을 구매해야 하는지, 어디서 저녁을 먹어야 하는지, 어떤 영화를 봐야 하는지 등 무슨 질문을 검색하든 셀 수 없이 많은 결과가 나온다.

이런 의문이 죽음을 피하는 방법이라든가 삶이 존재하는 이유 등 지극히 심오한 질문으로 확장될 수도 있다. 하지만 정반대로 평범한 일상 속의 지극히 하찮은 질문으로 쪼그라들 수도 있다. 예컨대,

《뉴욕타임스》에서는 2019년에 〈집에서 신발을 벗어야 할까?〉라는 제목의 기사를 내보냈다. 기사에서는 전문가의 말이나 연구 논문을 인용해 신발을 벗는 것의 장단점을 800단어 길이로 자세히 다뤘다.

절대 특이한 현상이 아니다. 나도 최근 《뉴욕타임스》의 스마트 리빙 섹션을 훑어 봤는데 지난 몇 주 동안 '디저트 트레이를 고르는 방법' '비 오는 날 개 산책시키는 방법' '식기세척기를 알뜰하게 활용하는 방법' '침대를 같이 쓰는 방법' '알맞은 크기의 보관 용기를 고르는 방법' '제시간에 일어나는 방법' 같은 주제를 파고드는 기사들이 올라와 있었다.

경험에 비추어 보면 '마음에 드는 디저트 트레이 사기' '우비 입고 개 산책시키기' '식기를 세척하는 데 식기세척기 쓰기' '침대 반쪽 차지하고 자기' '집어넣을 물건이 들어갈 만한 용기를 고르기' '알람시계를 활용하기' 정도면 충분한 해답이 되는 문제들이다. 하지만 어떤 문제든 나름의 강박적인 해결책이 존재하는지, 각 기사에서는 다양한 전문가와 연구를 인용해 가며 각 디저트 트레이의 장단점, 개 산책 전략, 식기세척기 사용법, 침대 공유법, 물건 보관법, 아침에 눈 뜨는 법 등을 수백 단어 길이로 자세히 다뤘다. 심지어 '스트레스 없이 예술 작품을 벽에 거는 법'을 심층적으로 다루는 기사까지 있었다. 기사 하나를 뒷받침하려고 '예술 작품 걸기 전문가'를 무려 다섯 명이나 인용했다. 다섯 명 모두 여태까지 누구도 스트레스를 받지 않았을 문제를 해결하는 데 도움을 주려 부단히 애썼다. 이 기사만 아니었으면 앞으로도 스트레스받을 일이 없었을 텐데…….

단지 우리가 모든 걸 알 수는 없다고 이야기하려는 건 아니다.

오늘날 우리 곁에는 너무 많은 전문가가 서로 다른 견해를 가지고 설치고 있기에 제대로 된 전문가를 찾기가 어려워졌다. 수백 아니 수천 명의 전문가 중에서 신뢰할 만한 전문가를 골라내야 한다. 주장도 제각각이다. 예컨대 의사, 영양사, 정신과 의사, 생리학자 등 누구한테 물어보는지에 따라 건강해지는 방법이 매번 바뀐다.

철학자 일라이저 밀그램이 말하는 '대무지의 시대'가 다시 한번 떠오르는 대목이다. 밀그램은 현 세계에 온갖 틈새시장과 전문 분야(이를테면 예술 작품 걸기)가 존재해서 수천수만 명의 전문가가 득실거린다고 지적한다. 이런 전문가들이 세상에 너무 많은 정보를 쏟아내는 바람에 각 주제를 섬세한 부분까지 깊이 있게 이해하는 것이 불가능해졌다. 한 해에 학술지에 게재되는 논문은 약 300만 개에 달하며 이 수치는 매년 5퍼센트씩 증가하는 추세다.

의심 없이 얻은 정보는 독이다

정보의 심연 속에서 정보 탐식가 뇌를 균형 있게 유지하려면 어떻게 해야 할까? 내가 대무지의 시대에 살고 있음을, 정보를 얻는 게 너무나 쉽고 그렇게 얻은 정보가 불완전한 현실 인식을 낳을 수 있음을 뼈저리게 느낀 적이 있다. 때는 2010년경, 20대 초반의 나이에 《에스콰이어》잡지사에서 인턴으로 일할 무렵이었다. 어느 편집자 선배가 나를 회의실로 불러 더 나은 정보를 찾는 방법을 가르쳐 주겠다고 했다.

그러더니 이상한 취재 업무를 맡겼다. 교황이 얼마나 많은 돈을 버는지 알아내는 것이었다. 나는 다른 두 인턴과 함께 조사에 돌입했다. 인터넷을 검색했고 몇몇 기사를 읽었다. 대학교를 찾아가 가톨릭 역사가와 인터뷰도 했다. 그 역사가는 머뭇거리다 끝끝내 최선의 추정치를 내놓았다. 우리는 취재 내용을 편집자 선배에게 이메일로 파일을 보냈다.

금방 답변이 왔다. "5분 뒤에 회의실로 집합."

퇴근 시간이 다가올 무렵 우리는 긴 탁상 끝에 앉아 있는 편집자 선배를 마주했다. 맨해튼 중심가에 위치한 회의실 전창 유리로 8번가 풍경이 내려다 보였다.

선배는 한참 뜸을 들이다가 크게 한숨을 쉬며 말했다. "얘들아, 이건 아니지. 한참 잘못 짚었어. 교황이 돈을 얼마 버는지 알고 싶으면 망할 놈의 바티칸에 전화해야 할 거 아냐."

"망할 놈의 바티칸에 전화하기. 번호는 +39-347-800-9066." 그날 이후로 바티칸 전화번호는 정보 탐식가 뇌를 어떻게 사용해야 하는지 되새기는 키워드가 되었다. 무언가를 깊이 이해하고자 할 때면 언제든 이 교훈을 명심해야 한다. 정보의 출처를 끊임없이 의심하고 가능하면 출처를 직접 찾아가야 한다.

철학자 티 응우옌은 '지식knowledge'과 '이해understanding'에 차이가 있음을 강조했다. 지식은 사실을 소유하는 것에 불과하다. 이해는 그 이상을 내포한다.

응우옌은 2021년도 논문에서 이렇게 밝힌다. "첫째, 무언가를 이해하는 과정에는 여러 독립적인 사실들을 소유하는 것뿐만 아니라 그 사실들이 어떻게 연결되는지 파악하는 것도 포함된다. 둘째, 무언가를 이해한다는 것은 그것을 설명할 틀이나 이야기를 내면에 보유하고 있음을 의미한다. 우리는 바로 그 틀이나 이야기를 활용해 결과를 예측하고 추가 조사를 수행하며 낯선 현상을 분류한다."

지식을 출처에서 직접 얻으려고 애쓸 때 최상의 이해가 따라온다. 바티칸에 전화해야 한다는 말이다. 물론 그만큼 시간과 노력을 더 많이 투자해야 한다. 출처를 찾아가거나 전화를 걸거나 적어도 논문 같은 1차 자료라도 읽어 봐야 한다. 더 깊이 있고 정확한 이해로 이어질 수밖에 없다.

무엇이 어떻게 생겼고 어떤 느낌인지 알고 싶은가? 직접 보고 경험하자. 누군가가 어떤 사실을 믿고 있는지 궁금한가? 직접 물어보자. 실시간으로 직접 대면해야 더 잘 이해할 수 있다.

인간은 정보를 갈구하되 정보를 쉽게 얻기를 선호한다. 전화를 걸거나 직접 만나는 선택지는 다른 사람이 이미 해석한 내용을 화면 너머로 읽는 선택지보다 예측하고 통제하기 어렵기 때문에 선호하지 않는다.

학계에서는 이런 태도를 '온라인 뇌' 현상이라 부른다. 최근 하버드의과대학, 킹스칼리지런던, 옥스퍼드대학 등 세계 유수의 학술 기관 연구자들이 온라인 뇌를 연구하기 위해 한데 모였다. 그들은 인터넷이 인간의 정신을 세 가지 측면에서 변화시켰다고 결론지었다.

첫째, 우리의 집중력을 해쳤다. 놀랄 일은 아니다. 요즘에는 업무, 학습, 친목, 스포츠, TV 등 모든 활동이 장치 하나에 집약되어 있다. 결핍의 고리를 자극하는 앱들은 우리의 주의를 분산시키고 집중력을 흩뜨려 깊이 있는 이해를 가로막는다.

스탠퍼드대학 연구진은 사람들이 노트북을 사용할 때 작업 전환이 19초당 1회꼴로 이루어진다는 사실을 발견했다. 또 대학생 중 절반 이상이 스마트폰으로 연락을 확인하거나 오락거리를 찾지 않고서 10분 이상 공부에 집중하는 게 어렵다고 고백했다.

둘째, 온라인 뇌는 우리의 기억 중 일부를 클라우드로 빼 놓았다. 물론 장점도 있다. 주머니 속에 백과사전을 들고 다니는 셈이니까. 하지만 이는 별개의 정보 파편 사이에 존재하는 연결점을 찾는 과정을 더 어렵게 만든다. 마치 퍼즐을 완성하는 데 필요한 조각들이 테이블 하나에 모여 있지 않은 상황이랑 똑같다. 일부는 이 방에 있는데 다른 일부는 저 방에 존재해서 연결 자체가 불가능하다.

이를 뒷받침하는 연구 결과도 있다. 한 연구에서는 사람들을 두 집단으로 나누어 정보를 찾게 했다. 첫 번째 집단은 인터넷을 사용했고 두 번째 집단은 종이 백과사전을 사용했다. 물론 인터넷을 사용한 집단이 정보를 더 빨리 찾았다. 하지만 과제를 마친 직후 테스트를 해 보니 이들은 백과사전을 사용한 집단에 비해 정보를 정확히 기억하는 면에서 상당히 낮은 점수를 기록했다. 이는 큰 노력을 들여 딱 맞는 책에서 딱 맞는 대목을 찾는 식으로 정보를 찾는 쪽이 정보를 기억하는 데 유리함을 시사한다. 푹 끓인 된장이 패스트푸드에 없는 장점을 가진 것처럼 느리게 얻은 정보가 빠르게 얻은 정보보다 나을 때가 있다.

셋째, 인터넷은 사회적 상호 작용을 변화시키고 있다. 언뜻 보면 인간의 뇌는 온라인 환경이든 오프라인 환경이든 사회적 상호 작용에 늘 비슷하게 반응하는 것처럼 보인다. 그러나 일부 연구에 따르면, 인터넷이 확산된 2008년 이후 청년이 느끼는 사회 불안 수치는 세 배 증가했다. 연구자들은 그 원인으로 '24시간 내내 지속되는 직간접적 미디어 노출'을 지적한다. 인터넷 댓글 창이 극악무도한 인간 군상의 본거지나 다름없다는 사실도 빼놓을 수 없다.

스탠퍼드대학 연구진은 인터넷이 우리의 정신에 악영향을 미친다는 말은 결국 우리의 사회적, 직업적, 지적, 개인적 삶 전반에 악영향을 미친다는 말과 같다고 지적한다.

이런 현상에 관해 반데헤이에게 이야기하자 그는 이렇게 답했다. "지난 5년 동안 강연을 나가면 지구가 평평한지 묻는 사람이 많더라고요. 특히 학교로 강연을 가면 지구가 평평하냐는 질문이 한 번도 안 빠지고 나왔던 것 같아요. 어떻게 대답해야 할지 모르겠더라고요. 문득 과학이 하는 일 중 하나가 이론을 세우고 그걸 반증하려 애쓰는 것임을 다시금 느꼈습니다. 인간은 자신이 바라보는 현실에 모순되는 정보가 있는지 찾으려 갖은 노력을 다하죠. 그런 식으로 자기 손에 탐구할 만한 이론이 쥐어져 있음을 확인하는 거예요. 만약 반증할 방법을 찾지 못한다면 그 이론을 더욱 편안히 받아들이겠죠. 그래도 여전히 이론은 이론이에요. 이론으로 남겨 두는 쪽이 미래에 배울 점이 더 많거든요."

반데헤이는 평평하지 않은 지구를 바라보며 계속 이야기했다. "그런데 문제는 요즘 사람들이 사실인지 거짓인지 알 수도 없는 정보에 너무 많이 노출된다는 겁니다. 의문이 생기면 사람들은 인터넷을 뒤지면서 이미 품고 있는 생각을 강화하는 정보만 찾아내죠. 그런 정보를 찾기가 너무 쉬워요. 그러다 보면 자기 생각 속에 더 깊숙이 갇히게 되죠."

응우옌의 설명에 따르면, 인간은 자기 생각에 일치하는 정보를 발견할 때 좋은 기분을 느낀다. 철학자 앨리슨 고프닉Alison Gopnik은 이를 '지적 오르가슴'이라고까지 부른다. 생각하는 게 업인 사람이라 그런 표현도 서슴없이 뱉는 거겠지만 분명 거기에는 진실이 담겨 있다. "아하!" 하고 깨닫는 순간은 잭팟에 당첨되는 것만큼 기분이 좋다.

반면 혼란은 불편함을 가져다준다. 더 많이 생각하고 더 많은 정보를 찾는 수고를 들여야 한다는 신호이기 때문이다. 마침내 올바른 정보를 찾았다는 생각이 들면 불편함은 편안함으로 뒤바뀐다. 바로 그때 우리는 "아하!" 하고 외친다. 명쾌하다는 감정은 편안하고 보람찰 뿐만 아니라 이제 생각과 정보 탐색을 멈춰도 좋다는 느낌이 들게 한다. 일단 "아하!" 하는 순간을 경험하고 나면 굳이 또 그런 순간을 갈구할 필요가 없다. 배고픔과 포만감으로 바꿔서 생각해도 된다. 정보가 부족한 상태는 배가 고픈 상태와 같다. 정보를 파악한 상태는 배가 불러 행복한 상태와 같다.

명쾌한 "아하!"의 순간은 진정으로 무언가를 이해할 때 찾아오기도 하지만 늘 그런 건 아니다. 실제로는 살짝(어쩌면 한참) 잘못 짚고 있는데도 명쾌하게 파악하고 있다고 느낄 수 있다. 인정하기 싫겠지만 당신도 그런 적이 많을 것이다. 7장에서 언급했듯 "99퍼센트 확실해!"라는 생각이 들더라도 실제로는 틀렸을 확률이 40퍼센트에 달한다.

물론 본인 판단이 틀렸다는 사실이 금방 드러나는 상황도 있다. 자신이 알고 있는 정보를 바탕으로 다리를 짓거나 스테이크를 굽거나 머리를 손질했다고 해 보자. 다리가 무너지거나 스테이크가 가죽처럼 질기거나 머리가 동네 바보처럼 나왔다면 정보가 잘못됐다는 걸 쉽게 깨달을 수 있다. 문제는 판단하기가 모호할 때가 훨씬 많다는 점이다.

　응우옌의 논문에서는 이렇게 밝힌다. "인간은 인지 자원이 유한한 존재임을 기억해야 한다. 일상생활 중에 우리는 어디에 돈을 쓸지, 어떤 후보를 지지할지, 누구에게 투표할지 등 해야 할 일을 판단해야 한다. 문제는 여기에 관련이 있을 것만 같은 정보, 증거, 견해가 끊임없이 쏟아진다는 점이다. 이는 인간의 인지 능력을 아득히 넘어서는 양이다. (……) 무언가를 온전히 이해했다고 인식하려면 포괄적이고도 철저한 조사를 거쳐야만 한다." 우리가 살아가는 세계가 얼마나 복잡한지 고려한다면 사실상 불가능한 일이다.

　과거와는 환경이 너무나 달라졌다. 과거 인류에게 명쾌한 "아하!"는 꽤 믿을 만한 신호였다. 정보 탐색 과정이 단순명료했기 때문이다. 식량을 구하든가 못 구하든가, 보금자리를 찾든가 못 찾든가, 부족장이 되든가 못 되든가 정답이 확실했다. 그러니 인간이 명쾌한 느낌을 신뢰하는 방향으로 진화한 것도 당연한 일이다.

　하지만 오늘날에는 최상의 정보를 선택하기 어려운 상황이 훨씬 많다. 그렇기에 우리는 "아하!"라는 명쾌한 느낌에 기대 자신이 심사숙고를 거쳐 훌륭한 판단을 내렸으리라 짐작만 할 뿐이다. 하지만 그런 느낌만 따르다가는 정보에서 결함을 발견하기도 전에 탐색 과정을 끝마칠 위험이 있다.

예컨대, 지구평평설 신봉자 마크 사전트는 CNN과의 인터뷰에서 지구평평설을 믿는 이유를 이렇게 밝혔다. "인생과 우주를 더 잘 이해할 수 있을 것만 같아요. 훨씬 더 유용한 세계관이죠." 또 다른 지구평평설 신봉자 데이비드 바이스는 "지구가 평평하다는 걸 깨닫고 나면 강력한 힘이 생기는 기분이 들어요."

물론 우리 대부분은 지구평평설을 믿지 않는다. 하지만 쉽게 얻을 수 있는 정보에 생각보다 자주 현혹되는 것도 사실이다. 집에서 신발을 벗어야 하는지 혹은 미술품을 어떻게 걸어야 하는지 등 얼토당토않은 정보를 인터넷에서 손쉽게 구하고는 무의미한 "아하!"의 순간을 즐기는 식이다. 응우옌은 이런 정보를 음식에 빗대어 설명했다.

"영양만 포기하면 음식을 맛있게 요리하기가 진짜 쉬워요. 마찬가지로, 진실성이나 뉘앙스만 포기하면 매혹적일 만큼 명쾌한 아이디어를 만들어 내기가 정말 쉽죠."

응우옌은 "아하!"라는 명쾌한 느낌을 쉽고 빠르게 가져다주는 정보를 조심해야 한다고 경고한다. 그런 느낌이 들면 틀린 정보는 아닌지 세부 내용을 살펴보아야 한다. 바티칸에 직접 전화를 거는 것처럼 합리적인 태도를 보여야 한다. 그러지 않았다가는 쏟아지는 정보에 미쳐버리고 말 것이다. 진정으로 이해하고 싶은 주제를 알아보는 중이라면 특히 더 그렇다.

반데헤이도 똑같이 말했다. "바로 그럴 때 자기 생각과 다른 생각을 찾아봐야 해요. 본래 생각을 강화하는 정보만 찾고 싶지는 않으실 테니까요."

미지의 영역이 건네는
발견의 기쁨

응우옌과 반데헤이와 대화를 나누고 나니 내 머릿속에도 '온라인 뇌'가 일종의 중개인으로서 자리 잡은 채 새로운 경험을 오롯이 즐기지 못하게 가로막고 있다는 사실을 깨달았다. 요즘에는 아무것도 모르는 미지의 세계에 발을 들여놓을 기회를 찾기 어렵다. 나만 해도 구글에 먼저 검색해 보지 않고서는 무언가를 시도하는 법이 없을 정도니까.

사소하면서도 누구나 공감할 만한 예가 하나 있다. 최근 한 설문조사에 따르면, 대다수 사람은 새로운 식당에 방문하기 전에 일단 온라인 리뷰부터 찾아본다고 한다. 정보 탐식가 뇌는 무슨 메뉴를 기대하면 되고 어떻게 주문하면 되는지 진작부터 알고 싶기 때문이다. 우리는 자연스레 맛집 블로그 같은 중개 사이트를 찾아가 정보를 구한다.

영화, TV, 책, 여행, 쇼핑도 마찬가지다. 우리는 미리 조사하고 검색한 다음 편안한 마음으로 도전을 즐기려 한다. 문제는 그 중개인이라는 녀석이 늘 우리의 이익을 최우선으로 생각해 주지 않는다는 점이다. 펜실베이니아대학 연구진은 온라인 리뷰를 양날의 검이라 부른다. 이론상으로는 더 많은 정보를 바탕으로 결정을 내리게 해 주니 무조건 좋을 것 같지만 '대부분의 온라인 리뷰는 극단적인 의견만을 과도하게 노출시킨다는 구조적 문제'를 지니고 있다. 이는 '상품의 실제 품질을 알아내기 어렵게' 만든다.

일례로 사람들이 식당을 방문한 다음 리뷰를 남기는 이유와 방식을 생각해 보자. 아무리 다양한 경험을 했다고 한들 요즘 리뷰의 핵심은 별점밖에 없다. 식당을 좋아하거나 싫어하는 이유가 제각기 다를 수 있는데도 말이다.

급하게 밥만 먹고 가야 하는 사람은 식사가 금방 나오는 걸 높이 평가하겠지만 느긋하게 여유를 즐기고 싶은 사람은 식사가 너무 빨리 나오면 음식에 공들이지 않았다는 인상을 받을 수 있다. 어떤 사람은 식당의 분위기를 중요하게 여길 수 있지만 또 어떤 사람은 식당이 급조한 칸막이 사무실 같이 생겼어도 음식 맛만 좋으면 그만이라고 생각할 수도 있다. 양이 많은 걸 좋아하는 사람이 있는가 하면 조금씩 예쁘게 담겨 나오기를 바라는 사람도 있다. 따라서 우리가 작성하는 리뷰도 무엇을 높이 평가하는지에 따라 달라질 수밖에 없다. 그럼에도 사람들은 리뷰를 읽을 때 다른 사람들도 자신과 동일한 평가 기준으로 판단했다고 전제하는 경향이 있다.

가장 큰 문제라고 생각하는 건 바로 이 온라인 중개자 때문에 발견의 즐거움이 퇴색될 수 있다는 점이다. 직접 경험하기도 전에 검색을 통해 모든 걸 알고 나면 새로운 경험이 가져다주는 재미는 팍 식어 버린다.

달성하는 데 노력이 많이 드는 목표일수록 그 보상도 훨씬 달게 느껴진다는 젠탈의 설명을 되새겨 보자. 예컨대, 식당에 가기도 전에 리뷰를 먼저 찾아보면 예상치 못한 발견이 가져다주는 놀라움과 보람은 사라진다. 마치 제라가 직접 뿌리나 뼈를 찾아다니는 게 아니라 위치가 다 찍혀 있는 지도를 가지고 사냥 다니는 것과 같다. 슬롯머신으로 치면 릴이 어떻게 정렬될지 이미 알고 있는 채로 레버를 당기는 것이나 마찬가지다.

우리 부부가 제일 좋아하는 식당을 쭉 생각해 봐도 인터넷에서 발견한 곳은 하나도 없다. 최애 베트남 음식점은 베트남어를 할 줄 아는 분과 수다를 떨면서 보통 어디서 식사하시는지 물어 봤다가 소개를 받았다. 최애 멕시코 음식점은 차를 타고 라스베이거스 구 시가지를 지나다 웬 멕시코 할머니 캐릭터와 '타말레'라는 글자가 박힌 식당 간판을 보고는 도박이나 해 보자는 심정으로 들어간 덕분에 알게 되었다.

이는 식당뿐만 아니라 모든 종류의 경험에 적용된다. 전혀 아는 바가 없는 새로운 무언가를 시도할 때마다 우리는 작은 일상 속 주인공이 될 수 있다. 무슨 뚱딴지같은 소리인가 싶을 수 있다. 하지만 실제로 인류는 야생을 개척해 더욱 푸르른 초원을 찾는 데에서 의미를 발견했으며 보람을 느꼈다. 자원이 희소한 세계였기에 그럴 수밖에 없었다.

오늘날에도 우리는 미지의 영역을 탐험함으로써 결핍의 고리에서 벗어날 수 있다. 결핍의 고리를 구성하는 두 번째 요소와 세 번째 요소가 개입하지 못하게 가로막을 수 있기 때문이다. 미지의 영역을 탐험할 때 무가치한 정보가 가져다주는 예측 불가능한 보상 대신 훨씬 진실하고 유의미한 보상을 얻을 수 있다. 또한 탐험은 즉각 반복할 수 있는 활동이 아니므로 순식간에 휘발되는 가벼운 정보 대신 알맹이가 꽉 찬 정보를 기억 속에 서서히 남긴다.

요컨대 우리는 온라인 속 결핍의 고리에 빠져드는 대신 현실 속

풍요의 고리로 뛰어들어야 한다. 제라가 뿔 지도 없이 뿔 사냥에 나서는 것처럼 우리도 풍요의 고리를 활용해 긍정적인 습관을 형성하고 긍정적인 경험을 만끽할 수 있다. 궁극적으로는 더욱 진실하고 놀라움이 가득한 삶을 살 수 있다.

풍요의 고리를 설계하는 사람들

인터넷 검색이 아무 쓸모가 없다거나 리뷰 사이트를 아예 사용하지 말라는 뜻은 아니다. 다만 그런 도구들이 어떤 필터와 알고리즘을 기반으로 작동하는지, 따라서 어떤 한계를 가지고 있고 어떤 이점을 놓칠 수 있는지 이해해야 한다는 뜻이다. 조금만 노력을 기울이면 풍요의 고리는 그리 멀리 있지 않다. 실제로 이 문제를 인식해 깊이 파고든 첨단 기술 전문가들도 등장했다. 최신 기술이 건강한 습관을 망치지 않도록 균형을 잡으려면 어떻게 해야 할까?

의문을 해결하기 위해 구글맵스와 구글어스 개발 과정을 주도한 컴퓨터 엔지니어 존 행키John Hanke에게 연락했다. 전 세계를 구글어스와 구글맵스에 집어넣는 데 성공한 그는 새로운 프로젝트를 시작하길 원했다. 당시 구글은 증강현실AR 분야에 발을 들여놓는 중이었다. AR은 컴퓨터로 생성한 콘텐츠를 현실 세계에 결합해 사용자에게 제공하는 상호 작용 경험을 가리킨다. 행키가 지도 제작 소프트웨어 분야에서 최고 전문가로 널리 알려져 있기는 했지만 사실 처음 개발 경력을 시작할 때만 해도 게임 디자인이 주 종목이었다. 행키가 개발자로 처음 수익을 거둔 것도 10대 시절 인구가 982명밖에 안 되는 텍사스주 크로스플레인스에 살다가 아타리 게임 코드를 짜서 구독자가 개발한 게임을 대신 팔아 주는 잡지사에 보낸 때였다.

하지만 텍사스 서부 출신답게 행키는 어린 시절 스포츠, 보이스카우트, 청소년 단체 활동에도 적극적으로 참여했다. 그 과정에서 자연에 녹아든 채 야외 활동과 탐험을 즐기는 것이 신체 및 정신 건강은 물론 창의성까지 증진시킨다는 사실을 알아차렸다. 물론 첨단 기술도 유용하고 재미있는 분야였지만 최적의 건강과 행복을 위해서는 스크린을 들여다보는 데 쓰는 시간만큼 야외에서 활동적으로 움직이는 데 쓰는 시간도 충분히 확보해야 한다는 사실을 이해했다.

이런 생각을 바탕으로 행키는 2010년에 나이언틱Niantic을 설립했다. 나이언틱은 야외에서 이루어지는 탐험, 활동, 교류의 이점을 첨단 기술에 결합하기 위해 심혈을 기울였다.

그는 말한다. "저희는 지도상의 위치를 바탕으로 지역 정보를 제공하는 앱을 이후 개발할 앱들의 원형 삼아 여럿 만들었습니다. 그 첫 번째가 '필드트립Field Trip'이었죠."

필드트립은 2012년에 출시되었다. 이게 무슨 앱인지 이해하려면 차를 타고 여행을 다닌 경험을 떠올려 보면 된다. 그때 당신은 아마도 "역사 유적지까지 1.6킬로미터"라고 적힌 도로 표지판을 마주쳤을 것이다. 어쩌면 어딘가 특별해 보이는 낡은 건물을 마주쳤을지도 모른다. 관심이 동하기는 했지만 그렇다고 차를 세울 정도는 아니었다. 그래서 그대로 지나쳤다. 이런 식으로 당신은 그 지역에 관한 흥미로운 지식을 접할 기획을 놓치고 말았다. 필드트립은 그런 일이 없도록 끊임없이 우리 곁에서 박학다식한 투어 가이드 역할을 해 준다.

근처에 흥미로운 장소가 있으면 필드트립은 알림을 보낸다. 행키는 "세계 곳곳에 숨겨진 보석 같은 장소에 사람들의 이목을 집중시키고 싶었다"고 말한다. 예컨대, 강아지를 데리고 산책하는 와중에 휴대 전화에 알림이 울려서 보니 필드트립 앱에서 지금 당신 옆에 있는 집이 유명 건축가 프랭크 로이드 라이트가 설계한 건물이라며 관련 지식과 역사를 자세히 알려 줄지도 모른다. 혹은 당신이 지금 서 있는 모퉁이가 미국 혁명과 밀접한 관련이 있는 장소임을 알려 줄 수도 있다.

얼마 뒤 행키는 자기 아들이 자신과는 다른 어린 시절을 보내고 있다는 사실을 깨달았다. "당시 제 아들은 열한 살이었는데 비디오 게임 하는 거나 좋아했지 밖에는 잘 나가지 않았어요. 그래서 곰곰이 생각했죠. 비디오 게임을 좋아하는 마음을 이용해 밖을 탐험하며 돌아다니게 만들 수는 없을까?"

그렇게 '잉그레스Ingress'가 탄생했다. 행키는 이렇게 설명한다. "필드트립에서 얻은 데이터와 흥미로운 장소를 바탕으로 새로운 게임을 구축하자는 게 핵심 아이디어였습니다."

잉그레스는 스마트폰과 GPS를 활용해 게임 세계를 현실 세계 위에 겹쳐 놓는다. 사실상 땅따먹기 게임인데 차이점이 있다면 전 세계를 무대로 공상 과학적인 요소를 가미했다는 것이다. 유저는 팀을 선택한 다음 두 발로 곳곳을 누비면서 새로운 지역을 장악할 수 있다.

잉그레스는 선풍적인 인기를 끌면서 다운로드 횟수가 무려

1000만 회를 기록했다. 유저들은 열광적으로 게임에 임했다. 나이언틱에는 "여태까지 방에서 꿈적도 안 했는데 게임 덕분에 매일 2만 보씩 걷기 시작했다"는 사람들의 후기가 전해졌다.

바로 그 열광적인 팬 중에 포켓몬 컴퍼니의 수장 이시하라 츠네카즈Tsunekazu Ishihara도 있었다. 포켓몬은 2021년에만 1050억 달러 이상의 수익을 거두어들인 거대 미디어 프랜차이즈이다. 여태까지 미키마우스, 마블, 스타워즈보다도 많은 수익을 올렸다. 바로 그 포켓몬이 나이언틱과 손을 잡았다.

행키는 말한다. "우리는 잉그레스에서 써먹은 아이디어들을 새로운 게임에도 그대로 이식했죠." 개발진은 GPS 데이터를 토대로 현실 속 흥미로운 장소들에 가상의 포켓몬을 배치했다. 포켓몬이 특정 위치에 진짜 존재하는 것처럼 앱 화면에 나오면 유저는 직접 두 발로 뛰면서 포켓몬을 탐색하고 포획하고 훈련시키며 다른 유저와 전투를 벌이기도 한다. 바로 이 게임이 '포켓몬 고Pokémon Go'다.

포켓몬 고는 맥도날드급 인기를 끌었다. 2016년 출시 이후로 두 달 만에 5억 회 이상 다운로드를 기록할 정도였다. 최근에는 10억 회 고지도 넘겼다.

"그렇게나 히트를 친 원동력이 무엇이었을까요?" 내 물음에 행키는 그 답을 결핍의 고리로 꼽았다.

"현실에서도 어떤 행동을 할 때 보상이 주어지면 그 행동이 강화되죠. 이 게임 속 순환 구조가 딱 그런 식이에요. 당신이 어떤 행동을 하면 그 대가로 보상을 받습니다. 그러면 당신은 그 보상을 또 받고 싶다는 충동을 느끼죠. 현실에서 예를 찾자면 음식을 구하는 행동이라든가 생존 가능성을 높이는 행동이 딱 그런 식이죠. 인간은 그런 행동을 통해 보상을 추구하도록 생물학적으로 진화했어요. 비디오 게임도 바로 그런 순환 구조를 모방합니다. 다만, 평범한 비디오 게임을 해서는 소파에 가만히 앉아서도 그 보상을 받을 수 있죠. 다음 단계로 올라가면 자기가 더 강해졌다는 느낌이 들고 기분이 좋아집니다. 그래서 계속 더 높은 단계로 올라가기를 원하게 되고요. 하지만 실제 현실의 나에게 딱히 도움이 되는 보상은 아니라는 점에서 이는 가짜 보상이나 다름없습니다. 저희는 게임 속 순환 구조를 실제 세계로 전이시켰습니다. 평범한 비디오 게임이 제공하는 가짜 보상 위에 사람들에게 실제로 도움이 되는 진짜 보상을 덧입혔죠. 예컨대 당신이 포켓몬을 잡았다고 해 보죠. 그럼 일단 기분이 좋겠죠. 하지만 그 포켓몬을 잡으려고 밖에서 1킬로미터를 걸었을 수도 있습니다. 어쩌면 보스를 사냥하고 싶은데 여러 사람의 힘이 필요했을지도 모르죠. 그래서 친구 다섯 명이랑 약속을 잡고 만났을 수도 있어요. 이렇듯 유저는 게임 속 순환 구조에 깊이 몰입한 가운데 대면으로 사람들을 만나 야외 활동을 함께 즐길 수 있습니다. 인간의 건강과 행복에 필수적인 행동을 게임만 해도 저절로 하게 되는 거죠."

게다가 새로운 세상을 탐험할 수도 있다. "저희가 필드트립에서 배운 교훈이 있다면 포켓몬을 잡으러 가는 장소를 아무렇게나 정해서는 안 된다는 점이었습니다. 뜬금없이 월마트 주차장으로 사람들을 보낼 수는 없죠. 그 대신 역사적인 기념물, 공공 예술 설치물, 흥미로운 지역 사업체로 사람들을 보내려고 했습니다. 그래서인지 많은 분이 이런 메시지를 보내주셨어요. '저희 동네 개울 옆에 유서 깊은 방앗간이 있더라고요. 전혀 몰랐어요. 포켓몬을 잡으려다 거기까지 가게 되었는데 덕분에 재미있는 역사도 배우고 멋진 장소도 찾게 되었네요.'"

포켓몬 고 덕분에 수많은 집돌이, 집순이들이 밖으로 나가 몸을 움직였다. "운동을 그 자체로 즐기지 않기 때문에 운동을 해야겠다는 의지가 저절로 생겨나지 않는 사람도 굉장히 많아요. 얼마든지 그럴 수 있죠. 하지만 그런 분들은 복잡하기만 한 요즘의 피트니스 문화로부터 소외될 수밖에 없어요. 그래서 저희가 포켓몬 고 같은 게임을 통해 그들에게 다가가기로 결심한 거예요. 밖에 나가 몸을 움직이면서 사회에 어울릴 훌륭한 명분을 제공하기로 한 거죠. 그런 기회의 문이 열릴 때 사람들은 실로 큰 변화를 겪습니다."

런던정경대 연구진은 포켓몬 고의 인기가 우울감 경험률에 어떤 영향을 미쳤는지 알아보고자 했다. 이를 위해 연구진은 포켓몬 고 이용자가 최대치에 이르기 전후의 정신 건강 데이터 자료를 비교한 뒤 그 결과를 이렇게 기술했다. "포켓몬 고처럼 자연 속에서 야외 활동과 대면 교류를 즐기게 해 주는 모바일 게임은 임상적 수준에 이르지 않은 경미한 우울증을 완화할 수 있다."

행키 입장에서는 익히 알고 있던 사실이다. 나이언틱 커뮤니티 행사에 가면 포켓몬 고 덕분에 살을 45킬로그램 넘게 뺐다는 사람, 몸도 마음도 훨씬 건강해졌다는 사람, 새 친구를 많이 사귀었다는 사람 등을 심심치 않게 만날 수 있었기 때문이다. 유저들의 이동 거리를 전부 더하면 무려 160억 킬로미터 이상에 이르며 그 수치는 지금도 증가하는 중이다. 행키는 말한다. "어떤 분들은 살짝 유도만 해 주면 얼마든지 건강한 활동을 할 마음이 있었던 거죠."

행키가 제작한 비디오 게임은 마치 부모가 아이들 군것질거리 속에 몰래 끼워 넣은 싱싱한 채소 같은 역할을 한다. 이는 결핍의 고리를 사람들에게 유익한 풍요의 고리로 전환한다.

행키는 결핍의 고리를 이용하는 테크 기업에 큰 힘과 책임이 따른다는 사실을 알고 있다. "기술은 엄연히 존재합니다. 내버려둔다고 사라지지 않죠. 그런 기술이 우리에게 유익이 될지 폐해가 될지는 우리의 노력에 달려 있습니다. 어떤 결과가 따르든 신경 쓰지 않고 가만 내버려둔다면 끔찍한 일들이 벌어질 겁니다. 기술을 통제하려면 의식적인 노력을 영원히 반복해서 기울여야 합니다. 요즘 소비자를 겨냥한 인터넷 기술이 사람들을 은밀히 사로잡는 데 성공한 원인은 그것이 인류의 생존에 필수적이었던 보상 체계를 본래 목적과는 다른 목적을 위해 모방하고 있기 때문입니다. 사실상 가짜 시스템에 홀려 사람들의 보상 체계가 작동하고 있는 셈이죠. 첨단 기술 업계는 그와 같은 오랜 보상 경로를 모방하는 데 너무 능숙해졌습니다. 장담하는데 거기에 인공지능까지 더하면 진짜 무시무시해집니다. 틱톡 같은 앱에 들어가서 클릭만 몇 번 해 봐도 알 수 있어요. 그러면 틱톡은 어떤 영상이 당신 뇌에 보상 물질이 나오게 만드는지 정확히 파악해 그런 영상을 계속 더 많이 보여 줄 겁니다. 그만큼 보상 물질이 계속 더 많이 나오겠죠."

현재 이런 결핍의 고리를 가장 잘 써먹는 앱이 바로 틱톡이다. "결국 사람들은 종일 방에 앉아 영상만 넘깁니다. 제대로 먹지 않고 교육도 받지 않고 사람도 만나지 않죠. 그저 존재할 뿐입니다."

앞으로는 틱톡보다도 결핍의 고리를 더 악랄하게 활용하는 앱들이 등장할 것이다. 하지만 풍요의 고리를 자극해 우리가 유익한 일을 하도록 유도하는 앱도 있다는 것을 기억하자. 요컨대, 언제 결핍의 고리에 빠질 수 있는지 의식하면서 그것을 풍요의 고리로 전환할 방법을 찾을 책임은 우리 자신에게 있다.

행키는 말한다. "우리는 자신의 행동이 의식적인 선택이 아니라 무의식적인 화학 작용에 의해 주도될 때가 많다는 사실을 깨닫지 못하죠. 이는 '중독'이라 부를 만한 상태를 초래합니다. '중독'이라는 표현을 쓰기 싫다면 '강력한 보상으로 유도되는 반복 행동'이라고 불러도 됩니다."

가장 위대한 인생 여정을 즐기고 싶다면 익숙함도 편안함도 기대해서는 안 된다. 위대한 여정에서 얻는 보상은 목적지도, 식량도, 피난처도, 가상의 포켓몬도 아니다. 여정 중에 맞닥뜨리는 불확실성과 불편함에 대응하는 과정 자체가 곧 보상이다. 그 과정에서 우리는 이야기의 주인공이 될 기회를 얻는다. 용기, 전념, 적응, 회복 등 인간으로서 가져야 할 온갖 능력을 개발할 기회, 신체와 정신을 돌보는 와중에 더 깊은 차원의 삶에 몰입할 기회를 얻는다.

E. B. 화이트의 책 《스튜어트 리틀》은 인간 가족에게 입양된 꼬마 쥐에 관한 이야기를 들려주는데 열린 결말로 끝이 난다.

나중에 화이트는 책의 결말 때문에 "괴롭다"고 고백하면서 이렇게 덧붙였다. "결말이 잘못되었다고 생각해서가 아니라 아이들이 인생을 깔끔하게 포장된 것으로 받아들이기를 고집하는 것 같아서 그랬어요. 스튜어트 이야기를 중간에 끝맺었던 까닭은 탐구하는 것이 발견하는 것보다 더 중요하다는 사실, 여정 자체가 목적지에 도달하는 것보다 더 중요하다는 사실을 보여 주기 위해서였습니다. 어린아이들이 이해하기에 너무 거대한 개념일지 모르지만 어쨌든 저는 있는 그대로 제시했습니다. 결국 아이들도 언젠가 이해하게 되겠죠."

탐구를 포기하는 순간 여정도 끝나는 것이나 다름없다.

매슬로의 욕구 계층 이론을 다시 떠올려 보자. 인류 역사 내내 우리는 계층의 아래 단계를 충족시키기 위해 음식, 물건, 정보를 찾아 세상을 직접 돌아다녔다. 하지만 오늘날의 풍요로운 세계에서는 딱히 그럴 필요가 없다. 좋은 일 같지만 문제도 있다.

그와 동시에 기회의 문이 열린 것이기도 하다. 기본 욕구가 충족되었으므로 욕구 계층의 위 단계를 탐구할 수 있다. 바로 '자아실현'의 욕구 말이다. 우리는 이제 우리 내면에 존재하는 야생을 탐험하며 의미와 행복을 찾아다닐 수 있다.

아, 그나저나 교황은 연봉 같은 건 받지도 않더라.

11장

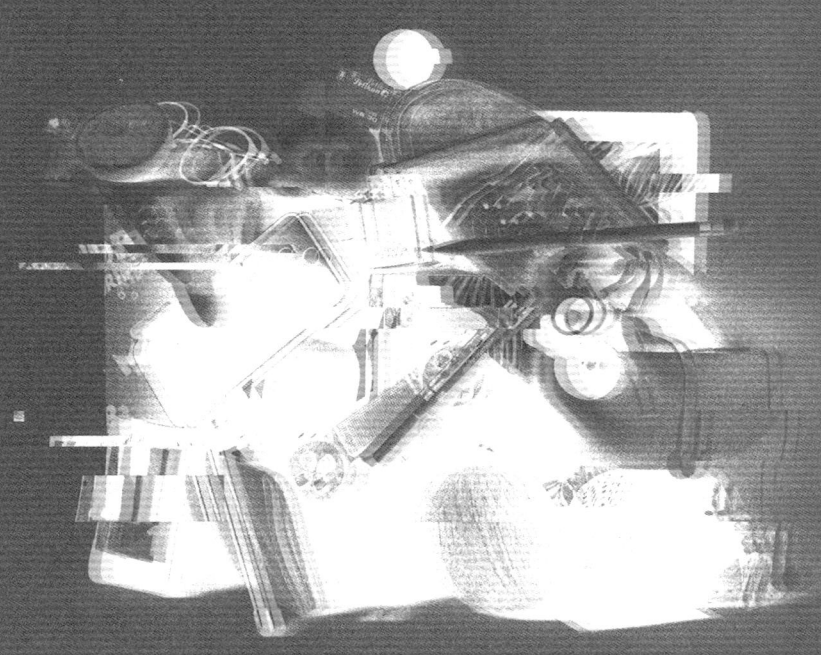

행복
: 결괏값이 아닌 평균값

행복은 어떤 한 가지 결괏값이 아니라
지속적인 행동이 만들어 내는 평균값에 가깝다.
"사람들은 행복에 너무 집착합니다.
하지만 결코 항상 완벽하게 행복할 수 없습니다.
행복은 움직이는 과녁이니까요."

브렌던 형제님의 지침은 명확했다. 과달루페의 성모 수도원Our Lady of Guadalupe Monastery에 도착하기 전에 내가 해야 할 일은 두 가지였다.

첫째로는 수도 생활의 중심이 되는 '성 베네딕도 규칙서'를 확실히 숙지해야 했다. 이 규칙서는 총 2만 자에 달하는 성명문으로 수도원에서 생활하는 수도사들이 따라야 할 지침을 알려 준다. 규칙서 4장에는 '선행 기법'이 72개 나온다. 이는 '영혼을 다듬는 도구'로서 사실상 규율 모음집이나 다름없는 거대한 책의 일부를 이룬다.

규칙 72개 중 일부는 쉽게 지킬 만했다. 3번 규칙 '살인하지 라' 쉽다. 4번 규칙 '간음하지 말라'는 더 쉽다. 아내 이상의 사람은 내게 없으며 애초에 수도원 근방에 여자라고는 수녀원에서 지내는 수녀님들밖에 없었기 때문이다. 45번 규칙 '지옥을 두려워하라'는 어떻고? 내가 들은 대로라면 지옥은 무시무시한 곳이다. 그러니 충분히 두려워할 만했다.

그러나 몇 가지 지침은 좀 까다로웠다. 39번 규칙은 '불평하지 말라', 27번 규칙은 '욕설하지 말라'였다. 게다가 1번, 41번, 42번, 49번, 58번, 60번, 62번, 72번 규칙에는 전부 '하느님'이라는 단어가 들어갔다. 하느님이라니. 평생을 가까워졌다 멀어졌다 반복한 관계였기에 그리 마음이 편치 않았다.

두 번째 지침은 육체노동에 대비하라는 것이었다. "작업복과 작업화를 챙겨 오세요." 불평 가득한 입을 집어넣고 굳은살 하나 없는 손을 뒤로한 채 열심히 일할 준비를 해야 했다. 성 베네딕도 규칙서에 따르면 '게으름은 영혼의 적'이다.

애초부터 일주일 내내 가만히 가부좌를 틀고 앉아 깨달음을 구한다는 수도원에서의 휴양 같은 걸 즐길 생각이 아니었다. 이름난 대가를 만나 고작 15분을 함께하며 깨달음 같은 걸 얻을 생각도 아니었다.

브렌던 형제님도 내 방문을 '휴양'이라 부르지 않았다. 베네딕도회 수도원은 6세기 이래로 줄곧 손님을 받아 왔지만, 규칙서 61장에는 이렇게 나온다. "순례자가 먼 지역에서 와 수도원 손님으로 지내고자 한다면 원하는 만큼 지내도록 허락하라. 단, 그는 수도원 관습에 만족한 채 불필요한 요구로 수도원을 어지럽히지 않아야 한다."

과달루페의 성모 수도원은 뉴멕시코 길라 국유림 끝자락에 자리 잡고 있다. 이곳이 영적 구심점임을 외치듯 고지대 황야 위에 우뚝 솟아 있다. 북쪽으로는 적갈색 능선과 가파른 협곡이 끝이 보이지 않을 정도로 뻗어 나가는 가운데 전나무, 가문비나무, 잣나무가 무성하다. 흙길을 따라 30분 정도 걸으면 인구가 9000명 남짓인 실버 시티가 나온다. 텍사스주 엘패소의 공항에서는 무려 3시간 떨어진 거리다.

왜 하필 과달루페의 성모 수도원을 찾아갔냐고? 딱 떨어지는 설명은 못하겠다. 아마 규칙서 61장의 마지막 구절에서 말하는 '만족'이라는 걸 탐구하고 싶었던 것 같다. 베네딕도회 수도승들이 뜻밖의 방법으로 행복의 비결을 찾았다는 연구를 우연히 발견하고는 두 눈으로 직접 확인하고 싶었다.

누구에게나 그에 맞는 '몫'이 있다

학자들이 행복을 본격적으로 연구한 지도 수십 년이 지났다. 일부 학자는 연구 결과를 지나치게 자신한 나머지 행복해지려면 '반드시' 따라야 한다는 규칙을 정해 주기까지 했다. 그런 규칙을 따르지 않으면 행복을 보상받지 못할 것처럼 말이다.

하지만 그런 식의 행복 연구에 의구심이 들었다. 논문을 읽어 보니 기획 단계부터 시작해 조사 대상과 조사 과정은 물론 행복을 측정하는 방식에 이르기까지 연구 설계 자체에 결함이 많았다. 영양학 연구에서 흔히 발생하는 문제와 같았다.

그런데도 행복 연구는 여전히 인기를 끄는 중이다. 특히 미국인만큼 행복이라는 결핍의 고리에 깊이 빠진 국민이 없다. 현재 미국은 1인당 웰빙 제품에 쓰는 돈이 다른 어떤 나라보다 많다. 미국 독립선언서만 보더라도 '행복의 추구'가 '양도할 수 없는 권리'로 명시되어 있으니 당연한 일인지도 모르겠다. 사실상 미국의 본질을 규정하는 문서에 끝없는 행복 추구라는 결핍의 고리를 새겨 넣은 것이나 다름없다.

하지만 자료에 따르면, 미국은 다른 선진국에 비해 훨씬 불행한 국가다. 슬프게도, 최신 연구는 미국인이 세대를 거듭할수록 점점 더 불행해지고 있음을 보여 준다.

그렇다고 다른 국가들이 행복에 겨운 상태라는 뜻은 아니다. 데이비드 브룩스David Brooks가 온갖 지표를 들어 지적하듯 미국은 "슬픔이 증가하는 전 세계적인 풍조를 따르고 있을 뿐"이다. 일례로, 영국의 연구진은 1965~2015년 사이에 히트 친 대중가요 15만 곡의 가사를 분석했다. 그 결과, '사랑'이라는 단어가 쓰인 빈도는 50년 동안 거의 절반으로 줄었다고 한다. 반면 '미움'이라는 단어는 1990년까지만 하더라도 인기 가요에 등장하지 않았지만, 이제는 매년 20~30곡에 등장한다. 마찬가지로, '기쁨'이나 '행복' 같은 단어는 등장 횟수가 줄어든 반면 '아픔'이나 '슬픔' 같은 단어는 등장 횟수가 증가했다. 또 어떤 연구진은 뉴스 기사 제목 수백만 건을 분석한 결과, 뉴스 기사가 점점 부정적으로 변했다는 사실을 발견했다. 2021년에는 지구상의 불행이 사상 최고치를 기록했다. 한 대규모 연구에 따르면, 걱정, 슬픔, 분노 같은 부정적인 감정은 전 세계적으로 증가해 왔으며 계속 증가하는 추세다.

하지만 치마네 사람들의 삶이 그랬듯 베네딕도회 수도사들의 삶도 의도치 않은 비밀 연구실 역할을 하고 있었다. 그들이 '단순한 만족'을 찾으며 살아가는 방식은 미국 유수 대학의 '행복 연구실'에서 내놓는 조언과는 상반되었다.

나는 성 베네딕도의 생애와 사상을 다루는 글을 읽기 시작했다. 그가 어릴 적 로마는 결핍의 뇌가 폭주한 결과로 몰락하는 중이었다. 그러나 그는 결핍의 고리에서 벗어나는 방법을 찾아냈으며 그 방법은 가혹하거나 짐스럽지 않았다.

베네딕도는 수도사든 일반 시민이든 필요한 몫만큼 가지되 필요 이상으로 가져서는 안 된다고 확신했다. 이 원칙은 음식, 재산, 영향력 등 모든 것에 적용된다.

'몫'이라는 표현에 주목하자. 사람마다 욕구와 성향이 다름을 인정했다는 뜻이다. 대부분의 종교는 절제나 중도의 중요성을 설파한다. 베네딕도는 그런 '절제'가 사람마다 다르다는 사실을 이해했다. 누군가에게는 충분한 양이 다른 누군가에게는 과할 수도 있고 모자랄 수도 있다. 더 나아가 자기 부정과 지나친 절제가 교만, 즉 "내가 너보다 성스럽다"는 식의 속물적인 태도를 부추길 수 있음을 강조했다. 베네딕도의 가르침에 따르면, 지나치게 많은 것만큼이나 지나치게 적은 것 또한 궁극의 목표에 이르는 데 방해가 된다.

그는 모든 인간이 추구하는 지향점이 행복임을 인식했다. 행복이 모든 행동의 바탕을 이루는 궁극의 목표다. 행복이 결핍의 뇌를 자극하고 결핍의 고리를 유발한다. 그렇다고 삶의 비극이 행복의 부재는 아니다. 행복을 엉뚱한 곳에서 찾는 게 비극이다. 베네딕도가 관찰한 로마 사람들처럼 우리는 행복을 물질, 권력, 인정, 음식 같은 일시적인 쾌락에서 찾으려 한다. '이번에는' 슬롯머신 릴이 일렬로 맞아떨어져 영구적인 승리를 가져다줄 것이라고 기대하면서 결핍의 고리에 빠져든다.

길라 국유림 끝자락은 어두컴컴했다. 시커먼 소나무로 둘러싸인 구불구불한 산길을 30분이나 달렸는데도 수도원이 보이지 않자 길을 잃은 건가 싶었다.

바로 그때 도로 양쪽에 우뚝 솟은 벽토 기둥 두 개가 전조등 불빛에 모습을 드러냈다. 꼭대기마다 십자가가 얹혀 있었다. 기둥 양쪽으로는 커다란 담이 곡선을 그리며 이어졌다. 우측 담벼락에는 장식용 타일을 붙여 만든 과달루페 성모 성상이 있었고 바로 옆에 파란 타일로 이렇게 적혀 있었다.

우리의 어머니
과달루페의 성모
수도원

정문을 통과하자 바로 앞에 H 모양으로 지어진 건물이 보였다. 각 동은 높이가 9미터를 넘었다. 한쪽 동에는 약 2.5미터 높이의 아치형 창문 너머로 환한 불빛이 나왔다. 몇 시간 전에 브렌던 형제님이 문자로 알려 준 바로는 늦게까지 불이 켜진 건물로 들어가면 되었다.

건물 안에는 또 다른 수도사인 로렌스 형제님이 기다리고 있었다. 악수 내내 로렌스 형제님은 치아와 잇몸이 다 보일 만큼 활짝 경건한 미소를 지었다. 후드가 달린 두툼한 황갈색 수도복이 바닥까지 축 늘어졌다. 밭을 갈거나 전투에 나갈 때 신을 법한 견고한 가죽 작업화가 수도복 아래로 언뜻언뜻 드러났다.

위로는 둥근 무테안경과 깔끔한 민머리가 눈에 띄었다. 수도복만 빼고 보면 취미로 요가를 즐기는 첨단 기술직 종사자 같았다. 나는 로렌스 형제님을 차에 태우고 흙길을 따라 조금 가면 나오는 수도원 회랑으로 향했다.

회랑은 밝게 그을린 회반죽을 벽에 바르고 테라코타 타일로 지붕을 덮은 전형적인 스페인 남서부 시골 건축 양식을 따랐다. 한쪽 모퉁이에는 15미터 높이의 종탑이 우뚝 서 있었다.

우리는 작은 계단을 올라 아치형 입구를 통과했다. 로렌스 형제님이 우측에 보이는 중세풍 이중문을 가리키며 속삭였다. "저기가 예배당입니다. 조과$_{Matins}$는 정확히 오전 3시 25분에 시작합니다."

내가 물었다. "저, 죄송한데, 조과가 뭐죠?" 형제님은 어리둥절하다는 표정을 지었다. 수도원을 방문하는 순례자는 대부분 정통 가톨릭 신앙을 따르는 신자이기 때문일 터였다. 반면, 내가 참석한 가톨릭 예배라고는 일곱 살 때 베이비시터 손에 끌려간 재의 수요일 미사가 다였다.

"조과는 저희가 하루 중 첫 번째로 드리는 예배입니다." 로렌스 형제님이 대답하고는 이중문을 열고 나를 옥외 복도로 안내했다. 발을 디딜 때마다 스페인 양식 타일의 매끄러운 촉감이 느껴졌다. 위로는 지붕이, 옆으로는 정원이 복도의 경계를 구분하고 있었다. 정원에는 빨갛고 노란 장미와 장식용 분수가 눈에 띄었다.

복도를 따라 걷다 보니 중세풍의 이중문이 하나 더 등장했다. 문을 열고 안으로 향하는 로렌스 형제님을 뒤따랐다. 층고가 6미터에 달하는 긴 직사각형 방이었다. 방에는 기다란 탁자가 여럿 늘어서 있고 탁자를 따라 수제 나무 의자들이 놓여 있었다. 문 맞은편 벽에는

1.8미터 크기의 십자가가 사방이 내려다보이는 위치에 걸려 있었다.

로렌스 형제님이 입을 열었다. "여기가 식사하는 곳입니다. 아침 식사 시간은 오전 7시입니다. 그전에 오전 6시에는 두 번째 예배인 찬과Lauds를 하고요. 형제님 자리는 여기입니다." 내 자리는 탁자 끝쪽이었고 심지어 명패도 있었다. 나무 명패에는 내 이름 '마이클 이스터'가 고딕체로 적혀 있었다. 바로 옆자리에는 "폴 형제님"이라고 적힌 명패가 보였다.

식당을 떠나려는 찰나 로렌스 형제님이 잠깐 멈춰 서서 말했다. "아, 참고로 아침 식사는 뷔페식입니다. 원하는 대로 드세요. 그리고 아침은 서서 먹으니 앉지 마세요." 그러고는 문을 열다 말고 덧붙였다. "참, 식사 중에는 침묵해야 합니다."

예배당 방향으로 돌아가는 길에 로렌스 형제님이 회랑 곳곳의 문과 통로를 나지막이 가리켰다. 부엌, 몇 개의 접견실, 커다란 도서관이 있었다. 2층은 생활 공간이었다. 과달루페의 성모 수도원의 수도사 마흔 명은 각각 가로세로 3미터 크기의 방에서 지낸다. 각 방에는 책상, 의자, 책장, 1인용 침대, 옷장이 있다. 옷장에는 옷이 단 네 벌 들었다. 예배할 때 입는 검정색 수도복 두 벌, 노동할 때 입는 황갈색 수도복 두 벌이 전부다. 아, 아까 말한 끝내 주는 작업화도 빼놓을 수 없고.

로렌스 형제님은 90년대 도요타 T100 픽업트럭을 몰고 출발했다. 뒤를 따라 흙길을 가다 보니 방문객 숙소가 나왔다. '손님이 성하게 쓸 리 없으니 굳이 많은 돈을 들이지 말자'는 정신이 느껴지는 커다란 게스트 하우스를 떠올리면 된다. 죄다 기숙사 침실 같은 방에 공용공간이 다였다. 성녀 잔 다르크나 과달루페의 성모 그림 몇 점이 액자에 걸려 있는 걸 제외하면 사방이 맨 벽이었다.

로렌스 형제님이 컴컴한 복도를 따라 나를 안내하며 말했다. "원장님이 성녀 잔 다르크를 참 좋아하신답니다." 그러고는 내 방 문을 열었다. 안에는 침대, 의자, 옷장뿐이었다. TV도 인터넷도 없었다. 휴대 전화 신호도 안 잡혔다.

수도원에서 일주일을 지낼 계획이었다. 곁에는 속세에서 분리된 채 말없이 그저 기도하고 생활하고 노동하는 수도사들이 전부였다.

로렌스 형제님이 속삭였다. "아침에 뵙겠습니다." 무거운 작업화가 복도를 쿵쿵 찧는 소리가 점차 멀어졌다. 뒤이어 숙소 앞 주차장의 흙바닥을 사박사박 밟는 소리가 났다. 부르릉 시동이 걸렸다. 타이어가 자갈 위를 구르는 소리가 밤의 어둠 속으로 사라졌다.

행복은 모든 욕망의 뿌리다

13세기 도미니크회 수도사이자 철학자 토마스 아퀴나스Thomas Aquinas는 이런 기록을 남겼다. "인간의 욕망은 셀 수 없이 다양하고 때로는 상충되지만 그 모든 욕망에 통일성, 의미, 힘, 결단력을 부여하는 단 하나의 욕망이 있다. 즉 인간이 온갖 욕망을 추구하는 이유는 단 하나다. 바로 부단한 노력을 통해 만족에 이르고자 하는, 행복에 이르고자 하는 욕망이다. 모든 인간 활동의 목표는 행복이다. 인간의 모든 욕망, 모든 야심을 아우르는 공통 기반은 행복 추구다."

일이 너무 고된데도 탄광에서 죽어라 석탄을 캐는 광부는 임금을 받으면 행복해지리라 믿기 때문에 석탄을 캔다. 거래를 성사하려 애쓰는 판매원은 판매 수수료를 받으면 행복해지리라 믿기 때문에 거래 성사에 애쓴다. 밥을 한 그릇 더 먹든 인터넷에서 악플을 달든 쿠팡에서 또다시 구매 버튼을 누르든 무슨 행동을 하든, 그 이유는 행복해지기 위함이다. 결국 결핍의 고리도 행복을 좇다 빠지는 것이다. 우리가 내리는 최악의 판단조차 궁극적인 목표는 행복이다.

어째서 그런 걸까? 아퀴나스는 인간이 "자신의 복지에 필요한 일을 하고자 하는 자연스러운 욕망을 가지고 있다"고 설명한다.

그의 주장은 일찍부터 과학적으로 입증되기 시작했다. 1872년에 찰스 다윈은 여러 차례 논문을 써서 감정이 진화 과정에서 어떤 역할을 했는지 설명했다. 험난한 자연환경에 맞서야 했던 과거 인류는 결핍을 채우려는 욕망 덕분에 살아남을 수 있었다. 마약을 하거나 맛난 걸 먹거나 소유물, 명성, 정보를 얻을 때마다 보상으로 쾌락이나 기쁨을 느끼도록 진화한 것이다. 바로 이 느낌이 소위 '행복'이라는 신비하고 보람찬 감정을 만들어 냈다.

그러나 행복은 잠깐 나타났다가 사라졌다. 내일이 오면 부족한 자원을 두고 또 투쟁해야 했기 때문이다. 이 지점에서 결핍의 고리가 탄생했다. 인간은 삶을 개선할 기회를 찾았고 예측 불가한 결과를 기다리느라 긴장감을 느꼈으며 성공적인 결과가 나왔을 때 행복을 경험했다. 하지만 행복은 찰나였다. 어느새 불만과 갈망이 다시 찾아왔다. 그렇게 인간은 즐거움과 기쁨을 가져다줄 무언가를 찾아 또다시 불안과 긴장 속으로 돌아갔다. 돌고 도는 과정이 평생 반복되었다.

물론 이 악순환 덕에 인류는 생존했다. 행복이 오래 지속되었다면 인류는 살아남지 못했을 것이다. 인간이 영속적인 행복을 느꼈다면 그것은 두뇌라는 하드웨어의 정식 기능이라기보다 버그에 가까웠을 것이다. 무언가가 인간을 영구적으로 만족시켰다면 인간은 생존에 필요한 일을 그만두고 멸종했을 것이기 때문이다. 그렇기에 인류 진화는 끝없이 행복을 좇는 결핍의 고리 속에 살기를 택했다.

같은 이유로 영국의 신경과학자들은 영속적인 행복이 존재한다는 생물학적 근거가 없음을 지적한다. 뇌에 행복을 관장하는 독립적인 영역이 존재하는지는 여전히 밝혀지지 않았다. 그렇다고 행복의 정체가 뇌 스캔 영상에서만 불분명한 것은 아니다. 어느 모로 보아도 정체를 알기 어렵다.

수천 년 전 사상가부터 현대 과학자에 이르기까지 수많은 이들이 행복을 콕 집어내려고 애썼다. 행복은 정확히 무엇이며 어떻게 행복을 지속시킬 수 있을까? 하지만 누구도 성공적인 해답을 내놓지 못했다.

요즘 사전은 '행복'을 "기쁨이나 만족을 느끼거나 나타내는 상태"로 정의한다. 그래서 '기쁨'과 '만족'을 사전에서 찾아보면 다시 '행복'이라는 단어를 중심으로 정의를 내놓는다.

자기만의 방식으로 행복을 정의하는 사람들도 있다. 하지만 그 역시 만족스럽지 않다. 예컨대, 그리스 철학자 세네카는 행복을 "불안한 마음으로 미래에 기대는 대신 현재를 즐기는 상태"라 말한다. 데일 카네기는 행복을 "정신적 태도에 좌우되는 것"으로 본다. 에밀리 디킨슨에게 행복이란 "삶을 산다는 감각 그 자체"다. 존 레논은 행복이 "따스한 총과 같다"고 말한다. 사람마다 정의가 이토록 제각각이라니, 어찌 보면 당연한 일이다.

싱가포르의 연구진은 행복의 정의가 성장 환경에 따라 달라진다는 사실을 발견했다. 어떤 감정을 행복이라 부르는지 혹은 어떤 상황에서 행복하다고 느끼는지는 문화마다 다르다. 예를 들어, 서양에서는 행복에 관해 논할 때 가장 자주 언급하는 화제가 '흥분이나 쾌활함 같은 생기 넘치는 감정' 혹은 '자존감'이다. 동양에서는 '평온함이나 고요함 같은 비교적 차분한 상태'를 주로 언급한다.

게다가 행복을 경험하는 방식도 평생 여러 요인에 의해 알게 모르게 변화한다. 어디에서 태어났는지, 누가 양육했는지, 무슨 일을 하는지, 누구와 어울리는지 등에 따라 계속 바뀐다. 매 순간, 매 생각과 행동이 행복을 느끼는 방식에 영향을 미친다.

그러므로 행복을 명확히 정의하는 것이 불가능하다고 보는 편이 나을지도 모른다. 행복을 포착하기가 이처럼 어렵다 보니 연구자들은 이렇게 결론지었다. "경계를 늦춰 생존에 가해지는 잠재적인 위협을 보지 못하게 한다는 점에서, 인간의 본성은 만족을 느끼는 상태를 권장하지 않는다."

문제는 오늘날 우리의 생존에 가해지는 위협이 그리 많지 않다는 점이다. 현대사회는 풍요를 신속하고도 확실하게 제공했으며 인류의 기본적인 생존 욕구를 전례 없는 수준으로 충족했다. 그런데도 인간의 뇌는 행복한 감정을 썩은 내 나는 쓰레기처럼 집어던지는 습성을 버리지 못했다.

경제학자 브래드 드롱Brad DeLong의 설명에 따르면, 산업혁명 이전에 안락한 삶을 살던 사람들은 자신의 안락함을 지키기 위해 모두의 안락함을 늘리기보다는 남의 안락함을 빼앗아야 했다. 다시 말해, 그 시절에 본인이 행복해지고 싶다면 다른 사람을 불행하게 해야 했다.

하지만 오늘날은 다르다. 드롱은 이렇게 말한다. "흔히 '극빈층'으로 분류되는 인구, 즉 하루 평균 2달러 미만으로 살아가는 인구는 전 세계 인구의 9퍼센트가 채 되지 않는다. 1870년 약 70퍼센트에 달했던 것에 비해 확연히 감소한 수치다." 물론 물가 상승률을 반영한 계산이다. "게다가 그 9퍼센트조차 대부분은 공공보건 시스템이나 이동통신 기술 등 주요 서비스에 접근할 수 있다."

인류는 믿기 힘들 만큼 특별한 경험을 일상적으로 벌어지는 평범한 일로 뒤바꾸는 데 성공했다. "우리 대다수가 일상적인 행복에 너무나 익숙해져서 그것이 얼마나 놀라운 일인지를 조금도 알아보지 못한다. 인류 역사상 처음으로 그저 충분한 정도를 뛰어넘는 부가 존재하는 시대인데도 사람들은, 심지어 가장 부유한 사람들조차, 자신이 얼마나 운이 좋고 행복한 존재인지 알아차리지 못한다."

의식주 등 생필품이 충분하기에 누구도 굶주리거나 비에 젖거나 추위에 떨거나 필수품 없이 지낼 '필요'가 없다(그런 사람이 존재하는 이유는 대개 분배나 정책 차원의 문제 때문이다). 그러나 앞서 영국의 신경과학자들이 발견했듯, 결핍의 뇌는 고집스럽게 감정의 기복을 갈구하고 있다. 도무지 행복한 감정을 지속할 줄 모른다.

과거에는 인류의 생존에 유용했던 순환 과정, 즉 평생 행복과 불만이 번갈아 반복되던 순환 과정이 오늘날에는 우리로 하여금 현대의 삶이 얼마나 대단한지 깨닫지 못하게 할뿐더러 전혀 엉뚱한 곳에서 행복을 찾게 한다.

돈, 권력, 명성, 음식, 술, 소유물, 지위 등 아퀴나스라면 '속세'의 쾌락이라 부를 것들이, 우리라면 '아메리칸 드림'이라 부를 것들이 지속적인 행복으로 이어지지 않는다는 사실은 여러 연구 결과를 통해 꾸준히 밝혀졌다. 예컨대, 미국인은 1975~1999년까지 1인당 GDP 기준으로 43퍼센트 부유해졌지만 더 행복해지지는 않았다. 오히려 일부 증거에 따르면, 더 많은 것을 얻을 기회가 늘어남에 따라 사람들은 덜 행복해졌다. 실제로 2015년을 기점으로 미국인의 행복지수는 심각한 하향 곡선을 그리고 있다. 2018년, 그러니까 팬데믹이 터지기도 전, "매우 행복하다"고 보고한 미국인 수는 사상 최저치를 찍었다.

오늘날, 인류가 진화를 거치며 갈망하게 된 것들이 이전 어느 때보다 많이 쏟아지는 현실에 더해 행복을 강조하고 강요하는 행복 산업까지 곳곳에 영향력을 발휘하면서 우리는 불행한 날이 하루라도 있다면 무언가가 잘못되었다는 생각을 가진 채 엉뚱한 목표를 좇는다. 영국의 신경과학자들은 이렇게 지적한다. "어느 정도의 불만을 비정상적이거나 병리적인 문제로 가장한다면 허탈함과 좌절감이 자라날 뿐이다. 인간의 뇌가 진화한 방식을 고려할 때 불만은 개인의 실패를 나타내는 표지가 전혀 아니며 오히려 우리를 인간답게 만드는 것이다."

재미있게도, 정작 베네딕도는 행복을 크게 신경 쓰지 않은 듯하다. 성 베네딕도 규칙서에 적힌 약 2만 단어 중 '행복'은 한 번도 등장하지 않는다. 그보다는 규칙서를 따라 사는 삶이 그 결과로서 행복을 내놓는 것 같다. 적어도 오클라호마주립대학교의 알렉스 비숍Alex Bishop은 베네딕도회 수도사와 수녀의 삶을 광범위하게 연구한 뒤 그런 확신을 얻었다. 그는 인간의 삶을 전 단계에 걸쳐 살펴보면서 건강하고 행복한 삶의 근원이 무엇인지 밝혀내고자 했다.

나는 과달루페의 성모 수도원을 찾아가기 전에 미리 비숍과 대화를 나눴다. 그는 말했다. "베네딕도회 수도사들은 높은 인생 만족도 점수를 기록했어요. 인생의 목적과 의미에 대한 인식도 일반 대중에 비해 높았죠. 그들을 조사한 다른 연구들에서도 비슷한 결과가 나왔습니다. 그들은 분명 행복합니다."

수도사들이 행복한 삶을 사는 이유를 들여다보면 행복에 관한 우리의 통념에는 딱히 들어맞지 않는다. 비숍은 설명했다. "행복은 굉장히 모호하면서도 역설적인 개념입니다. 너무나 가변적이라 순식간에 변할 수 있죠." 행복 자체는 물론 행복에 관한 우리의 인식도 마찬가지다. 비숍이 이어서 말했다. "그래서 베네딕도회 공동체가 특히 더 흥미로운 겁니다. 그곳에서의 삶은 꽤나 금욕적인 삶이거든요."

고독 속에서 얻은 깨달음

오전 5시 30분에 눈을 떴다. 예배당에서 새벽 기도를 드리는 조과에 이미 두 시간 하고도 5분 늦었다. 수도원에 온 지 여덟 시간 만에 졸음과 나태함을 경계하라는 37번과 38번 규칙을 깨버린 셈이다.

숙소를 나서니 벌판이 칠흑같이 어두웠다. 뒤쪽 현관에 걸린 철제 차임벨이 차디찬 새벽바람에 땡그랑 울렸다. 숲길을 따라 예배당을 향해 작은 손전등에 의존해 걷기 시작했다. 길 양쪽 경사를 따라 간간이 솟아오른 소나무와 향나무 윤곽이 손전등 불빛에 드러났다. 바람이 허브 향을 실어 날랐다. 머리 위로는 하얀 별들이 그물을 지어 하늘과 능선의 경계가 구분되지 않을 정도로 광활하게 펼쳐져 있었다.

나는 나무로 된 신도용 좌석에 앉았다. 오전 6시가 되자 수도사들이 줄지어 들어왔다. 다들 검은 후드가 달린 수도복 차림에 입을 굳게 다물고 있었다. 각자 제단을 향해 무릎을 꿇고 예를 차린 뒤 신도용 좌석 너머 벽을 따라 놓인 높은 의자에 자리를 잡았다. 그리고 기도가 시작되었다.

수도사들이 라틴어로 성가를 읊었다. "주님은 왕이시니 백성들이 떠는구나. 그룹 위에 앉아 계시니 땅이 흔들리는구나. 주님은 시온에서 위대하시고 모든 민족 위에 드높으시다." 노랫소리가 석재 벽과 목재 지붕에 닿아 사방으로 메아리쳤다.

과달루페의 성모 수도원은 아직까지 규칙서를 100퍼센트 지키는 몇 안 되는 수도원 중 하나라고 한다. 규칙서 16장에 따르면, 수도사들은 예외 없이 매일 여덟 번 한데 모여 기도와 찬송을 드려야 한다.

오전 3시 25분에 조과, 오전 6시에 찬과, 오전 7시 45분에 제1시과 Prime, 오전 9시 30분에 제3시과 Terce, 정오에 제6시과 Sext, 오후 2시에 제9시과 None, 오후 5시에 만과 Vespers, 끝으로 오후 7시에 종과 Compline까지. 이처럼 하느님께 감사와 찬양의 노래를 올리기 위해 매일 정해진 시간에 이루어지는 일련의 기도를 시간전례(성무일과)라 부른다.

이 수도사들처럼 규칙서를 엄격히 따르는 베네딕도회 수도사가 전 세계 400여 군데 수도원에 약 2만 명 더 존재한다. 다들 자신보다 거대한 무언가에 스스로를 귀의한 독실한 사람들이다.

기원 494년, 14세였던 베네딕도는 로마로 유학을 떠났다. 로마는 물론 제국 전체가 끝을 모르고 몰락 중이던 때였다. 역사가들은 몰락의 주된 요인 중 하나로 방탕함을 꼽는다. 교황 비오 12세는 당시 베네딕도가 바라본 로마의 모습을 이렇게 표현한다. "그분은 온갖 이단적인 행위를 목격했다. 개인의 삶은 물론 공적 영역에서도 도덕이 무너지고 있었다. 대다수의 사람, 특히 풋풋한 청년들이 안타깝게도 쾌락의 늪에 빠져들었다." 실제 베네딕도 본인도 로마 사회가 "스스로가 몰락하는 줄도 모르고 웃음을 터뜨리는 중"이라 평했다.

14세기 이슬람 석학 이븐 할둔 Ibn Khaldun은 이것이 반복적인 현상임을 알아차렸다. 사회가 몰락할 때마다 이와 유사한 패턴이 나타났던 것이다. 사회의 창시자들은 혹독한 환경에서도 갖은 노력을 다해 사회를 수립한다. 그처럼 혹독한 환경을 극복하기 위해 사회는 오늘날 군대에서나 볼 법한 끈끈한 결속력을 발전시킨다. 하지만 세월이 흐르고 세대를 거칠수록, 이전 세대가 사회의 안정과 번영을 이룩하는 데 들인 수고와 열의는 점차 기억 밖으로 밀려난다. 온실 속 화초처럼 안일해진 신세대는 자신들이 누리는 특권을 당연시한다. 이런 태도는 사회를 속에서부터 좀먹어 외세의 공격에 취약하게 한다. 비록 500년이나 걸리긴 했으나 로마 사회도 그런 과정을 겪었다.

이를 두고 베네딕도는 "자만 뒤에 몰락이 따르듯 방종 뒤에 파멸이 따른다"고 일갈했다. 그래서 그는 로마를 떠났다. 비오 12세의 기록은 이렇다. "그는 타락한 세대의 유혹을 뿌리치고 안락한 생활에 기꺼이 작별을 고했다. 매력적이고 명예로운 공직에 앉을 수 있는 유망한 미래마저 포기했다. 로마를 뒤로한 채 묵상에 전념하기 위해 그는 사람들의 발길이 닿지 않는 외딴 장소를 찾아 떠났다."

'묵상contemplation'도 의미가 모호한 단어 중 하나다. 이 단어는 영적·지적 학문 분야 곳곳에서 찾아볼 수 있다. 일례로 플라톤에게 묵상이란 "단순히 지식을 습득하는 것이 아니라 시대를 초월하는 선을 이해하는 것"이다. 시편 27편 4절에서는 묵상이 "주님의 아름다움을 목도하는 것"이라 나온다. 유대교 철학자 마이모니데스는 묵상을 "도덕적 이상을 인식하는 영적 활동"이라고 정의한다. 바하이교의 창시자 바하올라는 묵상이 "아름다움, 하느님, 학문, 예술 등을 숙고하는 것"이라 본다. 이슬람교 선지자 마호메트에게 묵상은 "인생과 인생의 의미, 알라와 인류의 복지에 관해 깊이 생각하는 것"이다.

요컨대, '묵상'이라는 단어에는 영적 함의가 담겨 있다. 일반 대중도 자신보다 거대한 무언가를 이해하기 위해 머리를 싸매는 행위를 묵상이라고 한다.

그렇다면 우리는 어떻게 묵상할 수 있을까? 베네딕도는 묵상하기 위해 속세를 떠나 이탈리아 수비아코의 산골에 있는 어느 동굴 속으로 들어갔다. 기원 250년에 이집트 사막으로 뛰쳐나가 최초의 은수자로 살아간 테베의 바오로나 수도 생활의 아버지라 불리는 대 안

토니우스 등 초대 기독교 은수자들의 발자취를 따른 것이다. 그와 같은 사막 교부들은 신을 영접하는 가장 고등한 방법이 고독, 금욕, 희생이라 믿었다.

베네딕도의 수비아코 동굴 속 삶에 관해 비오 12세는 이렇게 기록했다. "그는 완전함과 거룩함에 도달하기 위해 3년 동안 노력하여 큰 성과를 거뒀다. 그는 지상에 속한 것을 멀리하고 천상에 속한 것만을 열렬히 추구하기를 습관으로 삼았다. 이런 생활방식 덕분에 그는 이전에 부유함과 안락함이 가져다줬던 즐거움 따위와 비교하기도 어려울 만큼 달콤한 영혼의 즐거움을 맛보았다.

안락한 세계를 마다하고 황야에서 고독하게 역경을 견디다 현자로 거듭나 나타나다니. 이 수염 무성한 장발의 은자에 대해 소문이 돌기 시작했다. 베네딕도는 아무것도 원하지 않았고 아무것도 필요로 하지 않았다. 그저 차분하게 머리를 비운 채로 현재에 만족했다.

자기 삶에 무언가가 빠져 있다고 느낀 로마인들이 그에게 조언을 구하려고 찾아오기 시작했다. 그들 모두 고대 로마의 성공 체크리스트에 따라 부자가 되고 물건을 사고 명성을 얻고 권력을 휘두르고 욕망을 채우려 애썼지만 기대하던 곳에 도달하지 못했다고 느꼈다.

마침 베네딕도는 그들에게 딱 필요한 소식을 갖고 있었다. 동굴에서 홀로 3년 금욕적인 생활을 버틴 결과, 고독이 깨달음을 주는 것은 사실이지만 그렇다고 자신만큼 극단적으로 고독에 이를 필요는 없음을 이해했던 것이다. 말하자면 "내가 해 봐서 아는데 여러분은 그럴 필요까지는 없어요"라는 식의 교훈이었다. 베네딕도는 그 대신 수도원을 설립해 사람들을 돕기 시작했다.

규칙,
절제가 주는 평온함

수도원을 하나 세우고 수도사 열두 명을 모집한 다음 수도원이 잘 돌아간다 싶으면 새로 수도원을 지으러 떠났다. 그렇게 총 열두 채의 수도원이 세워졌다. 각 수도원에서 수도사들은 은자의 삶을 살면서 일반 대중이 묵상하는 시간을 조금이나마 향유할 수 있게 도왔다.

베네딕도는 수도원에 지침을 제공하기 위해 516년에 '베네딕도 규칙서'를 작성했다. 이내 규칙서는 베네딕도회 수도원이든 아니든 모든 서양 수도원이 따르는 표준 지침서로 자리 잡았다. 비오 12세는 규칙서가 가혹하지도 짐스럽지도 않은 덕분이라며 이렇게 덧붙였다. "그는 제자들을 두려움이 아니라 사랑으로 다스리려 애썼다."

비오 12세의 설명에 따르면, 모두에게 적합하지는 않을뿐더러 때때로 위험하기까지 한 '고독한 삶'의 혹독함이 베네딕도회의 공동 생활 양식에서는 완화된다. 그 적응력, 세심함, 분별력, 균형감 덕분에 성 베네딕도 규칙서는 지금까지도 천재적이라는 칭송을 받는다.

베네딕도는 틀에 박힌 규칙이 숨을 턱 막히게 한다는 사실을 이해했다. 실제로 수도사들 사이에는 이런 말이 있다. "누군가는 많은 몫을 받고 누군가는 적은 몫을 받는다." 예컨대, 사람들과 잘 어울리는 수도사는 말할 기회가 많은 직무를 받을 수 있다. 금식을 지키는 방식도 개인마다 다르다. 본인이 희생이라고 느낄 만큼만 식사를 포기하면 된다. 수도사 대부분은 육식을 멀리하지만 육체적으로 가장 힘든 일을 맡은 젊은 수도사라면 노동할 힘을 내기 위해 고기를 먹을 수도 있다.

이처럼 딱 알맞은 지점을 찾아 그대로 살아가는 생활양식은 삶에서 진정으로 중요한 사실에 초점을 맞추게 해 준다. 자아를 넘어서는 거대한 무언가가 우리 일상에 편재한다는 사실 말이다. 베네딕도는 고차원적인 목적 의식과 만족감을 누리려면 다른 사람을 돕고 창의성을 발휘하고 새로운 지식을 배우고 관계와 고독 사이에서 균형을 잡고 의식적으로 자연 속을 거닐어야 한다고 보았다. 더 나아가, 자신이 '거대한 불변의 신비'라고 믿는 대상을 묵상하고 그 대상의 인도를 따라야 한다고 보았다.

결국 베네딕도에게 삶이란 "오라 에트 라보라 ora et labora"라는 문구로 요약된다. 이는 "기도하고 일하라"는 뜻의 라틴어로, 베네딕도회 수도사들의 좌우명이기도 하다.

수도사들은 신앙을 행동으로 옮기고 다른 사람들을 돕고 각 수도원이 맡은 일을 함께 수행했다. 어떤 수도원에서는 수도사들이 우유를 전문적으로 짜는 일을, 어떤 수도원에서는 수도사들이 금속 세공 일을 업으로 맡았다. 양치기 수도사들이 양모로 멋들어진 외투를 짜는 수도원도 있었다. 각 수도원은 생산한 물품을 다른 수도원과 교환하거나 대중에게 판매하여 다른 곳에 손을 벌리지 않고도 자급자족해 살아갔다.

길라 국유림 너머로 해가 모습을 드러내면서 예배당 안에 빛이 들어왔다. 빛은 수도사들이 서 있는 나무 바닥을 둥글게 비쳤다. 그 자리는 수도사들이 여러 해 무릎을 꿇고 기도를 드린 덕에 매끈하게 닮아 있었다. 수도사들은 30분 전부터 성가를 부르는 중이었다. "나 하느님이 아니더냐? 나 외에 다른 하느님이 없도다." 수도사들의 목소리는 이른 아침 귀뚜라미 소리와 닭 울음소리에 섞여 울려 퍼졌다. 가끔 한두 수도사가 독창으로 한 소절씩 읊을 때가 있었지만 대부분은 마치 이글스 밴드처럼 화음을 맞춰 불렀다. 또 그들은 가만히 서서 부르지 않았다. 구절의 내용에 따라 의자에 기대거나 고개를 숙이거나 무릎을 꿇어야 했다.

나는 수도사들의 연령이 높을 것이라 예상했다. 요즘 종교에 입문하는 젊은 사람 수가 줄어들고 있다는 통계를 읽었기 때문이다. 그러나 예상외로 수도사들은 대부분 젊었고 스무 살 정도밖에 안 되어 보이는 수도사도 있었다. 로렌스 형제님은 이곳 수도사들 평균 나이가 서른 살이라고 말했다.

나이 많은 수도사가 마지막 소절을 읊었다. 그러고는 다 같이 옆문으로 나갔다. 내가 정문으로 나서자 키가 크고 대머리에 수도복을 입은 어느 수도사가 수도원으로 이어지는 이중문을 열어주었다. 로렌스 형제님이 나를 식당 문 쪽으로 데려갔다.

식당 안에서는 고속도로 휴게소의 식당에서 이른 아침에 날 법한 구수한 향이 풍겼다. 향의 주인공인 커피는 이 수도원이 '노동'에 힘쓰는 핵심 생산품으로 수도원 운영비를 충당하는 데 꼭 필요했다. 이곳에서는 매주 545킬로그램의 커피콩을 볶는데 생산량을 늘리려고 새 로스터까지 주문했다고 한다.

수도사 몇 명이 의자 앞에 서서 묵묵히 머그잔에 담긴 음식을 먹고 있었다. 나는 긴 나무 식탁 쪽으로 조용히 다가가 그들 옆에서 아침 식사로 나온 음식을 집어 들었다. 음식은 대부분 수도원에서 직접 재배하고 생산해 준비한 것이다. 빵, 요거트, 우유, 그래놀라, 과일, 달걀, 꿀이 있었다.

수도사들은 음식을 조금씩만 담았다. 규칙 14번과 36번에서 '단식을 사랑할 것'과 '많이 먹지 말 것'을 권하기 때문이다. 그래서 나도 이곳에서 직접 만든 요거트를 머그잔에 조금 담고 그 위에 그래놀라를 얹었다.

우리는 모두 침묵 속에 선 채로 음식을 먹었다. 나는 커피를 한 모금 마셨다. 고백하자면, 나는 커피만큼은 깐깐하게 맛보는 사람이다(제발 깐깐한 게 커피뿐이어야 할 텐데). 로스팅이 잘 됐는지, 원두 원산지가 어디인지, 맛의 특징이 어떤지 등을 따진다.

이곳 수도원의 커피는 평소에 마시던 힙스터 같은 고급 커피와는 달랐다. 그냥 커피였다. 그저 좋은 커피였다. 오렌지 껍질 향이나 깊은 캐러멜 단맛 같은 건 없었다. 그저 자연스럽고 차분하고 탄탄했다. 딱 수도사들을 닮아 있었다.

쓸모보다 의미, 노동의 고요한 소명

예배 몇 번과 점심시간이 끝난 뒤 손님 숙소 앞 현관에 가서 앉았다. 그때 1989년형 낡은 실버라도 2500이 먼지가 날 정도로 속도를 내며 달려왔다. 한 형제님이 차에서 뛰쳐나와 뿌연 먼지 속에서 모습을 드러냈다.

다부진 체격이었다. 수도사가 아니었다면 공사판에서 일한다고 해도 믿을 것 같았다. 나이는 서른 살이 채 안 돼 보였다. 아마 스물여덟 정도려나. 그는 황갈색 작업용 수도복에 선글라스를 끼고 있었다. 머리는 둘레를 제외하고 삭발한 스타일이었다. 오래된 수도원 그림이나 석판화에서나 보았던 인상적인 모습이었다. 물론 이곳 수도사들 대부분이 머리를 완전히 밀지만 사제나 교사가 되기 위한 과정을 밟는 수도사들은 여전히 그런 전통적인 헤어스타일을 하고 있었다.

형제님이 손을 내밀며 말했다. "안녕하세요. 카제탄 형제입니다." 수도사들은 수도사 서품을 받을 때 이름도 새로 받는다. 수도원의 책임자인 원장이 성인의 이름을 붙여 준다. 카제탄 형제님은 실업자, 도박꾼, 행운의 수호성인인 성 카제탄의 이름을 땄다. 내 고향 라스베이거스에서도 도박꾼들이 성 카제탄 형상이 새겨진 동전을 지니고 다닌다.

"오늘 저랑 같이 일하시면 된다고 하네요."

"좋습니다. 오늘은 무슨 일을 하나요?"

카제탄 형제님은 손님 숙소 근처에 쌓여 있는 커다란 바위 더미를 가리켰다. "저 바위 더미를 들어서 저쪽으로 옮길 겁니다." 그의 손가락이 6미터 정도 떨어진 지점으로 움직였다.

농담인 걸 알아차리는 데 너무 오래 걸렸다. 나는 뒤늦게 웃음을 터뜨렸다. "음, 그러니까 운동 같은 거군요. 그냥 몸을 힘들게 하려고 하는 동작 말이죠."

형제님은 잠깐 생각에 잠긴 듯 나를 쳐다보더니 말했다. "물론 아닙니다. 그건 어리석고 쓸모없는 짓이겠죠. 저희는 그보다 생산적인 일을 할 거예요."

나는 낡은 실버라도의 조수석에 앉았다. 우리는 수도원을 향해 흙길을 가로질렀다. 카제탄 형제님은 브레이크를 밟는 법 없이 전속력으로 돌밭과 울퉁불퉁한 도로와 둔덕을 넘으며 엔진과 서스펜션을 한계까지 밀어붙였다. 차 뒤로는 커다란 먼지 구름이 뭉게뭉게 피어올랐다. 유명한 E 코드와 함께 시작되는 웨일런 제닝스의 〈듀크 오브 해저드〉 주제곡이 들리는 듯했다. "그냥 평범한 녀석들이지 / 나쁜 의도는 없어 / 네가 본 적 없는 최고의 녀석들 / 태어나면서부터 법이랑은 거리가 멀었지"

나는 카제탄 형제님과 수도원 옆의 정원에 섰다. 해야 할 일이 바위 옮기는 일이기는 했지만 뚜렷한 목적이 있었다.

형제님이 말했다. "원장님은 이 정원이 딱히 쓸모가 없어서 아예 없앴으면 좋겠다고 하시네요. 저희는 여기 있는 흙이랑 돌을 전부 양동이에 담아서 장미 정원으로 옮길 겁니다."

삽질을 시작하자 하늘이 어두워지며 습해졌다. 비가 쏟아졌다. 이 작업이 빨리 끝나기를 바라며 마음속으로 기도를 시작했다. "기도하고 일하라" 그 자체였다.

베네딕도는 노동에 대해 이야기하는 데 규칙서 한 장을 통째로 할애했다. 그는 자기 손으로 노동하며 살아가는 자가 진정한 수도사라며 형제들은 특정 시간에 육체노동에 종사해야만 한다고 권한다. 어떤 날은 수도사들이 두 시간만 일하고 또 어떤 날은 네 시간 넘게 일한다. 베네딕도는 노동의 본질을 꿰뚫어 보았다.

하루에 네 시간 집중해서 일하는 것이 생산성을 가장 달콤하게 맛볼 수 있는 지점인 것 같다. 찰스 다윈, 찰스 디킨스, 잉그마르 베르히만, G. H. 하디 같은 위대한 사상가들도 네 시간 이론을 지지했다. 예컨대, 위대한 수학자 중 하나인 하디는 "창조적인 작업은 하루 네 시간이 한계"라고 주장했다.

과학은 이들의 주장이 옳았음을 증명했다. 1950년대에 한 연구진은 여러 학자의 작업 습관을 조사했다. 그 결과, 역설적이게도 더 많은 시간 일한다고 해서 생산성이 더 높아지지 않는다는 사실을 발견했다. 일주일에 20시간 열심히 일한 연구자들이 35시간 일한 동료들보다 과학 논문을 2배 더 많이 발표했다. 한편, 35시간 일한 연구자들은 60시간 일한 동료들보다 훨씬 나은 성과를 냈다. 60시간 일한 연구자들이 가장 적은 논문을 발표했다.

후속 연구에 따르면, 하루 네 시간 일하는 것이 힘든 노동과 충분한 휴식의 균형을 맞추는 최적의 지점이라고 한다. 네 시간 동안 집중해서 일하면 그동안 좋은 성과를 충분히 낼 수 있다. 그보다 적게 일하면 성과가 미뤄진다. 반대로 그보다 많이 일하면 과도하게 일할 가능성이 커진다. 즉, 육체노동이라면 부상당할 수 있고 정신노동이라면 번아웃을 겪을 수 있다. 이는 미래에 작업하는 데에도 무리를 줄 것이다.

다행인 점은, 하루 네 시간의 작업을 일주일 내내 지속할 수 있다는 것이다. 실제로 일요일이 휴일이라는 규칙에도 불구하고 많은 수도사가 일요일에 일한다. 그러지 않으면 농장이 엉망이 되어 아무도 먹을 수 없기 때문이다.

물론 손님을 맞이하고 자급자족하는 것은 노동의 실용적인 성과일 뿐이다. 카제탄 형제님은 삽질을 하면서 노동의 더 높은 소명에 관해 일종의 설교를 시작했다. 구약성서의 첫 두 장인 창세기 1장과 2장은 인간이 노동하기 위해 만들어졌다고 말한다. 노동의 목적은 그것을 끝내는 것이 아니라 그것을 하는 데 있다. 노동은 기도와 헌신의 한 형태가 될 수 있다. 노동이 더 큰 무언가에 다가갈 수 있는 수단이 된다는 말이다.

수도원에서 이루어지는 모든 노동은 더 큰 선을 위한 것이다. 노동은 수도사가 하느님과 더 가까워지게 하고 주변 공동체를 돕게 하는 등 여러 가지를 가능하게 한다. 어느 베네딕도회 수도사는 노동을 "자각과 명상을 부르는 일"이라 표현했다.

노동은 우리가 세상과 맺는 관계를 표현한다. 노동 자체가 항상 보람차지는 않을 것이다. 삶이 그렇지 않듯이 말이다. 하지만 노동이 단지 (청구서를 지불하는) 수단일 뿐이라고 믿는다면 그것이 그 외에 무엇이 될 수 있는지 알아차리지 못할 것이다. 자기만족과 노동의 가치를 동일시한다면 노동(심지어 지루한 노동)이 제공할 수 있는 더 많은 것을 놓칠 것이다. 반대로, 노동에서 더 깊은 차원을 찾으려고 애쓴다면 착취당하지 않고 과도하게 일하지 않으며 성공에 매몰되지 않고 기여도나 능력이나 재능에 자신의 가치를 두지 않을 것이다. 결국 그중 어느 것도 우리 소유가 아니기 때문이다. 그것들은 우리 손을 거쳐 가는 손님일 뿐이며 늘 우리를 찾는 것은 아니다. 언젠가 그것들이 더 이상 나를 찾지 않는 날이 올 것이다.

이 베네딕도회 수도사가 기적을 행하는 것에 관한 이야기를 하는 건 아니다. 수도원에서 하는 노동은 전혀 매력적이지 않다. 대부분 육체노동과 잡일이다.

카제탄 형제님이 빗소리를 뚫고 목소리를 높여 말했다. "그러니까 지금 저희가 하고 있는 일은 일종의 비유입니다. 인내와 끈기, 공동의 선을 위해 기꺼이 고통을 감수할 의지, 더 큰 무언가를 사랑하고 가까워지려는 마음을 빗대는 거죠."

흔히 현대의 수많은 직업이 영혼을 잠식한다고들 말한다. 예를 들어, 2013년에 인류학자 데이비드 그레이버David Graeber는 '엉터리 직업Bullshit Jobs'이라는 이론을 제시했다. 이 이론은 2018년에 나온 동명의 베스트셀러 서적에 자세히 나온다. 책에서 그레이버는 오늘날 직업의 30~60퍼센트가 엉터리이며 시간이 지날수록 그 비율이 늘어난다고 주장했다.

그레이버는 엉터리 직업이 '심각한 심리적 폭력' 일으킨다고 썼다. 실제로 케임브리지대학의 연구진은 방대한 데이터를 분석한 뒤 "만약 자신의 직업이 쓸모없다고 믿는다면 불안한 삶을 살게 될 가능성이 높다"는 사실을 발견했다. 그러나 그들은 "자신의 직업을 쓸모없다고 묘사하는 노동자의 비율은 낮은 데다가 계속 감소하고 있기에 그레이버의 예측과는 상관관계를 보이지 않는다"고 지적하기도 했다. 오히려 그레이버가 '엉터리 직업'이라고 규정한 직업에 종사하는 사람들이 가장 높은 수준의 직업 만족도를 보고했다.

바로 그거다. 자신이 직장에서 좋은 대우를 받고 있고 자신이 하는 일이 어디선가 누군가를 돕고 있다는 사실을 깨달을 수만 있다면 그 어떤 직업도 쓸모없지 않다.

베네딕도회 수도사들의 행복 비결을 연구한 비숍은 이렇게 말한다. "그들은 노동에서 의미를 발견합니다." 비숍의 설명에 따르면, 수도사들은 단순한 일에서 의미를 찾는 가운데 나이가 들어서도 노동을 지속하기 때문에 건강과 만족도 측면에서 더 잘 늙는다고 볼 수 있다.

물질로부터 자유로워지기

카제탄 형제님과 대화할 기회가 생겨서 좋았다. 그전에는 대부분의 시간을 침묵 속에서 보냈다. 이곳에서는 그게 일반적이었다. 침묵은 신성하다.

규칙 53번부터 55번까지는 소음, 즉 입에서 나오는 소리에 관한 것이다. 예를 들어, 규칙 53번은 '말을 지나치게 사랑하지 말라', 54번은 '쓸모없는 말을 하지 말라'다. 또한 수도사들은 저녁 8시부터 아침 8시까지 '대침묵Grand Silence'이라 불리는 시간을 지킨다. 한 수녀님의 설명에 따르면 "이 시간 동안은 중대한 이유가 있는 경우를 제외하고는 모든 말이 금지"된다.

20세기 초 한 프랑스 수도사는 침묵에 대해 이렇게 설명했다. "우리의 침묵은 공허와 죽음에 불과한 것이 아니다. 오히려 침묵은 우리를 충만한 삶에 다가가게 한다." 인류는 지구상의 소음을 약 네 배 증가시켰다. 그러나 연구 결과에 따르면, 침묵의 시간을 갖는 것은 스트레스를 줄이고 집중력과 생산성을 향상시키는 데 도움이 된다.

노동 중에는 대화가 허용되어서 나는 카제탄 형제님과 대화를 나눴다. 그렇다고 단순한 잡담은 아니었다. 대화의 주제는 의미가 깊었다. 형제님이 말했다. "제가 수도원에 들어온 것은 이보다 더 높은 소명이 없어서였습니다. 혹시 결과가 잘 안 풀린다 해도 제 인생을 하느님께 바친 이상 절대 그 시간을 낭비한 건 아니죠."

빗줄기가 약해졌다. 어느 순간 카제탄 형제님이 삽질을 멈추고 나를 보며 말했다. "저희는 사랑으로 이 일을 합니다." 그리고 잠시 생각하다가 덧붙였다. "사랑한다는 것은 취약해지는 것이며 상처받을 준비가 되어 있다는 것입니다." 그리고 나서 형제님은 다시 삽질을 시작했고 나는 우두커니 서서 그 말을 곱씹었다.

두 시간의 노동이 끝날 무렵 우리는 먼지를 털어냈다. 나는 형제님을 따라 수도원을 거닐었는데, 걸음을 옮길 때마다 커피 볶는 향이 강해졌다. 형제님이 이중문을 열자 최대 속도로 돌아가는 커다란 검은색 커피 로스터가 보였다. 그 옆에서 로렌스 형제님이 클립보드에 몇 가지 메모를 적고 있었다.

과달루페의 성모 수도원은 원래 가구를 만들어 자금을 마련했다. 로렌스 형제님이 말했다. "저희는 아름다운 전통 남서부 스타일 가구를 만들었죠. 마호가니나 메스키트 나무를 직접 손으로 깎아 만들었죠. 다들 그 일을 좋아했어요. 세상 사람들도 저희 가구를 너무 좋아해서 수요가 점점 늘어났죠. 사람들은 집을 완성할 때나 가구를 가져가고 싶을 때 등 임의의 기한까지 제품을 완성해 달라고 요구했습니다."

형제님은 잠시 멈추고 미소를 지었다. "하지만 저희에겐 바깥세상과는 다른 일정과 소명이 있죠. '기도하고 일하라'에서 기도가 먼저 오는 이유가 있습니다. 그래서 이제 저희가 가구 제작을 그만두고 커피를 볶고 있는 거죠."

수도원의 작업 방식을 설명하는 프랑스어 표현이 있다고 한다. 바로 '베네딕도식 노동'에 대응하는 '앙 트라바이 드 베네딕텡un travail de bénédictin'이다. 학자이자 수필가인 조나단 말레식Jonathan Malesic의 설명대로 이 표현은 "누군가가 오랜 시간 인내심, 겸손함, 끈기를 들여야만 완성할 수 있는 과업"을 의미한다. 말레식은 이렇게 덧붙인다. "서둘러 할 수 없는 일이라는 뜻이다. 분기별 실적 보고서로 보면 썩 만족스럽지 않을지도 모른다. 비용 청구가 가능한 시간을 극대화하지도 않고 초과 근무 수당도 받지 않는다."

베네딕도회 수도사들은 무엇을 생산하든 '잘' 만든다. 오래가도록 만든다. 형태와 기능이 조화를 이룬다. 1500년 전에 성 베네딕도가 설립해 지금까지 공고히 서 있는 수도원과 그런 수도원의 예배당을 장식하는 정교한 목공예 작품을 보면 그 점을 알 수 있다.

로렌스 형제님은 육체와 정신을 사용해 일하는 것의 매력을 이렇게 설명했다. "시간과 주의를 수동적으로 쓰는 대신 능동적으로 쓰는 것이 매력입니다. 인터넷이나 TV에 빠져드는 건 수동적인 활동이죠." 손을 쓰는 취미는 능동적이고 보람을 느끼는 방식으로 실질적인 결과물을 만들어 내기 때문에 풍요의 고리를 창출할 수 있다.

형제님은 커피 생산도 마찬가지라고 말했다. 수도사들은 가구를 만들 때처럼 체계적인 수작업 방식을 활용할 수 있다. "저희는 기도를 방해받지 않는 선에서도 충분히 빨리 커피를 만들 수 있습니다." 커피 사업은 수도사 중 한 명이 브라질로 수도원을 세우러 간 것이 계기가 되어 시작되었다. 그곳에서 만난 어느 커피 농장 주인이 브라질에서만 나는, 수상 이력이 있는 원두를 재배했기 때문이다. 커피 생산이나 그 밖의 일을 통해 수도원 운영비는 충분히 해결된다. 하지만 수도사들은 아무것도 소유하지 않는다. 아무것도.

로렌스 형제님이 그 이유를 이렇게 설명했다. "저희는 가난의 서약을 합니다. 그래서 개인적으로 아무것도 소유하지 않죠. 은행 계좌도 없고 제 이름으로 된 것은 아무것도 없습니다." 일상용품은 사실상 수도원에서 빌려 쓰는 것이다.

베네딕도회 수도원은 사실상 공동생활을 향한 급진적인 시도다. 그러나 이 수도원이 1960년대의 히피 공동체가 이루지 못한 것을 달성했다는 사실은 잘 알려지지 않았다. 어느 학자는 수도원이 "개인에게 가난을 요구하지만 단순히 가난하다는 사실을 어떤 덕목처럼 격상시키지는 않는다"고 설명한다.

20세기 초 한 영국 주교가 설명한 것처럼, 가난을 위한 가난은 '강점이 아닌 약점'이기 때문이다. "가난의 유일한 목적, 유일한 정당성은 수도사에게 자유를 주는 것이다." 물질로부터 거리를 두면 수도사는 더 큰 것에 집중할 수 있는 자유를 얻는다. 모든 것이 모두의 것이라면 아무것도 특별한 의미를 갖지 않으며 그저 또 하나의 도구에 지나지 않는다. 그것은 '장비'일 뿐 '소유물'이 아니다.

예배당 종이 우리를 불러들였다. 카제탄 형제님은 내일 우리가 할 일도 삽질이라고 말했다. 구약성서 두 번째 책 출애굽기에 쓰인 대로다. "이들에게 더 많은 일을 시켜 그 안에서 수고하게 하라."

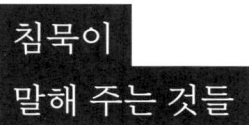
침묵이 말해 주는 것들

이후 여러 날 같은 패턴이 이어졌다. 일찍 일어나 예배당에 가고, 식사를 하고, 휴식을 취하고, 다시 예배당에 가고, 식사를 하고, 휴식을 취하고, 일을 하고, 휴식을 취하고, 다시 예배당에 가고, 식사를 하고, 예배당에 가고, 잠을 잔다. 반복 속에서 일종의 평온함을 발견했다. 더 차분해지고 더 연결된 느낌을 받았다. 사회적으로가 아니라 나 자신과 더 연결된 느낌이 들었다. 일정을 따르면서 이곳 수도사들, 특히 20대의 젊은 수도사들에 대한 존경심이 더욱 깊어졌다. 그들은 모두 이곳에서 생을 마칠 계획이다.

누군가가 당신에게 수십 년 후 임의의 날짜에 무엇을 하고 있을지 묻고, 당신은 그에게 분 단위로 정확한 일정을 읊을 수 있다고 상상해 보라.

친구와 가족들은 대학에 가고 결혼하고 아이를 낳고 직장에서 산전수전을 겪고 부모로서의 기쁨과 어려움을 느끼고 질병과 건강에 고비를 겪으며 나이를 먹을 것이다. 그동안 이곳의 수도사들은 기도하고 일할 것이다. 지금 그러고 있듯이 앞으로도 영원히 그렇게.

휴식 시간 동안 손님 숙소에 앉아 책을 읽거나 예배당 주차장의 신호가 잡히는 곳에 서서 아내에게 문자를 보냈다.

가톨릭 신앙에 대해 알아가는 게 재미있었다. 가톨릭 신앙은 서양 문화, 도덕, 신화의 기초인데도 성경을 한 번도 펴본 적이 없었다. 나는 적어도 인구 95퍼센트가 모르몬교를 믿는 마을에서 자랐다. 외가의 절반이 모르몬교도였지만 나는 나머지 5퍼센트에 속했다. 모르몬교도들의 땅에서 비신자로 사는 데에는 기쁨과 고난이 따랐다. 대부분의 지역 사회 행사가 동네의 교회 회관을 통해 이루어졌기 때문에 혼자 보내는 시간이 많았다. 중학생 때는 내가 모르몬교도가 아니라는 이유로 여자애가 공개적으로 찬 적도 있었다. 보통은 그런 일이 조용히 일어날 때가 더 많았다. 신앙은 성적 지향성처럼 스스로 바꿀 수 없는 문제를 가지고 사람들을 배척했다. 어린 나로서는 이해할 수 없었다. (이후 교회는 소수자와 동성 결혼에 더 수용적인 태도를 보이고는 있지만 여전히 많은 LGBTQIA+ 공동체는 교회가 더 많은 개선이 필요하다고 말한다.)

하지만 배척이 전부는 아니었다. 공동체 내에서 나를 도와준 사람들도 있었다. 예를 들어, 열다섯 살이었을 때 모르몬교 스카우트 모임 인솔자가 내가 스카우트 활동에 잘 참여하지 않는 것을 눈치챘다. 당시 나는 여자애들이랑 일렉트릭 기타에 더 관심이 많았다. 이 인솔자는 내가 이글스카우트 등급을 달성하는 걸 개인적인 사명으로 삼은 듯했다. 실제로 나는 이글스카우트가 되었다.

게다가 내가 보기에 모르몬교 신앙은 할머니와 할아버지의 삶을 분명 더 풍요롭게 만든 것 같다. 신앙 덕분에 50대에 은퇴한 할아버지는 새로운 삶의 목적을 찾았고 친구를 소개받았으며 같은 세계관을 가진 공동체를 얻었다. 술과 담배를 끊을 이유 역시 생겼다.

아마 이런 이유들 때문에 홀로 나를 키운 어머니는 내가 영적 경험을 조금이라도 해 보기를 바랐던 것 같다. 어릴 적 어머니는 유니테리언 유니버셜리스트 교회(통합주의보편주의교회)로 나를 데리고 가곤 했다. 그곳에서는 누가 봐도 당연한 규칙을 제외하면 규칙이 거의 없었다. 살인하지 말고 도둑질하지 말고 간음하지 말라. 다 납득이 됐다. 그 외에는 모두를 받아들이고 자신이 믿고 싶은 것을 믿으라고 가르쳤다. 주일 학교에서는 매년 새로운 종교에 대해 배웠다. 그런 포용성은 분명 마음에 들었다. 하지만 당시 경험은 마치 히피 록밴드 콘서트와 신학 입문 수업이 결합된 것만 같았다. 영적인 부분은 전혀 공감이 안 됐다.

20대 후반, 한창 술을 마시던 시기에 친구가 내게 종교와 신에 대해 어떻게 생각하느냐고 물었다. 나는 이렇게 답했다. "만약 어떤 사람이 괴상한 이야기와 규칙들, 내세에 대한 희망적인 약속이 있어야만 괜찮은 인간이 될 수 있다면 그 사람은 형편없는 인간이야." 그러고는 술집에 가서 만취한 채 내 인생을 망치려 했다.

얼마나 멍청했는지 상상이 되나? 문화평론가 카밀 파글리아Camille Paglia는 저서 《눈부신 이미지들Glittering Images》에서 "종교를 비웃는 것은 유치하고 상상력이 빈약한 사람들의 증상"이라고 썼다.

파글리아의 견해가 지금 내 눈에는 꽤 타당해 보인다. 신과 종교에 대해 무지한 말을 뱉었던 바로 다음 날 나는 술을 끊었다. 아침에는 혼돈 속에서 깨어났다. 자주 있는 일이었다. 하지만 이번에는 뭔가 놀라운 일이 일어났다. 계속 이렇게 술을 마시면 일찍 죽을 것이라는 확신이었다. 그 순간 잠깐 문이 열리는 것 같았다. 그 문을 통과한다면 육체적·정신적 고통이 따를지언정 한 번쯤 기회를 잡을 수 있을 것 같았다. 그게 약 10년 전이다. 오늘의 나는 술을 끊었으며 이 글을 쓰는 지금까지도 살아 있다.

그날 그 순간에 더 큰 무언가가 작용했다고 느낀다. 마치 신이 전날 밤 나의 헛소리를 듣고 "신을 믿지 않는다고? 그럼 이걸 봐라, 이 얼간아"라고 말한 것처럼.

이제 나는 나보다 훨씬 더 큰 무언가가 있다고 생각한다. 그리고 그것을 '신'이라고 부른다. 인간의 언어에는 한계가 있고 그나마 그 단어가 편리하기 때문이다. 그리고 나는 신에 대해 완전히 이해할 필요는 없다는 것을 깨달았다. 이제 눈치챘겠지만 내게 믿음이란 파도처럼 오고 가는 것이기 때문이다. 규칙서에 '하느님'이라는 단어가 122번 등장하는 걸 보고 주저한 것도 사실이다. 하지만 그 흔들리는 토대에 맞서야 했고 믿음이 절대적으로 확고한 사람들과 이 주제에 대해 이야기해야 했다. 수도사들의 확고한 믿음이 부러웠다.

과학 저널리스트이자 교수로서 나는 과학이 우리에게 많은 해답을 제공한다고 믿는다. 그러나 현장에서 다양한 사람들과 대화하며 배운 교훈은, 인간에게 가장 중요한 것, 즉 개인과 공동체의 삶을 가장 크게 변화시키는 것은 측정할 수 없다는 사실이다. 수천 년 동안 인류는 이러한 '것', 이러한 개념을 신화와 의식을 통해 찾았다. 과학이 등장하면서 각 개념과 전통이 왜 작동하는지 혹은 작동하지 않는지 숫자, 데이터, 통계로 측정하기 시작했다. 그러다 어느 순간 가장 중요한 것, 측정할 수 없는 것의 가치를 떨어뜨리기 시작했다.

이제 일이나 생각을 할 때 나는 과학과 영혼의 균형을 맞추는 것이 중요하다고 생각한다. 과학의 비중이 너무 커지면 인간 경험의 가장 중요한 측면을 잃는다. 반대로 영혼의 비중이 너무 커지면 스스로를 망상으로 내몰 수 있다.

나는 종교가 제시하는 개념이 삶을 풍요롭게 하는 것도, 망치는 것도 보았다. 믿음은 여전히 흔들리지만 내 삶에서 가장 좋은 순간은 내가 스스로를 벗어나 신이라는 흐릿한 개념과 조화를 이룰 때였다. 그러니 신도 나도 서로 할 말이 있는 셈이다.

일요일 예배 후 수도원 밖에서 브렌던 형제님을 만났다. 형제님이 말했다. "사람들은 나쁜 일을 겪으면 기도를 시작하죠. 그럴만한 이유가 있어요. 우리는 직관적으로 우리보다 더 큰 무언가가 있다는 것을 알기 때문이죠. 비록 그것이 무엇인지는 모르더라도 말이죠." 연구 결과 역시 이를 지지한다.

덴마크의 연구진은 코로나 팬데믹 초기에 전 세계 95개국에서 구글에 '기도'라는 단어를 얼마나 자주 검색하는지 추적했다. 검색 횟수는 평소보다 50퍼센트 증가해 사상 최고치에 도달했다. 연구진은 전 세계 인구의 절반이 코로나바이러스를 종식시키기 위해 기도했다며 이유를 이렇게 설명했다. "이러한 증가는 종교에 대한 수요가 강화되었기 때문이다. 인간은 역경에 대처하기 위해 기도한다." 연구에 따르면, 무신론자조차도 스트레스를 받을 때 기도에 의지할 가능성이 크다고 한다.

이는 새로운 현상이 아니다. 예를 들어, 9·11 테러 이후 미국인의 90퍼센트가 종교에 의지했다. 평소에 기도하지 않더라도 위기 상황에서는 기도하게 된다.

브렌던 형제님이 계속 말했다. "사람들은 본능적으로 무언가를 찾습니다. 단순하고 진실하며 보편적인 관점을 얻길 바라죠. 우리는 행복을 찾아 헤매지만 대개 벙커 심리 bunker mentality(안전한 벙커 속에 스스로를 고립한 채 최적의 타이밍만 기다리는 수동적인 태도—옮긴이)를 벗어나지 못합니다. 행복이 다음 휴가나 다음 구매 때 있을 거라고 생각하는 거예요. 사고, 먹고, 마시고 소유하며 그저 나, 나, 나만 생각하죠. 하지만 나쁜 일이 터지면 우리는 도움을 요청해야 한다는 것을 깨닫게 되죠. 그래서 기도합니다. 기도는 도움이 돼요. 쉽고 무료인 데다 30초면 되거든요. 기도는 마음과 정신을 자신보다 더 큰 무언가에 올리는 것입니다. 마음으로 하는 기도도 있고 소리 내는 기도도 있고 명상도 있죠."

형제님은 뒤이어 가톨릭의 묵주 기도를 설명하기 시작했다. "묵주 기도는 주님의 생애에서 초자연적이고 신비로운 면을 지닌 장면들을 떠올리고 숙고하는 기도입니다. 예수님께서 다음 날 자신이 십자가에 못 박힐 것을 알고 겟세마네 동산에 올라가 밤에 우리 모두를 위해 했던 기도처럼 말이죠."

이런 기도는 선불교에서 하는 선문답과 크게 다르지 않다. 선문답은 수행자가 명상을 보조하고 영적 깨달음을 얻기 위해 역설적인 진술, 일화, 질문, 대화를 앉아서 숙고하는 것이다. "두 손을 마주치면 소리가 나는데 한 손을 치면 어떤 소리가 나는가?" 같은 식의 고민이다.

선문답 수행자들도 선문답이 전혀 말이 되지 않는다고 인정한다. 그러나 어느 순간 말이 되는 것만 같은 순간이 오는데, 그때 정신적인 변화가 일어나 만물로부터 해방될 수 있다.

브렌던 형제님이 말했다. "기도는 인간만이 할 수 있는 것입니다. 우리는 기도로부터 은혜를 받을 수 있죠. 영혼에 직접적인 유익을 줄 수 있습니다. 기도는 영혼을 선하게 변화시킴으로써 이후에 하는 모든 일이 다른 사람은 물론 우리에게도 더 나은 영향을 미치게 합니다. 기도는 우리가 집착과 편협한 사고방식에서 벗어나는 데 도움이 되죠."

영성 분야에서는 명상이 인기 연예인급 관심을 독차지한다. 하지만 연구에 따르면, 명상은 물론 전통적인 기도도 시야를 긍정적으로 바꾸고 스트레스를 줄이며 감정을 잘 조절하게 도와준다. 실제로 폴란드의 연구진은 불교의 명상 수행자들과 가톨릭의 기도하는 신자들의 뇌를 관찰한 결과 서로 비슷한 긍정적인 변화가 나타난다는 사실을 확인했다. 두 방법 모두 사람들을 평온한 상태와 연관된 뇌파 영역으로 이끌었다.

우리 각자는 자신에게 가장 잘 맞는 방법을 시도할 수 있다. 한 연구에서는 스트레스를 받은 가톨릭 신자들이 명상할 때보다 기도할 때 심박수 등의 스트레스 지표에 있어서 개선을 보였다. 반대로, 명상에 끌리는 사람은 명상이 더 나은 선택지가 될 것이다.

연구를 분석한 뒤 나는 기도의 방식이 중요한 게 아니라 기도 '행위 자체'가 중요하다는 느낌을 지울 수 없었다. 그러므로 예수나 알라에게 기도하든 선문답이나 명상에 빠지든 심호흡하든 상관없다. 심지어 메리 올리버는 이렇게 썼다. "나는 기도가 정확히 무엇인지 모른다. 하지만 주의를 기울이는 법, 풀밭에 쓰러지는 법, 풀밭에 무릎을 끓는 법, 한가하게 복을 느끼는 법, 들판을 거니는 법은 안다." 무엇이든 스스로를 벗어나게 해 주는 일을 해라.

예배당에서 스무 번의 예배를 마친 뒤 나는 기도 방식에 있어서 올리버랑 가깝다는 것을 깨달았다. 내가 하루 중 가장 좋아하는 시간은 오전 6시 45분이었다. 수도사들이 시편 낭독을 마치고 묵도를 시작할 때 나는 예배당을 슬그머니 빠져나왔다. 그러고는 수도원 계단에 앉아 황야 위로 떠오르는 태양을 지켜보았다. 새들이 새로서 존재하고 벌레들이 벌레로서 존재하며 태양이 새로운 하루를 비추는 모습을 지켜보았다. 침묵에 대한 수도사들의 견해는 분명 틀리지 않았다. 침묵 속에서 우리는 비로소 들을 수 있다.

몸과 영혼의 균형 잡기

다섯째 날 오후 두 시, 흙과 돌을 계속 삽으로 퍼낼 계획이었다. 주차장에서 카제탄 형제님을 기다렸다. 캔버스 작업 바지 뒷주머니에 가죽 장갑을 꽂은 채 서 있었다. 그때 매튜 신부님이 다가왔다.

매튜 신부님은 예배당에서 모든 예배를 감독하는 분이다. 과달루페의 성모 수도원의 수석 사제이기도 하다. 여기서 가장 똑똑한 분이라는 거겠지. 어느 수도사 말로는 매튜 신부님이 6개 국어가 된다고 한다. 신부님이 말했다. "산책이나 가시죠."

예배당 앞 주차장을 지나는데 카제탄 형제님이 픽업트럭을 끽 멈추고는 창문으로 얼굴을 내밀고 외쳤다. "오늘은 저랑 같이 일 안 하신다고요."

"매튜 신부님이랑 산책 가기로 했어요."

"알겠어요. 잘 다녀와요. 흙더미는 내일도 있을 테니까!"

카제탄 형제님은 액셀을 세게 밟아 먼지를 날리며 떠났다. 나는 매튜 신부님을 따라 흙길을 걸었다. 수도원의 들판, 온실, 닭장을 지나쳤다. 그러자 잔디가 덮인 길이 나타났다. 옆에는 작은 금속 표지판이 붙어 있는 울창한 소나무 하나가 있었다. 표지판 위쪽에는 양쪽 모서리를 따라 '대륙 분수령 산책로'라는 글자가 적혀 있었다.

전체 산책로 4873킬로미터 중 정확히 1278.6킬로미터가 뉴멕시코를 남북으로 가로지른다. 우리는 그 산책로를 따라 수도원 땅을 가로지를 생각이었다. 상하좌우로 굽이치던 산책로는 고지 사막에 다다르며 완만해졌다. 황록색 풀이 무성하게 자라 길이 흐릿해졌다. 매튜 신부님이 입을 열었다. "올해 비가 많이 내렸어요. 원래는 산책로가 훨씬 선명하게 보입니다."

나는 다른 수도사들에게 했던 질문을 똑같이 던졌다. "어떻게 여기 오게 되신 거예요?"

신부님이 대답했다. "대학교에 다닐 때 돈이라는 개념에 매료되었죠. 돈을 가장 많이 벌 수 있을 것 같아서 공학 수업을 들었습니다. 여름 방학에는 인턴십도 두 곳에서 했는데 벌이가 좋았죠. 그 덕분에 졸업하고 나서도 초고액 연봉의 직장이 보장되었고요."

1980년대 당시 그는 텍사스주 미들랜드에서 석유 산업에 종사했다. "그때 석유 산업이 호황이었죠. 워낙 호황이라 미들랜드에는 롤스로이스 대리점도 있었어요. 인구가 8만 명밖에 안 되는, 지도로 보면 작은 점에 불과한 소도시인데도 말이죠."

1974년, 그레이트풀 데드의 작사가 로버트 헌터는 "이따금 눈을 제대로 뜨고 보면 / 가장 이상한 장소에서 빛을 찾게 되지"라는 가사를 썼다. 매튜 신부님에게 그 빛은 미들랜드의 먼지투성이 유전을 지나는 롤스로이스의 크롬 후드 장식에서 반짝였다.

"정말 뻔뻔할 정도로 인위적인 장식이었어요. 같이 일하던 사람 중 아무도 진심으로 미들랜드에서 살고 싶어 하지 않았죠. 그런데도 그곳에서 지내는 유일한 이유는 돈 때문이었어요." 단지 미국인 평균 소득 몇 배를 주고 산 차를 타고 다니기 위해 63세가 될 때까지 살고 싶지도 않은 곳에 살면서 원하지도 않는 직업을 가지고 일한다는 것이다. 심지어 그 차를 살고 싶지 않은 곳에 살면서 원하지도 않는 일을 해 화려한 차를 타려는 다른 사람들에게 자랑한다.

신부님이 덧붙였다. "저는 돈이 제 영혼을 만족시키지 않을 거라는 걸 깨달았어요."

그러고는 토마스 아퀴나스랑 똑같은 말을 했다. "소유물, 직책, 돈을 얻으려는 모든 과정이 결국 행복을 찾으려는 과정입니다. 사람들은 다음에 얻는 것, 성취하는 것, 먹고 마시는 것, 승진하는 것, 급여 인상을 받는 것 등이 행복을 가져다줄 것이라고 스스로를 설득하죠. 물론 이런 것들 자체에는 아무런 문제가 없어요. 예를 들어, 제가 친구들이랑 한잔하면서 긴장을 푼다면 그건 전혀 문제가 되지 않죠. 더 큰 목표를 이루기 위해 물건을 산다면 그것도 훌륭한 일이에요. 하지만 이런 것들은 잘못된 행복, 덧없는 행복을 줄 수 있어요. 그리고 우리는 거기에 얽매일 수 있죠. 많은 사람이 이런 사물이나 경험을 통해 주의를 돌리거나 현실도피를 하거나 감정을 무디게 합니다. 그건 파괴적인 짓이죠."

매튜 신부님은 예순이 넘었지만 나이가 절반밖에 안 되는 것처럼 움직였다. 언덕을 오를 때도 발을 떼는 데 주저함이 없었다. 베네딕도회 수도사들의 행복을 연구한 비숍은 수도사들 대부분이 평생 건강한 체중을 유지하고 오래도록 활발하게 움직일 수 있다고 밝혔다. 이는 규칙서 덕분이다. 기억하겠지만, 규칙서에서는 과식을 금하고 매일 움직이고 일할 것을 권한다. 비숍은 이렇게 말했다. "계속 몸을 움직이고 주변 환경을 잘 다루는 것이 삶의 만족도를 높이는 데 기여합니다. 수도사들과 수녀들이 나이가 들어도 더 높은 삶의 질과 행복을 유지하는 이유도 이 때문이죠."

20분 후에 매튜 신부님은 태양 아래 뜨겁게 달궈진 두툼한 회색 화강암 근처에서 잠시 멈췄다. 주위로는 선인장 몇 그루가 흙바닥 위에 자라 있었다. 그 너머로는 소나무랑 덤불이 드문드문 보였다. 웨스턴뉴멕시코대학 식물학자들의 조사에 따르면, 길라 국유림에는 2000종 이상의 식물이 자란다.

매튜 신부님이 말했다. "저기 방울뱀이 있네요. 쟤네는 바위 위에서 몸을 데워요. 올해 특히 활발한 것 같으니 조심하세요."

고도가 평탄해질 때쯤 개울 소리가 들렸다. 그때 매튜 신부님이 말했다. "사람들은 세속적인 것이 우리를 행복하게 할 것이라고 되뇌죠. 물론 그걸 얻으면 기분이 좋지만, 그런 행복은 오래가지 않습니다. 또다른 무언가를 찾기 시작하죠. 우리는 세상이 전적으로 자기를 중심으로 돌아간다고 세뇌시키는 거대한 선전 기계 속에 살고 있습니다. 수많은 사람이 높은 연봉의 직업, 멋진 집과 차, 사랑하는 배우자와 가족 등 모든 것을 가진 것처럼 보였지만 결국 중년의 위기를 겪고 이곳 수도원에 오더군요." 때때로 수도원이 해답을 줄 때가 있지만 그렇지 않을 때도 있다. 하지만 중요한 점은 그들이 질문하기 시작했다는, 어떤 이상한 곳에서 빛을 발견할지 찾기 시작했다는 것이다.

"반면, 굉장히 부유하면서도 진정으로 행복한 사람도 많이 만났습니다. 그들의 삶에는 자신보다 더 큰 무언가가 있었기 때문이죠." 그들에게 부는 부차적인 것이었다. 그들은 상대적으로 더 많은 보수를 받는 일을 우연히 하고 있었을 뿐이다.

개울에 다다른 뒤 신부님은 검은색 기반암을 가로질렀다. 바위는 양쪽으로 경사가 져 있어서 강물을 작은 계곡처럼 흐르게 했다. 오랜 세월 물이 지나간 탓에 바위 둑은 매끄럽게 깎여 있었다. 신부님이 물 반대쪽으로 뛰어넘었다. 개울은 기반암 근처의 넓은 웅덩이로 흘러 들어갔다. 우리는 바위 위에 앉아 이야기를 계속 나누었다.

나는 신부님에게 행복에 관한 내 생각을 말했다. 끊임없이 다음 욕망에 굴복하는 것, 즉 수도사들이 '세속적 삶'이라 부르는 것이 결국 불행을 낳는다는 이야기였다. 이를 이해하고 보면 실상 행복은 생각만큼 많은 것을 요구하지 않는다.

그러자 신부님이 말했다. "우리 수도원에서도 그 사실을 확인할 수 있죠. 수도원과 수녀원의 청년들을 보세요. 욕망을 억제해야 하고 일을 많이 해야 하며 겉으로 보기에 고난처럼 보이는 것이 많지만 다들 행복합니다."

나는 지금까지 여러 도전을 받아들이고 극복한 것이 얼마나 보람 있는 일이었는지 생각했다. 지적인 도전은 물론 사냥이나 트래킹 같은 자연 속에서의 육체적 도전 말이다. "어려운 일을 하는 것이 보람 있는 일인 것 같아요."

내 말에 신부님이 대답했다. "네, 그런 일이 보람 있을 수 있죠. 자연적인 차원에서는요. 하지만 기억하세요. 그것도 오래가지 않아요. 60년 동안 그런 도전만 하면 어떨까요? 결국 몸은 변합니다. 육체적인 도전이 중요한 부분인 것은 맞지만 도전이 늘 육체적인 문제일 수는 없어요. 우리에게는 몸도 있지만 영혼도 있습니다. 몸과 정신을 돌보고 도전해야 하지만 영혼도 돌봐야 합니다."

솔방울 하나가 강을 따라 떠내려갔다. 우리는 솔방울이 물살을 따라 흔들리다 작은 소용돌이에 닿는 것을 지켜보았다. "선생님도 언젠가 죽습니다. 그 사실을 마주해야 합니다. 지금은 건강할지 모르지만 언젠가 그렇지 않게 될 것입니다. 몸은 쇠약해집니다. 다음은 뭘까요? 그때 남는 것은 영혼입니다. 그렇기에 영혼에도 집중해야 합니다. 더 깊은 의미를 찾아야 해요. 그게 핵심이에요. 사람들은 행복에 너무 집착합니다. 사람은 결코 항상 완벽하게 행복할 수 없습니다. 행복은 움직이는 과녁이니까요. 차라리 우리가 알고 있는 좋은 것들에 집중하고 그것들을 추구하는 편이 낫습니다. 그러면 행복은 부산물로 따라오죠. 행복은 모든 것을 질서 있게 정리하고 궁극적인 목표에 굴복시키면 자연스럽게 따라옵니다. 저희 입장에서 그 궁극적인 목표는 바로 신을 찾는 것이죠."

그의 말대로 행복은 움직이는 과녁이다. 행복의 과학조차 우리 모두를 행복하게 만드는 것이 무엇인지 온전히 이해하지 못하고 있다. 그럼에도 우리는 무언가가 행복을 가져다줄 것이라는 이야기를 듣고 그것을 좇으며 신뢰할 수 없는 데이터를 바탕으로 결정을 내린다.

심연으로의 산책
: 행복은 결과가 아니라 여정이다

수십 년에 걸친 행복 연구는 우리의 선택이 행복에 얼마나 기여하는지에 대해 명확한 결론을 내리지 못하고 있다. 예를 들어, 한 연구진은 행복의 50퍼센트는 유전에서 오고 10퍼센트는 환경에서 오며 40퍼센트는 선택에서 온다고 주장한다. 즉, 우리의 행동이 행복의 40퍼센트를 결정한다는 것이다. 그러나 또 다른 연구에서는 개인의 선택이 행복의 15퍼센트만을 차지한다고 주장한다.

그런데 사실 숫자가 무슨 의미가 있나? 핵심은 어쨌든 과학도 변화가 가능하다는 사실을 지지한다는 점이다. 러시아 심리학자이자 행복 연구의 권위자인 드미트리 레온티예프Dmitry Leontiev의 설명대로, 그 변화는 '삶을 조직하는 방식, 동료들과의 관계, 추구하는 목표 등 우리가 손에 쥐고 선택할 수 있는 것'과 관련이 있다.

그렇다면 문제는 올바른 선택이 무엇이냐는 것이다. 40퍼센트든 15퍼센트든 그 비율만큼 변화를 불러일으키기 위해 우리는 무엇을 할 수 있을까?

다양한 연구와 그 연구를 바탕으로 한 강좌, 책, 팟캐스트 등은 명상, 감사, 관계 모두 골고루 중요하다고 강조한다. 물론 수도사들의 기도는 요즘 유행하는 마음챙김 명상과는 다른, 수고스러운 형태의 명상이다.

수도사들은 감사에 대해서도 의외의 접근 방식을 취한다. 그들에게 감사란, 축복이 아니라 희생과 결핍을 세는 것을 의미한다. 한 수도사는 금욕과 결핍이 중요한 것에 집중하는 데 도움이 된다고 말했다. 그러다 보면 평소 당연시하는 식사나 물건이 주어질 때 더 깊은 감사를 느낄 수 있다. 때로는 결핍이 일상을 특별하게 만드는 셈이다.

현대 연구와 수천 년간 쌓인 지혜를 들여다보면 인간이 이미 손에 쥐어진 축복을 보고 감사하는 게 어렵다는 것을 알 수 있다. 이때 의도적으로 결핍을 경험하는 것은 우리가 가진 것이, 풍요로운 세상의 경이로움이 얼마나 위대한지 감사하게 해 준다. 이런 사상은 고대 신화는 물론 대부분의 종교에 내재해 있다. 사순절(부활절을 앞두고 40일 간 몸과 마음을 경건하게 준비하는 기독교의 절기로 참회, 금식, 단식을 병행하기도 한다), 라마단(무슬림이 지켜야 하는 의무 중 하나로 해가 떠 있는 동안 금식하고 금욕해야 한다), 대속죄일(유대교 명절 중 하나로 하루 내내 일을 해서는 안 되며 금식하는 가운데 회개해야 한다) 등을 생각해 보라.

우리는 때때로 현대의 편안함에서 완전히 벗어나 황야에서 시간을 보낼 수 있다. 또는 한두 가지 편안함을 선택해 잠시 포기할 수도 있다. 이는 일종의 '하드 리셋hard reset(전면 초기화)' 효과를 낳는다. 편안함을 포기했다가 다시 얻을 때 우리는 그것이 얼마나 놀라운지 진심으로 경험할 수 있다. 감사가 종종 결핍에서 비롯된다는 사상은 현대 신경과학도 뒷받침한다.

한편, 비숍은 나눔을 통해서도 감사를 얻을 수 있다며 이렇게 말했다. "다른 사람들이 가지지 못한 것을 나눠 주는 것은 감사에 있어 중요합니다. 오랫동안 건강하고 좋은 삶을 사는 사람들은 꾸준히 봉사에 헌신하는 사람들입니다."

그러나 현대의 행복 연구와 수도사의 삶 사이에서 가장 큰 차이는 사회성에 있을 것이다. 정확히는 수도사들의 사회성이 부족하다는 점 말이다.

예일대학교의 행복 연구자들은 '고도의 행복을 위해서는 타인과 함께 있는 것이 필수 조건'이라고 보고한다. 즉, 사회적이지 않으면 행복하지 않다는 뜻이다.

하지만 과달루페의 성모 수도원 수도사들은 그 면에서 수수께끼 같은 존재다. 그들은 함께 지내기는 하지만 사회적이라고 부를 수 있는 존재인지는 모르겠다. 그들은 대부분의 시간을 침묵 속에 지내며 거의 하루 내내 서로를 의식하지도 않는다. 애초에 '수도사monk'라는 단어 자체가 '고독한' 또는 '홀로 있는'을 의미하는 그리스어 모노스monos에서 유래했다.

그럼에도 수도사들은 행복하다. 이에 대해 비숍은 물론 사회적 연결망이 중요하지만 그것이 전부는 아닐 것이라고 설명했다. 나이가 들수록 더 그렇다. "수도사들에게는 '예비 지원anticipatory support'이라는 마련이 있어요. 많은 사람과 대화하거나 상호 작용하지는 않지만 필요할 때 도움이나 위로를 줄 누군가가 있다는 사실을 인지하고 있다는 말이죠. 이것이 행복에 중요한 요소인 것 같아요."

우리는 심지어 이러한 예비 지원을 내부적으로 구축할 수도 있다. "저희는 100세를 넘긴 사람들, 자기 삶에 크게 만족하는 사람들 대부분이 종교적이라는 사실을 발견했습니다. 모든 것이 사라지고 모든 것을 잃었을 때도 그들에겐 여전히 희망이 있어요. 여전히 위안을 찾을 수 있는 무언가를 가지고 있습니다. 그것은 마치 장수를 위한 생존 기제와 같아요. 그들에게 신이란, 의지하고 대화하고 신뢰할 수 있는 대상이자 자신을 위해 존재한다고 느낄 수 있는 대상입니다." 비숍이 설명했다.

좋은 인간관계를 구축하는 것은 물론 유익하다. 하지만 강제적인 사회성은 역효과를 낼 수 있으며 사회성에 지나치게 초점을 맞추는 것이 행복의 다른 면을 놓치게 할 수 있다. 비숍은 말한다. "외로움과 고독은 다릅니다. 그런데도 종종 혼동되죠. 고독은 목적이 있고 의도적인 것입니다."

영국의 유명한 심리학자 앤서니 스토르Anthony Storr는 고독을 논하면서 "개인이 겪는 가장 심오하고 치유적인 경험 중 일부는 내면에서 일어나며 다른 인간과의 상호 작용과는 딱히 혹은 전혀 상관이 없다"고 지적했다. 이는 현대 심리학이 인간관계를 지나치게 이상화하여 사람들을 오도할 수 있음을 보여 준다.

억지로 사회성을 추구하는 것은 오히려 문제를 일으킬 수 있다. 버클리대학의 캐머런 앤더슨의 연구가 보여 주듯, 사회적 세계와 관계는 종종 우리를 비참하게 만든다. 행복을 위해 인간관계를 쫓는 것은 공허하고 해로운 결핍의 악순환이 될 수 있다.

과학과 상식에 따르면, 평범한 친구 여러 명보다 정말 아끼고 의지할 수 있는 친구 한 명이 더 낫다. 이곳 수도사 중 일부에게 그 '한 명'은 바로 하느님인 것 같다. 특히 은둔자처럼 사는 수도사가 하나 있는데, 그는 숲속에 작은 오두막을 가지고 있다. 55세 정도로 보이는데 실제로 본 건 두 번뿐이다. 그는 아무 말 없이 식사를 하고 숲속으로 기분 좋게 돌아간다.

이 수도사 같은 사람들은 역사 내내 존재해 왔다. 우리가 행복의 정점에 이르렀다고 생각하는 사람들은 종종 사회를 멀리함으로써 그 경지에 도달했다. 어떤 사람들은 깨달음과 완전한 행복을 찾고자 할 때 고독으로 들어간다. 부처가 그랬고 예수가 그랬다. 사도들의 사도로 여겨지는 마리아 막달레나는 예수 부활 후 생애 마지막을 프랑스의 어느 동굴에서 홀로 보냈다. 초기 사막 교부 중 하나이자 위대한 수도사인 성 안토니오도 30년 넘게 사막에서 홀로 생활했다. 달라이 라마는 "야생동물처럼 고독을 추구하는 것, 그것이 나의 유일한 야망"이라고 말했다. 그는 진정으로 자신을 이해하고 변화하려면 고독이 필요하다고 주장했다.

외부의 영향을 받지 않고 혼자 있는 시간은 조용한 가운데 더 깊은 질문을 던질 수 있게 한다. 이는 다른 방식, 나은 방식으로 생각하도록 우리를 이끌 수 있다.

18세기 영국의 지식인 에드워드 기번Edward Gibbon은 고독을 "천재를 위한 학교"라고 표현했다. 틀린 말이 아니었다. 1665년, 전염병이 창궐해 격리되어 혼자 지내던 아이작 뉴턴은 수학과 중력에 대한 인류의 이해를 혁신적으로 발전시킨 가장 생산적인 시기를 보냈다. 수도사였던 그레고르 멘델은 혼자 식물을 연구하며 유전학의 기초를 놓았다. 찰스 다윈은 비글호를 타고 5년간의 항해를 마친 뒤 집에 홀로 틀어박혀 진화론에 대한 생각을 정립했다. 역사상 가장 위대한 발명가라 할 만한 니콜라 테슬라Nikola Tesla도 이렇게 말했다. "정신은 고독과 고립 속에서 날카로워지고 예리해진다. 독창성은 외부 영향으로부터 자유로운 고독 속에서 번창한다."

테슬라의 생각대로 고독은 창의력을 자극하기도 한다. 조지아 오키프, 프리다 칼로, 에밀리 디킨슨, 마르셀 프루스트, 베토벤, 스티브 잡스 등 많은 이가 고독이 지닌 창조적인 힘을 활용했다.

최근 연구는 이들이 모두 옳았음을 입증한다. 뉴욕주립대학 버펄로캠퍼스의 연구진은 얼마 전 다른 사람들과 함께 있어야만 행복하다는 생각에 큰 결함이 있음을 발견했다. 기존 연구를 분석한 결과, 대부분이 두려움이나 불안 때문에 혼자인 사람들에게 초점을 맞추고 있었다. 다시 말해, 혼자 있고 싶지 않지만 심리적인 문제 때문에 혼자일 수밖에 없었던 사람들인 셈이다.

친구가 없는 데에다 긴장하고 겁에 질리기까지 한 사람들에게 불행한지를 묻는다면 친구가 적을수록 덜 행복하다는 데이터가 나올 수밖에 없다.

이를 염두에 두고 과학자들은 '비사회적'인 집단으로 초점을 옮겼다. 이들은 사회적 불안이나 그 밖의 두려움이 없으며 그저 혼자 있는 것을 선호할 뿐이다. 저녁에 파티에 가는 것과 집에서 좋은 책을 읽는 것 중 하나를 선택하라고 하면 이들은 기꺼이 혼자 시간 보내기를 선택할 것이다.

 연구진은 이들이 창의성에서 가장 높은 점수를 받았으며 사회적인 사람들만큼 행복해 보인다는 사실을 발견했다.

 완전 공감한다. 내가 가장 행복했던 순간을 떠올려 보면 대부분 혼자서 한 일이다. 이른 아침 아름다운 장소에서 산책한 것, 무언가를 창조하기 위해 글을 쓰고 생각하는 것 등 말이다.

 이런 고독의 순간은 내가 직접 선택한 일이지만 처음에는 고통스러울 수 있다. 실제로 나는 외로움의 바닥이 무엇인지 경험했다. 하지만 그 불편함을 견디고 깊은 의미를 찾아내려 노력하는 과정에서 깨달음을 경험했다. 내면의 심연에서 나는 더 나은 모습으로 나타났다. 스스로에 대해 더 나은 인식과 신뢰를 얻었다. 다른 사람 없이도 괜찮을 수 있다는 사실을 깨달았다. 이 과정은 예레미야서 2장 6절에서 묘사된 사막처럼 느껴질 수 있다. "사막과 구덩이의 땅, 가뭄과 짙은 그늘의 땅, 사람이 다니지도 않고 살지도 않는 땅."

 그러나 자유는 바로 그 절제 속에 있다. 그 심연을 거치고 돌아올 때 우리는 더 나은 모습이 된다. 더 사회적인 사람, 더 도움이 되는 사람, 더 감사하는 사람, 더 공감하는 사람, 좋은 관계를 더 소중히 여기는 사람이 된다.

 행복 연구자들에게 이런 사실을 지적하면 그들은 역사를 통틀어 수백만 명의 사람들이 깊은 고독에서 엄청난 의미와 만족을 발견했다는 사실을 인정하면서도 고독이 '평범한 사람'에게 적합한 것은 아니라고 경고한다. 나는 동의하지 않는다. 수도사들도 동의하지 않는다. 지난 수천 년의 신화, 문화, 전통도 동의하지 않는다. 애초에 누가 평범하다는 말인가?

고독한 심연을 탐구하지 않으면 풍부한 행복, 의미, 연결, 통찰을 놓칠 수 있다. 심연을 탐구하는 것은 우리가 비범한 사람이 되도록 돕는다. 19세기에 한 무명 수도사가 고독에 대해 이렇게 썼다. "당신은 심연 속으로 몸을 내던지기를 주저하다가 너무 많은 걸 놓치고 있다."

앞서 말했듯이, 행복은 움직이는 과녁이다. 우리는 일부 사람들이 무엇으로 행복해지는지 이해하고 있지만 그게 모두에게 적용되는 것은 아니다. 최신 연구에서 무언가가 행복을 가져다준다고 해서 그것을 좇는 것은 신뢰할 수 없을 만큼 변덕스러운 데이터를 바탕으로 결정을 내리는 것이다. 마치 최신 행복 연구의 결론에 따라 삶을 끊임없이 재정비하는 것과 같다.

매튜 신부님이 지평선을 바라보며 말했다. "저희는 그저 삶을 질서 있게 정리하고 그것을 우리의 궁극적인 목표, 즉 하느님을 찾는 일에 종속시킵니다. 만약 선생님이 자신과 자신의 행복에만 집중한다면 우선 다른 사람들을 짓밟게 될 것이고 결국 자신의 행복도 짓밟을 것입니다. 행복해지는 비결은 자신을 잊고 하느님을 사랑하는 것입니다."

물론 하느님이 모든 사람에게 정답인 것은 아니다. 말도 안 된다. 하지만 결국 핵심은 우리 자신이 우주의 중심이 아니라는 것을 깨닫는 데 있을지 모른다. 우리 자신보다 더 큰 존재가 있다는 것을 깨달아야 한다는 말이다. 이는 수치화할 수 없으며 일시적인 쾌락, 명성, 팔로워, 돈, 물건, 앱에서 찾을 수 있는 것이 아니다. 행복은 어떤 한 가지 결괏값이 아니라 지속적인 행동이 만들어 내는 평균값에 가깝다. 그것은 자신이 생각하는 다음 행복을 좇는 집착보다는 내면 깊숙한 곳을 탐구하려는 의지에 달려 있다. 그와 같은 영적 태도는 결핍의 뇌가 가하는 압력에 맞서 깊이 있는 일을 하도록 고취한다.

우리는 행복을 좇는 결핍의 고리에 빠질 기회 자체를 지워 버림으로써 결핍의 고리에서 빠져나와야 한다. 우리가 찾아야 하는 기회는 더 이상 '행복해지는 것'이 아니다. 매튜 신부님이 말했듯, 행복 그 자체를 추구하는 것은 역효과를 낳을 수 있다. 그 대신 우리는 자기 자신과 다른 사람에게 도움이 되는 다양한 것들을 기회로 삼아야 한다. 그런 기회를 좇아 행동하고 그 행동에서 예상치 못한 보상이 쌓일 때 우리는 어느새 행복해진 자신을 발견하게 된다.

매튜 신부님이 시계를 확인했다. 40분 후면 저녁 기도가 시작될 예정이었다. 우리는 자리에서 일어나 구불구불한 산책로를 따라 수도원으로 돌아갔다. 예배당에 도착하자 신부님이 발길을 멈추고 나를 향해 돌아섰다.

"이런 말씀을 드려도 될지 모르겠지만, 선생님도 무언가를 찾고 있다고 생각합니다. 하지만 아무리 곳곳을 다니며 공부해도 지구상의 어디에서도 그것을 찾을 수는 없을 겁니다. 그 대신, 시공간을 벗어나 더 큰 무언가를 찾아야 합니다. 그게 시초부터 인류가 찾아온 것입니다. 살면서 무엇을 해야 할까? 어디로 가야 할까? 나는 누구일까? 이 모든 아름다운 질서는 무엇을 의미할까? 이런 질문들을 진지하게 물어보고 답해야 합니다. 그건 오직 선생님만이 할 수 있는 일입니다. 결국 핵심은 자기 자신과 자신보다 거대한 무언가, 둘 뿐입니다. 그것이 모든 인간 삶의 주제죠. 분명 그 주제는 탐구할 만한 가치가 있습니다."

그러므로 행복이란, 명확한 목적지 없이 길고 험난한 길을 걷는 극적인 노력일지도 모른다. 지형은 거칠고 날씨가 늘 완벽하지는 않다. 그것은 심연으로의 산책이다. 그럼에도 길을 가다 보면, 그리하여 즉각적인 욕망에서 한 발짝씩 멀어지다 보면, 우리는 여정이 끝나지 않았음에도 스스로가 행복하다는 사실을 깨닫게 될 것이다.

에필로그

모든 것은
선택에 달렸다

수도원에서 보낸 마지막 날, 새벽 예배를 드리러 예배당에 들어갔다. 수도사들은 여느 날처럼 오전 3시 25분에 줄지어 들어왔다. 앞으로도 죽을 때까지 매일 그러겠지.

"하느님께 제 구원과 영광이 있나니, 하느님께 제 희망을 두겠나이다."

희미한 빛이 비추는 가운데 수도사들이 부르는 찬송가가 석재 벽에 부딪혀 크게 울려 퍼졌다. 금이 간 창문과 문 너머에서 차가운 바람이 숭숭 들어왔다. 15분이 지난 뒤 나는 일어나서 차로 돌아갔다. 그러고는 다시 먼지가 쌓인 구불구불한 도로를 타고 라스베이거스로 향했다.

아홉 시간 운전하는 내내 입도 뻥긋하지 않았다. 지난 2년 동안 결핍의 뇌를 조사하며 내가 어떻게 변화했는지 생각을 정리하기에 딱 좋은 시간이었다.

텅 빈 2차선 도로를 따라 광활한 평야를 가로질렀다. 백미러 속에서 해가 떠오르고 있었다. 뒤편의 하늘이 완전히 금빛으로 물들었다. 나는 여정 초반에 나눴던 대화 하나를 떠올렸다.

중독을 연구하기 위해 이라크로 떠나기 전에 나는 우선 샌디에이고로 날아가 마이크 모레노Mike Moreno를 만났다. 그는 지금 첨단 기술 스타트업 회사에서 일하고 있지만 원래는 여러 정부 기관에서 일하면서 중동에서 10년 이상을 보냈다. 심지어 CIA 작전 요원으로 일하던 시기도 있었다. 그때는 상당 시간을 전투가 한창이던 이라크에서 보냈다.

모레노는 그날 하루 생존 특강을 해 주기로 약속했다. 내 상황에 이보다 잘 맞는 선생님이 있을까. 공항에서 나를 태운 모레노는 내 짐을 SUV 뒷좌석에 던져 넣었다. 거기에는 덕트 테이프, 수갑, 밧줄, 케이블 타이, 후드, 총이 든 더플백이 하나 있었다.

모레노와 나는 항구를 지나 내륙 깊숙이 향했다. 미국과 멕시코의 국경이 자리 잡은 사막 지형이었다. 열기가 가차 없이 내리쬐는 가운데 듬성듬성 마른 덤불만 나 있는 흙길이 울퉁불퉁 이어졌다. 테카테에서 약 16킬로미터 떨어진 곳에서 우리는 사람들이 거의 다니지 않는 작은 협곡을 하나 발견했다.

보통 군인들은 중무장을 한 채 몸에 방탄복을 두르고 있다. 그러면 그 곁에는 중무장을 한 또 다른 군인들이 몸에 방탄복을 두르고 있다. 무기와 머릿수를 통해 안전을 확보하는 것이다.

모레노가 말했다. "당신이 이라크에서 하게 될 일이나 제가 CIA에서 하던 일이나 굉장히 비슷해요. 우리 둘 다 정보를 얻기 위해 홀로 방어할 수단도 없이 역동적인 환경에서 일을 하죠. 물론 정보를 얻는 법은 잘 아시겠죠. 하지만 상황이 잘못되었을 때 살아남는 법도 배우셔야 해요."

　모레노는 위협과 납치를 회피할 수 있는 기술을 자세히 다루었다. 혹시 납치되더라도 어떻게 탈출할 수 있는지도 알려 주었다. 우선 대인관계 기술부터 배웠다. 현지인과 교류하는 방법, 잠재적인 납치범이 나를 엄연한 인간으로 인식하도록 행동하는 방법 같은 것들이었다. 모레노가 말했다. "ISIS는 당신을 그냥 놔 주지 않을 거예요. 하지만 적절한 순간에 적절한 말과 행동을 한다면 결박을 살짝 풀어 주는 것 같은 일을 해 줄지도 모르죠. 거기서부터 기회가 생길 수 있어요."

　다음으로는 실전 기술을 배웠다. 수갑이나 케이블이나 덕트 테이프로 손이 앞으로 혹은 뒤로 묶였을 때 어떻게 빠져나와야 하는지, 누군가가 나를 마주보고 면상에 총을 겨누거나 뒤에서 나타나 뒤통수에 총을 겨눌 때 어떻게 대응해야 하는지, 자동차 트렁크에 갇혔을 때 어떻게 탈출해야 하는지, 모레노가 사 오라고 한 일련의 생존 도구들을 어떻게 효과적으로 사용할 수 있는지, 총상을 입었을 때 어떻게 생존 확률을 높일 수 있는지 등이었다.

　헬리콥터 날개가 획획 돌아가는 소리에 대화가 이따금 방해를 받았다. 상공에서 미국 국경 순찰대가 주기적으로 국경 지대를 감시하는 중이었다. 그럴 때마다 우리가 하는 짓이 D급 중죄로 보일지도 모르겠다는 생각이 들었다. 모레노는 본인이 들고 있던 가짜 총을 숨겼고 나는 결박된 손을 숨겼다. 둘 다 웃음을 터뜨렸다.

　마침내 훈련을 끝낸 뒤 햇볕에 까맣게 그을린 채 SUV 트렁크 문을 열고 턱에 앉았다. 모레노가 말했다. "저희가 방금 막 배운 기술들 있죠. 절대 사용할 일을 만들지 마세요. 그래도 결국 필요한 때가 오겠죠. 그때 이 기술들이 당신 목숨을 살려 줄 거예요. 하지만 당신이 꼭 기억했으면 하는 건 상황이 잘못되더라도 반드시 살고자 하는 의지가 있어야 살아남을 수 있다는 거예요. 그냥 포기하는 사람들도 있거든요. 하지만 탈출해서 살아남는 사람들은 살고자 하는 의지를 가지고 있어요. 그런 사람들은 절대 포기하지 않죠. 결코 굴하지 않아요. 그들은 삶을 단단히 붙잡고 고통을 견디면서 젖 먹던 힘까지 끌어다 생존에 필요한 일을 시도하기로 선택하죠."

결국은 전부 선택에 달렸다. 모레노가 잠깐 멈췄다 다시 입을 열었다.

"솔직히 이라크 가는 거 부러워요." 이번 여정이 장수에 딱히 도움이 되지 않는 이유를 장장 여덟 시간 다룬 거 아니었나? 내가 의아해하며 물었다. "왜요?"

"음, 그곳에 있을 때는 생존과 임무에만 순수하게 집중하면 됐거든요. 굉장히 극단적인 환경에서 극단적인 경험을 하다 보니 삶의 초점이 또렷해졌다고나 할까. 그런 경험을 하고 나면 아예 다른 사람이 돼서 절대 이전으로 돌아갈 수 없을 거예요. 인생에서 진정으로 중요한 게 무엇인지 되새기게 되죠."

비슷한 이야기들을 접한 적이 있다. 일례로, 팀 오브라이언은 저서 《그들이 가지고 다닌 것들》에서 월남전에 참전한 경험에 대해 이렇게 말한다. "어쩌면 전쟁은 이름만 달리할 뿐 본질적으로 죽음과 같다. 그럼에도 전쟁에 나간 군인이라면 누구든 죽음에 가까워지는 만큼 삶에 가까워진다고도 말할 것이다. 전투를 치르고 나면 늘 살아 있다는 크나큰 기쁨이 몰려온다."

나중에 나는 아프가니스탄 같은 분쟁 지역에서 여러 해 동안 아이들을 가르치고 있는 친구 잘라 쇼에게 이 이야기를 어떻게 생각하는지 물어보았다. 쇼는 이렇게 답했다. "저도 혹독한 환경이 참 좋아요. 분쟁 때문이 아니에요. 혹독한 환경 속에서도 저나 사람들이나 삶의 의미를 찾아내기 때문이에요. 제가 위험을 즐긴다고 생각하는 분들도 계시죠. 근데 그런 게 아니에요. 진짜 삶을 살 수 있다는 게 핵심이죠. 언제든 죽을 가능성이 있으면 삶을 더 의미 있게 살아가는 법을 배울 수 있어요."

아프가니스탄과 이라크로 다섯 번이나 파병을 다녀온 군인 친구 요한스 볼든도 똑같은 말을 했다. "그곳에서 보낸 시간을 절대 잊지 못할 거 같아요. 우리가 당연히 여기는 것들이 전쟁 중에는 더 관심이 가고 더 소중하게 느껴지죠. 편지, 따뜻한 음식, 따뜻한 물로 하는 목욕에도 설레요. 내가 내리는 결정에 목숨이 왔다 갔다 하니까 훨씬 살아 있다는 느낌, 초점이 또렷하다는 느낌이 들어요."

나는 이라크에서 돌아온 다음 모레노에게 전화를 걸어 말했다. "무슨 말인지 알겠네요." 이라크에서 살아남기 위해 어쩔 수 없이 지금 이 순간에 집중해 살다 보니 역설적이게도 삶이 더 또렷이 느껴졌다. 내 머리는 살 궁리를 하느라 시시각각 돌아갔다. 매 행동에 중요한 의미가 있는 것 같았다.

게다가 난 단지 일주일을 머물렀을 뿐이다. 더 오래 머물렀다면 당연히 더 위험했을 것이다. 육체적으로는 물론 심리적으로도.

모레노가 말했다. "거기서 보낸 시간에 감사하다 보면 한편으로는 이래도 되나 싶은 마음이 들기도 해요. 그곳 환경은 분명 제 정신 건강에 악영향을 끼쳤지만 동시에 저를 더 나은 사람, 감사할 줄 아는 사람, 유용한 사람으로 만들어 줬으니까요. 제가 문제를 바라보는 관점 자체를 완전히 바꿔 버렸어요."

외상 후 스트레스와 외상 후 성장은 고작 종이 한 장 차이다. 모레노, 쇼, 볼든 같은 경험을 한 사람들은 돌아와도 진짜로 돌아온 게 아니다.

모레노가 자신이 느끼는 양가적인 감정에 대해 이렇게 말했다. "이걸 어떻게 받아들여야 할지 모르겠어요. 저희 아이들이 저 같은 경험을 겪지는 않았으면 하거든요. 하지만 아이들도 인생 경험을 해야 시야가 넓어지고 가진 것들을 당연히 여기지 않을 수 있겠죠. 물론 이건 제 아이들한테만 적용되는 문제가 아니죠. 모두가 그래요."

수도원에서 집으로 돌아오는 길에 살고자 하는 의지에 대해 정말 많이 생각했다. 거의 인류 역사 내내 인간은 살고자 하는 의지를 갈고닦아야 했다. 매일 결핍의 고리를 원동력 삼아 더 많은 것을 얻기 위해 고군분투했다. 찾고 싶은 것을 찾았을 때는 보상에 깊은 만족감을 느꼈다. 젠탈도 이렇게 말한다. "인간의 심리가 추가로 부여하는 가치 덕분에 우리는 앞으로도 살아남겠다는 결심을 한 채 계속 무언가를 찾을 힘을 얻죠. 오늘날 우리가 더 오랜 시간이 걸려 더 힘들게 얻은 것을 가치 있게 여기는 근원도 거기에 있다고 생각해요."

하지만 우리 조상들을 움직였던 결핍의 고리는 지금 우리를 움직이는 결핍의 고리와는 달랐다. 조상들은 즐거움과 편안함을 갈구했지만 실제로 얻는 경우는 거의 없었다. 그때 결핍의 고리를 따르는 건 단기적으로는 힘들고 불편했지만 장기적으로는 보람이 있었다. 살고자 하는 의지가 반드시 필요했다.

현대사회가 이룩한 크나큰 기적은 인간의 생존이 더 이상 지속적으로 살고자 하는 의지를 행사하는 데 달려 있지 않다는 점이다. 하지만 이런 기적 속에는 위험 역시 도사리고 있다.

볼든이 말했다. "제 입장에서 요새 가장 견디기 힘든 건 사람들이 사소한 걸 가지고 불평하면서 시간을 낭비한다는 거예요. 사람들이 시간을 허비하고 있다는 사실이 너무 짜증나요. 사람들은 제가 그냥 화가 많은 참전 용사라 그렇다고 생각하죠. 하지만 정확히는 제가 매 순간을 소중하게 생각하는 사람이라 시간이 날아가는 게 눈에 빤히 보여서 그런 겁니다." 참전 용사들은 으레 이런 푸념을 늘어놓고는 한다. 그런데 극단적이고 혹독한 환경을 다녀오니 내 자신에게서도 그런 모습이 보였다. 인생은 한 번뿐이다.

현대사회를 가득 메운 결핍의 고리는 방향이 거꾸로 뒤집혀 있다. 오늘날 결핍의 고리는 우리가 향정신성 약물, 온라인 활동, 물건 축적 등 단기적인 안락함을 좇게 만든다. 물론 의식적으로 적당히 사용하면 재미있고 좋을 수 있다. 하지만 우리는 재미 때문이 아니더라도 너무나 자주 현대의 결핍의 고리 속으로 도망친다. 이는 장기적인 보상, 성장, 의미를 대가로 앗아간다. 바로 이 지점에서 온갖 문제가 수면으로 떠오른다.

신체적인 문제, 심리적인 문제, 심지어 영적인 차원의 문제도 있다. 하지만 결핍의 고리를 벗어나는 건 어렵다. 일단 기분을 편안하게 해 줄뿐더러 그 수많은 문제를 잠깐 외면하게 해 주기 때문이다.

게다가 이는 우리에게 너무나 자연스러운 일이다. 인간이라는 종이 여태까지 늘 해 온 일이기 때문이다. 단지 경기장이 완전히 달라졌을 뿐이다. 지금 우리가 몸을 담그고 있는 세계는 바로 그런 곳이다. 젠탈의 비둘기들이 도박을 택했던 이유는 살고자 하는 의지를 발휘하는 것 같은 기분을 느낄 일이 필요했기 때문이다.

내가 여정 중에 만난 사람들은 다른 무언가를 찾아 물을 나섰던 고대 물고기 틱타알릭을 닮았다. 야생 환경으로 풀려나자 도박을 그만두었던 젠탈의 비둘기와도 닮았다. 살고자 하는 의지를 강요받는 상황 속에 스스로를 집어넣은 모레노, 쇼, 볼든, 제라, 반데헤이, 수도사와도 닮았다.

모레노가 말했다. "이런 혹독한 경험에서 얻은 교훈을 사람들이 몸소 겪어 보지 않고도 배울 수 있게 돕는 방법이 무엇일까요? 한 가지 해법은 일상에서 작은 위험을 감수하게 하는 거예요. 시야를 넓혀 줄 만한 모험과 경험을 찾게 만드는 거죠."

그런 위험과 모험은 커도 되고 작아도 된다. 타이밍은 언제일까? 결핍의 고리로 도피할 때 생기는 문제들이 본인 삶에도 나타날 때다. 바로 그 순간, 살고자 하는 의지에 불을 지펴 줄 불편한 선택을 해야만 한다.

라스베이거스의 슬롯머신 개발자들은 결핍의 고리에 갇힌 사람이 악순환을 멈추는 이유가 단 세 가지라고 말했다. 기회가 사라지거나, 보상이 멈추거나, 반복이 느려지는 경우다.

특정 물질이나 행동이 단기적으로 문제를 해결하고 삶을 개선시킬 손쉬운 기회를 제공하면 우리는 중독을 학습한다. 하지만 압둘라자크 박사가 말했듯 문제를 다른 방식으로 해결하기 위해 열심히 고민하고 노력함으로써 더 나은 기회를 새롭게 창조할 수도 있다.

우리는 복잡하기에 아름다운 인간 경험을 단순한 게임으로 압축해 버리는 숫자의 유혹에 저항할 수 있다. 특정 활동의 보상을 우리가 원하는 대로 직접 규정할 수 있다. 굳이 그 보상이 '좋아요'나 팔로워 수, 성적, 연봉, 순위, 점수일 필요는 없다. 그와 다른 목표를 지닌 우리만의 게임을 창작함으로써 시간을 소비하는 방식과 타인과 상호 작용하는 방식을 개선할 수 있다. 물론 그런 목표는 수치를 측정하기 어렵겠지만 정량화할 수 있는 목표보다는 훨씬 더 의미 있을 것이다.

우리는 치마네 사람들처럼 인류가 수천 년 동안 먹어온 음식을 먹음으로써 현대적인 식품 시스템에 내재된 즉각적인 반복성을 낮출 수 있다. 필요하다면 우리를 유혹하는 음식을 집에서 완전히 없애 버림으로써 기회 자체를 제거해야 한다.

우리는 자신이 구입하는 물품을 물건이 아니라 장비로서 바라봄으로써 구매 빈도를 줄일 수 있다. 실용주의적인 사고방식을 채택해 지금 가진 것과 앞으로 얻을 것을 바라봄으로써 삶을 진정으로 개선하고 삶에 의미를 부여하는 것이다. 각각의 물품에게 '무게에 상응하는 대가를 요구'하고 지금 가진 것으로 문제를 창의적으로 해결한다면 깊은 보람을 느끼고 더 나은 결과를 얻을 수도 있을 것이다. 게다가 그런 보람찬 결과를 겪고 나면 새 물건을 살 때 주어지는 예측 불가능한 보상은 덜 매력적으로 느껴질 것이다.

우리는 정보를 게걸스레 먹어 치우고 확실성을 갈구하며 모든 답을 찾으려고 애쓰는 뇌에게 저항할 수 있다. 온라인에서 접하는 정보가 가져다주는 예측 불가능한 보상은 대개 가치가 없음을 깨달을 수도 있다. 온라인 정보가 늘 삶을 개선하거나 이해를 돕는 것은 아니다. 오히려 스트레스만 줄 때도 많다. 우리는 과거의 조상들이 그랬던 것처럼 탐험하려는 욕구를 발휘할 수 있다. 지도 위에 그리고 정신 속에 새로운 땅을 개척하는 것이다. 바로 그것이 지혜와 이해, 서사를 가져다줄 것이다.

우리는 결핍의 고리를 풍요의 고리로 뒤바꿀 수 있다. 다시 말해, 결핍의 고리의 세 측면을 지닌 취미를 찾되 우리가 유익한 일을 하는 데 도움이 되는 버전으로 찾는 것이다. 제라의 뿔 사냥이나 존 행키의 포켓몬 고 게임을 떠올려 보자. 자연 속에서 하는 활동들은 대부분 우리를 풍요의 고리로 들어가게 한다. 예컨대, 낚시를 하거나 새를 관찰하거나 돌을 수집하는 활동 등은 모두 결핍의 고리를 닮아 있다. 다만, 그 반복성은 틱톡이나 슬롯머신에서처럼 즉각적이지 않다(2초마다 물고기가 잡히거나 대머리독수리가 보이지는 않을 것이다). 활동에 요구되는 노력이 크기 때문에 오히려 보상도 더 크다. 이런 활동들을 통해 우리는 여태까지 인간에게 늘 유익했던 일을 할 수 있다.

구글에 검색해 보지 않고 새로운 식당을 가 보는 등 새로운 장소를 탐험하면서 어떤 예측 불가능한 보상이 있을지 확인하는 것도 좋은 방법이다. 무작정 행복을 추구하는 대신 행복이 부산물로 따라오는 실질적인 활동을 추구할 수도 있다. 다른 사람들을 돕거나 올바르다고 생각하는 일을 하거나 스스로를 더 잘 이해할 수 있을 것 같은 활동 말이다.

또한 결핍의 고리를 활용해 원하는 것을 더 많이 얻을 수도 있다. 일례로, 직장에서 동료 직원들의 참여도를 높이는 데 결핍의 고리를 활용할 수 있다. 저명한 행동심리학자 캐런 프라이어Karen Pryor는 맛있는 점심을 쏘겠다고 달력에 기입해 두는 고용주보다 예상치 못한 타이밍에 점심을 쏘는 고용주가 일반적으로 더 후한 피드백과 더 높은 충성도를 얻는다고 지적한다. 똑같은 점심일지라도 예측 불가능한 보상이 더 흥미로운 셈이다. 혹은 자식에게 좋은 품행을 가르치고 싶다면 처음에는 규칙적으로 보상을 주더라도 점차 예측 불가능한 보상을 제공할 수 있다. 대다수의 좋은 특정 행동을 할 때마다 동일한 보상을 받는 것을 지루해한다는 사실을 기억하자. 그건 노동이 되어버린다. 무작위로 보상을 제공하는 것이 사람들을 더 끌어들일 가능성이 높다. 그러므로 자녀가 방 청소를 한다면 처음에는 매번 보상을 주더라도 일정 시간이 지난 뒤에는 가끔씩만 보상을 줘 보자.

나쁜 습관이나 관계를 벗어나지 못하는 것 같다면 늘 결핍의 고리를 찾아보자. 프라이어는 이렇게 설명한다. "멋지고 매력적이고 섹시하고 재미있고 착한 사람과 관계를 시작했는데 점차 그 사람이 무례해지거나 심지어 폭력적으로 변할 수 있다. 그래도 여전히 이따금 좋은 면을 보여 주면 당신은 점점 빈도가 드물어지는 그 순간을 위해 살아가게 된다. 이따금 멋지고 매력적이고 섹시하고 재미있고 착한 면이 나타나는 순간이 습관을 강화하는 것이다." 예측 불가능한 보상 때문에 우리는 너무도 오래 관계를 벗어나지 못한다. 하지만 정확히 무슨 일이 벌어지고 있는 건지 깨닫고 나면 떠나기가 훨씬 쉬워진다.

오늘날에도 삶을 개선하려면 장기적인 성취를 위해 단기적인 불편을 견딜 줄 알아야 한다. 이것이 우리의 행동 지침이 되어야 한다.

물론 결핍의 뇌가 저항할 것이다. 여태까지는 굳이 더 힘든 일을 한다는 게 이해가 되지 않았기 때문이다. 수도사들도 어두컴컴한 심연으로 몸을 내던진 다음 스스로에게 의문을 제기하고 그 답을 따라가는 일이 불편하고 힘들고 암울할 수 있음을 인정한다. 그럼에도 기꺼이 심연으로 들어가 겹겹이 다가오는 난관에도 살고자 하는 의지를 불태운다면 삶은 더 살만한 가치가 있게 될 것이다. 그게 바로 인간의 삶이다. 조지프 캠벨은 다양한 문화권에서 수천 년에 걸쳐 전해져 내려온 신화를 분석한 다음 인간 서사를 이렇게 요약한다. "들어가기 무서운 동굴 속에 당신이 찾는 보물이 있다."

나를 더 나은 사람으로 만들어 준 경험들, 나를 감사할 줄 알고 현재를 즐길 줄 알고 공감과 도움을 베풀 줄 아는 사람으로 만들어 준 경험들을 돌이켜 보면 하나같이 힘든 경험이었다. 금주라는 고난의 행군을 겪었을 때 내 삶의 질은 모든 면에서 나아졌다. 그때 나는 삶이란 무엇인지, 삶을 어떻게 살아야 하는지 새로 배워야 했다. 내가 내 안팎에 새긴 상처를 치유하기 위해 부단히 노력해야 했다.

그리고 이는 끝없이 이어지는 과정이다. 매튜 신부님이랑 개울가에 앉아 이야기를 나누면서 스스로를 육체적으로나 지적으로 몰아붙인 게 얼마나 보람찬 일이었는지 말하자 신부님은 삶이라는 양파의 껍질을 하나 더 벗기는 데 도움을 주었다. "네, 그런 일이 보람 있을 수 있죠. 자연적인 차원에서는요. 하지만 기억하세요. 그것도 오래 가지 않아요. (……) 우리에게는 몸도 있지만 영혼도 있습니다. 몸과 정신을 돌보고 도전해야 하지만 영혼도 돌봐야 합니다."

신부님 덕분에 깨달은 것은 내가 중독이라는 결핍의 고리를 벗어났을 때 사실 새로운 결핍의 고리에 빠지고 있었다는 점이었다. 바로 '완벽주의'라는 고리였다. 나는 운동과 일에 강박적으로 집착했다. 실패하는 것도, 나빠 보이는 것도 두려웠다. 흉터를 드러내기가 무서웠다. 완벽주의라는 결핍의 고리에 갇혀 지내는 동안 나는 수입, 수상 내역, 판매 부수 같은 숫자로 내 성장을 측정하면서 단기적인 만족감과 명확성을 느꼈다.

결핍의 뇌를 이해하려는 여정은 내가 삶이라는 난제를 이해하는 여정이었다. 애초에 내가 왜 더 많은 것(술이나 상)을 얻으려고 애썼는지가 하나둘 드러났다. 이 과정은 정말 고통스러웠다. 너무나 고된 노력이 필요했다. 삶이라는 녀석은 결코 만만하지 않았다. 하지만 시간이 지날수록 점점 더 많은 것이 드러났다. 나는 깜깜한 심연 속으로 서서히 들어가면서 내게 있는 줄도 몰랐던 내 안의 깊은 것들을 깨닫기 시작했다.

그런데 그 심연은 내가 살고자 하는 의지를 새로운 방식으로 불태우게 했다. 삶을 이해한다는 최종 목적지가 아니라 삶을 이해하려 애쓰는 과정 그 자체를 즐기기 시작했다. 어쩌면 정말 중요한 건 그 과정에서 내가 인간으로서 성장하는 것일지도 모른다. 통찰력을 갈고 닦고 참을성을 기르고 삶을 잘 사는 법을 배우는 것일지도 모른다.

여러분도 마찬가지일 수 있다. 바그다드에서 이라크 정보 장교 에합과 나데르랑 이야기를 나눌 때 둘은 내게 여기까지 찾아온 이유를 물었다.

"책을 쓸 거거든요."

내 대답에 에합은 레몬 향 담배 연기를 내뿜으면서 씩 미소를 지었다. "여기서는 책을 별로 못 팔걸요. 이라크 사람들은 책을 잘 안 읽거든요. 당장 문제가 너무 많아요. 책은 편히 사는 사람들이나 읽는 거죠." 우리는 다 같이 웃음을 터뜨렸다.

물론 농담이었겠지만 요즘도 자주 떠올리는 이야기다. 거기에 한 움큼 진실이 담겨 있기 때문이다.

차 앞 유리를 통해 라스베이거스 스트립이 눈에 들어올 때쯤 나는 19세기 어느 무명의 수도사가 기록한 말을 떠올렸다. "당신은 심연 속으로 몸을 내던지기를 주저하다가 너무 많은 걸 놓치고 있다."

감사의 말

우선 아내 레아에게 고마움을 전합니다. 제가 이 책을 집필하는 내내 옆에서 도움을 베풀어 주고 유머로 날 웃겨줘서 정말 고마워요. 생각이 떠오르는 대로 끊임없이 내뱉어도 잘 들어준 것, 책의 초안을 읽고 개선하도록 도와준 것도 고마워요. 당신 덕분에 더 나은 책이 됐어요.

우리 두 강아지 스톡턴과 콘웨이한테도 고마움을 전합니다. 너희들 덕에 '네가 뭐라도 되는 것처럼 생각하지 마'라는 62번 원칙을 떠올릴 수 있었단다.

우리 끝내 주는 여사님, 어머니한테도 감사드립니다. 제가 작가로 살아갈 수 있게 지원해 주시고 격려해 주셔서 고맙습니다.

편집자 매튜 벤저민에게 감사드립니다. 우리 듀오는 이제 서로 툴툴거리는 노부부급 관계에 들어선 것 같군요. 물론 그 덕분에 책의 질이 더 높아졌겠죠. 머리가 셀 때까지 서로 툴툴거리면서 다음 프로젝트들도 잘 해 보자고요.

제 글을 읽고 지지해 주신 에이전트 잰 바우머와 스티브 트로하에게 감사드립니다.

　초창기에 썼던 글들을 읽고 각자의 지혜를 나눠 준 친구들도 고맙습니다. 특히 트레버 캐쉬를 빼놓을 수 없죠. 당신이 닥터 이블이 재림했나 싶은 언변과 통찰로 조언을 남겨 준 덕분에 이 책에 등장하는 수많은 주제를 이해할 수 있었습니다. 당신의 지식과 우정에 감사를 표합니다.

　그리고 빌 스텀프, 빌 스티그, 벤 코트, 에버니저 새뮤얼(요새 몰래 크로스핏을 즐긴다던데), 신시아 슘웨이, 제이슨 맥카시, 에밀리 맥카시, 톰 테이어, 브레이디 홀머, 타일러 다즈윅. 여러분 모두가 이 책을 더 나은 책으로 만드는 데 기여해 주셨습니다. 고마워요.

　이 책에 등장하신 분들, 그러니까 저랑 기꺼이 대화해 주시고 저를 기꺼이 환영해 주시고 제 끝없는 질문에 대답해 주신 모든 분께 감사드립니다. 토머스 젠탈, 대니얼 살, 티 응우옌, 샐리 사텔, 마이아 샬라비츠, 케빈 홀, 레이철 로던, 스테판 귀에네, 마이크 러셀, 마이클 거번, 마크 반데헤이, 스테파니 프레스턴, 존 행키, 캐롤라인 로즈, 알렉스 비숍 등 모두에게 감사드려요. 특히 이라크와 아마존에서 제 목숨을 붙들어 준 친구들, 마이크 모레노와 로라 제라에게 특별한 감사 인사를 전합니다. 물론 삶이라는 양파의 껍질을 벗겨내도록 저를 밀어붙여 주신 과달루페의 수도사들에게도 감사드립니다.

　마지막으로 이 책을 읽는 데 시간과 주의를 기울여 주신 독자분들께 감사드립니다. 부디 이 책이 여러분의 삶을 풍요롭게 하는 데 어떻게든 도움이 되었기를 바랍니다.